充满的血性＋超卓的理智＝摧枯拉朽的力量

敢为天下先

纵横天下湖南人

王开林 ◎ 著

民主与建设出版社

图书在版编目（CIP）数据

敢为天下先：纵横天下湖南人 / 王开林著 . —北京：民主与建设出版社，2015.5

ISBN 978-7-5139-0647-0

Ⅰ.①敢… Ⅱ.①王… Ⅲ.①人物－先进事迹－湖南省－近现代 Ⅳ.①K820.864

中国版本图书馆 CIP 数据核字（2015）第 090043 号

敢为天下先：纵横天下湖南人

出 版 人	许久文	
著　者	王开林	
责任编辑	王　颂	
封面设计	逸品文化	
出版发行	民主与建设出版社有限责任公司	
电　话	（010）59417747　59419778	
社　址	北京市朝阳区阜通东大街融科望京中心 B 座 601 室	
邮　编	100102	
印　刷	北京明月印务有限责任公司	
版　次	2015 年 7 月第 1 版　2015 年 7 月第 1 次印刷	
开　本	710×1000mm　1/16	
印　张	22.25	
字　数	313 千字	
书　号	ISBN 978-7-5139-0647-0	
定　价	48.00 元	

注：如有印、装质量问题，请与出版社联系。

自序
热血弥满，理智超卓

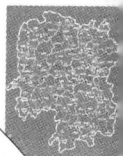

在中国近、现代史上，湖南人的事功和影响是一个不太容易穷尽本源的话题，至今尚无确评和定论。但有一个看法众口一词，鲜有异议：湖南人铁胆辣手办大事的功夫独步中国。湖南人够蛮，够狠，够执着，够坚韧，一方面是性格使然，另一方面也是滋生和助长这种性格的地域使然。湖南人拥有火辣的激情、老辣的理智、爆辣的干劲。一言以蔽之：湖南人血性弥满，他们特别爱拼，特别敢拼，也特别能拼。究竟而论，湖南人的血性只是"硬币"的 A 面，它的 B 面是什么？你很难想象，假若理智缺席，王夫之还能够撰成皇皇数十部经典名著，以"六经责我开生面，七尺从天乞活埋"的堂联示人；魏源还能够编纂令近代国人眼界大开的《海国图志》，提出"师夷长技以制夷"的主张；郭嵩焘还能够超越洋务派的浅见和陋见，将学习西方政教视为当务之急；谭嗣同还能够留下那部冲决网罗的《仁学》，将反抗专制的思想诉诸大众；宋教仁还能够设计政党内阁的杰构，为民主宪政披荆斩棘，一往无前。

热血弥满，理智超卓，乃是湖南人纵横自如的精神表征。

湖南人吃辣椒号称"天下第一"，其"辣"字诀的极端表现为：办大事，快刀斩乱麻，作风极为凌厉；临强敌，金刚放霹雳，下手决不留情。火辣刀刚不怕死，荆天棘地敢争先。湖南人的性格特征异常鲜明，归纳起来，具有以下十五个方面的特质：

01. 质朴，务实而不尚浮华；

02. 倔犟，自谓"霸蛮"，一旦认准方向和路径，则义无反顾；

03. 傲岸不羁，不拘细行琐德；

04. 吃苦耐劳，如同骡子负重行远；

05. 坚韧执着，屡败屡战，不胜不归，打脱牙齿和血吞；

06. 刚健，勇于任事，锐意进取；

07. 自信心超强，天降大任，舍我其谁，当仁不让；

08. 好学不倦，虽武将亦能折节读书，求知欲旺盛；

09. 任侠仗义，路见不平，拔刀相助，疾恶如仇，锄强扶弱；

10. 抱团取暖，乐育英材，形成牢固的人才链；

11. 老子天下第一，轻视权贵，粪土王侯；

12. 特立独行，喜欢标新立异，别出心裁；

13. 沉毅，做一事，必担待一事，虽处境极苦，亦能坚持；

14. 重气节，好功名，疾没世而名不称；

15. "拼"字当先，"挺"字断后，不怕死，敢玩命，老子不信邪，"要死卵朝天，不死变神仙"，"舍得一身剐，敢把皇帝老儿拉下马"。在绝境中起死回生，在最无退步时杀出一条血路。

近、现代文人汤增璧曾说："湖南人士矜气节而喜功名。"这话讲到了点子上。另一位湘籍名家章士钊看得更为通透："湖南人有特性，特性者为何？曰：好持其理之所自信，而行其心之所能安；势之顺逆，人之毁誉，不遑顾也。"蔡元培在《论湖南的人才》一文中写道："湖南人性质沉毅，守旧固然守得很凶，趋新也趋得很急。湖南人敢负责任。"湖南人喜欢干大事，能够成大局，确实知行合一，只要认定了某个主义，认准了某个目标，就会死心踏地，持之不疑，行之不悔，"一意干将去"（左宗棠语）。湖南人"霸蛮"而又"灵泛"，其不胜不归的心劲体现为一种比野山椒更辣、比牛皮筋更韧的硬汉精神。此外，湖南人具有超强的地方观念、种族观念和国家观念，连闾巷细民也关心政治，先天下之忧而忧。湖南人建功、立业、扬名的心劲永无枯竭之时，这是他们拼命前行的原始驱动力。

"无湘不成军"，"无湘不成事"，"湖南人流血不流泪，在中国近代史上，广东人革命，浙江人出钱，湖南人流血"，"半部近代史为湘人写就"。为了赢得这些赞誉,湖南人抛头颅,洒热血,付出了无比高昂的代价。

谭嗣同在致欧阳中鹄先生的信中说:"(唐)才常横人也,志在铺其蛮力于四海,不胜则以命继之;嗣同纵人也,志在超出此地球,视地球于掌上,果视此躯曾虮虱千万分之一不若……夫何不敢勇、不敢说之有!一纵一横,交触其机括……"湖南先贤即由这样一批"纵人"和"横人"组成,他们有头脑敢想,有口舌敢说,有才力敢用,有性命敢拼,用"敢"字取代"怕"字,敢为天下先。

晚清以迄民国,天漏日残,湖湘雄杰每每充当冒险建功的"补天者"和"追日者"。在节骨眼上,他们挺身而出,扶大厦之将倾,挽狂澜于既倒。曾国藩一手缔造湘军,屡败屡战,不胜不休,终于打败了太平天国;左宗棠年近古稀,舆榇而行,挥师绝域,捍卫了西部边陲的金瓯完整;谭嗣同头颅一掷,激起革命回声;陈天华蹈海而死,同盟会空前凝聚;黄兴指挥广州起义,中华民国初现胎息;宋教仁组织政党内阁,民主宪政透射出第一缕晨曦;蔡锷打响护国战争,铲断了封建帝制的根系。在铁血交飞的乱世,湖南人是中国的斯巴达人,是中国的敢死队,这个论断绝对靠谱。

在《湖南少年歌》中,杨度以极大的肺活量唱出湖南人的最强音:"若道中华国果亡,除非湖南人尽死!"这可不是只图悦耳的花腔男高音,而是湖南人打从火辣血性里猛然吼出的一嗓子。只有真正的敢死队员才能够具备这种"力拔山兮气盖世"的豪情。

弥满的血性 + 超卓的理智 = 摧枯拉朽的力量。这道"公式"明确无误,湖南人已经反复演算过许多回。

当今时代,国人不差钱,不欠乐子,独缺精气神。实用主义者多了,理想主义者少了,甚至少到凤毛麟角的程度。亢扬躁进的声浪将那些"软脚蟹"推搡得东倒西歪,四顾茫然,认不清灵魂的真北。血性何在?理智何在?这正是我们要反复思量的地方。

2015 年 3 月底改定于松果书屋

目录

魏源（1794—1857）：湖南邵
阳人。字默深，号良图。启蒙思想
家，文学家。主张科技救国，是近
代中国"睁眼看世界"的首选代表。
其重要著作为《海国图志》。

魏源：强国梦

从先秦迄于晚清，在政治、经济、文化、思想诸方面，中国人两千
多年都在吃老本。不用说，我们的老祖宗也有磕牙的时候，匈奴入侵啦，
五胡乱华啦，蒙古灭了南宋，满族入主中原。但老祖宗很快就用儒家
的仁义礼智信将那些凶悍之至的"夷狄"同化了，于是，他们仍然能够
从痛苦和屈辱中获得阿Q式的精神满足。"对于蛮族，文化上的失败抵
销了军事上的胜利；对于中华，文化上的胜利则补偿了军事上的失败"，
这种情形多多少少使汉民族的读书人产生美丽的错觉：老祖宗的遗产已
足够完美，足够精粹，可以对那些舶来的奇技淫巧应付裕如。于是，他
们心乃安然，要么一头钻进尘封的故纸堆，整理破破烂烂，要么干脆大
打其呼噜。

殊不知，这个久已失去活力的老大帝国——被马克思视为"小心保
存在密封棺木中的木乃伊"——正置身于火药桶上，沉疴宿疾，一时俱
发，天朝上国的威严即将扫地以尽。道光二十年（1840），并不吉利的
英吉利炮弹轰掉了清朝的"门牙"，惊醒的士大夫——诸如林则徐、魏源、

龚自珍等人——顿时意识到问题的严重性。鸦片是毒源，不可不禁，但断掉了日不落帝国的财路，在外交与军事上，必然会遭致异常凶猛的老拳和重炮。

近代中国当政者值此"数千年来未有之变局"，遭遇的又是从海上出现的"数千年来未有之强敌"，关键之关键是要尽快找到抵御外侮的办法，受欺负的次数多了，挨打的一方首先想到的就无疑是，洋人船坚炮利，我也要船坚炮利；洋人有铁路轮机，我也要有铁路轮机；洋人有声光化电，我也要有声光化电。但要造出杀伤力空前惊人的坚船利炮，天朝上国还得放低身架，去低声下气向洋人学习。老朽的大清帝国骄妄惯了，二百年紧抱不放的"天朝中心论"行将瓦解，这口心气如何能平？

一、"师夷长技以制夷"

乾隆五十八年（1793），英国派特使马戛尔尼公爵到中国建立外交关系，这原本是天作之合，可是乾隆皇帝却表现出天朝无所不有、"并无更需尔国制办物件"的傲慢与偏见。会见时，有一个细节值得一提，在朝堂上，马戛尔尼公爵拒不叩头，如此一来，以"四夷宾服"而志骄意满的天潢贵胄才发现世界之大，居然还有不肯下跪的硬膝头。1838年，雷夫查尔斯·古茨拉夫在他的著作中描述大清帝国："与整个世界完全隔绝，以不可言状的轻视态度看待其他任何国家。"大清帝国自雄自傲，自居为顶级文明的核心国度，将本国之外的"夷人"统统视为野蛮人。马戛尔尼公爵晋见乾隆皇帝之后不足五十年，鸦片即源源而至，炮弹则纷纷而落，清王朝穷于招架，郁闷认栽。

清朝闭关锁国一百多年，一局酣梦被英国人的大炮震成碎片。那些天朝上国的海防将领久已不娴业务，他们初次看到英国战舰时，简直不敢相信自己的眼睛，无风鼓帆，无人操楫，偌大的船身为何能够进退自如？他们认为，这是洋毛子的邪气作祟，于是派士兵到城里和乡下广泛收集妇女的夜壶（溺器），以它们为"压制具"，放在炮台和船仓镇邪。结果是，清军的这种做法就轮到英军不敢相信他们的常识了。那时候，

中土和外洋的信息竟如此不对称，可发一噱。但夜壶是挡不住军舰的，正如义和团的护身符挡不住子弹一样，世间多有比狼牙棒更厉害的狠家伙，于是天灵盖危乎殆哉。

中国士大夫的"强国梦"该从何处做起？湘人魏源给出的标准答案是"师夷长技以制夷"。且把面子观念搁置一旁，老老实实拜洋人为师，学习他们先进的科学技术，这显然是"科技救国"思想的原始版本，在当时已算得上最为激进的主张，只有林则徐、陶澍、龚自珍、汤鹏、贺长龄等少数人热烈响应和支持。林则徐痛感中国"器不良也"和"技不熟也"，他认为要改变清王朝落后挨打的局面就必须从"器"与"技"两方面迅速入手。

第二次鸦片战争（1856）之后，中国政府高层发起的力图自救自强的洋务运动勃然而兴，一大批"中兴名臣"（奕訢、曾国藩、左宗棠、李鸿章、张之洞）都陆续加入进来，他们奉为圭臬和指南的依然是魏源"师夷长技以制夷"的思想，更加侧重于造船制器，视此为强国振邦的首要本钱。曾国藩一向以见解超卓著称，他的言行如何？"剑戟不利，不可以割断；毛羽不丰，不可以高飞"，他办洋务，最讲究操练士兵、制造器械的方法。1865 年夏，丁日昌筹建江南制造局，李鸿章上奏朝廷，这样写道：（兵工厂一旦建成）"尤有望于将来，庶几取外人长技以成中国之长技，不致见绌于相形，斯可有备而无患"。李鸿章还说过，"中国但有开花大炮、轮船两样，西人即可敛手"。清朝重官抑商，官督商办的军事工业最终走入死胡同，豪商不兴而劲卒全无，这居然没有促使素称机警的李鸿章认识到比制器之器更重要的是制度建设，必须按照市场规律出牌，这不能不说是一件令人相当遗憾的事情。在镇压太平军后不久，曾国藩和李鸿章对清王朝的政教体制依然充满信心，并没有产生病入膏肓的忧虑，既然他们认为根本未坏，治标即可获奏全功，洋务运动所追求的自强就望山跑死马了。最好的例证是，曾国藩为赴美学童所定的章程中规定，他们除了学习西艺，还必须由中方教师课以《孝经》、《小学》、《五经》及《国朝律例》，以免这些留学生数典忘祖。这就不免使我眼前显现出滑稽的景象：一位着装半土半洋的病人（清王朝）左脚穿着牛皮高跟鞋（西方的科技），右脚穿着布面平底鞋（中国的政教），他居然想跑得比赛马（列强）还快。

二、《海国图志》的出炉

魏源（1794—1857）原名远达，字良图，后改名为源，字默深，法名承贯。少小时，他就"寡嬉笑，常独坐"，勤奋好学，常熬夜苦读，母亲反复催其熄灯，甚至哭求他爱惜身体，魏源才稍稍有所松驰。九岁时，他应童子试，县令出上联"杯中含太极"，他对下联"腹内孕乾坤"，气魄之大，抱负之伟，令考官刮目相看，赞不绝口。

魏源与龚自珍齐名，会试时曾双双落第。刘逢禄是当时的人鉴，被誉为"治今文学者不祧之祖"，他赋《两生行》，惋惜不已。《汉书·扬雄传》称传主"口吃不能剧谈，默而好深湛之思"，魏源仰慕扬雄的才名，同样寡言精思，他改字为默深，确实很有自知之明。表面看去，魏源是个书呆子，年轻时，他"默好深湛之思"，醉心于各类典籍，一入书斋，就足不出户，偶尔出门，竟会引致家狗和邻犬的群吠。他"寡言笑，鲜嗜欲，虽严寒酷暑手不释卷，至友晤谈，不过数刻，即伏案吟哦。舟车中，铅黄不释手"。实际上，魏源是个极为关注古今成败利病的读书人，年轻时他曾在自家厅堂柱子上题写楹联一副，"读古人书，求修身道；友天下士，谋救时方"。魏源的求知欲旺盛，于学无所不窥，他所师从的胡承珙、姚学塽、刘逢禄、董桂敷、包世臣都是当时品学兼优的大儒。难能可贵的是，他博涉旁通，对盐政、漕运、水利、赋税等当世实务具有精到的见解。魏源一生不怎么走运，他当了几乎半辈子幕僚，直到五十岁以后才做了两任知县和一任知州。封疆大吏贺长龄、陶澍和林则徐政绩卓著，其中都有魏源出谋画策的功劳。他们既是上下级，又谊兼师友，共同寻求强国之道，魏源的头脑是当时最敏锐最智慧的头脑，陶澍和林则徐均表示过由衷的钦佩。

《清史稿·魏源传》称赞魏源"兀傲有大略，熟于朝章国故。论古今成败利病，学术流别，驰骋往复，四座皆屈"。他曾建议将黄河改回北

行故道，没人理睬，五年后，铜瓦厢决口，黄河果然北流。真是让人想不通，魏源是一流人才，在科举路上却多年蹭蹬不顺，如果说他二十九岁应顺天府乡试高中第二名（俗称"南元"）还不算太迟，那么他五十二岁才考取进士则绝对可算是"失之东隅，收之桑榆"了。

道光二年（1822），壬午科秋闱前，魏源的好友、湖南老乡、大书法家何绍基作了一首七绝《柬魏默深》，诗中流露出担忧之情：

蕙抱兰怀只自怜，美人遥在碧云边。

东风不救红颜老，恐误青春又一年。

所幸这一次魏源高中顺天乡试举人第二名。其后，魏源多次进京会试，频频受挫，他倒是愈挫愈奋，就是不肯服气认输。道光二十三年（1843），魏源进京参加会试，在致好友邓显鹤的信中，他大吐苦水，且自我调侃道："自海警以来，江淮大扰，源之生计，亦万分告匮。同人皆劝其出山，夏间当入京师，或就彭泽一令，或作柳州司马矣。中年老女，重作新妇，世事逼人至此，奈何？"会试时，由于文稿草率（卷面不够整洁），他被罚停殿试一年。在这段郁闷期，他作诗《都中吟》十三首，第一首即讽刺八股取士，诗中有这样的句子："雕虫竟可屠龙共，谁道所养非所用！屠龙技竟雕虫仿，谁道所用非所养！"直到道光二十五年（1845）春季，魏源补行殿试，中乙巳恩科三甲九十三名，赐同进士出身，这才脱去青衫，正式踏入官场。这一年，魏源五十一岁。但相比某些古人，他已算幸运。宋代的詹义七十三岁才登科，清代的谢启祚九十八岁才中举，其自嘲诗中为："行年九十八，出嫁弗胜羞。照镜花生面，光梳雪满头。自知真处子，人号老风流。寄语青春女，休夸早好逑"。在中国古代，科场功名耗费了许多人一生的好光景，才士被其网罩，豪杰遭其牢笼，往往被收拾得精髓尽涸，毛羽皆枯。

太史公司马迁曾在《平原君虞卿列传》中大发感叹："然虞卿非穷愁，亦不能著书以自见于后世云。"魏源时运不济，要逆风逆水地传播自己的思想，也就只有编书、著书二事可为。魏源主张"以经术为治术"，"通经致用"，将盛极一时的乾嘉汉学视为"无用之学"。他志在矫正当时的学风，"倡经世以谋富强，张掌故以明国是，学经文以谈变法，究舆地以筹边防"（齐思和《魏源与晚清学风》），这四项，他开风气之先。

有一件大事不可不提，魏源为同乡好友、江苏布政使贺长龄编纂了一套一百二十卷的《皇朝经世文编》，他从清朝开国之初至道光五年的各家奏议、文集、方志等海量文献中遴选出两千两百多篇"存乎实用"的文章，分为八大门类：学术、治体、吏政、户政、礼政、兵政、刑政、工政。各门类下的子目更为详细，最多者有六十五个子目，足见其用功之深，关注之广。这套"大砖头"充分体现了魏源一以贯之的"与时俱变"、"经世致用"的主张。他说，"书各有旨归，道存乎实用"，这套鸿篇巨制所选载的本朝名臣奏章无不切中时弊，充满忧患意识和自强精神。清末大学者俞樾称赞这部大书"数十年来风行海内，凡讲求经济者，无不奉此书为矩矱，几于家有其书"，"三湘学人，诵习成风，士皆有用世之志"。王夫之、陶澍、贺长龄、魏源、曾国藩、左宗棠、胡林翼、郭嵩焘、谭嗣同等人所极力倡导的湖湘文化，其高度浓缩的主旨也就是"经世致用"这四个字。《皇朝经世文编》的印行，在晚清政界和学界乃是一件轰动的大事，政界从中吸取了思想的养分，学界则开始扫除空疏的学风，"家家许、郑，人人贾、马"的汉学局面开始发生改观。

魏源一生交游极广，但他并非毫无选择和毫无原则。他中进士之后，当朝炙手可热的大学士穆彰阿打算将他罗致门下，他却"漫不为礼"，把个抱粗腿、攀高枝、平步青云的机会轻易放弃了。他极端鄙视穆彰阿"保位贪荣，妨贤病国"，以列于其门墙之下为耻。穆氏在鸦片战争期间力主求和，为投降派暗通声气，排斥和打击主战派的锋头人物林则徐。魏源明知，只要他投靠穆彰阿，就可进入翰苑，得美差，但他看重清誉，不容有失。俗子讥笑他不识抬举，他呢，心安理得。对于魏源"师夷长技以制夷"的主张，曾国藩既熟知又欣赏，可是这两位湖南大贤没有任何交集，原因就在于曾国藩是穆彰阿的得意门生，受过穆彰阿的汲引和举荐，魏源则拒绝过穆氏的青睐和抬举，得罪了朝廷中炙手可热的权贵。如果不是这个原因，他们应该不会"声气无通，只字无考"，以至于缘

悭一面。

魏源晚年得罪军界强人杨以增，受其构陷，以"迟误驿报"、"玩视军务"之过，于咸丰三年（1853）被清廷褫夺高邮知州的官职。魏源失意于官场，花甲之后，皈依佛门，修持净土宗，日诵佛号七万次，以求早登极乐世界。"闭目澄心，危坐如山，客至亦不纳。即门生至戚，接二三语，便寂对若忘。"这位中国近代大思想家由实而入虚，由真而归玄，看空之后，晚清的局势也从此江河日下了。

魏源一生最值得称道的事功就是编著完成《海国图志》一百卷。在此之前，他编著的《圣武记》十四卷，可称先声。此书采用纪事本末体，历述清朝开国、统一东北和内外蒙古、削平三藩、戡定回疆、前后藏与大小金川等史实为前十卷，后四卷为《兵事余记》，详载清代典章制度、练兵整军、攻守防御、筹集军饷、购置枪械等各类战略、战术。内忧激增，外患难解，清王朝要富国强兵，学习先祖的勇武开拓精神固然不谬，但也要正视现实，对症下药。魏源开出的三味药方是："兵在精不在多"、"用兵宜有变化"、"御外侮在知己知彼"。他认为，翻译洋人的各类典籍乃是当务之急。龚自珍对魏源编著《圣武记》之壮举评价极高，提炼为十六字："读万卷书，行万里路；总一代典，成一家言。"此书流播海外，令日本学者佐久间象治拊掌叫绝，他称赞魏源为"海外同志"。

魏源曾是改革的受益者。道光十二年（1832），陶澍改革盐政，魏源襄助其事。票盐制实行后，他赚到了第一桶金，在扬州购得絜园，面积很大，园林优美。好友萧梅生来信道贺，不无羡慕地说："足下盐利大获，在扬州买宅，居然与富商等。"像这样快意的日子，魏源一生中都少有。

道光二十一年（1841），魏源赴京口（今镇江），与被清廷遣戍伊犁"效力赎罪"的林则徐相会，从后者那儿得到《四洲志》的稿本和大量珍贵的图表资料，并且接受林则徐的郑重嘱托，开始编撰一部长达百卷、务出己意的《海国图志》。此书是中国近代首部较为完备的世界地理书籍，其宏大的篇幅涉及世界历史、政治、经济、科学、文化、历法、风俗、宗教等众多门类，堪称一部集大成的百科全书。魏源在《海国图志》

的序言中阐明了他编纂此书的意图和目的："是书何以作？为以夷攻夷而作，为以夷款夷而作，为师夷长技以制夷而作。"外国人的长技既包括造舰造械，养兵练兵，也包括治国治民。

从"尊王攘夷"到"尊王师夷"，这已是一个不小的进步。魏源可不想玩什么炫人眼目的虚招，他编纂此书是要促使国人睁眼看世界，"悉其情节，知其控驭"。《海国图志》博采众书，取精而用宏，"图以经之，表以纬之，博参群议以发挥之"，近代全球意识、国防意识、外交意识、商业意识皆呼之欲出，它确实令数千年拘束于此邦此域夜郎自大、故步自封的中国人饱饱地开了一回眼界，这种类似于醍醐灌顶的直输式的启蒙对于久患自闭症的国人无疑具有振聋发聩、荡心涤肺的作用。英、法、美、德、俄、意、西、葡、荷、比、日的国情如何？读了这本书，中国人至少可以增长一点知己知彼的理性认识。其中，魏源对英、美两国的民主制度不吝赞美之词，更见出作者取法乎上的政治眼光。

晚清七十年，"师夷"之说始终受到保守派的质疑和排拒。魏源死后不久，同治皇帝的师傅倭仁就曾向赞成"师夷"的恭亲王奕訢发难，他站在儒家的立场上振振有词："窃闻立国之道，尚礼义不尚权谋，根本之图在人心不在技艺，今求之一艺之末，而又奉夷人为师，无论夷人诡谲，未必传其精巧，即使教者诚教，所成就者不过术数之士，古今未闻有恃术数而能起衰弱者也。天下之大，不患无才，如以天文算术必须讲求，博采旁搜，必有精其术者，何必夷人？何须师事夷人？"倭仁认定医国金丹唯有仁义道德，科学只是不入流的术数，在国内找找，就能找到一大堆打卦抽签摸骨算命看风水的师傅。何况洋人十分狡诈，未必肯将核心技术全教给中国人。当时，像倭仁这样子专治急惊风的慢郎中还不在少数，由于他们能够在朝野间制造种种阻力，"师夷"就往往只是走走过场，极不完全，一知半解的学生想要空手制夷，简直等于痴心妄想。

数十年后，梁启超称赞《海国图志》为"不龟手之药"，肯定它"实支配百年来之人心，直至今日，犹未脱离净尽，则其在历史上关系，不得谓细也。……中国士大夫之稍有世界地理知识，实自此始"。广东大

儒陈澧称道魏源是"有志之士"，称赞《海国图志》"罗列荒远之国，指掌形势，可谓奇书"。此书一纸风行，"辇下诸要人，争买不计钱"，可谓洛阳纸贵。

《海国图志》深刻影响了中国的洋务派、早期维新派和戊戌维新派，成为他们奉若圭臬的教科书。这部皇皇大著一经问世，很快就流播扶桑，日本明治时期的政治改革家吉田松荫、佐久间象山、桥本左内、横井小楠等人从中所获得的借鉴甚至比中国政治家还要多。说是墙内开花墙外香，也不为错。在《翻刊〈海国图志〉序》中，日本盐谷世弘甚至为怀才不遇的魏源抱屈鸣冤，为有眼无珠不识国之重宝的清道光皇帝、咸丰皇帝感到悲哀："呜呼！忠智之士，忧国著书，其君不用，反而资之他邦，吾固不独为默深悲，抑且为清主悲也夫！"

魏源勤于撰述，著作等身，一生共编书著书二十余种，其中《海国图志》影响至为深远，它是那个时代中华爱国者强烈要求变革的先声，由于外患日亟，清政府腐败无能，经过好一阵头痛医头、脚痛医脚的折腾之后，终于以沉沦惨败而收场。魏源的药方够好，无奈清王朝已病入膏肓，无药可救。

三、瘸腿的现代化

晚清的孤臣孽子，但凡是深惧瓜分豆剖之祸临头的人，无不系心洋务。王阳明说"杀人当在咽喉上著刀"，救国又何尝不应该在病灶处投药。顺着魏源的思路，曾国藩主张"师夷智以造船炮"，首建江南制造局，发展军事工业。左宗棠也不是榆木脑袋，他点醒那些死抱"天朝中心论"，依然执迷不悟的天朝士绅，"泰西巧而中国不能安于拙也，泰西有而中国不能傲以无也"。张之洞深悉国情，倡言"中学为体，西学为用"，这一提法较能弥缝新旧两派的人心，因而成为后期洋务派最响亮的口号。他的《劝学篇》中还有激人奋发的"五知"，时至今日，其积极意义仍未完全消失。"五知"是：

一、知耻——耻不如日本……

二、知惧——惧为印度、惧为埃及……

三、知变——不变其习，不能变法……

四、知要——西艺非要，西政为要……

五、知本——在海外不忘国，见异俗不忘亲，多智巧不忘圣……

这"五知"中，最具有警醒意义的是第四条"知要"。西艺就是西方的科学技术，固然要学习，但更值得借鉴的是西方的民主政治，这才是根本。若仅仅学习西艺，忽略了西政，知其强而不知其所以强，舍本逐末，无济于事。以民怨沸腾的专制之国与人尽其才的民主之邦战，未有不一败涂地的。

当初，郭嵩焘出任中国第一任驻英公使，征召十余名随员，竟无人响应。哪像后来大臣放洋，部属趋之若鹜，惟恐不能随行。及至曾纪泽（曾国藩长子）回国复命，国人才有了外交的皮毛认识，才知"洋毛子"并不无故杀人。可想当年风气闭塞到了何种地步。在欧陆的前沿地带，大清的外交官除了沐浴西方文明，也时时思谋中国的出路。郭嵩焘发现一个富有意味的对比，同为东方国度，蕞尔小邦的日本公费派往英国的留学生多达二百余名，中国却寥寥无几。日本留学生除了学习军事，还学习各种技艺，尤其重视法律和教育，不用说，这些人回国后必能养成全新的政治气候。中国留学生仅仅修习海军课目，却将政治、法律和科教的各种创制忽略一旁，这无疑是丢了西瓜，捡了芝麻。郭嵩焘提出了许多可行的良好建议，不断上奏清廷，在创办西式学堂方面进言尤为精切，却无奈"清政亡于拖"（张恨水语）。

清王朝的命脉捏在一个徒有心计而少有识见的泼妇（慈禧太后）手中，由她掌握最高决策权，将近五十年之久，这是近代中国最大的悲哀。李鸿章算是顶能干的了，别的且不说，单是北洋海军，只不过数年时间，就筑起了"钢铁长城"，军力跻入世界八强之列，使排在第十六位的日本羡慕不已。师夷之长技，到此程度，若魏源健在，也会击节叫好。但慈禧太后觉得够意思了，该轮到她整修颐和园来颐养天年了。试想，在

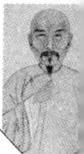

民主政体的国家，内有劲敌，外有强寇，岂能容许最高决策者瞎胡来，挪用海军经费去修建个人享乐的仙乡？几年后，北洋海军故步自封，裹足不前，日本海军则大幅度赶超过去，我方的主力舰定远号、镇远号时速不足十五海里，对方的主力舰吉野号的时速则高达二十三海里，长技不长则攻守异势。何待敌方见我方在主炮上晾晒衣裤而启轻视之心？各项技术指标一比较，答案就如同和尚头顶的虱子——明摆着。甲午海战，北洋水师全军覆没，三分之二的官兵做了"龙王三太子"，说到底，仍是政治腐败导致了军事失利，这么大的帝国，居然没有国防部和最高参谋本部，打起现代化战争来，只能两眼抓瞎。满清的王公贵族在国难方殷之际，依旧醉生梦死，苟且偷安，虽然有维新之举，有宪政之议，也无不浅尝辄止，脐风夭亡。

专制暴政政体的内部缺乏强旺的造血功能，颟顸的最高决策者——那位见识短浅的慈禧太后，除了好虚荣，讲排场，骄奢淫逸，别无安邦治国的才能，又如何领导一个下沉的老大帝国去获取生机？清王朝各级政府兴办洋务数十年，始终缺乏现代化的价值观和建立现代化制度的能力，因此只能束手束脚地搞"四化"（科技现代化），害怕解放思想搞"五化"（政治现代化），结果搞来搞去，搞出个"瘸腿的现代化"和"小儿麻痹症的现代化"，根本不堪一击，即便是这样畸形的既不中看又不中用的现代化，也因为制度性的缺陷和腐败而遭到"闷宫杀"，终至于学艺不精，长技不长，师夷数十年的结果只能用四个字来形容，那就是"有辱师门"，让洋人看了猛摇头，直冷笑。

魏源力倡"师夷长技以制夷"，主张科技救国，他开列出的虽然只是药效有限的偏方，在当时思想界"缺医少药"的情势下，已经是了不起的止血疗法。至于政治现代化，除非以革命的方式推倒专制王朝，建立民主政体，否则在中国传统的"八卦阵"中，只可能鬼打墙。

据美国学者费正清《伟大的中国革命·现代化的努力》所记，北洋水师于中日甲午海战中一战而烬后，光绪二十一年（1895），心怀丧师之痛的李鸿章硬着头皮赴东瀛求和，他与日本首相伊藤博文原是外交上正面交锋的对手，居然建立了相当不错的友谊，他们之间有一段客客气气的对话。李鸿章虽是战败方，但他仍按《孙子兵法》出牌，"上兵伐谋，其次伐交"。他说：

"中日是最近的邻邦，而且使用同一种文字，怎么能够成为敌人呢？我们应建立永久的和平与协作，不使我们亚洲黄种人受到欧洲白种人的侵略和欺侮。"

日本的边缘文化竟能反噬母体文明，已经说明它的活力异常强大。伊藤还能不明白这一点？所以他颇为自得，猛力敲打李鸿章：

"十年前我就劝过你，要改革。怎么到现在还没有一点动静和起色？"

李鸿章摇摇头，神情黯然。大清已是一桌"菜"，谁都可以下筷子，谁都可以染指分羹，他想改变这种颓势和乱局，谈何容易。李鸿章说：

"我国的事样样都囿于传统，我不能按我的意愿去做。……我的愿力很大，却没有实行的可能，自己深以为耻！"

李鸿章指出，中国的疾患很多，读书人所学非所用就是其中之一，"我中土非无聪明才力，士大夫皆习于章句帖括，弗求富强实济"，举国无人潜心研究科学技术，这样固步自封是不可设想的。要刷新这种局面，则"内须变法"，朝廷应修改科举制度，为专研技艺的人特设科目，授予同等荣耀的功名和官职，一旦此路通达，富贵可期，则士风丕变，"业可成，艺可精，而才亦可集"。但他这个较为温和的建议一直未能得到慈禧太后的首肯采纳，他的顾问冯桂芬提出以西方的各项知识作为政府选拔人才的标准，在当时，这样激进的主张自然更没有实现的丝毫可能。

直到七十四岁，主持洋务达半生之久的李鸿章才被迫走出国门（负有向俄国秘密乞援、签署《中俄密约》的使命），彼时正是他一生中心境最为凄苦的低落期。此行他游历欧美多国，眼界大开。德国内务大臣对他说过的一句话最堪寻味："若早来二十五年，岂不更妙？"真的晚了，一切都晚了，时间成本一旦耗空，就无法追偿。

相比而言，日本被迫敞开国门时，同样强调"富国强兵"，他们诚心诚意向西方学习政教、法律、科技，可谓尽弃故垒，不遗余力。明治政府废藩置县，大办银行，激励百工，斥巨资修建铁路，打造鹿鸣馆，礼遇外宾，厚待数以千计的外国专家，给予他们的报酬竟高于部长级的

官员。明治政府还派出以岩仓具视为团长的高层考察团，出使欧美十二国，为期一年零十个月。伊藤博文曾留学英国，后来四下西洋，考察的时间共计五年多，经过严格的训练，他的头脑具备了"求知识于世界"的库容量，他认定实际的"才艺"比虚矫的"道德"更重要。伊藤博文是个中国通，汉文水平足敷所用。这位日本内阁总理大臣既有西方人的思辩力，又有东方人的灵活性，为了引领日本人尽快"脱亚入欧"，他特意在家中举办四百多人规模的大型化妆舞会，他还时常抽空去基督教堂，倾听牧师讲解《圣经》，以示开化。明治天皇对伊藤博文的信赖和倚重（请他四次组阁，四任枢密院议长），也是李鸿章无法从慈禧太后那儿获得的，只有当她闯下大祸之后，才会将他这位极其称职的"救火队长"任命为全权大臣，为她排难消灾。

你可以说，在"有治人无治法"的中国政界，李鸿章只是一位精明强干的事务官，这个评价相当持平，不算高也不算低。他深知政治体制改革犹如换头手术，在中国殆无可能成功。他在极小的范围内发表过"变法度必先易官制"的真知灼见，对于政出多门的现状深致不满，但同时他又用相当畏难的语气说："中国文守千年，谁能骤更？"日本首相伊藤博文的最大贡献恰恰是在政治制度建设方面，经过他的多年努力，日本沿袭已久的专制政体终于升格为立宪政体，有了国会，有了宪法。相比伊藤博文，李鸿章的成绩单确实寒伧得太多。

一条腿走路的现代化，究竟能走多远？我们已经看到晚清的败亡，这个教训太大了。在九泉之下，想必魏源也会深刻反省自己独持一端的偏执，痛苦得踢烂棺材板吧。单纯的"师夷长技"只不过是书生之见，或谓之权宜之计，纵然能行，也是治标不治本。在魏源之后，还有许多人声嘶力竭地呼吁过"科技救国"和"教育救国"，结果总是受阻于专制政体狭小的瓶颈而事与愿违，这一经验教训极其雄辩地提醒了孙中山、宋教仁及其后来人：中国现代化的内容不该局限于"四化"，还隐含着更关键的"五化"，那就是政治现代化，失去这这一核心内容，强国梦就不可能变成现实。

曾国藩（1811—1872）：湖南湘乡（今属双峰县）人。字伯涵，号涤生，绰号"曾剃头"。政治家，军事家，理学家，文学家。湘军的创建者。官至直隶总督，武英殿大学士，封一等毅勇侯。谥文正。其重要著作为《曾文正公家书》。

曾国藩：魔鬼终结者

蒋介石常说，他"平生只服膺曾文正公"。大家都知道，这位出身于上海青帮的大独裁者并非读书种子，他的案头和床头却长年摆放着两部必读书（相当于两门必修课）：一部是《圣经》，他与宋美龄结缡后，即正式接受教会洗礼，成为基督徒，为了取悦年轻貌美、精明贤淑的夫人，他平日有一搭没一搭地翻看《圣经》中的福音，无非鼻子里插根葱——装象；另一部就是《曾文正公全集》，对于这部书，他才真可谓情有独钟，反反复复精读了数十年，感悟多多，可惜他疏于动笔，专论付之阙如，在日记中留下的高见太过零碎。

无独有偶，平生服膺曾国藩的，远不止蒋介石一人，蒋氏的死对头毛泽东有过之而无不及，他在1917年的读书笔记中坦承："愚于近人，独服曾文正。"还评说道："曾国藩是地主阶级最厉害的人物……近代中国人尤其湖南人，从权贵政要、志士仁人到青年学子，大多佩服曾国藩，

佩服其治学为人和带兵做事。……其政治立场和作为，自是站在历史进步反面的，但他毕竟是个复杂的人，有着多种身份的人，是个很多方面都留下自己影响的人物，所谓'道德文章冠冕一代'，是中国专制暴政阶级最后一尊政治偶像。"毛泽东具有很强的叛逆精神，与蒋介石大异其趣，他只在青年时代佩服了曾氏一阵子，中途就改变了主意。

如今，某些拧紧了发条的公仆，因为"体质"虚弱，禁受不住"厚黑学"这四川李家店"狗肉火锅"的恶补，就避难就易，将白话本的《挺经》（伪书）和《曾国藩家书家训》视为"官箴"，从中吸取教益。公务之余，酒色之暇，他们总要抽空瞟上几眼，心里才踏实。天分较高的选手往往能悟出言外之义，通了灵犀，开了天目，参透几式几招，官儿就越做越大。

一、众说纷纭曾文正

真有意思，曾国藩好比苏东坡，自诩有禅家"八风吹不动"的定力，却犹如百变金刚，生前死后，扮演的正角反角何其驳杂："中兴名臣""血诚儒者""百代之师""天地之完人""清王朝的走狗""汉奸""理学家""卖国贼""卫道士""伪君子""刽子手"和"厚黑教教父"。曾国藩以其出色的演技全面胜任，若涉足当今影视圈，去国外各大电影节捧回几尊"最佳男主角"金奖，我也不会感到有什么可以惊奇的。

按理说，后世史家要对前人盖棺论定，一百多年时差已经基本够用了，然而，关于曾国藩，却仍旧"誉之则为圣相，谳之则为元凶"（章太炎语），各执一端、相持不下的局面并没有太大的改观。曾国藩或为圣，或为魔，或被捧上青云，或被挤落枯井，荣辱都似鬼上身。像他这样身价暴涨暴跌，又暴跌暴涨的重量级人物，你掰掰手指，总共能数出几个来？历史的"大盘"潜藏着许多变数，我们勉强看得清楚，唯独这支忽而狂飙，忽而猛泻，又忽而疯涨的"股票"，让人看得眼也花了，心也乱了，不知该拿它如何处置。

曾国藩备受后人非议，除了他用程朱理学将自己捆得像粽子似的，有自虐狂倾向之外，主要在于此公特别喜欢用纲常名理的"强力漂白剂"给人洗脑，因此招惹自由主义者的厌憎。还有一条罪状如影随形，那就是他甘心充当清王朝的刽子手，毫不留情地镇压了太平天国，残杀百万同胞，可谓尸如山积，血如海流。有人义形于色地质问，满清王朝究竟有什么好？它眼看就要断气，就让它早点断气吧，别人都把"药箱子"盖上了，耷拉着脑袋，退到一旁，宣告束手无策，曾国藩却硬要充当妙手回春的"神医"，竟然强行出头，练成一支湘军劲旅，拼尽全力为身患"尿毒症"、已奄奄一息的封建王朝做成"换肾手术"。奇就奇在他居然起死回生，将命若游丝的清王朝从冥河边抢救过来，使它多活了好几十年光景。你说曾国藩多事不多事？坏菜不坏菜？

假如你是球迷，我还可以换一个更形象的比喻，曾国藩是满清"湖南足球队"队长，他带着一大群湖湘子弟，经过艰苦卓绝的拼搏，最终以"点球"淘汰了太平天国"广东广西足球联队"。你愤愤不平地说，这是反动势力扑灭了进步势力，真是这样子吗？我们可得把眼睛擦得更亮些去看。

洪秀全所创立的"拜上帝会"，巧借基督教中"圣父""圣子""圣灵"三位一体之说，用"天父""天兄""圣神风"的名目与之一一对应，带有明显的中国迷信色彩，与正宗的基督教风马牛不相及。你瞧，烧炭工出身的东王杨秀清哪像什么侠骨仁心的革命家？简直是个不折不扣的滑稽神汉。他动不动就让天父附体，闹腾得乌烟瘴气。以今日的标准来衡量，拜上帝会属于裹挟欺骗民众的百分之百的邪教组织。西方基督教会从一开始就不承认它的合法性，对太平天国公然篡改《圣经》，败坏耶稣基督的光辉形象感到极为愤怒。这说明，洪秀全大胆使用西方文明世界的上帝冠名，并未得到合法授权，算不得拿来主义，只能算是偷来主义。村学究洪秀全好歹也算半个知识分子吧，只因考了四次府试连个普通的秀才资格都没考中，就对中华五千年传统文明恨之入骨。"敢将孔孟横称妖，经史文章尽日烧"（《太平军谣》），秦始皇喜欢焚书，希特勒也喜欢焚书，独夫民贼个个喜欢焚书，直烧得烈焰冲天，谁称赞他们烧得对？历史早已证明，斯文扫地的政权从来都离"进步"二字甚远。

邹容在《革命军·革命之教育》中说："有野蛮之革命，有文明之革命。野蛮之革命，有破坏，无建设，横暴恣睢，适足以造成恐怖之时代……文明之革命，有破坏，有建设，为建设而破坏，为国民购自由平等独立自主之一切权利，为国民增幸福。"太平天国究竟是野蛮之革命，还是文明之革命？我们不妨睁大眼睛看看其所作所为。

洪秀全本名"火秀"，后改名"秀全"，即取"我乃人王"之意，哪里是要为天下人争什么万世太平？而是要做惟我独尊的专制君主。他恨知识，自然也恨知识分子，在他麾下，很少有读书人能一展平生所学。潘旭澜先生在《太平杂说·文化的悲哀》中写道："读太平军史料，有个现象引人注意：有文化的人很少参加，极少数参加的，几乎没有贯穿始终者。"为何如此呢？一方面，是因为洪秀全"武大郎开店"，容不得他人处处强过自己，尤其是在文化出身上强过自己，翼王石达开是秀才，单凭这一点，他就没什么好果子吃；另一方面，则是因为"读书人有基本的人生社会常识，难于无条件盲从邪教胡说。这正是洪秀全所讨厌所忌克的。他不但要成为政治、宗教权威，还要成为文化权威。于是，有文化者的命运就可想而知了"。洪秀全所推行的蒙昧主义乃是专制主义的极端产物，孙中山先生在论及太平天国时，曾说："革命后仍不免为专制，此等革命不能算成功。"装神弄鬼、自欺欺人的蒙昧主义可说是附骨之疽，正是它，吞噬掉了太平天国体内最后一丝元气。它不仅摧残传统文化，还极大地挫伤了江、浙、闽、赣一带的民族工商业，南京城里市面萧条冷落，昔日繁华一扫而空，变成了一座冷森森的大兵营。更令人发指的是，太平天国极端戕残人伦人性，诸王姬妾成群，天王洪秀全更是如同雄海狗，拥有八十八位王娘，东王杨秀清也不逊色，攻下武昌后，虽为时不久，却急不可耐地强征强选了六十名良家美女，供他一人享用。他们这些饱汉都快撑死了，那些饿汉，即中、下级官兵又如何？说起来真是可怜，他们虽有妻室，却要分营（女眷入女馆）而居，家人不得私聚，夫妇未经允许不准同床。违令者"斩首不留"。市民私产则勒令进贡，或干脆强行没收，投入"圣库"，成为洪秀全的私产。阖城上下除王侯高干之外，兵民同吃同住同劳动，整个南京城搞这种军事化的把戏，总共折腾了十一年（1853—1864）之久。洪秀全是什么天父之子、耶稣之弟？简直就是撒旦的化身。诸王穷奢极欲，然后再厉行禁淫、禁娼、禁赌、禁酗酒、禁吹烟（吸鸦片）、禁奸小弟（同性恋），完全是强盗逻辑：只许诸王放火，不许众人点灯。剥夺百姓的基本生趣，个人权利无从谈起，这是洪秀全做得最出格的一点。太平天国前后推行了十四年的恐怖主义和蒙昧主义，使南方数省的文化、经济大幅萎缩和凋敝，倘若它通过掰腕子大赛扳倒了满清，在全国范围内倒行逆施，后果将不堪设想。清王朝的确没什么好，它已烂到了根子上，是肺痨三期，但反文明、反人性、反社会的太平天国更糟，才不过短短的十四年，就患了黑死病。没办法，两害相权择其轻，历史这回选择了前者，算是不得已而为之，也算是睁开了一只眼睛。

最滑稽可笑的事情莫过于，某些数十年如一日自称以马克思主义唯物史观研究中国近代史的历史学家，他们一直不厌其烦地夸大太平天国的进步意义，可是在一百多年前，与太平天国同时代的马克思本人对这次近代最大规模的农民起义所持的却完全是否定的观点，他说："除了改朝换代以外，他们没给自己提出任何任务，……他们给予民众的惊惶比给予老统治者的惊惶还要厉害。他们的全部使命，好像仅仅是用丑恶万状的破坏来与停滞腐朽对立，这种破坏没有一点建设工作的苗头。"结论更是毫不客气："显然，太平军就是中国人的幻想所描绘的那个魔鬼的 in persona（化身）。但是，只有在中国才能有这类魔鬼。这类魔鬼是停滞的社会生活的产物。"（转引自潘旭澜先生的《太平杂说·后记》）我想，某些戴着自制的纸冠，动辄打出"马克思主义"这面杏黄旗的中国史学家，看了大胡子老马对太平天国这番毫不留情的评议，该是瞠目结舌，顿时感到索然无趣，或许还会有几分害臊吧。几十年来，某些巧借马克思主义名义行使话语霸权的史学家一直以肉麻的言词大肆褒赞太平天国，并且曲为之辩，强行给人洗脑，存心要使大家背对历史的真相，这样的学行非常可耻，也非常可恨。纳粹集中营的幸存者、诺贝尔和平奖的获得者魏瑟尔先生曾说："忘掉历史无异于对历史的受害者进行第二次屠杀！"这句话宛如一记长鸣的警钟，今人理应时时睁开自己的眼

睛去打量历史，于不疑处找到更多的疑问。

苦心孤诣专治中国近代史的大学者唐德刚先生（胡适的关门弟子）在《晚清七十年》一书中阐述了许多精辟的观点，论及洪、杨政权的腐败时，他指出："朋友，我们要记着，所有搞独裁专制的独夫政权，没有一个是把老百姓放在心上的。这些英雄好汉大都起自民间，出身于被压迫阶级。可是他们一旦翻了身，其狠毒、其腐化、其堕落、其制造被压迫阶级而奴役之的劣行，往往百十倍于原先的压迫阶级。本来嘛！中国资源有限，少数人要腐化、要享受，则多数人就要被压迫、被奴役——不管这些新的统治者，打的是什么旗帜，叫的是什么口号啊！"这段话无疑是拆穿西洋镜、揭示真相的智者之言。

早在一千七百多年前，被历代儒生诬为白脸"奸雄"的曹操就说过，要是没有他，东汉末年"曾不知几人称帝，几人称王"，天下将会乱成一锅稀粥，那绝非生民之福。曾国藩也是这样一位傲视沧海横流的人物，其主观上的努力使满清王朝暂时渡过了危险期，延长了四十多年的残喘，客观上的效果却是将改造中国的机会留给了未来优秀的革命家，如孙中山、黄兴等人，尽管双方的愿望有不少相悖之处，心气也并不相投，但后者的机会确实拜前者所赐。

围绕曾国藩，专门研究近代史的学者即使团团而坐，济济一堂，也至少还得再争议两百年，既然他是一块"三成熟的牛排"，我们就很难一下子将他吃透，那么何不先歇一歇，认真看看他的所作所为，别急于评骘善恶好坏，论定正邪忠奸，别那么脸谱化地评价一个人。曾国藩既会唱红脸，又会唱白脸，还会唱黑脸，而且唱得都不赖，观众激赏也好，反感也罢，他都照常演出，绝不会塌台。能否心悦诚服地接受他的戏？那就得看你偏好怎样的剧目，又是站在何种立场上去细细玩味了。至少有一点是肯定的，面对这样一位粉墨登场的行家，你绝对愿意奉陪到底。

二、不读兵书的人居然做起了湘军统帅

我们读正史、野史和古人的笔记小说，经常会遇到一些玄虚的文字。

在太史公的《史记》中，刘邦是赤帝之子，斩杀了拦路的白蛇，即斩杀了白帝之子。在葛虚存所著的《清代名人轶事》中，曾国藩则是神蟒转世，"公旧第中，有古树，树神乃巨蟒，相传公即此神蟒再世。遍体癣文，有若鳞甲，每日卧起，床中必有癣屑一堆，若蛇蜕然"，说得有鼻子有眼。非神人则不能建奇功，这正是弱国寡民的微妙心理在暗暗作祟。

曾国藩的父亲曾麟书在科场屡战屡败，是一位蹭蹬潦倒的老童生，倒是他的两个儿子大跨步抢到了他的前头，曾国藩中了进士，曾国荃则成了贡生（国子监的太学生）。曾麟书见长江后浪推前浪，儿子都盖过了老子，乐得自撰一联，让曾国藩书写，其辞为：

有诗书，有田园，家风半读半耕，但以箕裘承祖泽；

无官守，无言责，时事不闻不问，且将艰巨付儿曹。

貌似洒脱，老爷子何尝没有无奈。相比而言，林则徐的父亲林宾日题联于书斋，就比曾麟书要爽气许多，林父的联语是："粗衣淡饭好烟茶，这个福老子享了；齐家治国平天下，此等事儿曹任之！"

曾国藩二十七岁中进士，只因是三甲检讨出身，视为生平第一憾事，谁若无意间触及，他的目光就会阴沉。打个比方吧，旧时殿试揭榜，一甲即鼎甲，共有状元、榜眼和探花三人，是优秀产品；二甲呢，共有第四名（通称传胪）及其后的若干人，是正品；剩下的就是三甲了，人数较多，是次品。叙用时，自然也有很大的差别。一甲是"赐进士及第"，点翰林的机率为百分之百；二甲是"赐进士出身"，点翰林的机率在5%左右；三甲为"赐同进士出身"，按清代惯例，点翰林的机会微乎其微，外放的机会则在百分之九十以上。到了地方，从芝麻官做起，不知猴年马月才有伸脚出头之日，这正是曾国藩当初不开心的原因。好在他吉人自有天相，得朝中大臣穆彰阿鼎力援手，入了翰林院，做了京官，调子很顺，步步莲花，不到四十岁，就被擢升为副部长（礼部侍郎）。但无论如何，三甲出身始终是他的心病，正如举人出身是左宗棠的心病一样。

曾国藩号称"滑稽之雄"，可不是整天一副苦瓜相。有一次，他故

正在扬帆东下的湘军水师

意打趣某位以惧内而且是怕小老婆出名的幕僚，倏然亮出上联"为如夫人洗脚"，原以为某君平日虽饶有捷才，这回也保不住要当众犯窘，大出洋相。可是他发招太过刚猛，迫使某君负隅顽抗，无暇顾及他所嘲谑的人是湘军大帅——自己的顶头上司和衣食父母，一心只想着还击这位悍然来犯的假想敌。于是，某君应声对出下联"赐同进士出身"。闻言，曾国藩自取其辱，大感惭恚，脸色唰的一下就白了。

历史有时候就好像是冯梦龙小说中的那位乔老爷，喜欢乱点"鸳鸯谱"，心血来潮时乱点的竟比深思熟虑后精选的更合卯榫。在江河日下的末世，曾国藩具有民胞物与之量，追求内圣外王之业，立志救焚拯溺，嘘枯回生，而且博求济民之方，却唯独对兵法兴趣不浓。历史仿佛有意要与世人开个天大的玩笑，让这位讨厌兵书的人带兵去"办此滔天之贼"，与太平军恶战十年，居然取得了最终的胜利。曾国藩晚年讲述心得："士大夫处大事，决大疑，但当熟思是非，不必泥于往事之成败，以迁就一时之利害也。"诚然，兵凶战危，贵在应变出奇，哪有什么现成的蓝本可以参照？早年他不读兵书也就算了（后来还是读了不少，恶补一番），不去"军事家培训班"上课也没关系，但大笔的学费不得不交。

年轻的烧炭工杨秀清是军事奇才，在他的统领下，太平军就像一股所向披靡的龙卷风，清朝的绿营军则如残枝败叶，根本经不起这奋力一卷。太平军从广西金田杀到湖南省会长沙，只用了半年时间，再从湖南杀到南京，只用了不到一年时间，以"摧枯拉朽"这样的说法来形容，丝毫不算夸张。腐败无能的绿营军兵额多达六十四万之众，倘若指靠这些阿兵哥保家卫国，纯属痴心妄想。不靠正规军还能靠谁? 得依靠乡勇，即地方上的民兵。乍听去，你会认为这是一句不负责任的玩笑，实际上，这既不好玩，也不好笑，只是当时的现实。清廷决策者的想法再简单不过了，太平军纠集的是乌合之众，战斗力极强，南方各省练乡勇，首先发扬的是"地方保护主义"，然后才是"爱国主义"，没道理不凝聚人心。若练得合门合道，有声有威，则完全可以胜过"流寇"。依照曾国藩的说法，天下大患是"国用不足，兵伍不精"，清廷正犯此病。要打赢这场旷日持久的消耗战，军费开支的大缺口难以填补，国家拿不出钱粮，不得已，把难题一层层往下推，地方上开设厘金局也好，加征苛捐杂税也罢，总之浩繁的军费必须自行筹措，自行解决，一句话：中央已无法顾全地方。

在此危急存亡之秋，地方武装力量的雄起是好事，也可能是坏事，朝廷特别害怕这股力量失去控制，会落入野心家手中，变成一柄锋利的双刃剑，斩了洪魔，再反过来灭清妖。这就难怪素以苛察为能、对汉人心怀戒惧的咸丰皇帝会好一阵狐疑不决。他心里很清楚，要是找准了人，既倒的狂澜还可挽回；要是挑错了人，江山极可能骤然变色——由"青"（清）转"红"（洪）了。咸丰三年（1853），曾国藩因为母亲过世，回到湘乡老家荷叶塘守孝，礼部侍郎一职依例开缺。此时，国难当头，刀山总得有人先登，火海总得有人先跳，那些朝廷中的大臣只知妥善保管自家首级，畏畏缩缩，似乎彼此打好了商量，集体举荐曾国藩为最佳人选，夸赞他为人忠悫，有胆识，有干才，能够主持南方大局，颇有舍他其谁的意思，这简直就是把曾国藩往绝路上推。此前，咸丰皇帝对这位曾侍郎勤谨办事的作风留有良好的印象，心想，就算他办团练办不出什么名堂，还不至于反戈一击，那就让他试试吧。这是一种典型的"拿驴

敢为天下先
——纵横天下湖南人

子当马骑"的心理。被皇帝点了将，曾国藩并不开心，他不想接下令牌，仍坚持守孝三年。这时，好友郭嵩焘来劝驾，他说："公素具澄清之抱，今不乘时自效，如君父何？且墨绖从戎，古制也。"曾国藩权衡再三，最终听从郭嵩焘的劝告，慨然接受了这桩棘手的差事。

曾国藩遵循戚继光的遗法，"募农民朴实壮健者，朝夕训练之"，对于才智之士则以诚意相感召。《清史稿·曾国藩传》写道："国藩为人威重，美须髯，目三角有棱。每对客，注视移时不语，见者悚然，退则记其优劣，无或爽者。"他鉴人的功夫极佳，擢拔的将领不少，罗泽南、塔齐布、杨岳斌、彭玉麟、李续宾、李续宜、曾国荃、李鸿章等，都是智勇双全的名将。

万事开头难。曾国藩在长沙办团练，难处多多，"筹兵，则恐以败挫而致谤；筹饷，则恐以搜刮而致怨"。湘勇是杂牌军，常遭受标兵方面的歧视和欺凌，双方狠狠地掐了几回死架，仇怨越积越深，大有火并的危险。若不是咸丰皇帝对曾国藩优诏褒答，信任有加，地方官员还会在他的屁股下面猛烧一把邪火。曾国藩知道，此时小不忍则乱大谋，于是移节衡阳。湘勇还未练成精兵，犹如钢刀还未开刃，就有人急着要用它割肉；饭还未收水，就有人急着要用它充饥。咸丰皇帝一道诏令，催促曾国藩速与"发贼"（太平军）交战，及早挽救东南危局。曾国藩迫不得已，只好"以赛代练"，先是派罗泽南率领一千二百名湘勇支援江西，才这么一点人马，把它当成盐，不够咸，当成胡椒，又不够辣，简直是垂饵于鲨口，结果被太平军"打了牙祭"，险些连骨头渣子都不剩。湖广总督吴文镕败死于黄州，湘军名将江忠源战死于庐州，战局愈益不利。没法子，曾国藩只好亲自挂帅，要与"发贼"真刀真枪见一回高下。

曾国藩一生遭遇大厄的地方共有三处：一为靖港，二为湖口，三为祁门。靖港之战是他的"处子秀"，就险些将一口大锅砸得稀巴烂。那是咸丰四年（1854）四月的事情，曾大帅误信传言，以为驻扎在靖港（省会长沙以北六十里外）的敌营空虚，有机可乘，他亲自带领五个营的湘勇去夜间偷袭，结果中了埋伏，输得脸色铁青。当时，湘军初战不利，士气大挫，纷纷夺路溃逃，水上那座用门扉床板搭就的浮桥，哪经得起这番蹬踏折腾，于是湘勇落水的落水，中箭的中箭，靖港顿时沸成了一口汤锅，湘勇则变成了露馅的菜饺。曾国藩前线督战使奇招，插一面令旗在岸头，手提利剑，大呼："过旗者斩！"残兵败将见此情形，急中生智，绕过旗杆，逃得无影无踪，战局立刻就黄了。当时曾国藩气昏了头，还是吓昏了头？已不可考证。唯一可知的是，他羞愤莫名，又惧怕朝廷责难，干脆一咬牙，纵身跳进冷冷的江水里去，喂鱼算了。要知道，安徽巡抚江忠源和湖广总督吴文镕都是战败后投水自杀的，好过做太平军的俘虏，或受朝廷的处分。倘若曾国藩转世轮回，凭仗宿慧，做一位优秀的跳水运动员，应该绰绰有余。好在他的幕僚章寿麟一直暗中紧盯这位上演处子秀的大帅，以防意外。才不过一顿饭的工夫，大帅就不想玩了，不想活了，这还得了？章寿麟水性上佳，力气又大，他捞起曾国藩（曾大帅个子小，体重为五十余公斤），背着就往省城方向一路狂奔，好歹把湘军统帅的那条老命（曾国藩不算老，才四十三岁）从冥河边捡了回来。

曾国藩真要是喂了鱼，怎么办？别人都说，那可就坏了，继起者谁有本事收拾此后越发糟糕的局面？但也有一人不以为然，这人就是与曾国藩瑜亮一时的左宗棠。章寿麟晚年请人画了一幅《铜官感旧图》，内容是纪念他早年在靖港救起曾国藩的那次壮举，请了当时许多名人作序。左宗棠也用心写了一篇，说到曾国藩的获救，他说："夫神明内也，形躯外也，公不死于铜官，幸也；即死于铜官，而谓荡平东南，遂无望于继起者乎？则不然矣！事有成败，命有修短，气运所由废兴也，岂由人力哉！"言外之意是，曾某人死了，不仅地球照样转，天下也会照样澄清，我左某人强者运强，又岂是吃闲饭的无能之辈？后来，湘军名将罗泽南念及曾国藩兵单势绌，慨叹道："天苟不亡本朝，公必不死。"左宗棠对这样的说法显然是不以为然的。

李元度撰写的这篇序文绘声绘色。他说，曾国藩获救后，第二天中午才抵达长沙，此时曾大帅身着湿衣服，蓬头跣足，样子狼狈不堪，省城的官员幸灾乐祸，对他不无揶揄。部下劝他吃饭，他也不动筷子不碰碗。当天，他就搬到城南高峰寺去住，撰写一份遗嘱（这是曾国藩的习惯，

每遇棘手事，就写下遗嘱存档），处分后事，打算第二天自裁（这回更不得了，要对自己下毒手，白刀子进，红刀子出）。所幸塔齐布、彭玉麟等人率领十个营的湘军攻下了湘潭，靖港的太平军已闻风逃逸，他这才如逢大赦，破涕开颜，重整旗鼓，收拾残局。左宗棠的序文还补充了一条有意思的材料，说是曾麟书在湘乡老家听到儿子吃了败仗，打算自杀的消息，就立刻写了一封措辞严厉的信给曾国藩，其中有这样的话："儿此出以杀贼报国，非直为桑梓也。兵事时有利钝，出湖南境而战死，是皆死所；若死于湖南，吾不尔哭也！"老爷子这回真的动了肝火脾气，与《水浒传》中宋江的父亲宋太公责备儿子的那套说词异曲同工。他的意思是：你堂堂男儿，报国捐躯，死哪儿去不行？现在吃了败仗，硬要死在家门口，岂不是让祖宗十八代都跟着丢人现眼？要是你就这样子嗝儿屁了，我可是一滴老泪都懒得为你流！老爷子做政治思想工作，一手软，一手硬，火候恰好。

　　靖港这回没死成，后来曾国藩在湖口大败，情急心慌，又要跳水寻短见，比起往日来，明显多了几许作秀的成分。曾国藩将大营驻扎在皖南祁门，要权没权，要军粮没军粮，要军饷没军饷，作为"客军"，长期虚悬在外，日子倍加难熬，用他自己的话说，是"打脱牙齿和血吞"，用王闿运的描绘，则是"寒月漠漠如塞外沙霜"。据《欧阳兆熊笔记》所述，当时曾府中的幕僚惶惶不可终日，都把行李收拾好，放在船中，随时准备散伙逃命。有人问作者（欧阳兆熊）："死在一堆如何？"可见士气之低迷，人心之悲观。曾国藩将众人的肚肠看得雪样分明，干脆发令："贼势如此，有欲暂归者，支给三月薪水，事平仍来营，吾不介意。"众幕僚听了这话，且惭且愧，人心反而安戢如堵了。

　　曾国藩受足了磨炼，再怎么吃苦，再怎么受罪，再怎么遭憋屈，他都能忍。在中国封建社会，除了集强权于手的帝王之外，其他人若有基本觉悟，就得修习"忍"功。百炼钢化作绕指柔，说是这么说，可谁都会有忍无可忍、是可忍孰不可忍的时候。咸丰皇帝多疑忌，若非万不得已，怎肯轻易给一位汉臣制衡东南的兵权？对这位万岁爷的疑虑，曾国藩洞若观火。更可怕的是那些朝中大臣时不时还给皇帝的耳朵喂上几句

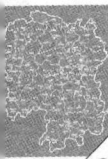

阴险的谗言。曾国藩收复武昌，咸丰皇帝大喜过望，赞叹道："真想不到曾国藩一介书生，竟能立此奇功！"军机大臣祁寯藻却从旁大泼冷水，说什么曾某某只是一名在籍的侍郎，相当于匹夫，匹夫一呼，而应者云集，未必是国家之福。曾国藩忍耐到了极限，正巧老爹于咸丰七年（1857）二月作古，他弃军不顾，奔丧回乡。清廷这才知道好一位听从调派的湘军统帅，也有自己的驴脾气。怎么着？咸丰皇帝并不蠢，干脆顺水推舟，给曾国藩三个月假期治丧，让他忠孝两全。

在封建社会，大家都得兜着圈子说话，绕着弯子做人，于是无论说话还是做人都有十分精细的技巧。曾国藩度完了三个月假，上奏要求终制（旧时父丧须守三年，高官也不例外，守丧期间不能任职，若要提前上岗，必须呈明正当理由，还须得到皇帝的批准才行）。他乘机大吐苦水，说自己多年来挂个侍郎的空头衔，别说权力低于巡抚，甚至连提督都不如，这样处处受制，粮饷常无着落，又如何进一步开展工作？话说到这份上，意思非常明白：你皇帝老儿要是不肯给我地方军政大权，我就在家长期待着，不出山了，你另请高明去收拾东南危局吧。此时，恰遇太平军内讧，北王韦昌辉在天王洪秀全的授意下，血洗天京，杀了东王杨秀清。事变后，翼王石达开兴兵勤王，奉天王洪秀全的密旨，杀掉了北王韦昌辉和他的众多党羽，全盛的太平天国因此元气大伤。疲于招架的满清王朝总算得到喘息之机，咸丰皇帝乐观了，就不信没有曾国藩这把食盐，嘴里就会淡出鸟来，干脆将他撇在湘乡荷叶塘，这一撇就是一年半。其后，虽强行起用曾国藩，却仍然让他挂着兵部侍郎的虚衔，不给他足够的军政大权。应该说，是太平军勇将李秀成和陈玉成"请出"曾国藩再度主持湘军，经他们好一番大刀阔斧的折腾，清军重兵守卫的杭州、苏州相继失陷，浙江巡抚罗遵殿自杀，两江总督何桂清弃城而逃，东南形势急转直下。咸丰皇帝裤裆里回了潮，他担心的是曾国藩出工不出力，只好赶紧将江苏、安徽、江西三省的军政大权一兜囊全都奉上，救命这位忠勇可嘉的湘军统帅"以兵部尚书衔署理两江总督"（其后不久还让他兼任浙江巡抚），如此沉重的担子，当时普天之下也只有曾国藩的肩膀能够挑得起。

主宰东南战局后，曾国藩的步调越走越顺，直至攻克江宁（南京），爵封一等侯（除却清初的三藩，一等侯爵是清王朝对汉族官员的最高礼遇，左宗棠军功盖世，也只封为二等侯）。坊间有许多传说，曾国藩握有制衡东南半壁的兵权后，不免动了异心，有过一时的恍惚。主要是帝王学大师王闿运极力怂恿他拥兵自重，自立为王，与清王朝和太平天国形成三足鼎立之势，以彼为鹬和蚌，听其相争，自为渔翁，坐收其利。曾国藩有可能怦然心动了，但权衡再三，风险太大，当内患日深，外侮正殷之际，若私欲自逞，弄不好就会身败名裂，成为千古罪人。再者，湘军师老兵疲，暮气渐深，将士多半贪财好货，无利时可以为利拼命，有了利则骄奢淫逸，进取心全无，已难为大用。此外，我们细察曾国藩平生心迹，不难发现，他奉行的三字真经是"慎"字第一，"忍"字第二，"诚"字第三。他号称一代理学宗师，若被天下人指为曹操那样的"奸雄"，无疑是自砸金字招牌。因此，江南平定后，曾国藩就着手遣散湘军，首先遣散其九弟曾国荃统领的嫡系部队吉字营，以熄天下谤焰。

同治年间，曾国藩在湘乡老家兴建了一座大宅院，名为"富厚堂"。湖南有风俗，筑新屋，必诵上梁文，工匠善诹，用湘乡方言为之颂祷："两江总督太细（小）哩，要到南京做皇帝。"乡愚无知，也可见民心之一斑。又据梁溪坐观老人所著的《清代野记》所述，彭玉麟收复安徽后，立刻单独派船送密件给曾大帅，全信寥寥十二字："东南半壁无主，老师岂有意乎？"曾国藩此时已笃定心思，无复有觊觎之志，所以装出一副生气的样子，说什么"不成话，不成话，雪琴还如此试我，可恶，可恶"，说完，当即把信撕成碎片，当作小点心，囫囵吞进肚子里去，以免贻人口实。

孔子对人性了解得甚为透彻，作为儒家宗师，他为徒子徒孙订立了三条"戒规"："少之时，血气未定，戒之在色；及其壮也，血气方刚，戒之在斗；及其老也，血气已衰，戒之在得。"曾国藩既已位极人臣，必须担心的是功高震主，晚年，倘若他欲壑难填，还要得到什么，那就会直奔御座而去。但他及时刹了车，熄了火，低调处世。他为朝廷卖命几十年，最终仍不得不深自韬晦，否则，虎跃鹰扬，徒然为亟速取祸之门。

在专制暴政沉重的铁铡下，还能有多少硬挺的腰板？

　　曾国藩晚年接连办砸了两件事，使其英名大损。先是挥师镇压纵横于北方的捻军，师老兵疲而所获寥寥，他赶紧自劾，推荐精明强干的弟子李鸿章督办军务；后为同治九年（1870）他作为直隶总督与法国人交涉"天津教案"，清议与民间舆论普遍主战。当时，曾国藩病目，心情很灰，被朝廷塞了一块通红的烙铁在手，尴尬难堪，可想而知。他由保定奔赴津门，竟立下遗嘱和誓言："危难之际，断不肯吝于一死，以自负初心。"大有视名誉重过生命的意思。但到了天津，他冷静下来一想，国家内乱未靖，若外衅再启，则财力、兵力均不敷急用，这事真还不是自己一死可以从善了结的。于是，他决定牺牲名誉，力主和谈，"得尽其心，不求人谅"，杀了十七名作乱的嫌犯，举国为之哗然。曾国藩的这步棋"叭"的一声落于枰上，各界的唾骂即纷至沓来，"汉奸""卖国贼"之类的恶谥黏在身上，摆都摆不脱。即使是知交朋辈，也不能鉴察他的苦衷，致书责难者甚夥。曾国藩深知辩解无益，干脆以"外惭清议，内疚神明"相答，他喃喃念叨袁了凡的语录："从前种种譬如昨日死，以后种种譬如今日生。"若能脱胎换骨，重新做人，他绝不会迟疑。为着自毁清誉，曾国藩是否把肠子悔青了呢？没人知道。但他见摒于清议之后，精神就如同斜墙上的瓦片一样摇摇欲坠，因此折损天年，倒是有目共睹的。其时，也有另外一种声音，认为曾国藩与其弟子李鸿章勇于议和，说明他们敢负责任，敢挑担子，庚子年（1900）慈禧太后利用义和团妄启兵端，结果怎样？不是输得鼻青脸肿，更加难看吗？

　　曾国藩一介儒生，以天下为己任，统兵百万，底定江南，纾大难，除大憝，确实算得上是一个不小的奇迹。蔡锷在《曾胡治兵语录》中评点"将材之用"，特别表彰了曾国藩和胡林翼的"良心"和"血性"。他说："咸、同之际，粤寇蹂躏十余省，东南半壁沦陷殆尽。两公均一介书生，出身词林，一清宦，一僚吏，其于兵事一端，素未梦见。所供之役，所事之事，莫不与兵事背道而驰。乃为良心、血性二者所驱使，遂使其'可能性'发展于绝顶，武功烂然，泽被海内。按其事功言论，足与古今中外名将相颉颃而毫无逊色，得非精诚所感，金石为开者欤。苟曾、胡之

敢为天下先
——纵横天下湖南人

良心血性而无异于常人也，充其所至，不过为一显宦；否则亦不过薄有时誉之著书家，随风尘以殄瘁已耳！复何能崛起行间，削平大难，建不世之伟绩也哉！"同为爱国爱民，惟大将能探大将的肝肺，惟大将能识大将的胸臆。

三、剃头加洗脑

功业在其次，对于曾国藩的为人，大家更有兴趣，也谈论得较多。说到他，"曾剃头"的恶谥就好比注册商标，这足以说明他够狠够辣。湘军初起时，曾国藩在奏章中声明："……臣欲纯用重典，以锄强暴。即良民有安生之日，臣身虽得残忍严酷之名，所不敢辞。"但他主张杀降，将俘虏就地解决，命令曾国荃不可向饥民放赈，必须把江宁城内放出的妇女儿童重又强行遣送回去，以造成敌方内乱加剧，这些不义之举不免遭到时人和后人的诟病。

先是曾国荃安庆杀降和南京屠城，后来又有李鸿章手下大将程学启（太平军降将）在苏州杀降。曾国荃杀的多为降卒，程学启杀的则是太平天国的八位降王。据《凌霄一士随笔》所述，曾国藩在安庆得到李鸿章收复苏州的捷报，初闻大喜，继而愀然不乐，想到那些投降的诸王未必服贴，拥众太多而余势太盛，不禁为淮军深感忧虑和危悚。幕僚入帐祝贺，他却绕室彷徨，脸上只有忧色，全无喜气。直到听说李鸿章的部将程学启诛杀了八位降王，他心里高悬的那块大石头才总算落地为安，也只有到这个时候，曾国藩才一个劲地称道李鸿章办事英明果决。他在日记中写道："李少荃（李鸿章字少荃）杀苏州降王八人，殊为眼明手辣。"曾国藩在战时赞成杀降，罪无可逭，后来，他又亲手下令杀害了被囚的太平天国忠王李秀成，而且删削改窜了李秀成的供词，其居心何如？耐人猜详。曾国藩老谋深算，将李秀成押解赴阙，虽是首功一件，但保不准他会说出什么恶毒攻击曾大帅和湘军众将士（尤其是曾国荃）的话来，而且李秀成的脑袋里还有一本南京和苏州的财富账，只要他透露个三言两语，湘军的剽掠行为就会穿帮露馅。到那时，湘军大帅惹上一身腥一身蚁，功名打折尚在其次，授人以柄，后患无穷，才是真正可怕的事情。曾国藩杀害李秀成，无论如何，都是对历史不负责任，由此可见，私心之下，人间公义难存。

曾国藩为人刻薄寡恩，也颇遭时人非议。李元度的文采智略皆非凡品，在曾国藩幕下屡建奇策，只因徽州之败，即失欢于曾大帅，遭到严劾，削职为民。多年后，李元度觅得良机，好不容易重获起用，但曾国藩揪住他的辫子不放，直把他劾得灰头土脸，无地自容。此外，章寿麟不仅救过曾国藩的命，而且才情不俗，也未曾得到曾国藩的善待，更别说礼遇。曾国藩只为向天下人明示他用人无私，连救命恩人也不惜开罪。章寿麟在官场多年浮沉漂荡，终于心灰意冷，请人绘制《铜官感旧图》，同时代的诸多名人为之题序。不用说，他心里实在是憋屈得太难受了，借此一吐积郁。江西南城知县王霞举曾为处境艰难的湘军筹粮出过大力，患难中施以援手，曾国藩得势之后，却对他视同路人。

无论是做人还是打仗，曾国藩都极力讲求一个"诚"字，他尝言："以诚为之本，以勤字、慎字为之用，庶几免于大戾，免于大败。"曾国藩皈依孔孟，服膺程朱，自称为"血诚儒者"，平日讲求以诚示人，以德服人，但同时代的不少敌友始终怀疑他装伪作秀。左宗棠毫不买账，批评过这位假想敌"貌似君子，实为小人"。当初，曾国藩为众将所误，奏称小天王洪福瑱已死于金陵乱兵之中（实则未死），左宗棠检举他作伪欺君。这纯属一场误会，可撇在一旁，姑且不论。另有一件事情，他却无词平息时人的讥议。1861年7月，咸丰皇帝客死于热河，八月湘军攻陷安庆，曾大帅被胜利冲昏头脑，直如三月不知肉味的饿汉，居然置国丧于不顾，在军中纳陈氏为妾（有人说，曾国藩纳妾只为找个挠痒人，他的牛皮癣奇痒难忍）。以今人的眼光看问题，皇帝蹬腿嗝儿屁，与曾国藩娶小老婆，二者风马牛不相及。但在封建社会，身为朝廷命官，曾国藩这样做，违背了大礼，触犯了大忌，属于恣情纵欲，胆大妄为，若不是朝廷倚赖他剿灭太平军，此事不可能化小化无。曾国藩长期以"克欲"、"存诚"来自勖，屡屡对朋友晚辈谆谆告诫，到头来，却食言自肥。曾大帅的福气浅，只享受了一年多的幸福生活（陈氏妾在行

营病逝），这件事却弄得自己气沮，惹得朋友不欢，确实有点得不偿失。明代的理学大师王阳明可算是一位实话实说的学者，他带兵剿除了赣南的乱军之后，曾深有感慨地说："破山中贼易，破心中贼难！"曾国藩能破江南百万太平军，心中的欲念却终归无法弹压，致使"吾心之贼破吾心之墙子"，一代理学宗师，其威信因此大打折扣。但反过来说，这恰恰证明曾国藩只是肉眼凡胎，与神和圣并不搭界。

易宗夔著《新世说》，其中记有多条曾国藩的轶事。曾国藩曾与幕僚开玩笑："拼着老命艰苦创业，这不是常人能力所及，但也未可一概期待贤者大包大揽。应当在德行、文学、言语、政事四科之外，另设一科，叫'绝无良心科'。"这至少透露了一点信息，要干大事，先得将良心流放塞外才行。曾国藩一生运斤成风，最可怕的两"板斧"一为杀人，二为洗脑。如果说他杀人尚属间接行为，洗脑则为直接操作，尤称行家里手。法国思想家卢梭有一句名言："谁控制了人们的思想，谁就可以控制他们的行动。"对于洗脑的好处曾国藩领会更深。平日，他跟朋友、属下和家人谈话写信，均念念不忘洗脑这门绝活，以程朱理学"存天理，灭人欲"的金刚箍牢牢地套在对方头顶，有事无事念三遍紧箍咒，叫人实在受不了。

曾国藩岂不是皈依孔孟，正心诚意的功夫一流吗？孟子说："人之患在好为人师。"曾国藩给人洗脑即犯此病。不过，他给人洗脑，你可以明里受洗，暗里拒洗，与法西斯式的强行洗脑还是有明显的区别。倘若一定要作客观评价，曾国藩洗脑的成就实在不高，令人很难恭维。最典型的例子是，他的长子曾纪泽接受严父教诲多年，却一朝尽弃所学，借出使俄国之便，用洋俗，行洋礼，娶洋人，绝对背离了家风，对此曾国藩也只能睁一只眼闭一只眼，听之任之。

最可悲的是，曾国藩积累了数十年的"教学经验"，到头来，却一改惯常的理学家面目，示人以阴阳家声气。据朱克敏的《雨窗消夏录》所记："曾文正公尝谓吴敏树、郭嵩焘曰：我身后碑铭必属两君。他任捃饰，铭词结语，吾自为之，曰：不信书，信运气，公之言，传万世。"他最后传人的口诀竟是这十二个字，怎不教儿女、友人、部属跌碎几千几

万付眼镜？曾国藩平日讲的是孔孟儒道和程朱理学，经他数十年如一日的熏陶，别人已经深信不疑了，至少也是将信将疑，他这位"伟大导师"内心却根本不信，还有比这更荒诞的黑色幽默吗？他还算好，良知未泯，真诚未绝，在生前，肯揭破自己神圣的假面，拆穿自己真实的谎言，人之将死，其言也善，还有一点"临终关怀"（不是生者关怀濒死者，反过来，是濒死者关怀生者）。法西斯的洗脑大师却死到临头仍要一口咬定自己那套鬼把戏是天经地义的，还想继续将世人蒙在鼓里，关在笼中，宅心反而远不如曾国藩仁厚。

曾国藩终生相信运气，但他崇信运气的态度前后有些变化。壮年时，军书旁午，戎马倥偬，局势忽好忽坏，他的赌兴和运气挂钩。"吾尝举功业之成败，名誉之优劣，文章之工拙，概以付之运气一囊之中，久而弥自信其说之不可易也。然吾辈自信之道，则当与彼赌乾坤于俄顷，较殿最于锱铢，终不令囊独胜而吾独败。"当年，他强调自信心，而这种自信心逐日消磨，终于所剩无几。胡林翼也曾喟然慨叹："成败利钝，实关天命，吾尽吾心而已。"两位好友，身处艰危之境，都把天命和运气看得极重。

读罢曾国藩出尔反尔的十二字"真经"，我不由得心中一凛，在这个谬悠之说蜂起的世界，你究竟能相信谁？谁又是值得你信任的"导师"？你很可能受骗一生，被洗脑一辈子，最终，那人大声告诉你，以往的折腾都是逗你好玩的一场迷梦、一场游戏和一场灵魂的"浩劫"，你受得了这一恶补吗？你还能不能心平气和？在专制王朝的君臣中，凡是有大手段大学问的，都以给大众洗脑为平生快事，一级一级往下洗，直将万民的大脑洗成空白，他们才能恣意妄为，举国上下，也没有几人质疑他们的恶行，山呼万岁，早请示，晚汇报，手之舞之，足之蹈之，丑剧一幕接一幕。曾国藩显然是一个坏榜样，最终他还忍不住破坏了行规，可想而知，九泉之下他必定会遭致后世洗脑界的高明同行暴凑痛殴一顿。

四、力倡勤俭

"凡世家子弟衣食起居，无一不与寒士相同，庶可以成大器；若沾染富贵气习，则难望有成"，"切不可忘却先世之艰难，有福不可享尽，有势不可使尽"，"不望子孙做大官，只望做读书明理君子"，"凡家道所以可久者，不恃一时之官爵，而恃长远之家规；不恃一二人之骤发，而恃大众之维持"，"若子弟不贤不才，虽多积银积钱积谷积产积衣积书，总是枉然。子弟之贤否，六分本于天生，四分由于家教"，曾国藩正是基于这样清醒的认识，才不厌其烦、苦口婆心地训导诸弟、诸子、诸侄，要他们勤俭持家，不可懒惰奢靡。在他极力提倡的八德（"勤、俭、刚、明、忠、恕、谦、浑"）中，"勤"、"俭"赫然排在首位和次位，偌大一个"忠"字却被挤到后面去。你别说，他这一"笨招"确实行之有效。曾氏家族人才辈出，虽过五世而君子之泽未斩，就是一个雄辩有力的证明。

一个人身居高位，享有厚禄，居然力倡勤俭，不知你信不信，我却打算冒险，相信他一回。北宋的大史学家司马光曾用"俭以养德，清以修身"八字教诲其子司马康。与司马光同时期的大文豪欧阳修也终生念念不忘"由俭入奢易，由奢入俭难"的母训。明末理学家朱柏庐的《朱子治家格言》更是深入人心，其中那句"一粥一饭，当思来处不易；半丝半缕，恒念物力维艰"，旧日的读书人几乎口口能诵。一生之计在于勤，曾国藩数十年行之不懈，著述就不用说了，光是那些日记和书信，要在倥偬辗转之中，万机百务之余，年年写，月月写，日日写，相当不容易。曾国藩有早起的习惯，他常用开玩笑的语气提醒别人"起得早，捡个金元宝"，还说过"早起三日当一工"的话。他恪守的八字家规"考、宝、早、扫、书、蔬、鱼、猪"中第三项就是早起。带兵期间，曾国藩天还未亮就起床，鸣炮一响，布席开餐，众幕僚以此为苦。李鸿章后来对人说：

"我老师实在厉害，从前我在他大营中，从他办事，他每天一早起来，六点钟就吃早饭，我贪睡总赶不上。他偏要等我一同上桌。我没法，只得勉强赶起，胡乱盥洗一番，蒙眬前去过卯，真叫受罪。等日久习以为常了，也渐觉苦尽甘来。我日后办事，亦能早起，才知受益不尽。这都是我老师造就出来的。……在营中时，我老师总要等大家到齐才操筷吃饭。饭吃完了，时间尚有余裕，众人即围坐谈论，经史子集，娓娓不倦，都是于学问经济有实用的发言，吃一顿饭，胜过上一堂课。他老人家又最爱讲笑话，讲得大家肚子都笑疼了，个个东倒西歪的。他自己偏一些不笑，以五个指头作耙，只管捋须，穆然端坐，若无其事。叫人笑又不敢笑，止又不能止，这真被他摆弄得苦了。"

李鸿章的这段话讲得很传神，由此可见，曾国藩虽是一位道学先生，却并非那种面目可憎、言语无味的角色。

自古以来，钟鸣鼎食之家相继败落，都是因为子孙骄奢淫逸所致。曾国藩出将入相，最担心的就是子孙长处于富贵乡中，习惯过寄生虫的生活，渐渐蜕化到不可救药的地步。他随时随地言传身教，对家中子弟的训诫可谓苦口婆心："农夫织妇，终岁勤动，以成数石之粟，数尺之布，而富贵之家终岁逸乐，不营一业，而食必珍馐，衣必锦绣……此天下最不平之事，鬼神所不许也，其能久乎？"又说："勤俭持家，习劳习苦，可以处乐，可以处约，此君子也。余服官二十年，不敢稍染官宦气习，饭食起居，尚守寒素家风，极俭也可，略丰也可，太丰则吾不敢也。"这话很在理，若要本家族福泽绵长，舍"勤俭"二字，的确别无可取。最能说明问题的是，曾国藩嫁女儿，妆奁一律为二百两银子，在当时攀比成风的官场，这个数目可是显得有点寒伧。在两江总督任上时，曾国藩不惮其烦，为家中媳妇和女儿们亲制了一份功课单，具体内容摘抄于下：

> 早饭后，做小菜点心酒酱之类。食事。每日验一次。
> 巳午刻，纺棉或绩麻。衣事。三日验一次。
> 中饭后，做针黹刺绣之类。细工。五日验一次。
> 酉刻过二更后，做男鞋女鞋可缝衣。粗工。每月验一次。

曹操临死之际，犹然念念不忘分香卖履，大"奸雄"心细如发，不

免遭到晋代名士陆机的调侃，因而贻笑后世。应该说，曹操与曾国藩都是内圣外王的典型人物，治国平天下时，他们运用铁腕，心肠够狠够黑，未必可爱可敬；他们真正的可爱可敬之处往往体现在诸多相对次要的细节上，勤俭就是其中之一。曾国藩身兼将相，爵冠群臣，为大学士一等侯两江总督，竟腾出心思来为媳妇和女儿制定"功课单"，这难免会被今日某些豪门公仆嘲笑为"吃饱了撑的"。不管你喜不喜欢曾国藩这个亦正亦邪的人物，只要你有颗平常心，就不会对他每一言每一行都嗤之以鼻。同治七年（1868）五月二十四日，曾国藩在日记中记下十六字口诀："家勤则兴，人勤则健，能勤能俭，永不贫贱。"他能做到这一点不算奇怪，他的子孙也都做到了，就可见其言传身教的作用之巨大，影响之深远。曾国藩在日记中写道："士欲转移世风，当重两义：日厚日实。厚者勿忌人；实者不说大话，不好虚名，不行架空之事，不谈过高之理。"即使在晚清那样日薄西山、气息奄奄的末世里，大臣中仍有曾国藩这样力倡勤俭、谨厚务实的清明之士。众口喧阗地否定晚清，这并不能突出今人的高明之处，惟有狠下一番甄别的工夫，且与现实相比照，看看那些人事还有多少站得住脚，才可见出我们的眼光如何。

曾国藩规模远大，谋虑周全，以勤廉为本，慎独，主敬，求仁，习劳，一辈子活得真够累真够苦的。一介书生，他亲手练成了中国历史上最为强劲的民兵组织（湘军），他首建义旗，终成大功，可算是一位传奇人物。后来，慈禧太后想利用声威浩大的义和团打击外来侵华势力，就是预先从湘军身上看到了民气可用，民间武装力量可恃，认为外敌再强再狠，强龙也难压地头蛇。但义和团要对付的是无论军纪武装还是后备财力都远远优于太平天国的八国联军，因此好一顿反文明、反人性的歇斯底里大发作后，清王朝输掉了那件"屁帘子"。二十世纪六七十年代，全球冷战，毛泽东一方面声称要"深挖洞，广积粮，不称霸"，另一方面则主张在全国范围内大练民兵，以求"全民皆兵"，豪情之后自有豪言："试看天下谁能敌！"不可否认，毛泽东大练民兵的思想多多少少是受了曾国藩大练湘勇的启发，就好比红军的军歌《三大纪律八项注意》是湘军《爱民歌》的修订版本一样。

五、曾国藩是那个时代特异的产物

　　某些学者喜欢津津乐道历史人物的局限性，连孙中山先生也在他们的"狙击"名单中。任何人都是某个特定时代的产物，那么试问，谁又能逃出"局限性"这个怪圈？今人多多少少接受了民主与科学的熏陶，对专制暴政持否定态度无疑是对的，但对于历史人物，必须审慎看待。我们不能要求盐碱地上长出翁翁郁郁的森林，也不能要求封建社会的石板田中长出具有现代思想的庄稼，而只能要求那片荒地上长出较好的植物。曾国藩就是这样的植物。

　　天生鹰眼的历史学者梁启超对近世人物多有酷评，少有推许，可他着实为曾国藩说了一大篇好话，他称赞曾国藩"一生得力在立志自拔于流俗，而困而知，而勉而行，历百千艰阻而不挫屈，不求近效，铢积寸累，受之以虚，将之以勤，植之以刚，贞之以恒，帅之以诚，勇猛精进，卓绝艰苦，如斯而已"，他对曾国藩的志向、趣致、性格、胸怀和百折不挠的精神充满了敬意。以脾气古怪著称的大学问家辜鸿铭对近世人物同样是多有讥刺，唯独对曾国藩肃然起敬，他曾说："微曾文正，吾其披发左衽矣。"其深层的意思是，没有曾国藩，洪秀全早已将中华文明扫地以尽。由此可见，曾国藩是扭转乾坤的人物，他拯救了一个没落的王朝，更挽救了中华民族的衣冠文物，因而得到辜鸿铭的尊崇。

　　曾国藩是中国近代史上承先启后的关键角色，他既是满清王朝的铁杆保卫者，却又是它的掘墓人。这话怎讲？湘军和淮军的极大成功助长了地方军阀的势力，最终使清王朝眼睁睁地看着南方诸省纷纷独立，却无可奈何。曾国藩被后世史学家封为"近代军阀的开山鼻祖"，更是匪夷所思。时至今日，一位关心近代史的读者单凭个人好恶完全可以不喜欢曾国藩，但也没办法回避他，绕过他，忽略他。曾国藩身上既有光明温暖的一面，又有阴暗冷酷的一面，今人不妨将他作为最具典型意义的标本细加剖析。

　　在中国近代史上，湖南人之所以能够猛然振作，能够有大抱负、大

担当、大作为，都与曾国藩这只"领头羊"息息相关，他将湘军做大做强，开启了一道湖南人才资源的大闸，最终赢得"半部中国近代史为湘人写就"的盛赞。

曾国藩是近代湖南一面最具感召力的旗帜，这么说，绝不是一句讨巧的捧场话。现代名将蔡锷具有鲜明的民主政治理念，他对曾国藩、胡林翼的才智和功业一直推崇备至，亲手编辑《曾胡治兵语录》，加以评点，作为陶冶官兵思想情操和提高军事素养的教科书。他在序言中对两位湖南先贤赞不绝口："曾、胡两公，中兴名臣中铮佼者也，其人其事，距今仅半世纪。遗型不远，口碑犹存，景仰想象，尚属非难。其所论列，多洞中窍要，深切时弊。爰就其治兵言论，分类凑辑，附以按语，以代精神讲话。我同袍列校，果能细加演绎，身体力行，则懿行嘉言，皆足为我师资，丰功伟烈，宁独让之先贤？"

以往，人们受到片面的历史观念误导，又有许多政治立场上的顾忌，不敢取正面的角度去看待曾国藩，确实情有可原。如今，曾国藩走出了浓厚的妖氛，成为了热门人物，世人的态度再度裂变为二：一是依然莫名其妙地鄙视他，依然人云亦云地咒骂他，视他为近代阴贼险狠、凶神恶煞的最高代表；二是奉他为近代完人和圣之时者，将他的《挺经》和《家书》视作修身立业的至尊经典。应该说，这两种具有极端倾向的态度都有失偏颇，曾国藩既不是什么成色十足的刽子手和卖国贼，也不是什么近乎完美的英雄和圣人，他只不过是那个时代特异的产物，你可以说他是混搭着黑白、好坏、忠奸、正邪的顶尖高手。曾国藩是中国传统文化的集大成者，至于他信守了一辈子的那套正心、诚意、格物、致知、修身、齐家、治国、平天下的儒家理论，是不是足以代表当今时代"先进文化"的方向？这就绝不是三言两语能够说得清楚的了。

左宗棠：破天荒相公

    世间英物，光焰摇曳万丈之长，直把同时代人比得黯然失色了，他还意犹未尽，不肯自谦自抑分毫，简直目无余子。结果必然闹得大家不是怕他，就是恨他。儒家忒注重一个"礼"字，以谦抑为上上德行。若有谁桀骜狂放，近乎披猖，以僭越为能事和快事，他所持的就是危道。在封建社会里，大人先生们坚持危道而欲履险如夷，比小孩子终日舞刀而想毫发无损还要难，至于身名俱泰，则举世不多见。在这不多见的异人中，有一位超级大腕，他就是近代名帅、被梁启超称赞为"五百年来第一伟人"的左宗棠。

    左宗棠道行极高，又生逢其辰，理应建奇功，获盛名，登高位。试想，他一介书生，多的是才，是智，已相当了不起；他还怀有凌绝古今的胆略，岂非得天独厚？乱世救死不暇，其屠龙术正好派上用场，又怎会久屈矮檐之下？这就难怪了，他倜傥轩昂，豪迈英勇，俯视一世，推倒群雄，身为清王朝的中流砥柱，撑持着风雨飘摇的百年家国。

一、大器晚成

左宗棠出生于湖南湘阴，祖上耕读为本，其父左观澜教了二十多年私塾，两袖清风，捉襟见肘。二十一岁那年，左宗棠考中举人，嗣后三次进京会试，三次名落孙山，也真够伤心的了。但他神完气足，索性扔掉了八股帖括，走上经世致用之途，精研顾炎武的《天下郡国利病书》，宛若一条春蚕钻进大堆兵、农、漕运、河务、盐政、舆地的书籍中，"吃"得大快朵颐。他敢说"身无半亩，心忧天下；读破万卷，神交古人"，器局可真是不窄啊！又岂是诸葛亮批评的那种"青春作赋，皓首穷经，笔下虽有千言，胸中实无一策"的小人儒可以望其项背？孔子说过："不患无位，患所以立。不患莫己知，求为可知也。"左宗棠拥有如此宽宏的器局，就绝对不会永久沉沦；具有如此非凡的自信，就算他倒插门（入赘湘潭周家），被迫寄人篱下，也能处之泰然。

男子汉，大丈夫，雄姿伟抱，要干出一番惊天动地的功业，就要掌握重权，身居要津。可当年官场如市场，市价为二三千金可得一知县，四五千金可得一知府，童谣唱道"若要顶儿红，麻加喇庙拜公公"，摆明了，若攀到宫中强援，即可荣登四品高阶。家资丰赡的举人受不了科场的蹭蹬之苦，也可以及早捐官，反正羊毛出在羊身上，捐官的钱用之于上官，自然还能取之于下民。要是家业贫薄呢？入塾为师，或入幕为僚，混口饭吃固然不成问题，要说大好前程，比现在省级干部的秘书可就不啻差一点，而是差得远。在鸡鸣风雨的飘摇乱世，大魔君跳踉而出，搅得天下血雨腥风，朝廷一筹莫展，居上位者火烧眉毛，真正有效的自救之方就是唯才是举。因此沉潜之士三年不鸣，一鸣惊人；三年不飞，一飞冲天。

"三十而立，四十而不惑，五十知天命。"年过四十，左宗棠真是超乎寻常地淡定，虽然抱负未展，却已名声在外，胡林翼谓"横览九州，更无才出其右者"。这位"湘上农人"终于经不住胡林翼、郭嵩焘的一再举荐和反复劝掇，出山辅佐湖南巡抚张亮基，助他坚守长沙城，击毙了

悍然来犯的天平天国西王萧朝贵，挫折了对方锐利的兵锋。张亮基移任后，前来履新的湖南巡抚骆秉章继续挽留左宗棠担任他的高级助理。

骆秉章为官清廉，知人善任，除此之外似乎别无所长，但封疆大吏有这样两个优点，就算得上德才兼备了。薛福成在《庸庵笔记》中写道："或谓骆公生平不以经济自命，其接人神气浑穆，人视之固粥粥无能，而所至功成，所居民爱，在楚在蜀，自有诸贤拥护，而效其长，岂其大智若愚耶？抑骆公之旂常俎豆早有定数，大功之成不在才猷，而在福命耶？"薛福成认为骆秉章因人成事，不是才高，而是福大，这代表了当时许多人的看法。骆秉章一生最值得骄傲的功勋是在四川大渡河杀掉前来乞死的太平天国西王石达开，此举非同寻常，等于斩断了太平军的一只翅膀。石达开为士卒请命，骆秉章诺而无欺，除开西王，资遣其众，不杀余人。左宗棠肯为此公出满勤效全力，岂是"喜爱弄权"这么简单？

骆秉章倚重左宗棠，远远超过张亮基，僚属向他汇报工作，他经常会问一句"季高先生云何"，意思很明显，凡事左宗棠要是说好，那才是真好。骆秉章放心让左宗棠主持全省的军政要务，左宗棠也不谦虚，这位湖南的"影子省长"用权如用刀，敢作敢为，各色人事，该撤的撤，当裁的裁，要清盘的清盘，须算账的算账。有人戏称他为"左都御史"（依照清朝官制，各省巡抚挂衔左、右副都御史），摆明了，这是夸赞（也可能是讽刺）他手中的权力比骆老爷子还要大。他代巡抚草拟奏章，写好了，也不管夜半更深，风冷霜重，硬是去把饱享齐人之福的骆秉章从小老婆暖暖和和的被窝里"揪"起来，让他奇文共欣赏。妙就妙在后者不但不生气，还拍案叫绝，跟着起哄，搬出窖藏美酒来，与左宗棠一醉方休。骆秉章平日喜欢与姬妾饮宴作乐，事无巨细，均委托给这位铁笔师爷，任由他全权定夺。左宗棠弄权过瘾之余，还要嘲弄自己可爱的老板，说什么："公犹傀儡，无线以牵之，何能动耳？"够损的了，骆老板却一笑置之。你说奇不奇怪，对这位目高于顶的大傲哥，骆秉章能放下架子，陪他一块儿疯，一块儿狂，他以国士待左宗棠，左宗棠也以国士报之。单凭这一点，我就觉得晚清的官场还有几分人气。后来，左宗棠揽权揽过了界，被撤职的武官樊燮（诗人樊增祥的老爹）恨得牙根痒痒的，跑

到湖广总督府去告状，左宗棠险些进了监牢。所幸他命大福大，有一班贵人（曾国藩、胡林翼、郭嵩焘和潘祖荫等）保全他，这才逢凶化吉。

经太平军一顿狂扫，晚清的政治军事舞台迅疾拓宽了百倍，先前那些哼哼哈哈、不文不武的官员，再想庸庸碌碌地拱默着，一如既往地尸位素餐，是绝对不行了。英雄脚下有了用武之地，就等于关西大汉手中有了铜板铁琵琶，高歌一曲"大江东去"，又有何难？

细心比较，左宗棠恃才傲物，确实令人着急。曾国藩仅比他大一岁，已担任副部长（礼部侍郎），郭嵩焘比他小六岁，也已是翰林学士，在南书房行走，做了皇帝身边的近臣。左宗棠年过四十，仍然在湖南巡抚衙门里屈就刀笔吏，日以继夜地案牍劳形。咸丰八年（1858），郭嵩焘在皇帝面前夸赞左宗棠"才尽大，无不了之事"，因为夸得太高，赞得太猛，咸丰皇帝眨巴着一双小眼睛，将信将疑，后来他总算相信了，要郭嵩焘致书左宗棠，催他出来"为吾办贼"。据胡思敬的《国闻备乘》所记，左宗棠身陷樊燮案时，胡林翼用三千金结交朝中权贵，得到侍读学士潘祖荫的《奏保举人左宗棠人才可用疏》，其中那句"国家不可一日无湖南，湖南不可一日无左宗棠"很快就传得路人皆知，天下共闻。

案子是销掉了，左宗棠有惊无险，可他仍旧是布衣之身，朋友们为他焦虑，他却镇定自若，稳坐钓鱼台，半点也不心慌。明眼人看得清清楚楚，左宗棠一直蓄势待发，他的劲弓已引满了强弦，瞄得十分精准，还怕那箭矢射不中高远处的目标？

时势果然造就了左宗棠。金田县的洪教主摇身一变，成了太平天国的洪天王，清朝的绿营军大败之后，这才老老实实将"野无遗贤"之类的混账话囫囵吞咽回去，急惶惶地打起灯笼，满世界搜寻英雄豪杰，好去收拾江南偌大的烂摊子。要不然，一代俊杰仍将埋没蒿莱，"湘上农人"真就只能躬耕垅亩，老死于户牖之下了。

《清史稿·左宗棠传》中明确写道，咸丰皇帝曾问翰林编修郭嵩焘："若识举人左宗棠乎？何久不出也？年几何矣？过此精力已衰，汝可为书喻吾意，当及时出为吾办贼。"皇帝要用举人左宗棠，他的前程就不可限量了。

二、"老亮"情结

经过《三国演义》浓墨重彩的渲染，诸葛亮算度精准，智慧高超，已近乎神，近乎妖，甚至神妖也望尘莫及，自愧不如。诸葛亮高卧南阳时，"自比管仲、乐毅"，没有谁怀疑他吹牛。他死后，以"今亮"自诩，以"老亮"自居的，不止一个两个，随手就可拎起一大串"螃蟹"。刘伯温自吹法螺，大家确实有几分相信，但货色可疑的宋献策（李自成的军师）也给自己脸上贴金，就该贻笑大方了。

说到底，"诸葛亮情结"是那些好以谋略骄人傲物的高手共有的心结。可是他们自诩归自诩，自居归自居，总还得时人和后人肯承认才行。否则，掉价落入低仿的赝品之列，只会令识货者嗤之以鼻。

"诸葛亮情结"最严重的"患者"非左宗棠莫属。他有一副对联广为流传，那就是"文章西汉两司马，经济南阳一卧龙"，貌似夸赞司马相如、司马迁和诸葛亮，骨子里却满是洋洋得意的自况。牛皮不是吹的，他执掌戎机三十年，东成西就，罕逢败绩。

咸丰四年（1854），曾国藩率领湘军克服岳州，左宗棠参赞军事有功，却谢绝朝廷的褒奖，这是为何？他在致刘蓉的书信中谈到自己的抱负，口气大得惊人："……唯（总）督、（巡）抚握一省之权，殊可展布，此又非一蹴而能得者。以蓝顶尊武侯而夺其纶巾，以花翎尊武侯而褫其羽扇，既不当武侯之意，而令此武侯为世讪笑，进退均无所可。……若真以蓝顶加于纶巾之上者，吾当披发入山，誓不复出矣！"左一个"武侯"，右一个"武侯"，他自居不疑。说白了，他不愿接受知府的职务，是嫌弃官职小，不足以施展他经天纬地的才干；要当官，就得当总督、巡抚那样的封疆大吏。信中，他自比为武乡侯诸葛亮，倒是有几分类似。孔明高卧南阳，羽扇纶巾，纵论天下大势，不就是要钓一条"鲸鱼"吗？

尚未发迹时，左宗棠自比诸葛亮，难免遭人哂笑；一旦得势，马屁精就争先恐后，投其所好。他担任陕甘总督时，甘肃学政吴大澂召集士子，采风赋诗，命题为杜甫现成的诗句"诸葛大名垂宇宙"。消息传到

左宗棠耳中，他掀髯大笑。

左宗棠的诸葛亮情结根深蒂固，既有一门心思逢迎拍马的，也有明里捧场、暗里拆台的。某日，左宗棠与藩司林寿图聊天，说起智者料事如神，他自诩能明见万里之外。林寿图适时地给他一个甜头："此'诸葛'之所以为'亮'也。"左公大乐，两撇浓眉立刻飞扬。随后，左宗棠又谈到古往今来自比为孔明的人很多，林寿图给他的却是一个苦头："此'葛亮'之所以为'诸'也。"颠倒一字，讥诮的"馅仁"破皮而出。"诸"字不仅有"多"的意思，而且与"猪"字谐音。林寿图玩弄文字游戏，话中有刺，绵里藏针，左公顿时气得脸色涨红，既难受，又难堪，却不宜发作。

与其说诸葛亮是神算子，还不如说他是苦长工，给先帝刘备打工多年，他不嫌活儿累，又继续给那位智商不在服务区的阿斗打工，用他自己的话说，就是"鞠躬尽瘁，死而后已"。因此，论智慧，人们首推诸葛亮；论忠勤，仍首推诸葛亮。他是中国历史上"忠勤"与"智慧"的双料冠军。左宗棠自认智略不逊于孔明，忠勤呢？也同样可以登上领奖台去，与诸葛亮并列第一。他兴致勃勃，颁给自己两块金牌，没什么好谦让的，这就叫实至名归嘛。

林语堂先生在《苏东坡传》中曾以绘神绘色的笔墨讲过这样一则小故事：

> 有一天，苏东坡吃完饭在房里踱来踱去，心满意足地捧着大肚皮。他问家中妇女，他肚子里藏了些什么。一个侍儿说："都是文章。"另一个说："满腹都是识见。"东坡不以为然。最后，侍妾朝云说："学士一肚子不合时宜。""对！"苏东坡捧腹大笑。

左宗棠大腹便便，茶余饭后，也总喜欢捧着自己的肚皮说："将军不负腹，腹亦不负将军。"有一天，他心情大好，而不是小好，就效仿苏东坡当年的口吻声气询问周围的人："你们可知道我肚子里装的是什么？"这问题一出，可就热闹了，有说满腹文章的，有说满腹经纶的，有说腹藏十万甲兵的，有说腹中包罗万象的，总之，都是唯恐马屁拍得

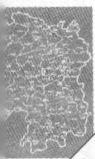

不够响。可不知咋的，左宗棠这回始终拗着劲，对那些恭维话无动于衷，脑袋瓜摇了又摇。帐下有位小营官在家乡原是个放牛伢子，他凭着朴素的直觉，大声说："将军的肚子里，装的都是马绊筋。"左宗棠一拍案桌，跳起身来，夸赞他讲得太对了。这小鬼就凭着一句正点的话，连升三级，可谓鸿运当头。湖南土话称牛吃的青草为"马绊筋"。左宗棠生于古历壬申年，属猴，但他最喜欢的却是牛，喜欢牛能负重行远，为此他不惜诡称自己是牵牛星降世。这话可不是说着好玩的，他在自家后花园里，专门凿了口大池子，左右各列石人一个，样子酷似牛郎和织女，此外，还雕了一头栩栩如生的石牛，置于一旁。他忠勤的一面，借此表现俱足。诸葛亮死而复生又如何？若要申请注册"牵牛星"牌商标，还得请左宗棠放一手。

我们稍加梳理，就会发现，诸葛亮的神机妙算——草船借箭、借东风、空城计、死诸葛走生仲达，乃是小说家罗贯中着意渲染，夸张的成分为多，失街亭不算大败，六出祁山，无功而返，元气大伤，则是铁的事实。《三国志》的作者陈寿对诸葛亮的评价是："……可谓识治之良才，管、萧之亚匹矣。然连年动众，未能成功，盖应变将略，非其所长欤！"这就是说，诸葛亮的长处是治国，短板是用兵。

如此看来，左宗棠的诸葛亮情结就有点不伦不类，因为他的长处恰恰是韬略，至于治国的功夫如何，在这方面，由于他没有机会显露身手，我们不得而知。

梁启超研究中国近代史，功力不凡，他格外高看左宗棠，对于左公的诸葛亮情结，他的评论堪称公允："说到左宗棠和诸葛亮才华的高下，人们可能还有争议，但说到对国家的贡献，诸葛亮就得甘拜下风了。"

所以说，左宗棠自称"老亮"，别人以为他给自己加了分，其实是他给诸葛亮挣了脸。

三、"破天荒相公"

左宗棠有澄清天下之志，壮岁挥师江南，从太平军手中收复了大片

失地；暮年挺兵塞北，不仅平定了叛乱，还肃清了险些落入沙俄手中的新疆全境。论功勋，他与曾国藩当在伯仲之间，甚至有过之而无不及。按照清代相沿而成的惯例，汉族官员须具备进士出身，才能入阁拜相，左宗棠只是举人资格，却被超擢为军机大臣，可谓奇数和异数，难怪李鸿章称之为"破天荒相公"。自左宗棠破例之后，袁世凯也有幸享受过同样的隆遇。但他们根本不是一路人，左宗棠以救国为夙志，袁世凯则以窃国为初衷。左宗棠对国家可谓鞠躬尽瘁，死而后已，袁世凯呢？他一边假装给气息奄奄的满清王朝做"人工呼吸"，一边扼住它的喉咙，掏空它的家底。被扼被掏的一方固然不值得同情，施展空空妙手的一方又何尝不是贼寇？

　　道光己酉年（1849）冬，林则徐自云贵总督任上称疾还乡，途经长沙，泊舟江上，派人送请柬邀左宗棠前去晤谈。当时，林公六十四岁，左公三十八岁，后者谈起沙俄觊觎新疆的情形，援古证今，议论风发泉涌。林则徐对这位晚辈的见解激赏久之，以至于拍着左宗棠的肩膀说："他日能建奇勋于天山南北，完成我毕生志愿的人，可能就是你吧。"没想到，这一预言最终变成了现实。直到暮岁，左宗棠仍以早年遇见林则徐，并得到后者的赏识为生平第一荣幸事。林则徐手书一联赠左宗棠，上联为"此地有崇山峻岭茂林修竹"，下联为"是能读三坟五典八索九丘"。左宗棠一生行迹遍及江南塞北，总以此联相随，悬挂在斋壁上，怀人的同时，也借以励志。须知，他同样具备林则徐那种"苟利国家生死以，岂因祸福避趋之"的爱国情怀。

　　清代疆臣无不以入阁拜相为荣，按照常情常理去推测，左宗棠功勋盖世，比他年轻的晚辈李鸿章都已入阁，他却迟迟未能拜相，难免内心愤愤不平。有人说，此前他已等得不耐烦，猜到朝廷中的冤家对头以其举人出身为短板，故意堵截他的青云之路。于是，左宗棠一气之下，上章请求解职，声称要入京会试。此举十分鲁莽，岂不是要挟朝廷吗？慈禧太后体恤忠良，赶紧优诏安抚他，赐同进士出身。这个说法，凡有基本智商的人都分辨得出，只是齐东野语，不足采信。左宗棠功勋再高，胆量再大，也不至于玩弄这套狂童把戏。倘若换一种说法，称举人出身是他的一块心病，倒是有风可捕，有影可捉。

同治五年（1866），左宗棠由闽浙总督调任陕甘总督，北上路过江西九江，府县官员照例前来谒见。这些人中绝大多数为进士出身，左宗棠难以引为同调，只有九江府同知王惟清是举人出身，算得上"我辈中人"，因此左宗棠对他另眼相看，留下单独叙话。聊得兴起，左公问王某："你说是进士好，还是举人好？"王某颇有点鬼机灵，而且对左公的心思洞若观火，便朗声回答道："当然是举人好啊！"左宗棠一听，乐了，问他何以见得。王某说："中进士后，要是做翰林，须致力于诗赋小楷；做部曹知县，也各有公务缠身，无暇专心修治实学。举人则可以用志不纷，最宜于讲求经济；而且屡次入京赴考，饱览名山大川，足以恢弘志气；遍历郡邑形胜，也足以增长见闻，所以说举人强于进士。"这家伙巧舌如簧，口才的确很棒，正而反之，反而正之，死的讲成活的，对孔子的"吾不试，故艺"作出了雄辩的阐述。左宗棠对王惟清的回答非常满意，客人走后，依然赞不绝口，称九江府官员中王某品学最优。大家以为王惟清有什么特别的操行受到他的激赏，后来才知道是"同病相怜"的缘故，此事便立刻传为趣谈。

左宗棠考举人时吃过大亏，文章明明写得精彩绝伦，却被瞎眼的考官草草忽视。他将此恨记在心中，后来果然找到了泄愤的机会。左宗棠晚年出任两江总督，那位昔日主考正巧在他的治下候补官缺。左宗棠见到此人，分外眼红。他高声朗诵自己的那篇八股文，逐节问道："你倒是说说，这篇文章哪里写得不好？竟被你无故绌落！你身为主考官，不耐烦精心阅卷，明摆着有我左老三这样的人才，却不能录取为门生。现在好了，我到江南来做你的上司，你蹉跎至今，毫无长进，仍旧只是一个候补道。像你这种庸材，哪有本事管理民政。你曾在河南做过官，不知造了多少孽！"左宗棠言毕，大呼左右："来，为我行文河南，寻取他的劣迹！"那位倒霉蛋闻言，又惭愧，又恐惧，立刻告病辞官。有人认为，这件事左宗棠做得有失恕道，有失厚道。我倒是觉得，教训这类压抑人才的昏官，大可不必客气，能当面责骂一顿，才真叫快心惬意呢！

趣谈归趣谈，真要落到实处，男儿大丈夫注重经世致用之学，以兴

利除弊为己任，对于僵死的八股文难免反感，而且厌憎。左宗棠曾告诫儿子："八股愈做得入格，人才愈见庸下，此我阅历之言。"他三次赴考，三次被切，自然识得厉害，所以不愿后人再往"刀口"上撞。他还曾对甘肃士子安维峻说："读书当为经世之学，科名特进身之阶耳。"作为一名生逢其辰，得以一展雄才的大成就者，他说这话，是可以理解的。但寻常士子若不想沉沦偃蹇，仍不得不去科场（犹如赌场）撞大运，侥幸过得独木桥，才可望鸟语花香，风和日丽。"进士不如举人"，这样的"高论"透露出几分滑稽，你将它归入黑色幽默，也不为错。

一个人自命不凡，先得有硬本事大本事才行，本事够硬，本事够大，底气才足。但自负可能只是一种精心涂抹的保护色，仿佛古人佩剑于腰，其意不在于进攻而在于防卫。左宗棠自负经天纬地之才，以"老亮"自居，常恨世人不肯推服，即使是曾国藩和胡林翼那样慧眼独具的月旦高手，左宗棠也认为他们目力有限，未能窥测其堂奥之深，蕴蓄之富。为此，他在致郭嵩焘之弟郭崑焘的信中流露出不满之词："涤公（曾国藩）谓我勤劳异常，谓我有谋，形之奏牍，其实亦皮相之论。相处最久，相契最深，如老弟与咏公（胡林翼），尚未能知我，何况其他。此不足怪，所患异日形诸纪载，毁我者不足以掩我之真，誉我者转失其实耳。千秋万岁名，寂寞身后事，吾亦不理，但于生前自谥为'忠介先生'，可乎？一笑。"看来，谁要是想跟左宗棠做朋友，先得勇于承认自己有眼不识泰山，才行。

经略西疆，是左宗棠一生重头戏中的重头戏。同治七年（1868）八月，东捻军和西捻军覆灭之后，左宗棠入宫觐见两宫皇太后，对平定陕甘回民暴动充满信心，"西事以五年为期"的话并非吹牛，凭其铁腕手段，果然五年肃清关内，可是他的部下杀人太多，回民视之为嗜血的屠伯，恨之入骨。1875年，"中亚屠夫"阿古柏统领大批匪徒进犯新疆，一时间叛者云集，沙俄虎视鹰瞵。当时，海防之议由李鸿章主唱，声调高于塞防，有人说新疆是"漏卮"，每年徒然靡费数百万军饷，如今守不住了，倒不如听从英国大使的建议，干脆忍痛"割肉"。朝廷中也有"祖宗已得之地，不可弃而弗图"的声音，却并不响亮。左宗棠力主收复伊犁。

他慷慨陈词："关陇新平，不及时规还国家旧所没地，而割弃使别为国，此坐自遗患。万一帕夏不能有，不西为英并，即北折而入俄耳。吾地坐缩，边要尽失，防边兵不可减，糜饷自若。无益海防而挫国威，且长乱。此必不可。"军机大臣文祥赞成左宗棠的主意，慈禧太后也不傻，一听这话在理，当即批准了左宗棠的出征请求，任命他为钦差大臣，拉开收复新疆的序幕。

矍铄老翁，年逾花甲，"舁榇出关"（抬着棺材出玉门关，比戏文《水淹七军》中魏国的敢死将军庞德还要绝），大有"不斩楼兰誓不还"的冲天豪气。左宗棠心甘情愿拿自己的盖世英名去冒毁于一旦的风险，可谓神勇之至。常言说，"没有金刚钻，不揽瓷器活"，左宗棠既然敢去捅远在西北边陲的那个特大马蜂窝，就自然有他的霹雳手段。自青年时代开始，左宗棠即接受了林则徐提出的"防俄宜先"的主张，因而长期研究西北边疆的地理人情，早已胸有成竹。左宗棠"尤以节兵裕饷为本谋"，采取的是"缓进速决"的战略，稳扎稳打，步步为营，一旦决战，便摧枯拉朽。

左宗棠曾与人畅论天下大势，认为山川皆起于西北，所以规复新疆，实为万古远猷。兵出嘉峪关，他命令士兵沿途种植杨树、柳树和沙枣树，以示有去必有回，总共种活了二十六万多株。春天一到，绿柳成阴，蝉噪千里，原本荒凉的西域风景为之一变。光绪五年（1879），左公的好友、帮办陕甘军务杨昌浚巡游故道，豪兴遄飞，如有神助，于马上赋诗一首，道是："大将西征尚未还，湖湘子弟满天山。新栽杨柳三千里，引得春风度玉关。"这首诗颇具大唐边塞诗的风骨，很快就传诵得天下皆知。

左宗棠挥师绝域，跃马天山，年事已高，实属不易。北地苦寒，取暖条件极差，兰州道台、湘阴老乡蒋凝学出于爱护之情，特意禀明上峰请让左宗棠入住总督府，可这位湘军大帅却坚持住在军营，与士卒同甘共苦。后来，他的大儿子左孝威去军中省亲，随同父亲住在军帐，受寒致疾，回家后一病不起。由此可见，这位硬朗的湘军大帅真是铁打的菩萨。

难得的是，左宗棠规复新疆，军纪严明，他下令："大军所至，勿淫掠，勿残杀。王者之师如时雨，此其时也。"仅用了两年多时间，左宗棠就

收复了新疆，其战功卓著，超过了曾国藩和李鸿章，成为当时中国民间最受敬重的人物。

李鸿章比左宗棠年轻十余岁，江南决战期间，两人虽有过不少军务上的交集，私交却接近于零。曾国藩的门人个个出息得不错，但要入左宗棠的法眼，还得再苦苦修炼一两百年。左宗棠重视塞防，李鸿章重视海防；左宗棠对外主战，李鸿章对外主和。两人在政治上始终拗着股子劲，共同语言少而又少。李鸿章对新疆之役极不赞成，他致书刘秉璋，疾言厉色地说："尊意岂料新疆必可复耶？复之必可守耶？此何异于盲人坐屋内说瞎话？"然而，事实胜于雄辩，左宗棠不仅收复了新疆，其麾下大将刘锦棠还守住了新疆，倒是李鸿章苦心经营的北洋水师，在中日甲午战争中一战而烬，全军覆没。

左宗棠自负壮志远猷，想要他看得起宫中朝中那些颟顸之辈，完全没可能。他的性情是出了名的耿介刚烈，若单论这一条，他简直就是那位"横刀立马"的彭大将军彭德怀的前身。

1874年5月，左宗棠年近六十三岁（按虚岁计算），被朝廷任命为钦差大臣，督办新疆军务。翌年，他率领大军，从甘肃酒泉向新疆进发，特意让戈什哈驾马车，载一副沉甸甸的棺材，作为三军前导，以示老帅马革裹尸的决心。五年间，左宗棠率军纵横天山南北，经过浴血奋战，彻底击溃了阿古柏，保全了中国西疆的金瓯完整，建立了彪炳史册的盖世功勋。

1881年春，左宗棠回到北京叙职，两宫皇太后（东宫慈安太后尚未被西宫慈禧太后鸩杀）垂帘召见，特加褒赏。主事太监可恶之极，居然不分对象，饿鬼敲竹杠，暗示左宗棠：依照不成文的老规矩（实为潜规则），须缴纳陛见关节费三千两白银。左公秉性刚烈，岂肯低头认宰？眼看此事就要闹僵，幸亏恭亲王奕訢顾全大局，从中转圜，代付了这笔银两，左公才如期入宫，晋谒两宫皇太后。

陛见时，左宗棠奏对称旨，慈安太后对老帅的英姿豪气印象极佳，听说他近来视力大不如前，于是灵机一动，将先帝（咸丰皇帝）的遗物——一副墨晶眼镜赏赐给他。运用人情味十足的小恩小惠来表彰左宗棠的盖世功勋，慈安太后可谓别出心裁，饶有创意。陛见结束后，主管太监奉旨颁赐奖品，竟然找准这个现成的题目来做文章，强行勒索谢礼三千两白银（报价真够黑的），左宗棠一怒之下，转背就走，先帝的那副墨晶眼镜也懒得要了。恭亲王奕訢见状，再次出面打圆场，索性好人做到底，送佛送到西。主事太监看在恭亲王奕訢的面子上，谢礼打了个五折，这才高抬贱手，让左宗棠领回"奖品"。

一位保家卫国的大功臣去宫中叙职，尚且要给看门太监封个三千两银票的大红包，才能打通关节，想想都令人寒心，大清帝国不亡真是没有天理。有道是"阎王易见，小鬼难缠"，宫中太监都是小鬼，也都是饿鬼，倘若没有阎王的纵容和默许，他们能够肆无忌惮地索贿吗？更令人震惊的是，奕訢贵为亲王，权倾朝野，竟然也没有觉得这种勒索有何不妥，反倒是心甘情愿自掏腰包，出来为左大将军打圆场，可见恭王爷也有他的苦衷，同样是粗胳膊拧不过大腿，对此现状无可奈何，只能顺应，不能逆袭。什么叫"苞苴公行"？什么叫"政以贿成"？从宫内到民间，例子比比皆是。老帅是铁腕人物，总算见识了太监的厉害。

如果高官不贿赂宫中太监，会有怎样的下场？总理衙门大臣、户部左侍郎张荫桓的悲惨遭遇很能说明问题。据吴永口述、刘焜撰写的《庚子西狩丛谈》所记，张荫桓出使英国时，选购了两块成色上佳的宝石，一为红帔霞，一为祖母绿。回京后，他将礼物递进宫中，特意说明，红宝石是贡奉给光绪皇帝的，绿宝石是贡奉给慈禧太后的。但张荫桓忘了给大内总管李莲英送礼物，这个疏忽相当致命。"进呈时，太后方拈视玩弄，意颇欢悦，李特从旁冷语曰：'难为他如此分别得明白，难道咱们这边就不配用红的么？'盖通俗嫡庶衣饰，以红绿为区别，正室可被红裙，而妾媵只能用绿，太后以出身西宫，视此事以为耿耿，一言刺激，适中所忌，不觉老羞成怒，遂赫然变色，立命将两份贡物一律发还。"看到没有，张荫桓不贿赂李莲英，李莲英怀恨在心，就变着法子进一句比蛇毒更毒的谗言。庚子年（1900），张荫桓借外债时收取回扣，被御史抓住把柄，疯狂参劾，慈禧太后想起昔日绿宝石之"辱"，于是罪加一等，张荫桓被遣戍新疆，在戍所遭到斩决。你看看，高官不向太监行

贿是不是会埋下夺命的祸根？

太监是饿鬼，贪官也是饿鬼。左宗棠素以胆识著称，他对太监确实没辙，对贪官可毫不留情。在大庭广众之中，他勇于发声，敢于表态，将一些同僚当成下属甚至奴仆呼来唤去。他指斥尸位素餐的满族大员官文目不识丁，还讥讽八旗子弟不学无术，徒耗膏粱，成事不足，败事有余，因此触犯众怒，满、蒙籍高官贵胄对他恨之入骨。左宗棠以协办大学士入军机处行走，堪称名副其实的一品宰相，却未能久安其位，因为傲慢失礼遭到礼部尚书延煦弹劾，因此左宗棠嚷嚷"军机大臣不是人做的"，请求外任。慈禧太后乐得给他个顺水人情，先是将他任命为两江总督，然后将他派往福建前线主持海防，说白了，就是去当"救火队长"。左宗棠倒是不犯愁，也不着恼，他仍要大言傲世，论到临敌制胜，天下鼠辈只能靠边站，还得我老亮（左宗棠号称"今亮"，意为当今的诸葛亮）亲自出马才行。对外，左宗棠一直主战不言和，但他始终无缘与英、法、俄、德、意、日这班列强的精锐之师正面交锋，未曾痛痛快快地决一雌雄，遂引为平生憾事。在写给儿子左孝宽的家书中，其笔调慷慨激昂："值此时，水师将领弁丁之气可用，悬以重赏，示以严罚，一其心志，齐其气力，我与彭宫保乘舢板，督阵誓死，正古所谓'并力一向，千里杀将'之时也。……彭亦欢忭，并称：'如此布置，但虑外人不来耳！'诸将校亦云：'我辈忝居一二品武职，各有应尽之分。两老不临前敌，我辈亦可拼命报国！'答云：'此在各人自尽其心，义在则然，何分彼此！但能破彼船坚炮利诡谋，老命固不惜！或者四十余年之恶气，借此一吐，自此凶威顿挫，不敢动辄挟制要求，乃所愿也！'"在左宗棠的心目中，列强意欲瓜分中国，乃是一群不折不扣的饿鬼，他要跟他们拼老命，死而后已。左公越老越雄健，越老越愤激，确实因为他胸间有一口恶气郁积已久，未曾找到适当的机会畅快吐出。在家书中，他还特别引用兵部尚书、湘军同袍彭玉麟的豪言"如此断送老命，亦可值得"，以示"烈士暮年，壮心不已"。语气之豪迈，足令热血男儿肃然起敬。

一个人年逾古稀，头脑清醒，不昏愦，不僵固，已属难能；左宗棠还肯将一腔英雄热血挥洒在祖国南疆，更属可贵。

近代作家吴光耀撰写《纪左恪靖侯轶事》，对话相当生动，比小说还要精彩。"左恪靖侯"就是左宗棠，他因军功封为恪靖侯。字里行间，此老之雄健活脱如画：

会元日，问是何日，曰过年。曰："娃子们都在福建省城过年耶？"曰："然。"曰："今日不准过年，要出队！洋人乘过年好打厦门，娃子们出队，我当前敌！"总督杨昌浚贺年，谓："洋人怕中堂，自然不来，中堂可不去。"左曰："此言那可靠？我以四品京堂打浙江长毛，非他们怕我。还是要打，怕是打出来的！"杨沮之不已，左骂曰："杨石泉（杨昌浚字石泉）竟不是罗罗山（罗泽南，战死疆场的湘军名将）门人！"将军穆图善亦贺年来。左右报将军到，曰："穆将军他来何事？他在陕甘害死我刘松山（湘军名将），我还有好多人与他害！"且詈且泪流满襟。将军曰："中堂在此一军为元戎，宜坐镇；便去，当将军、总督去。"左曰："你两人已是大官矣！你两人去得，我去得，还是我去！"将军言："我们固大官，要不如中堂关系大局。"左无声，徐言："如此，便你两人亦不必去，令诸统领去；诸统领不得一人不去！"先是，洋人诇厦门距福建省城极西无重兵，乘元日以大队兵船扰厦门，未至厦门五十里，用望远镜见厦门沿海诸山皆红旗恪靖军，知有备而遁，曰："中国左宗棠厉害，不可犯也！"……和约定，左右不敢言和约。忽咄咄自语："今日大喜事，娃子们何不灯彩？"既灯彩，则又曰："何无人贺？"将军、总督以为真有喜事，相率入贺，问曰："今日贺中堂，中堂是何喜事？"曰："许大喜事都不知，未免时局太不在心！我昨日灭洋人，露布入告矣。许大喜事都不知，未免时局太不在心！"将军、总督退，使人出视和约，气急而战，不能成读，太息曰："阎中堂天下清议所归，奈何亦傅会和约！"然犹不时连声呼："诃诃，出队，出队，我还要打！这个天下他们久不要，我从南边打到北边。我要打，皇帝没奈何！"

1885年6月，左宗棠看完邸报，知悉《中法新约》的内容，由于悲

愤太过，恶气攻心，呕血晕倒，猝然病逝。一代豪杰，死不瞑目，悲哉！

四、"相期毋负平生"

在晚清，左宗棠与曾国藩齐名，同为胡适先生所说的那种"箭垛似的人物"，褒也好，贬也罢，均属众矢之的。相比而言，左宗棠活够了自家趣致，终身不肯受憋屈。你骂他骄矜，骂他狂妄，又何妨？骂完了，你还得承认，这股狂飙具备非同凡响的精气神。左宗棠创造了生命的极致，活得硬朗，活得畅快，远不像曾国藩那样束身自律，牵于礼，拘于俗，活得谨小慎微，活得没啥脾气。

左宗棠生于 1812 年 11 月 10 日，曾国藩生于 1811 年 11 月 26 日，前者正好比后者小整整一岁。同治年间，曾国藩以两江总督拜协办大学士，在清朝，这就算是入阁拜相了。左宗棠时任浙江巡抚，按惯例，此后他致书曾国藩必须自称"晚生"，才算合乎礼节。于是左宗棠有意向曾国藩讨个便宜，他在信中写道："依例应晚，惟念我生只后公一年，似未为晚，请仍从弟呼为是。"这就是说，左宗棠希望不要因为曾国藩入阁拜相疏远了彼此间的关系。最好是一如既往，称兄道弟。曾国藩的回信相当幽默："曾记戏文一出，'恕汝无罪'，兄欲循例，盖亦循此。一笑！"那时候，曾、左的友情还非常融洽。据曾国藩的小女儿曾纪芬的《崇德老人自订年谱》所记，曾国藩去世后十年，左宗棠任两江总督，一度邀请她去金陵（南京）的总督署小住，视之为侄女。后来左宗棠还告诉曾国荃："满小姐已认吾家为其外家矣。"湖南人称小为"满"，满小姐即指曾纪芬，"外家"即娘家，由此可见左宗棠与曾家的关系相当密切。这就不免令人困惑了，为何左宗棠与曾国藩的关系会一度降至冰点？他们之间究竟发生了什么龃龉？

曾国藩是文质彬彬的理学家，虽然幽默诙谐，但城府很深，克己复礼的功夫堪称一流；左宗棠是武健书生，有霸才而张扬，率性豪宕，不会作假，也不愿作假，高兴活出自己的天然本色。这两人一寒一热，一卑一亢，一个"以学问自敛抑，议外交常持和节"，一个"锋颖凛凛向敌矣"，完全是截然相反的性格类型，可谓冰火两重天。

左宗棠极受时人推重，曾国藩对他有举荐之恩，两人渊源不浅。平定江南时，左宗棠率楚军屡建奇功，在军事上援助曾国藩，推动了湘军东进，曾国藩也对左宗棠屡加褒奖。有一次，他发现左宗棠的行军帐幕狭小，就特制两个大帐幕，送给他，可谓关怀备至。无奈两人的性情大不相同，左宗棠刚强，曾国藩柔韧，处理事务的方式也迥异，左宗棠喜欢快刀斩乱麻，曾国藩喜欢慢工出细活，因此两人经常锣不对鼓，板不合腔。曾国藩是理学家，但不乏幽默感，他曾作一语调侃左宗棠："季子才高，与人意见时相左。"此语嵌入左宗棠的字（季高）和姓，寓庄于谐，既得体，又达意，略无雕琢，浑然天成。武健书生左宗棠受不了这种"恶补"，甚至有点恼羞成怒，他决意在气势上凌轹对方，于是打出一记刚猛的直拳："藩臣辅国，问伊经济又何曾？"此语嵌入曾国藩的名（国藩）和姓（曾），使用了明显的诘问语气，有些咄咄逼人。二语合璧，恰成一副绝对。真要举牌亮分，我认为曾公措词谑而不虐，可得十分；左公负气较真，只得七分。

曾国藩与左宗棠构隙，不在转战江南时，而在攻破江宁（南京）后。曾国藩听信众将所言，认定洪秀全之子洪福瑱已经死于乱军之中，江南兵燹将熄。可没多久，太平军残部窜入湖州，左宗棠侦悉洪福瑱仍为在职领袖，就秘密上奏朝廷。曾国藩听闻这一消息，怀疑左宗棠别有居心，因此十分恼怒，批评左宗棠故意夸大其词，有邀功请赏之嫌；此时，闽浙总督左宗棠已不是一盏省油的灯，又岂肯无辜受责？他的自辩状洋洋数千言，辞气激愤，指斥曾国藩有欺君罔上之嫌。这下事情闹大了，清廷正在用人之际，也不便评判谁是谁非，干脆降谕旨两相调解。这件事令人犯疑。很显然，清廷不乐见两位汉族大功臣交好，只有使他们交恶，相掐相咬，不再抱团，朝廷才能放心。要不然，双方递上去的都是秘密奏章，怎么可能弄得天下皆知？有人说，曾公、左公深知功高震主的危险，故意上演一出不和的好戏给天下人观看，以此消解慈禧太后的猜忌，这个推断也不是完全没有道理。

两巨头反目成仇，鹬蚌相争，一些小人正好从中牟利，故而调和者

少，挑拨者多，宛然形成两大敌对营垒，矛盾越积越深，死结越打越牢。洪福瑱最终被江西巡抚沈葆桢捕杀，那一刀狠狠地砍下去，太平军算完了，曾公、左公之间的恩怨却还没完。

曾国藩晚年对人说："我平生最讲求的就是'诚信'二字，他居然骂我欺君，我还能不耿耿于怀！"不开心归不开心，不惬意归不惬意，真要说到"公忠体国"这一点上，曾国藩仍然十分看好左宗棠。左宗棠西征时，原本担心两江总督曾国藩扼其饷源，隳其军功，但曾国藩以大局为重，不仅为西征军提供军饷，而且挑选部下的精兵强将去给左宗棠助阵，其中建功最著的悍将是刘松山和刘松山的侄子刘锦棠。

当年，有人从西北边陲考察归来，与曾国藩谈及左宗棠治军施政，事事雷厉风行，卓见成效，曾国藩由衷佩服，击案赞叹道："当今西陲的重任，倘若左君一旦卸肩，不仅我难以为继，就算是起胡文忠（胡林翼）于九原，恐怕也接不起这付担子。你说是朝端无两，我认为是天下第一！"曾国藩说这话，的确有过人的雅量和诚恳，不是故意摆出高姿态。

大学者王闿运于同治十年（1871）游历江淮间，其年九月路过清江浦，巧遇两江总督曾国藩的巡视船。久别重逢，宾主相见甚欢，一同看戏七出，其中居然有《王小二过年》。王闿运猜道："这出戏肯定是中堂点的。"曾国藩问他何以见得。王闿运说："当初（你）刚起兵时就想唱。"曾国藩闻言大笑。俗话说，"王小二过年，光景一年不如一年"，曾国藩刚树立湘军大纛时，屡遭败绩，困窘不堪，年年难过年年过。曾国藩回籍守制时，尤其遭到士大夫恶诋，他致书好友刘蓉，有"自今日始，效王小二过年，永不说话"的激愤之语。如今，他年过六旬，垂垂老矣，身体和心境已逐年颓落。碍于这两层意思，谁还敢在曾国藩面前哪壶不开提哪壶？王闿运趁着曾国藩神色欢愉，建议他与左宗棠捐弃宿怨，重修旧好，本来只是误会嘛，何苦长期失和？曾国藩笑道："他如今高踞百尺楼头，我如何攀谈？"其实曾国藩心气已平，芥蒂全消，只可惜他们天各一方，无由相见。

曾国藩与左宗棠为一时瑜亮，惺惺相惜。左宗棠个性太强，圭角毕张，锋棱崭露，对一切睥睨视之。他目高于顶，予智予雄，纵然内心看重曾国藩，却以骂不绝口为日常功课。在《南亭笔记》中，李伯元记叙潘季玉的见闻，令人绝倒：潘季玉三次去向左宗棠报告公务，均因左宗棠自炫西陲功绩，痛骂曾国藩，同时大骂李鸿章、沈葆桢，找不到开口说话的机会，最终只能不了了之。左宗棠逢人就骂曾国藩，这说明他太在乎这位劲敌了。诚然，在左宗棠眼中，一世之人皆可推倒，只有曾国藩能与他相提并论。英雄的孤独，其极端形式表现为，对手死了，比朋友死了还可悲。因为相投契的朋友尚可广交，相颉颃的对手却不可多得，有时甚至会少到"天下英雄惟使君与我"这样的程度，所以对手一旦撒手尘寰，他的"剑"就将束之高阁，从此无所指，无所用，眼中的光亮和心头的火色也会随之暗淡。曾国藩弃世后，左宗棠念及两人早年的交谊，颇为伤感，他在家书中说："曾侯之丧，吾甚悲之，不但时局可虑，且交游情谊也难恝然也。已致赙四百金。"他还特制挽联一副，剖白心迹：

谋国之忠，知人之明，自愧不如元辅；
同心若金，攻错若石，相期毋负平生。

足见其生死交情，虽然中途搁浅，却并未漠然弃置，更未一刀两断。

左宗棠铁腕冰容，六亲不认，常以意气为先。郭嵩焘曾帮他在朝廷中消解樊燮之狱，有救命之恩，而且还在咸丰皇帝面前盛赞过他，有保举之力，左宗棠也在家书中承认"此谊非近人所有"，但他本性难移，"宁可我负天下人，不可天下人负我"，使郭嵩焘吃了不少苦头。郭嵩焘署理广东巡抚期间（1863—1866），左宗棠以邻为壑，将浙江、福建两地的太平军余部统统赶入广东，一时间，广东境内"匪焰大炽"，原本就焦头烂额的郭嵩焘（他正与两广总督毛鸿宾闹不和）这下就更加火烧屁股。左宗棠还狠狠地参劾了郭嵩焘几本，使后者灰头土脸地丢了官。左宗棠和郭嵩焘既是湘阴老乡，又是姻亲，同治三年（1864），湘阴文庙长出一株灵芝，郭嵩焘收到家书，其弟郭崑焘开玩笑说，文庙产灵芝是吉利之兆，象征郭家的荣发。左宗棠听说此事后，却故意斗嘴："湘阴真要是有祥瑞，那也是因为我封爵的缘故，与郭家有什么相干！"他如

此盛气凌人，未免有失雅人风致。左宗棠去世后，郭嵩焘回想两人一生交谊，心结难解，他的挽联写得还算温和，"世需才，才亦需世；公负我，我不负公"；他的挽诗可就没那么留情了，"攀援真有术，排斥亦多门"，单是这两句就足以将左宗棠的红脸抹成白脸。谁比谁活得久，谁就能把分量最重的丑话说在后头，但生人与死人计较则未免显得有点滑稽可笑。

粗略看一看曾、左和左、郭之间的交谊始末，我不禁为大人物感到悲哀。他们地位高了，面子反而薄了，受了伤，那"创口"很难愈合。争来争去，争什么呢？无非是争一口闲气。曾国藩、左宗棠、郭嵩焘不可能不知道，退一步海阔天空，你健康我快乐，可是他们都静等着对方伸出橄榄枝，这一等就等成了千古遗憾。硬要等到其中一个死了，另一个再用挽联挽诗致敬志哀说好说歹，此时亮出高姿态低姿态，教明眼人看着，已很难认同。曾国藩与左宗棠一失和成千古憾，所幸后死者念及旧情，有所补救，还不算抱恨终天。北宋大臣韩琦与富弼，均为一代名贤，早年心心相印，后来因为太后撤帘的事情政见偶然相乖，遂致绝交，无复往来。韩琦死时，富弼竟然不去吊唁，如此铁石心肠，你说，是不是官位愈高，人味愈薄？相比而言，曾左的交往始末虽有不少杂音，仍然贤于古人。

身居高位，只要一言不合，一事不谐，就可能友情破裂。老朋友之间想要"毋负平生"，谈何容易？如此看来，狗比人更懂得友谊，为了一根肉骨头，它们同样会相争，甚至相咬，但争完之后，咬过之后，它们很快就能和好如初；人却做不到如此爽快，如此洒脱，一旦争过之后，咬过之后，创伤难以疗复，宿怨从此结成，他们再想保全友谊，除非彼此转世投胎。

五、左宗棠与胡雪岩

红顶商人胡雪岩能够获得黄马褂，成为晚清首富，固然与他本人极端精明的头脑分不开，但瞎子也能看出来，左宗棠才是他生命中不可或缺的关键贵人。左宗棠率军西征，最觉头痛的就是国库空虚，筹措巨额

军资，购买海量兵器，十分棘手，既要取得各位督抚的大力支持，还须觅得一个能总成其事的可靠人才为之精心打理和巧妙周旋。在这种境况下，徽商胡雪岩便如同锥处囊中，脱颖而出，受到左宗棠的"特达之知"。无论是个人出力助饷，借外债筹饷，还是购马置装，采办武器弹药，胡雪岩都干得非常漂亮。左宗棠也没亏待胡雪岩，凡是账面上有疑问的地方，他都睁一只眼闭一只眼，于有疑处不疑。胡雪岩借湘军的强势在各省大开阜康钱庄的分号，拓宽经营范围，这并不是什么秘密，时势迫切需要这个出类拔萃的经济人才，恁谁心下不平不忿，也只能干瞪眼。

凡是去杭州元宝街参观过胡雪岩故居的人都会叹为观止。它南北长东西宽，占地面积为 10.8 亩，建筑面积为 5815 平方米，廊庑曲折无穷，亭台错落有致，用材全为金丝楠木，铜构件全从德国进口，室内家具虽多半星散，其考究豪华，却不难想象。2001 年初，修缮一新的胡雪岩故居正式对外开放，单是维修费用就高达六亿元之巨。若以今日杭州的地价、房价和金丝楠木的时价折算，胡雪岩故居仍是当之无愧的中国富商第一豪宅。

据李伯元《南亭笔记》所述，胡雪岩穷奢极欲，每晨取七色宝石凝神注视，以收养目之功。蓄妾多达三十六人，以象牙签刻名，每夜抽取侍寝的幸运选手。闲暇时，胡雪岩让众位姬妾身披红蓝甲胄充当棋子，在画好的大棋盘里一一就位，他与夫人站在高台上，手持长竿，从容指挥，称为"下活棋"。某日，胡雪岩经过一家成衣铺，看到一位苗条美女倚门而立，不觉心动，为之注目欣赏。少女见此人两眼放电，如同花痴，便关门入户。胡雪岩一怒之下，让人去与成衣铺店主议婚，愿出七千两白银的高价，纳他女儿为妾。新婚之夜，胡雪岩醉入洞房，强令少女裸卧，叫仆人举烛侍立床头，胡雪岩反复审视，掀髯大笑说："前几天你不让我看，现在感觉如何？"报复完毕，他拂袖而去。第二天，这位新娘就被胡雪岩的一纸休书打发回家，获准带走两万余金的家私。从这个例子来看，胡雪岩不仅为富不仁，而且心理变态。

商人涉足官场太深，危险就会加倍放大。左宗棠的劲敌是李鸿章，曾国藩死后，在那批"中兴名臣"中，论功勋，两老不相上下。单就朝

野间的评骘而言，主战的左宗棠声望还要高于主和的李鸿章。左宗棠与李鸿章水火不容，政见相乖是一方面，左宗棠主张塞防优先，李鸿章主张海防优先；门派不同则是另一方面，李鸿章是曾国藩的大弟子，仅此一条，左宗棠就不待见他。李鸿章要打击左宗棠，最好的突破口就是胡雪岩，胡一度是左的财神菩萨，除掉他就等于抹黑了左宗棠，并给他当头一棒。胡雪岩开办胡庆余堂，免费给街坊施药，花钱做过不少善事，但好事不出门，坏事传千里，有些坏事原本不是他做的，也硬生生地栽在他头上，首富一旦变成负面新闻最多的"首负"，日子就不会好过了；再加上他确有官商勾结、营私舞弊、囤积居奇、亏空公款的硬把柄；他与洋人大打生丝贸易战，又因为自信太过而惨败，胡雪岩的金山银山就不可避免地变成了一座被大火围困的煤山。

阜康钱庄原本是中国最可靠的存钱处，许多贪官都将自己来路不正的巨额银款托付给胡雪岩打理，孰料朝廷的抄查令下达浙江，那些贪官个个惶恐，如热锅上的蚂蚁。挤兑之风一旦变成狂飙，胡雪岩破产是小事，贪官们败露行藏才是大事。关键时刻，仍是左宗棠拍马赶到，不仅帮胡雪岩免掉了死罪，还亲自动手，按簿查询。那些贪官见势不妙，只好打掉牙齿和血吞，"皆嗫嚅不敢直对，至有十余万，仅认一二千金者，盖恐严诘款之来处也。文襄（左宗棠）亦将计就计，提笔为之涂改，故不一刻，数百万存款，仅以三十余万了之"。

胡雪岩没有亏待他的三十六房侍妾，各赠五百元分手费，这倒不算什么，她们的首饰价值万金以上，改不改嫁都能生活。

在生命的最后几年，左宗棠被政敌李鸿章视为头号打压对象，只在军机处待了半年时间，就回到南方任职，先是两江总督，然后是闽浙总督。在中国，生者通常以挽联来追悼或评价死者，活人用挽联来评价活人的现象极为罕见。曾国藩偷偷地写挽联评价大才子汤鹏（字海秋），被汤鹏撞个正着，抓了现行，最终两人闹到割席断交的地步。左宗棠在生前为自己撰写挽联，虽然不会与人结怨，但着实令人惊奇：

痛此日骑鲸西去，七尺躯委荒草，满腔血洒向空林。问谁来歌

骚歌曲，鼓铜琶家畔，挂宝剑枝头，凭吊松楸魂魄，愤激千秋。纵教黄土埋予，应呼雄鬼；

倘他年化鹤东归，三生石认前身，一瓣香祝还本性。愿从此为樵为渔，访鹿友山中，订鸥盟水上，销磨锦绣心肠，逍遥半世。窃恐苍天厄我，再作劳人。

在挽联中，他肯定自己有血性，讲信义，是一名"雄鬼"，并且强调，下辈子他最想做的是隐士，在山中打柴，在河边钓鱼，自由自在，无拘无束。但他担心上天会再次辜负他美好的心愿，仍让他做一个劳碌辛苦的人。

光绪十一年（1885），首富之商胡雪岩在惊悸中郁郁而终，首功之臣左宗棠也在苦闷中愤愤而逝。晚清的怪象和乱象却变本加厉，一发而不可收拾。左宗棠和胡雪岩死于同一年，这究竟是巧合，还是必然？谁知道呢？

冬夜读左宗棠的轶事，读到他的傲处、狂处、劲峭处、刚强处、智慧处、勇毅处，就仿佛读一部剑侠传奇中荡气回肠的章节。左公并不"左"，他远比那些从现代政治流水线上模铸出来的"左公"更有趣，更有情，更有眼力，更有胸襟，更有血性。他敢于标举自我，表现自我，敢于守危城，蹈绝地，敢于傲视和鄙视那些庸庸碌碌的衮衮诸公。这容易吗？

有一则政治漫画如此告白："你是栋梁之材，并非就能担当栋梁之任，你先要获得那个宝贵的位置，然后还要有其他栋梁之材与你适相匹配。"晚清内忧外患，原本巍巍然的帝国大厦行将倾覆，这时节，栋梁之材已只能派作撑子，斜斜地顶在最危险的地方，又哪能谈得上舒心，更别说荣耀。栋梁的屈辱感远比庸材的屈辱感更迅猛更深沉，它的厉害，曾国藩领教了，左宗棠领教了，其后李鸿章领教得最为完全。那时节，身为栋梁，必须应付来自四面八方的飘摇风雨，此外，各种诛心之论也如同长长的棺钉，一枚一枚地往下钉，直教你无处逃身。难怪智慧的庄子宁为臭椿那样的"散木"（无用之木），也不肯被人当作可怜可悲的栋梁。

胡林翼（1812—1861）：湖南益阳人。字贶生，号润芝。政治家，湘军重要首领。官至湖北巡抚。谥文忠。

胡林翼：江海之量

晚清的"中兴名臣"，榜上有"曾、左、彭、胡"之目："曾"是曾国藩，"左"是左宗棠，"彭"是彭玉麟，"胡"是胡林翼。四人中，曾国藩与左宗棠的大名腾于众口，播于遐方，经久而不衰；彭玉麟以古稀高龄挥师取得了晚清对外战事中最辉煌的胜利——谅山大捷和镇南关大捷，中国近代史记性再怎么不好，也很难淡忘这位抗法英雄；唯有胡林翼，当时为天下所推重，雅望之高，一世无几，只因尽瘁于国事，天不假年（去世时虚岁五十），功业垂成于撒手之际，可惜可惜！看待历史人物，晚生后辈总是相当势利的，只肯人云亦云地赏识那些浮出海面的"鲸鱼"，至于某些"水底蛟龙"，则对不起，他们毫无兴趣。我的好奇心则比别人额外多出一截，可以毫不夸张地说，就因为多出了这么一截与众不同的好奇心，就看到不少绝胜的人文风景。

一、浪子回头金不换

胡林翼出身于家资富厚的书香门第，年少时，公子哥儿的习气很重，好为冶游，风流自喜。其父胡达源是探花出身，智识过人，他对这个浪荡子的前途特别担忧，逼迫胡林翼攻读古代典籍，竟无异于赶鸭子上架，没辙，老爷子常常掀髯动怒，搬出家法来，也唬不住这黄口小儿。胡林翼才气过人，颇为自负，他奉行的是及时行乐的人生法则，那句"人不风流枉少年"的话可不是随便说说，他是忠实的践行者。很长一段时间，他根本没把那些陈言旧学放在眼中，更别说放在心上。没奈何，胡达源只好转嫁危机，将这位孽子送到好友、两江总督陶澍的幕府去，让他好好领教领教"军管"的滋味。胡达源始料不及的是，在江宁（南京），胡林翼半点也不收敛，依然我行我素，秦淮画舫，选色征歌，兴趣更加浓得化不开。陶澍为人端肃，严禁僚属酒色荒嬉，唯独对胡林翼网开一面，还将掌上明珠毅然决然地许配给这位风流浪子。陶夫人极力反对也无济于事，她气呼呼地质问夫君："你看人看走眼了吧？这后生放荡不羁，怎么可以将女儿的一生幸福白白葬送掉！"陶澍捋须而笑，对夫人说："咏芝将来为国勤劳，没有闲暇寻欢作乐。现在他享受享受，正是提前支取报酬。"临到合卺（喝交杯酒）之夕，大家找不到新郎的影子，原来他独自跑到外面喝酒去了，而且喝得烂醉如泥。这一回，陶夫人火冒三丈，埋怨陶澍偏心眼，选择了这么个混账女婿。陶澍只好赔着笑脸劝解她，口气十分舒缓："咏芝是瑚琏之器（孔子曾如此夸奖子贡），你不可小瞧他，以后他担当大事，保准不会犯糊涂。至于他放浪不羁，你不要过分责备，他绝对有服善之智和改过之勇。"你倒是说说看吧，天底下能有几位这么开明的岳父大人？

陶澍确实独具慧眼，赏识荦荦大才于头角未露之时，他一早就看清了女婿精金美玉的真实价值。正如陶澍所料，从三十岁后，胡林翼操持权柄，他革面洗心，脱胎换骨，完全摒弃了声色犬马之乐。

二、曾国藩称他为"胡老板"

"林翼貌英伟，目岩岩，威棱慑人。事至立断，无留难。"从《清史稿·胡林翼传》的描写来看，胡林翼既是一位猛人，又是一位能人。

清末民初，作家徐宗亮在其《归庐谭晚录》中记载了好几桩胡林翼的轶事，都是《清史稿》中未加钩录的上佳素材。年轻时，胡林翼有名公子、大才子之称，为人豪宕不羁，后虽矢志于政事，但"口体之奉，未能如曾、左诸公啬苦也"，平日"餍饫极精"。这就摆明了说，胡林翼喜欢美食，从未割舍过口福。他不像曾国藩那样，哪怕吃白菜、豆腐，也能吃得津津有味，使幕府的僚属跟着一块儿清苦，个个面有菜色；也不像左宗棠那样随遇而安，碰上士卒开饭，就搭伙儿就餐，不管荤菜、素菜，填饱肚子算数。徐宗亮还说，胡林翼"游戏笔墨，无关轻重，然亦可仿佛其英姿磊落"。他驻军湖北黄州时，有一天，忧及军饷不济，士气低迷，就在公文纸上写了一首打油诗，钤上朱红大印，传令各州县。诗为：

> 开口便要钱，未免讨人厌。
>
> 官军急收城，处处只说战。
>
> 性命换口粮，岂能一日骗？
>
> 眼前又中秋，给赏更难欠。
>
> 惟祈各路厘局大财神，各办厘金三万串。

这一纸"诗令"递下去，不及半月，送饷的船只络绎而来，有了钱，有了粮，湘军士气为之大振。

贤人和常人的区别就在于前者能化至难为至易，后者则与此相反。苏东坡在《念奴娇·赤壁怀古》中称赞雄姿英发的少帅周瑜"羽扇纶巾，谈笑间，樯橹灰飞烟灭"，说得十分轻巧，就是夸赞周瑜举重若轻，能化至难为至易。胡林翼谑称厘金局委员是"财神"，后来，曾国藩也谑称常常接济湘军钱粮的胡林翼为"老板"，均可发一笑。曾国藩能够大有作为，多获展布，幸亏胡林翼于咸丰九年（1859）出任湖北巡抚，二人亲如一家，同心断金。对此，曾国藩一直念念不忘。

胡林翼的本事显然不止筹粮、筹饷的单方面，他对军事的讲求也深得要领，这主要表现在他对地理、地形的重视。严澍森专治湖北、江西、

安徽三省舆图，"凡溪港山阜，小路捷径，详细著明，某地至某地若干里，某村至某村绕出快若干里，用以行军。每乘太平军之虚，先据要地，而太平军用兵上游，不得逞"。他将这个经验推广到全国其他各省，远及朝鲜、安南等藩属，这些地图统称为"胡文忠地图"。胡林翼还让严澍森搜集史籍中有关长江流域各省用兵的成败方略，分门别类，条分缕析，以证明地图之合理运用可奏大功。"以地图为棋盘，以兵略为棋子，浸久成书，遍及全史，此读史兵略所由滥觞。"胡林翼洞悉大势，制定相应的策略：湖南乃湘军粮卒之库，至关重要，为此必须保持湖北形势，以江西为右臂，以安徽为左臂，加以扇形拱卫。这个策略使曾国藩有了一个较为稳固的后防和稳定的供应基地。曾国藩感谢胡老板，乃是由衷的。

三、一流的调和手段

西方社会尊重个性，因此嬉皮士之后有朋克，见怪不怪；中国社会讲求人情味，强调人与人相处之时"和为贵"，哪怕为此要让个性削足适履，也在所不惜。"世事洞明皆学问，人情练达即文章"，先须具备这样的深刻体知，做起官来才能如鱼得水，办起事来才会游刃有余。当时，湖广总督是满人官文，此人姓"官"，的确很会做官，慈禧太后对他青眼相加，恭亲王也喜欢他的言行乖巧；他名"文"，却胸无文韬，更无武略，基本上是个大草包。此公极为贪婪，他从湖广总督回任京官，银子太多，不能悉数运送回去，就在武汉三镇一连开办了九家当铺。古语说，"有其父必有其子"，官文死后，他的那些败家子急于分房析产，竟秘不发丧，直到把那些当铺的银子瓜分完了，才将老爹的死讯公之于世。官文除了根正苗红，对官场上的厚黑把戏十分精通，此外别无所长。你说，打心眼里，胡林翼会不会瞧得起这种贪婪可鄙的不倒翁？可他是湖北巡抚（相当于湖北省长），官文是湖广总督（相当于中南区的最高军政长官），纵然官文是个吃草的孬货，胡林翼也得忍气吞声地屈居其下。起初，官文与胡林翼多有抵牾，没少给后者小鞋穿。换了别人，多半会结怨生

隙，内耗，硬顶，窝里斗，胡林翼以大局为重，主动与官文修和。这就引出一段精彩的故事来——

官文的妻子早死，有位如夫人专宠于闺闼，积年而成河东狮吼之势。知悉内情的人倒也不多。官文为了讨好她，办了个大规模的生日宴会，同僚都前往贺寿。有位新到任的臬司（相当于省政法委书记）没弄清楚状况，也去赴宴，一见官文是给小老婆做生日，他本能地产生了抵触情绪，朝廷命官哪能如此降格？这人倒也耿直，大呼上当之后，立刻索回手本，愤愤而退。那位如夫人当众丢了面子，折了里子，又羞又怒，哭闹着怪怨官文，没及早将她扶正，落得今日丢人现眼。

胡林翼深知内情，但他不宜缺席，以免贻人督抚不和的口实。路上，他恰巧遇到愤愤而退的臬司，后者尚在气头上没下来，一五一十讲了他紧急撤退的原委。胡林翼笑着竖起大拇指，夸他讲政治，讲正气，了不起，了不起！可他的轿子并没有掉头，仍然按既定方针办事，径直去了官文家，把祝寿进行到底。走了个臬司，来了个巡抚，官文的如夫人心花怒放，不仅将折损的体面挣了回来，还赚得不少盈余，自然十分感激胡林翼的侠义救场。事后不久，官文的如夫人就主动拜胡林翼的母亲为义母（干妈），而且如愿以偿，官文将她扶成了正室。

从此以后，在军政方面，胡林翼想要有所兴革，估计官文会掣肘的，就先跟那位义妹打声招呼，让她大扇枕边风。她也乐得胳膊肘外拐，经常在官文的耳畔聒噪道："你懂得什么打仗行文！你的才具识见哪一点比得上我胡大哥，不如依着胡大哥怎么办便怎么办罢！"她竟成了胡林翼安插在官文枕头边的特工人员，这真有意思。在湖北巡抚任上，胡林翼能够有一番大作为，多多少少走了点"裙带路线"。这也是被逼无奈，中国有中国的国情和政情，大丈夫要建功立业，枉尺直寻，宜有可为，岂能处处拘于细行琐德，完全按牌理出牌？多多少少总还得参用点旁门左道才行。不少正人君子洁身自好，不愿干这类"曲线救国"的活儿，就注定了只能独善其身，无法兼济天下。

胡林翼具备忍耐力，拥有大局观，我估计，将他放在秦末的淮阴街头，他也能像韩信那样甘受胯下之辱。中国正派的智者主要分两拨儿：一拨儿只愿自洁，口口声声宣称"大丈夫可杀不可辱"，存的是避世之意；另一拨儿则勇于自污，叫做"我不入地狱，谁入地狱"，存的是救世之心。我们很难简单地评定谁高明谁不高明，谁高尚谁不高尚，这要视各人的器质而定，不能勉强。但从操作的难度来讲，后者显然更容易进退失据。

在乱世，胡林翼格外留意将才，他说："兵之嚣者无不罢，将之贪者无不怯；观将知兵，观兵知将。为统将必明大体，知进退缓急机宜；其次知阵法，临敌决胜；又其次勇敢；此大小之分也。"他治军武昌，所部以猛将鲍超一军为最强。鲍超这人，虽是赳赳武夫，平日却最爱面子。当时，有一位姓俞的学政（相当于省教委主任），任期已满，升为京官，胡林翼设宴为他饯行，因为鲍超功高望重，又是妇孺皆知的名将，就发帖请他作陪。没想到，俞某看不起武夫，席间竟然连头也不偏一下，故意不与鲍超搭腔，更别说敬酒。散了席，鲍超怒火中烧，跨马直奔军营，对左右嚷嚷道："大家散伙算了。武官真他妈的不值钱，俞学使不过是拈酸之辈，竟然瞧不起我，这班家伙在朝中作威作福，我们干嘛替他们卖命！"鲍超正狂呼乱喊之际，胡林翼拍马赶来，不待喘息平匀，立刻安慰鲍超："俞某少不更事，明天我要当着您的面好好地训斥他，特设'负荆宴'，请您明天中午一定到场，我让俞某赔个不是，您可不许推搪！"鲍超心里再怎么窝火，谁的面子都可以驳，胡老板的面子不能驳，他应承下来。翌日，三人再聚，胡林翼使用翰林大前辈面目，直言责备俞某待鲍军门无礼，俞某只好勾着头颈，老老实实地认错。吃完饭，胡又提议，三人换帖，拜为兄弟。俞又踌躇，胡林翼狠狠地瞪了他一眼，三人总算互换金兰之谱。于是，胡林翼吩咐鲍超："如今，俞学使已是我们的小弟，就算有什么过错，不妨当面责备他，昨天的事千万别再芥蒂于心。"鲍超是个爽快人，酒入豪肠，心情大畅，把满腔的愤怒全抛到九霄云外去了。

四、爱惜人才

胡林翼与曾、左、彭三人有所不同，他既能调和诸将，带兵与太平

军正面对冲，又是行政好手和理财高人。他最为当世称道的有三点：其一是将武昌建成湘军稳固的大本营，输送粮饷，休整将士；其二是识才和爱才，惟才是举；其三是真诚调和诸将，苦心维持大局。其爱才之心见于言词：

> 国之需才，犹鱼之需水，鸟之需林，人之需气，草木之需土。得之则生，不得则死。才者无求于天下，天下当自求之。

这样的人才观置于救死不暇的乱世和末世来看，现实意义尤其重大。在太平盛世，"珠玉买歌笑，糟糠养贤才"（李白诗句），为害并不显著，沧海遗珠，也无大碍。但乱世和末世则不同，得人才者得天下，失人才者失天下。太平天国闹腾了十余年，就销声匿迹，除了在政治上有太多的倒行逆施，还有不可忽略的一点，那就是洪秀才妄自尊大，不注重吸纳人才，大学问家王韬向忠王李秀成上万言书，提出了许多条拯救和改造太平天国的英明策略（远远胜过洪仁玕的空论），似这般自动送上门来的绝世珍宝，竟然被武大郎开店的天王洪秀全毫不在意而且嗤之以鼻地退了货，因此令天下智士为之裹足，为之寒心，避之惟恐不及。

胡林翼辞世后数十年，湖南学人章士钊曾撰《政本》一文，解释为政之本："为国如为医然，得其方则治；否则亡。其方为何？曰：为政在人。人存则政举。政治为枝叶，人才为根本。用才云者，乃尽天下之才，随其偏正高下所宜，无不各如其量以献于国。……有一分之才务得一分之用。毋投闲，毋躐进，用为所学，学为所用，于是天下之智勇辩力，各得其所。太息之声，不闻于垅畔，责任之重，尽肩于匹夫。……君子曰：为政有本，不好同恶异。斯诚政之本矣。"应该说，在人治而非法治的国度，这话完全在理，证之于历史，如合符契。政治相对昌明的朝代，例如盛唐隆宋，始终人才济济，"野无遗贤"的说法虽然过于溢美，但能将人才的浪费降至较低限度，即属难能可贵。

"千里马常有，而伯乐不常有。"人才何时无之？何处无之？可是善于发现人才和使用人才的当权者太少。在《能静居日记》中，赵烈文记下了曾国藩的原声感慨："世人聪明才力，不甚相悬，此暗则彼明，此长则彼短，在用人者审量其宜而已。山不能为大匠别生奇木，天亦不能为贤主更出异人。"

清朝有曾国藩、胡林翼这样爱才惜才的封疆大吏，诚为斯民之幸，社稷之福，只可惜如此求才似渴的大臣多乎哉不多也。这就说明，在君主专制时代，即使到了国家危亡之际，人才的出路依然壅塞不通，与民主国家那种人尽其才、才尽其用的景象根本不可同日而语。

独立于乱世和末世的苍茫暮色中，胡林翼目光如炬，对周匝的一切看得雪样分明。他真正看到了晚清的症结所在，"国家之败，皆由官邪，……民乱必由官贪"，"上下相蒙，恬不知耻。误于使贪使诈，而实为贪诈所使"，为此他开出的药方有两味主药：一是"刬黠货之人"，黜斥"贪诈之吏"；二是重用廉洁爱民者。这两味药不算稀奇，无非是历朝历代都叫破铜锣嗓子的"反腐倡廉"。胡林翼深受儒家正统思想的局囿，当然不可能认识到若不从根本上铲除专制暴政中腐败的温床，代之以真实无欺的民主监督（绝非左手监督右手，上身监督下身），任何严厉的反贪、反腐措施都将收效甚微，而要动摇专制政体，他再怎么开明，恐怕也不会点头赞成吧。胡林翼说："凡办事，首在得人，……地方之事，以十万兵而不足者，以一、二良吏为之而有余。"这显然夸大了清官的作用，殊不知，周围的贪官视清官为仇雠，为眼中钉、肉中刺，务欲拔之斥之毁之灭之，方才快慰于心。更何况，贪黠自上而下，层层相因，贪官在上，清官在下，后者很难有突围的可能。摆明了，清官只有三条路好走，一是同流合污，二是洁身远引，三是像胡林翼那样弥缝其间，必要的时候，就得和稀泥。然而，资质中流者即算苦学十年，也很难学到胡林翼的高超技巧。胡林翼内心更深层的感慨是："识之而不能用，则千里马亦且自悲！"所以说，识才仅仅是初步，关键是能够量才器使。

不管怎样吧，胡林翼喜欢当伯乐，以发现和擢拔人才为己任。左宗棠尚为"湘上农人"时，胡林翼身为黔中僻地小小的知府，人微言轻，就向自己的顶头上司、云贵总督林则徐荐举左宗棠为幕宾（左宗棠并未成行）；后又多次致书湖广总督程矞采，称誉左宗棠"有异才，品学为

湘中士类第一，……如便中访问，必有裨高谅"，此事终因左宗棠不愿出山而告寝；胡林翼没有放弃努力，后来他又致函湖南巡抚张亮基，褒美左宗棠"廉介方刚，秉性良实，忠肝义胆，与时俗迥异，其胸罗古今地图兵法，本朝国章，切实讲求，精通时务"。在胡林翼眼中，左宗棠是只可有一、不可多得的人才，"横览九州，更无才出其右者"，可谓推崇备至。胡林翼与左宗棠有点转折亲的关系，陶澍的女儿陶静娟嫁给了胡林翼，陶澍的儿子陶桄娶了左宗棠的女儿左孝瑜，左宗棠是陶澍的亲家，比胡林翼还要长一辈，胡林翼极力推荐左宗棠，也可算是内举不避亲。一而再，再而三，他总算如愿以偿，以其诚意感动了傲睨一世的左宗棠。后者遂大踏步地迈上了中国近代政治、军事的大舞台，施展屠龙斩蛟的上佳身手，成为拔山扛鼎级的风云人物。

在《胡文忠公语录序》中，清人唐文治称赞胡林翼："此其量，江海之量；此其心，江海之心也。"这句赞语可谓恰如其分。惟江海能够吸纳百川，包容万有。《清史稿》的也对胡林翼识才、爱才和用才三方面的过人之处不吝笔墨，评价甚高："驭将以诚，因材而造就之，多以功名显，察吏严而不没一善，手书褒美，受者荣于荐剡，故文武皆乐为之用。士有志节才名不乐仕进者，千里招致，于武昌立宝善堂居之，以示坊表。……举荐不尽相识，无一失人。曾国藩称其荐贤满天下，非虚语。"能像祁黄羊那样"外举不避仇，内举不避亲"已相当不易，能"不失一人"，则难上加难。可见胡林翼作为"人鉴"，明辨纤毫，绝非哈哈镜那样专以丑化他人为能事为乐事的孬货。曾国藩说过这样的话："人才何常，褒之则若甘雨之兴苗，贬之则若严霜之凋物。"他和胡林翼褒扬和奖掖人才，纯粹出于公心，为国家着想。千疮百孔的晚清能在风雨飘摇中度过连串的劫波，多撑持数十年之久，就因为有胡林翼、曾国藩这样的治世能臣为国家擢拔了大量的文武干才，弥缝了江心漏船的裂罅。要不然，江河日下的清王朝早就遭到了灭顶之灾。见识短浅的人也许会简单粗暴地说，胡林翼力挽狂澜，使没落的清王朝得以苟延残喘，他是历史罪人和民族败类！殊不知，在任何不完美的时代，人才遭到沉抑都是可耻的浪费。此王朝和彼王朝并没有什么实质的区别，对好王朝和好皇帝寄予幻想，抱有热望，适足以证明做梦者的天真幼稚。胡林翼极尽所能荐举人才，擢拔人才，这已是莫大的功德，放在任何时代都是值得赞誉的智举和善举。

在乱世与末世，政治家肩头的责任远远要重于和平时期，仅仅发现人才还不够，还要合理地使用人才。人才的调配无疑是门大学问。一支世界全明星足球队未见得能踢赢一支中流的意大利甲级队伍，原因何在？就因为人才过于密集，内耗十分严重，不解决这一点，就别想言胜。多年前，金牌教练里皮在意大利国际米兰队执教，尽管他麾下拥有罗纳尔多、维埃里和罗伯特·巴乔这样的超级球星，但仍然被弱队"揍"得鼻青眼肿。看清了这一点，我们才能充分估价胡林翼真诚调和诸将，苦心维持大局的不平凡处。

当年，湘军水师的两位大统领杨岳斌和彭玉麟，都是身经百战的虎将，分掌长江内湖水师，因事失和，一度闹到反目成仇的地步。同袍内讧，这是兵家之大忌。胡林翼当然明白，这个心结一日不解，则后患百日难除，于是，他写信邀请杨岳斌和彭玉麟前来商量军情。杨捷足先至，宾主握手言欢，彭后到，杨起身要走，胡林翼强行将他摁在座位上，彭一见这情形，即打算掉臂而去，胡林翼又强行将他摁在座位上，只差没用两口大钉子将他们钉牢在原处了。彭、杨二人相对无语，很是尴尬。于是胡林翼命令手下设席开宴，"酌酒三斗，自捧一斗，跪而进曰：'现在天下糜烂至此，实仰赖你二人和衷共济，支撑危局；你二人如今同舟敌国，又如何佐助中兴大业？'说完，泣下沾襟。"彭玉麟和杨岳斌都是性情中人，亲眼目睹胡林翼至诚相待，当即面露愧色，赶紧扶起胡老板，谢罪道歉，彭玉麟、杨岳斌二人都很有器量，绝不是鸡鸭肚肠的角色，便从此捐弃前嫌，和衷共济。

胡林翼与曾国藩终生讲求一个"诚"字，但程度和质量上大有轩轾，如果说胡林翼待人往往出于赤诚和至诚，曾国藩则不免显得半吊子，甚至假惺惺，戏分较足；如果说胡林翼使足了百分之九十的心劲，曾国藩则顶多只拿出百分之六十左右的心劲，行有余力，都对自家那几位老弟呵护备至了。谁教曾国藩的老妈替他生了那么多宝贝老弟呢？

五、英年早逝

由于积劳成疾，再加上咸丰皇帝在热河驾崩，胡林翼大恸呕血。其后，左宗棠统领的楚军围困安庆城中的太平军，胡林翼带病去前线视察，见太平军犹如瓮中之鳖，颇感欣慰。但他骑马到江滨，看到两艘洋人制造的轮船疾如飘风，向西驶去，不禁心中一凉，脸色陡变，勒马回营时，中途呕血，精力衰竭，险些坠落于马下，从此一病不起。咸丰十一年（1861年）八月，胡林翼病逝于武汉。临终前，他留下遗嘱："吾死，诸君赙吾，惟修书院，无赡吾家。"他的遗嘱仍是教人务实学，兴教育，培植人材。

胡林翼有点像东晋的卫玠，高才可比瑜亮，弱质却是蒲柳，他积劳成疾，死于盛年，年仅五十岁。他死后，曾国藩在咸丰十一年九月的日记中感叹道："赤心以忧国家，小心以事友生，苦心调护诸将，天下宁复有斯人哉！"他还在奏议中称赞"胡林翼之才胜臣百倍"，及上胡公死事状，又大加揄扬，"坚持之力，调和诸将之功，总核之才，皆臣所不逮，而尤服其进德之猛"。这的确是知人之言，并非讨巧的溢美之词。

清末民初，文学家李慈铭阅读胡林翼的奏议之后，在《越缦堂日记》中赞叹道："文忠（胡林翼谥文忠）老谋深识，烛照不遗，固中兴第一流人。其行文辞意严正，绝无枝叶。往往援证古事，深挚剀切。国朝言经济者，莫之或先。其集在天壤间，自不可磨灭。"《湘军志》的作者王闿运识见不凡，在光绪四年（1878）二月二十九日的《日记》中写道："作《胡军篇》，看咏芝奏牍，精神殊胜涤公（曾国藩字涤生）。有才如此，未竟其用，可叹也！"嗣后，在同年三月十六日的《日记》中，他又怅叹道："……今乃知胡之不可及，惜交臂失此人也！"

同时代人和后人发自真心的赞誉，对九泉下的胡林翼究竟有多大意义和价值？我不得而知；我所知道的是，他有江海之心和江海之量，任何赞美都只不过是其中的浮沫而已，不足以给他增光添彩。因此，尽管历史的记忆力容易衰退，但要忘记胡林翼这种"中流砥柱"型的人物，也是一件千难万难的事情，似他那般一心为国、一心为民的高官，在贪渎成风的官场是再也找不到几个影子了。

　　人才代代不乏，可是居上位者多半喜欢提携奴婢而捐弃俊彦，乐得堂上一呼，堂下百诺，真要在末世和乱世威福自享，短期还行，时间一长，只恐怕他们被众奴婢耍了，卖了，杀了，仍会死得不明不白。对这些横死的达官贵人，我丝毫不表同情，但肯定会临风怀想胡公的雅量高致，只可惜似他那般俊朗的人物不世而出，非绝佳的运气无法遇到。

彭玉麟（1816—1890）：湖南衡阳人。字雪琴，号退省庵主人。军事家，书画家。湘军水师的创建者。官至兵部尚书，封一等轻车都尉。谥刚直。

彭玉麟：杀人手段救人心

在晚清的余霭残阳中，曾涌现出一批又一批光灿夺目的人物，乱世和末世的好处已经和盘托出，全在这儿：用武之地骤然放大了，风虎云龙乘时际会，少受许多委身草泽的憋屈。依我看，"国家不幸诗家幸"的说法固然不谬，但还有稍微可加完善的地方，变更一字，将它修改成"国家不幸兵家幸"，方才算踩准了鼓点。

晚清湘军那一拨子"中兴将帅"，无不是百战成功，百战成名，只要能爬出死人堆，挣回一口长气，最起码，也能获得四品顶戴。想想吧，也真够神奇的，一群不娴舟马的文弱书生，跟着全然不习战阵的曾大帅，捣腾数年，就在江南飘起一股股腥风，泼下一阵阵血雨，直把那位金田起义时发誓要"手握乾坤杀伐权，斩邪留正解民悬"的洪教主逼得在深宫自缢也难，自裁也难，投水也难，投火也难，最后，总算咬紧五十岁的牙关，仰起天王级的脖子，将一小杯平日只舍得给别人抿上一口两口的鸩酒喝个精空。在专制暴政国家，仕途与利途是并联的"高速公路"，晚清湘军那一拨子"中兴将帅"，无不暴兴暴发，大富大贵，成就感非比寻常。

在乱世之中，文士投笔从戎，冒死犯难，所为何来？说得好听些，是要解国危，苏民困；说得难听些，各自内心都揣着炽如火、沸如油的私念，升官发财才是第一目标。他们怀揣着一明一暗的两种愿望倒也在情在理，总之是风险投资，风险愈大，回报愈高。"人不为己，天诛地灭"，众口一词这么说，说了几千年，早已说得顺嘴滑舌，字正腔圆。文明进步到二十一世纪的今天，一大帮蝇营狗苟的"厚黑教传人"尚且毫无愧色，犹自挖空心思，紧盯国有资产蚕食鲸吞。当年那些提拎着脑袋，孤注一掷赌前程的湘军将领，谋大权，图大钱，就算想疯了，也无可厚非。

总有些例外的人，例外的事，这旷荡冷寂的世间才显出若干热辣辣的趣味来。试想，大家求仁得仁，求义得义，求官得官，求财得财，仁与义容或有猫腻，官和财却是货真而价实。按理说，这回无论是谁都该喜出望外了，可是有一人——彭玉麟——偏要拗着劲自订"三不"原则："不受官，不私财，不要命。"这岂不是故意往大伙儿喉咙里塞鱼刺吗？从古至今，强梁之辈的人生哲学，虽可以省略"良知"和"道义"，却不能删除"权力"这个核心词语，做强梁的快意处，尽在这二字之中。难怪有人百思不得其解，彭玉麟够威够强，为何他非要唱出"三不"的调子？倘若质疑者换一种眼光和胸襟去打量，又会如何？噢，的确大不一样。"不受官"，居然说得过去，脱了逢迎拍马的奴籍，做个隐士，野鹤闲云，保全素心，好不自在。"不私财"，也说得过去，免了为富不仁的嫌疑，住茅庐，嚼菜根，喝稀粥，澹泊自守，得其所哉。可是彭玉麟意犹未尽，还额外搭上一条"不要命"，这就令智者们雾水满头，丢开富贵也就罢了，干嘛不好好地活着，非要去当烈士？要解开这个疑团，绝非三言两语可以做到。

晚清奇人阎敬铭不乐意做官，他曾在回复山东宁海知州张朝玮的信中说："笔墨也可作生涯，何必向纱帽中讨生活。弟万分不肖，不能效古圣贤之出处，何难效并世而生之彭雪琴！"阎敬铭认为彭雪琴"不受官"固然高尚，但并非不可超越，其自负溢于言表。光绪八年（1881），朝廷起用赋闲在家的阎敬铭为户部尚书，张之洞时任山西巡抚，他一向

尊重和佩服阎敬铭，称之为师，他担心阎敬铭坚辞不就，特意写信劝驾："闻公平日尝有言，彭雪琴尚能孤行己意，坚不任职，岂我遽出其下。果尔，则又过矣。彭公所为，以之厉俗则可，以为蹈道则不可。有识之士，不无遗议焉。彭公是奇男子，明公是古大臣。畸行之与纯忠，恐难一致而语。"张之洞的这段文字摆明了是抑彭而扬阎。张之洞评定彭玉麟履行"三不"原则是"畸行"，畸行是脱俗、非凡的行为，可谓明褒而暗贬。《文子·道原》说："矜伪以惑世，畸行以迷众，圣人不以为世俗。"这话倒是说得没错，儒家并不赞赏离群脱俗，特立独行。比张之洞的评价低出一大截的也有：温和一点的，批评彭玉麟矫情；刻薄一点的呢，则怀疑彭玉麟作伪。好在订立"三不"原则的人终生恪守了原则，"畸行"也好，"矫情"、"作伪"也罢，他都用行动作出了响亮的回答。

一、投笔从戎

有些话深藏玄机，比如"英雄不问出身"这一句，是因为其中别有忌讳，比如超级猛人朱元璋（他是否英雄，姑且不论），出身不清不白，你若问得他烦了，恼了，恨了，瞪你一眼是轻，砍你一刀是重。彭玉麟还不至于这样吧。他家世寒素，父亲彭鸣九当过合肥梁园镇巡检，大约是个七品以下的武官，李瀚章（李鸿章的哥哥）是安徽合肥人，巡抚湖南时，曾特意为彭鸣九作传，"推为皖中循吏之最"，评价不低。这就不奇怪了，彭鸣九廉介明干，积攒了足够好的名声，却宦囊如洗，没能积攒足够多的金银。父亲死后，彭玉麟在故乡衡阳查江何隆甸度过了愁惨的少年时代，住茅椽，忍饥饿，犹自可，还有更加难堪的，孤儿寡母遭受族中恶徒的欺负，仅有的一点薄产也被侵吞，弱小的弟弟被人推挤，险些淹死在河中。一天，王夫人泪流满面，把儿子彭玉麟和彭玉麒叫到跟前，对他们说："我们老是受欺受压，这地方没办法长住下去。你们尚未成年，还是出外避祸吧。记着，从今以后，你们要自强自立，等哪天有了出息，再来见我！"慈母泪落，滴滴伤情，那是揪心的深悲啊，令彭氏兄弟心血如沸。

母命难违，十三岁的彭玉麒跟人去跑远水生意，长期音信杳然。十六岁的彭玉麟则就读于衡阳城中的石鼓书院，叩问经义，钻研诗书，颖悟是不用说了，精勤是不用说了，更难得的是他"缊袍敝冠，介然自守。……未尝有饥寒之叹"。不叹饥寒并不意味着可以无视饥寒，没过多久，彭玉麟投笔从戎，在军营担任"稿公"（文书的谑称），职位卑微，但好歹有了一份薄饷，可以赡养母亲，甭提他有多开心。彭玉麟为人纯孝，妻子邹氏早年侍奉婆母汤药不够周至，其后就再难得到夫妻间的鱼水之欢，这惩罚可真够重的。

运气好的话，门板都挡不住。衡阳知府高人鉴素以伯乐自许，一天，他来军营拜访协镇（相当于旅长），看到案头放着一份文书，字体既不像是颜体，又不像是欧体，气格不凡，亦豪亦秀，于是他问道："这份文书出自何人之手？"军官就告诉他："是我手下彭玉麟写的。"高人鉴的评语可不差："此人字体甚奇，当大贵，且有功名。"彭玉麟能得到知府的青睐，执贽为其门下弟子，人生路走起来就顺坦得多了。他撰写出了一副楹联，"绝少五千拄腹撑肠书卷，只余一副忠君爱国心肝"，气节自见，高知府对他更加高看一眼。彭玉麟的出身止于附生（秀才），附生已足够了，左宗棠也只是个举人，未曾进士。八股文，害死人，他们躲得开身，是因为时势与英雄两造之际，均把握住了奇妙的机会，这机会与其说是清王朝小小气气给的，还不如说是太平天国大大方方给的。

彭玉麟平生第一仗，并非对付金田洪教主，而是对付新宁的李沅发，此人纠集瑶民，攻破城步，杀害县官，一场小打小闹，仅此而已，自然不堪一击。作为谋士，彭玉麟随军有功，却不愿接受蓝翎顶戴，留任武职。那时秀才多自重，视武职如敝屣。他宁愿去耒阳，帮富户杨江掌管当铺的银钱出入，屈大才为小用。真有他的，"为人司出纳，视其财如己有，放散无所顾虑"。后来，那些见识短浅的人总算明白了，赈贫济困，好处多多，一场大动乱，处处杀人放火，唯独这家当铺奇迹般地幸存下来，没有遭到劫掠。

咸丰四年（1854），曾国藩治兵于衡阳、湘潭之间，博求奇士，有人推荐彭玉麟胆略过人，足堪任用。当时，彭玉麟正居母丧，不想出去

闹腾，恰巧曾国藩也居母丧，他对彭玉麟说："乡里藉藉，父子且不相保，能长守丘墓乎？"这话倒是在理，彭玉麟听了大为感奋，遂决意留在湘军效劳。

> 自此三十八年，诸将帅或官或罢，或先亡逝，惟公旦夕军中，未尝一日息，亦未尝一日官也。

以上引文出自晚清大名士王闿运的《诰授光禄大夫太子少保兵部尚书详勇巴图鲁世袭一等轻车都尉钦差巡视长江水师赠太子太保衡阳彭公年七十有五行状》。"未尝一日息"好理解，"未尝一日官"却令人犯糊涂。粗粗扫一眼彭玉麟的履历，上面递次有湘军水师统领、安徽巡抚、兵部侍郎、兵部尚书这些越做越大的官职，连国防部长都干过了，王闿运还说他"未尝一日官"，却是为何？依我看，他的意思可分两层：彭玉麟辞官是出了名的（当时有一句谚语："彭玉麟拼命辞官，李鸿章拼命做官"），除湘军水师统领一职外，其他数职，虽是显赫的二、三品大员，别人求之不得，他却弃之如烫手的山芋，辞之再四。比如安徽巡抚一职，他上疏固辞不就："久居战舰，草衣短笠，日与水勇、舵工驰逐于巨风恶浪之中。一旦身膺疆寄，进退百僚，问钱谷不知，问刑名不知，勉强负荷，贻误国家。……从军八年，专带水师，弃舟而陆，无一旅一将供其指挥，仓促招募，必致偾事。"他说的句句都是实话，毫无矫情的成分。彭玉麟还在奏折中自陈："臣墨绖从戎，创立水师，治军十余年，未尝营一瓦之覆，一亩之殖；受伤积劳，未尝请一日之假；终年风涛矢石之中，未尝移居岸上求一日之安。……臣之从戎，志灭贼也，贼已灭而不归，近于贪位；长江既设提镇，臣犹在军，近于恋权；改易初心，贪恋权位，则前此辞官，疑是作伪……"既然江南已全境收复，他不肯贪位，恋权，忘亲，而要解甲归田，为慈母守丧终制，这就是合情合理的请求。朝廷多方慰留，甚至为他"设例外之例"，别置长江巡阅使一职，"有事而非差，无官而有禄"，可见器重的程度。彭玉麟为人俭朴随和，对位卑者能免去官礼，平等相待，"生平治军严而不倨"。他能折节下士，乐意与他们结布衣昆弟之好，尤其喜欢跟墨客骚人相往还，当世称之为高雅。他跟大名士王闿运交情至笃，晚年退居衡阳查江，王闿运特意去拜访他，盘桓多日。彭玉麟暮岁主持抗法战事，王闿运致书冰案，道是"头白天涯，两心犹照，不减元、白神交也"。部长大人退息故里，不住华屋广厦，只"于府城东岸作草楼三重自居"，灌园种树，怡然自得，难怪平生从不轻易推许时人的王闿运对彭玉麟赞誉独多。

部长级的高官，在清朝，所领俸禄颇为丰厚，朝廷意在高薪养廉。彭玉麟生性不爱浮华，自奉甚俭，平日"布衣蔬食，曲肱而枕之，乐亦在其中矣"。他不是守财奴，几千几万两的俸银和赏银，随手而尽，一部分用于周济穷困的亲友，赠予凯旋的部下，另一部分则用于赞助公益事业。光是独资改建船山书院一项，彭玉麟就出银一万二千两。此外，助建衡清试馆，出银一万两；助建育婴堂，出银二千两；助修《衡阳县志》，出银五千两。彭玉麟舍得花钱，他弟弟彭玉麒多财善贾，也舍得花钱，兄弟俩一生散银近百万两，多半花在公益事业的"刀刃"上。彭玉麟不愿密结朝廷中的强援，所以那些高居庙堂之上的大佬想得到他一封书信和十两赙银都难上加难。

别人想当官，不得其门而入，彭玉麟却连兵部尚书那样高的官位都要辞掉，难怪一向以清正睿智著称于朝野的盛昱也不免怀疑他是"抗诏鸣高"，结果落下"浅测"之讥。彭玉麟为官而不恋栈，不贪钱，这确实很不容易。我们无须远眺晚清鳄鱼潭似的官场，只要把眼光往当今的政界稍稍一掠，就要惊诧于那些墨墨贪官动辄受贿过百万，过千万，过亿元，却从未见他们拔一毛以利天下。说他们是杨朱的信徒吧，他们根本不配，因为杨朱的原话是："损一毫利天下，不与也；悉天下奉一身，不取也。"当今的贪官不愿"损一毫利天下"，却恨不得"悉天下奉一身"，贪财贪色，囤积资源，自私到了极点，甚至到了病态的程度，病入肉体之腠理还有得救，病入灵魂之膏肓，就无药可治了。这种馋涎欲滴的巨鳄多而又多，岂是国家之福，亦是民族之忧。

二、兵家梅花最关情

彭玉麟字雪琴，部属和友人都敬称他为"雪帅"。倘若你将这位湘军大将纯粹视为一介武夫，那就大错特错了。

鄱阳湖滨有两座山，一座叫"彭郎山"，另一座叫"小姑山"。当地有句歌谣"小姑嫁彭郎"，可见两山亲密关联。彭玉麟率领湘军水师击破敌军于小姑山，一时诗兴大发，其中妙句为"十万军声齐奏凯，彭郎夺得小姑回"。名将风致，由此可见一斑。彭玉麟的诗作，文字朴实，精神丰沛，君若有疑，请看《宿莫愁湖上》："石涧泉声瀑布流，万竿修竹拥僧楼。我来睡入云窝里，晓起推窗白满头。"末后两句想象奇瑰，饶有趣味。他还是丹青高手，绘制的兰草可入妙品之列，大写意的寒梅更是拿手绝活，所至挥笔泼墨，无不尽兴，老干虬枝，全树满花，最特别的地方是，仿佛霜刃上血珠未冷，凛凛然秉杀气如虹，人称其神作为"兵家梅花"。"海内传者过万本，藏于箧者，一牛车不能载。"如此，足见彭玉麟雅兴之高，妙笔之勤。

说到彭玉麟画梅，有一段轶事被人艳称不绝。年轻时，彭玉麟丰神玉貌，俊雅风流，卜居衡阳城中，邻家有位少女姓方，名叫梅仙，风姿绰约，是位大美人。梅仙爱慕彭玉麟的才华人品，托媒致意，甘愿委身相从。彭玉麟至情至性，也渴望娶梅仙为妻。可当时彭玉麟家徒四壁，釜底生尘，只好稍事延宕，以图来日下聘。可恨老天爷不肯成人之美，没多时，梅仙病逝，彭玉麟伤心，便将他的住处命名为"梅雪山房"，发誓在有生之年为她画梅一万本，报答厚爱。这等情深义重的男儿，世间倒真是少见难得。后来，彭玉麟对妻子邹氏十分冷淡，邹氏侍奉婆母不周固然为重要外因，梅仙的影子仍萦回于彭玉麟的心心念念，积郁而为无隙可乘的情怀，则为主要内因。这道谜，原是可以如此揭开的。

李伯元曾质疑这段轶事的真实性。他言之凿凿地说，彭玉麟的妻子名梅，因与彭母关系不够融洽而大归（女人被丈夫休弃，回娘家后不再重返夫家），抑郁而亡，彭玉麟知之大痛，遂决意终身不娶。"画梅之故，

所以报其铁骨冰心也。"李伯元是小说家，其言颇多杜撰的成分，未可深信。

此外，这个故事还有第三个版本，出自刘禺生的《世载堂杂忆》，其可信度较高：

> 彭雪琴（彭玉麟字雪琴）孤贫时，梅香独识其为非常人，执巾进茗，磨墨拂纸，以不能约婚为恨。及其稍贵，梅已适人有子矣，因往来为太夫人义女。邀其夫俱从军，为保叙副将。梅家日用所需，纤悉为之经营。江南石炭，由衡州运载梅家，必由江南战船送衡，他可知矣。如是者三十余年，情好弥至。一日，梅在西湖搜得一函，知其在杭别有所眷，取其书径归。雪琴徒步追数里，索以还，自是不甚相见。雪琴死，梅来吊，痛哭哀极，几欲殉身，知者皆谓梅不负彭也。

刘成禺（字禺生）提供的这个版本较为详尽。其一，彭玉麟所钟爱的女子名叫梅香，而不是梅仙；其二，梅香嫁给别人后，才成为彭雪麟的义妹；其三，彭玉麟照顾梅香，为她丈夫谋得军职；其四，梅香在杭州发现彭玉麟心中另有眷念的女子，醋意大发，拿走情书，彭玉麟步行数里将它索回；其五，彭玉麟去世后，梅香虽老，仍亲临吊唁，差一点殉情而死。综合起来看，他们的爱情虽然不无波折和隔膜，却至死犹存。

这三个版本，哪个才是正版？估计难以考证了。彭玉麟为心爱的女子终生画梅，则断无疑义，由此可见他铁骨柔情的一面。

彭玉麟画梅，具备三种寄托，其诗《题采石矶太白楼》可以为证：一是寄情，"三生石上因缘在，结得梅花当蹇修"。"蹇修"即媒人。无疑，情之所寄，情之所关，那位邻家小妹是他心头永远的美丽，永远的痛楚；二是托志，"无补时艰深愧我，一腔心事托梅花"。这里的梅花专指那些"兵家梅花"，平定天下的大志寓含其中；三是遣兴，"颓然一醉狂无赖，乱写梅花十万枝"。于狂放一端，彭玉麟岂肯让人拍马抢先？他孤行己意，诗酒风流，原属才子本色。

在《南亭笔记》中，李伯元记载：彭玉麟画梅甚多，声价益重，其神作为世人所珍藏。军中有个哨弁，平日也能描画几笔，于是他打定馊主意，与人合谋，假冒彭玉麟之名画梅花卖钱，赚些外快。日子长了，事情败露，彭玉麟怒不可遏，将哨弁和两位同谋军法处置。因此外界哄传彭玉麟重梅花而轻人命。

三、霹雳手段，菩萨心肠

画梅也好，写诗也罢，都还只是彭玉麟的小技，他的绝技究竟是什么？

问得好，我若说出来，只怕会吓你一大跳。他的绝技是杀人！

王闿运的《诰授光禄大夫太子少保兵部尚书详勇巴图鲁世袭一等轻车都尉钦差巡视长江水师赠太子太保衡阳彭公年七十有五行状》称彭玉麟年轻时"辞气清雅，风采秀隽"，易宗夔的《新世说》则称彭玉麟中年"貌清癯如闲云野鹤，出语声细微至不可辨。然每盛怒，则见之者不寒而栗"。至于彭玉麟晚年，易宗夔又称他"恂恂儒者，和气蔼然"。这就对了，他并无鳄吻蛇心，也不是凶神恶煞，这样一位儒雅书生什么不好干，却偏要杀人，以斫、斩、戕、戮为绝技，岂非咄咄怪事？那么你很可能要问，他究竟有没有非杀人不可的理由？

彭玉麟杀人，首先在战场。将领主张在战场上多杀人从来就不是什么新闻。曾国藩的奏折中有过这样的赞誉："附生彭玉麟，书生从戎，胆气过于宿将，激昂慷慨，有烈士风。"彭玉麟是湘军水师初建时的营官，因战功卓著，升为水师统领。当年，水军的船只共有三种类型：快蟹、长龙和三版。快蟹是快船，长龙是大船，三版是轻便的小船。水战的危险远远超过陆战，箭、刀、枪、炮、水、火、风、浪，样样要命，无所不可以死。汉阳之战，彭玉麟的长龙被炮火击沉，他坠入江中，后面的三版赶紧来救，却拽不起他，原来是水下有人死死抱着他的双腿不放，三版上的军士大喊大叫："快放手，你抱的是统领大人！"彭玉麟呛了水，并不恼怒，对手下说："这时候他只顾自家性命，哪管什么统领不统领！"双双获救后，才知那人是同船的司舵，彭玉麟笑着骂道："早知是你这家伙，我提着你的头发扔十丈外去了！"生死之际，他仍能从容谈笑，真是胆色超群。彭玉麟的船头插着一面小红旗，平时巡视各处，往来如风，若遇着营中有人赌钱，打架，抽鸦片，那人可就倒霉了，不是脑袋落地，就是屁股开花。战时督战，红旗到处，将士无不奋勇杀敌。他决意将水军十八营练成一支纪律严明的劲旅，不树立杀伐的威严怎么行？

湘军陆战的胜率约占六成，堪称神勇的大将罗泽南和李续宾相继战死，塔齐布在军中愤而吐血身亡；水战的胜率将近七成，这样高的胜率，不可能侥幸取得。彭玉麟身经百战，激烈的鏖战有湘潭之役、汉阳之役、田镇之役、湖口之役、安庆之役、芜湖之役、九洑洲之役，可谓"无役不从"。彭玉麟治军以勇气为高，湘军水师攻打梅家洲时，太平军以巨炮防守，湘军初战不利，十多艘兵船受损，彭玉麟愤言："此险不破，万不令将士独死，亦不使怯者独生！"彭玉麟喜欢身先士卒，冲锋陷阵，他几度身负重伤，几度身陷重围，都杀出了一条血色生路。

一将功成万骨枯，将军在战场上杀业深重，照例无可訾议。彭玉麟血战江南，究竟杀掉了多少人？大抵是不计其数。单是九洑洲一役，湘军水师就歼灭太平军劲卒一万余名。但未曾有谁像指斥曾国荃那样，指斥他为"屠伯"。曾国荃所统领的吉字营攻破安庆，一次性诱杀弃械投降的太平军将士一万多人，这激起了彭玉麟强烈的愤慨。后来，曾国荃攻破江宁，再次疯狂屠城。彭玉麟忍无可忍，致书曾国藩，力请后者大义灭亲。曾国藩读罢来信，心里肯定打翻了五味瓶，有说不出的滋味。再怎么着，他也得回护自家那位嗜杀成性的九弟啊。曾国藩复函时显然动了肝火："阁下于十一年（1861）冬间及此次（1864）皆劝鄙人大义灭亲。舍弟并无管、蔡叛逆之迹，不知何以应诛，不知舍弟何处开罪，阁下憾之若是？来示谓国荃将兵则紊乱，鄙人在军十年，自问聋聩不至于此。舍弟之贤否，吉中营之好歹，鄙心亦自泾渭分明，亦自能访察。外间之议论，痛诋吉中营者，阁下为最；此外官绅商民，水陆各军，有贬吉中者，亦有褒吉中者。若如阁下之所诋，则安庆、金陵之绅民必痛憾

吉中营入骨髓矣。"很显然，曾国藩恼怒了。彭玉麟与曾国荃不睦，与曾国藩也险些凶终隙末。其实，彭玉麟狠批曾国荃杀降兵，这与私交如何毫无关系，只说明，彭玉麟杀人，自有原则和分寸，杀俘虏、戮降卒、屠平民这类残忍事他是绝不会干的。

自古迄今，无数大人先生晚节不终，彭玉麟最光辉的一笔，却写在暮年，因为他痛宰了一回法国洋毛子。那时，他退居衡阳老家，逾十四年，其间清廷多次征召，他始终坚辞不就。中法战事一触即发，尽管他已年逾古稀，但奉诏即行，以兵部尚书的职衔主持中越边境的军事行动。他干嘛专拣烫手的山芋抓，就不怕一世英名毁于一旦？其中别有原因："盖公于通商约和，积愤久，每思一当敌，以死泄其怒。"也就是说，他对丧权辱国的"和议"恨之切齿，这次南行，已准备豁出老命，将一腔英雄热血挥洒在南疆。张之洞时任山西巡抚，在致张佩纶（张爱玲的祖父）的信中，发表了自己的意见："中国重臣，只此数人，若闻何处有急，即奔命何处，是医家所谓头痛医头，兵家之大忌也。"晚清的国势糜烂得实在不成样子，左宗棠年近古稀北上天山，收复新疆失地；彭玉麟年近古稀南下广西，击退法军入侵，可怜两位湘籍的耄耋老臣，扮演的都是"救火队员"的角色。

张之洞素性自负，以为"经营八表，如烹小鲜"。这回，中法两国开战，可不是闹着玩的，他胆气虽壮，也不敢逞能，于是倾尽诚悃，结交彭玉麟。他先以书信致意，有"加官不拜，久骑湖上之驴；奉诏即行，誓剪海中之鳄"这样的赞语，还称道彭玉麟为"岭外长城"、"中朝柱石"，感情投资十分丰厚。彭玉麟主持两广军事期间，幸而没有泼汤，所部大将冯子材等人相继取得了镇南关大捷和谅山大捷，乃是晚清对外战事中最辉煌的胜利。彭玉麟正要乘胜收复越南，叵耐李鸿章"见好就止"，再次演出了胜方急于媾和的怪剧（上一次是左宗棠指挥的新疆战事，在大优的局面下，清朝政府与俄国俄国政府签订了《伊犁条约》）。朝廷总是虎头蛇尾，致使功败垂成，彭玉麟颇为郁愤，加之受瘴毒煎逼，因此一病不起。

彭玉麟杀人，其次在官场。湘军于同治五年（1866）裁军后，彭玉麟不愿做官，遂在同治八年以兵部侍郎退居衡阳查江老家。清廷为了表彰彭玉麟的盖世勋绩，任命他为首任长江巡阅使，每年巡视长江水师一次，"得专杀戮，先斩后奏"，实为钦差大臣，比旧戏中的八府巡按权力还要大。十余年间，他尽忠职守，处决了许多不法官兵，一时间，被沿江百姓视为保佑平安、伸张正义的"江神"。

彭玉麟铁面无私，真能做到大义灭亲，他有位外甥在其辖区内任知府，由于贻误军机，他二话不说，下令处斩。为此，他撰写挽甥联一副："定论盖棺，总系才名害马谡；灭亲执法，自挥老泪哭羊昙。"羊昙是东晋宰相谢安的外甥。此联大有白头人哭黑头人之慨，但挥泪归挥泪，伤心归伤心，法不容情，毫无商量的余地。

李鸿章有个官二代的侄儿横行合肥，夺人财物，霸人妻女，地方官睁一只眼，闭一只眼，不敢过问。可是他的运气还是差了一点，偏偏撞在彭玉麟的刀口上，直撞得身首分离。彭玉麟查得实情，不动声色，他邀李家恶少上巡江船"聊聊天"，后者并未察觉此行有何不妥。见了面，叙过礼，彭玉麟的语气颇为温和："听说，有人状告你霸占民妻，真有这回事吗？"李家恶少有恃无恐，神色骄横地说："确有此事！"彭玉麟闻言勃然大怒，下令痛加鞭笞，吃肉的皮鞭直抽得李家恶少一佛出世，二佛生天。安徽巡抚闻讯，风疾火急地赶来求情，彭玉麟开栅迎接，密令手下速将恶少斩首。巡抚还在字斟句酌，恶少业已命赴黄泉。事后，彭玉麟致书李鸿章，只是轻描淡写："令侄坏公家声，想亦公所憾也，吾已为公处置讫矣。"他给了李鸿章台阶下，后者心里恨得牙根痒痒的，还得回信道谢！

长江两岸恣意枉法，鱼肉百姓的军官，稍不留神，即成彭玉麟刀下之鬼。安庆候补副将（相当于旅长）胡开泰召娼杀妻，彭玉麟最痛恨此等烂糟货色，一刀就切了这家伙的狗头；湖北总兵衔副将（相当于副师长）谭祖纶诱劫朋友张清胜的发妻刘氏，还杀人灭口。谭祖伦的苞苴之术很精到，州、县官员与之沆瀣一气，连总督都暗中袒护他。彭玉麟趁总督监临乡闱，出其不意，果断切下了谭祖伦的狗头以正军法，令一军大惊，也令江岸上数万名围观的老百姓拍手称快。此外，一些衙署的贪官和关卡的悍吏，也都入选了他快刀切瓜的名单。平日彭玉麟草帽芒鞋，

布巾葛衣，作村夫子打扮，所以各处的官吏听说他来了，都不知道该如何迎接款待，人人惴惴不安，心惊胆战，彼此不断提醒对方："彭宫保到了！"言外之意是：各安本分吧，免生事端，否则，脑袋就该搬家了！

专制暴政国家以法治为名，以人治为实，有彭玉麟这样专切坏瓜的长江巡阅使，千里清靖，当属百姓之福。换上贪鄙者，那后果就不堪设想了。

彭玉麟有一副名联令人津津乐道，上联是"烈士肝肠名士胆"，下联是"杀人手段救人心"。联语中显然含有大乘佛谛所倡导的意思："菩萨心肠，霹雳手段。"倘若杀了一人，能救众人，则"杀机沸天地，仁爱在其中"，是无可指责的菩萨行。无独有偶，湘军名将王鑫也曾撰写一联："行道无违，积德莫非积福；杀人而当，大悲亦是大慈。"王鑫的意思与彭玉麟的意思惊人地合拍。北宋政治家范仲淹任参知政事时，每次看到州、县官吏贪墨污渎，即将其人的名字用笔勾去，僚友富弼宅心仁厚，每次见了，都为之扼腕叹息："又该有一家人要哭啦。"范仲淹当即回应道："一家哭何如一路哭？"范公还算宽仁，只是将那些贪官污吏撤职查办，倘若换了武健的彭玉麟主持吏政，其中许多人必定身首分离。乱世用重典，以杀人为手段，以救人为职志，好是好，但此事颇有难明之处，因为几乎所有的强梁都宣称自己杀人是为了救人，甚至是为了"解放全人类"，甄别起来，实在很不容易。你总不能说，任由他先四处杀人，看他杀对了，还是杀错了，再作评定吧。杀一无辜即为不义，因此说，要从屠伯中找到一位义人，简直比从狼群中找一只绵羊还难。世间有公道，有正义，全在一念之间，一念可以仁，一念也可以忍，一念即可戕人性命，倘若是冤杀和枉杀，一转念却不能使死者复生。然而杀人终归是维持中国社会稳定的血腥大戏，停演的日子并不多。

中国的顺民和良民向来很容易满足，只要舞台上一通喧响的锣鼓送出个黑脸的"包青天"，或"海青天"，唱唱作作一番，然后装模作样，干掉一个次要的皇亲，或者杀死几个靠山不硬的鸟官，看客就会直着喉咙欢呼："真是大快人心啊！"一旦自己身遭不义的伤害，可就傻了眼，连青天大老爷的影子都找不到，只得乖乖地缩起乌龟脖子，老实认命。

专制暴政的特点，首先在于铁血无情，高官大吏，少贪少渎，已属难能可贵，真正肯于和敢于为民铲大恶除大憝的，其实罕见稀有。这罕见稀有的"霹雳菩萨"，如彭玉麟，即算用快刀切了一些罪不至死的人，狠了一点，酷了一点，但旨在惩恶劝善，有识之士也不忍对他过分责备。

王闿运为彭玉麟作墓志铭，知心贴肺，其中颇有悯惜之词："……常患咯血，乃维纵酒。孤行畸意，寓之诗画。客或过其扁舟，窥其虚榻，萧寥独旦，终身羁旅而已。不知者羡其厚福，其知者伤其薄命，由君子观之，可谓独立不惧者也。"念及彭玉麟年近古稀奋勇抗击法国侵略军，因李鸿章等朝中大员沮功而中废，彭玉麟唯有"埋忧地下"，"以毕深恨"，王闿运用的这八个字可谓得死者胸臆而道之。彭玉麟归山时，妻与子都已先他而逝，身旁既无姬妾，也无僮仆，只有部曲官兵，不愧为天地间一条硬铮铮的汉子！除了行状和墓志铭外，王闿运还为亡友创作了一副挽联：

诗酒自名家，更兼勋业烂然，长增画苑梅花价；
楼船欲横海，太息英雄老矣，忍说江南血战功。

上联大扬，下联小抑，"忍说"其实是不忍说，王闿运对彭玉麟残杀同胞的"血战功"持保留态度，正所谓"君子和而不同"。

在彭玉麟的整篇传奇中，有美人，有醇酒，有绝句，有梅花，还有寒冰样的利刃。他勇于杀人，乐于杀人，一生执着以逆向的恨意诠释正面的爱意，这种诠释是痛苦的，更是凄伤的，却不得已而为之，叫人轻易不能理解，难以明白。在悲剧时代，他的角色刚介绝伦；在邪曲时代，他的角色正直不欹。彭玉麟死后被谥为"刚直"，这两个字凝聚了乱世和末世里多少血泪！他特立独行，无畏无惧，难免会开罪那些因循苟且的权臣，于是，就有人诋诃他"高尚自喜"，"孤洁自矜"。真不知高尚和孤洁又有什么可讥诮的？世间能以高尚和孤洁自勉自励的人，不是太多，而是太少了，污浊的社会才因此显出一副不堪入目的丑态。

曾国荃：剃刀明霜雪

"雪夜读禁书"，这诚然是人生一大乐趣，但说到底，这有点像是张大民的幸福生活，躲在门背后偷着乐。其实，在孤灯下读野史稗钞更多妙趣，你会看到某些久已沉入海底的人物重又浮出水面，如果这人恰巧是曾国藩的胞弟曾国荃，就必有连场好戏可看。

一、一生得意处

左宗棠暮年奉命督师福建，他首途天津，与直隶总督李鸿章协商兵饷事宜。左、李二人长期不睦，对外，一个主战，一个主和，既不相得，又不相能，因此难唱"相见欢"。南行途中，左宗棠对自己的亲信说："我真的老啦，不能再像当年那样使劲跟人抬杠！在天津，与李二（鸿章）抬杠已力不从心，到了江南，见到曾九（国荃），还是和为贵吧。"当时，曾国荃任两江总督，势大权重，感觉良好。两位故人久别重逢，执手相看，须发斑白，不禁感慨万千。左宗棠笑道："老九还认得我吗？我可认不出老九。老九的哥哥死了，我就是老九的哥哥！"两人先商谈筹饷之类的公务，颇为融洽，然后私下聊天，湘中方言称之为"打几句良心讲"，也很投契。左宗棠提了个饶有趣味的问题："老九一生得力何处？"这就是要他介绍点成功的经验。曾国荃也不掩饰，也不忸怩，爽爽快快地回答道："挥金似土，杀人如麻！"好个八字方针，左宗棠听了，拊掌大笑，当即夸赞："我早就说过，老九的才气胜哥哥！"

这则轶事出自清人吴光耀的笔下，不算离谱。曾国荃肯定是个人物，在晚清，绝对是个响当当的人物。他不像两位倒霉的哥哥（曾国葆、曾国华）那样殒命于沙场，也没有被大哥曾国藩的身影遮蔽。他是百战功成的湘军虎将，与太平军打过不少硬仗和恶仗，刀口舔血的时候可不止一回两回，拎着脑袋出生入死也不止一天两天，他的功名并非得自侥幸。杀人犹如吸毒，一旦杀到眼红了，杀到手痒了，杀成了瘾，视杀人为赏心乐事，这样的战将就无异于魔君。应该说，曾国藩得恶谥"曾剃头"，在很大程度上，就是拜老九所赐。曾老九在前线大砍大劈，曾老大则在后方替他扛着比磐石还要沉重得多的骂名，真是一对难兄难弟。

曾国藩性格强毅，他深信《淮南子》中的说法："功可强成，名可强立。"曾国荃则更进一步，还要特意加上一条，即"财可强致"。须知，大发战争财，这正是曾国荃的独门绝活，他不像兄长曾国藩那样谨小慎微，生怕非分横财烫手烧心，他只坚信十二字民间真言，"人无横财不富，马无夜草不肥"，原则上能捞多少就捞多少，决不手软，有时捞过了界，也无所顾忌。这时节，大哥为九弟扛下招骂的黑锅，挑起压肩的重担，竟毫无怨言，只是苦口婆心地规劝曾国荃悠着点，再悠着点，后者当然领情。老九不是内敛的人，他狂傲起来，常常高视阔步，目无余子，但他终生服膺大哥，不管后者如何言辞峻厉地责备他，教训他（真这样抹脸的时候极少），他从不还嘴，从不抗辩。他深知，曾家能有今天，他老九能有今天，全都是大哥凭一颗脑袋、两片手板硬顶硬挣来的，没有大哥"首建义旗"，单凭他那不尴不尬的贡生（国子监太学生）功名能打出几路梅花拳？真不知哪年哪月才会像一只幸运的老鼠钻出风箱，不再两头受气，至于要膺任一品封疆大吏，岂非春梦了无痕？

二、草菅人命，涂炭生灵

中国传统文化中讲道，讲德，讲仁，讲义，讲礼，讲信，讲忠，讲孝，讲得振振有词，却唯独很少讲求珍惜生命，所以汉朝以前的帝王以活人殉葬，诸如点天灯、斩首、凌迟之类的酷刑则延续至民国初年方始废除。虽然中国忝为四大文明古国之一，在长期的铁血专制下却一直是人命危浅。说到"杀人"，武健者多半眉飞色舞，得意洋洋，因为草菅人命正是他们的职分所在、快乐所在和成就所在，简直就是他们的拿手好戏和保留剧目。可想而知，当年项羽打败章邯，活埋二十万秦军，一定心满意足，极有成就感。明朝末年，与李自成齐名的农民起义军领袖张献忠在四川杀人如草不闻声，这位嗜血的屠伯立"七杀碑"一座，自谓替天行道，其词为："天生万物以养人，人无一德以报天，杀杀杀杀杀杀杀！"莫非他将升斗小民杀得血流成河了，天道就能立竿见影？一位屠夫谈起屠宰经，很可能头头是道，庄子的寓言"庖丁解牛"即不失为篇幅短小的哲学论文，那"游刃有余"的说教至今仍让人大受启迪。"一将功成万骨枯"，这价码可是不低！说这样的"勇将""大将"和"名将"是杀人不眨眼的"屠伯"，是丧失人性、嗜血如狂的"恶魔"，似乎太过贬低他们了，其实，这样的酷评恰如其分。

近代亲日派名士徐树铮出任过段祺瑞政府的陆军次长，他自号"徐则林"（反过来念，就是林则徐），"其才兼乎文武，其识通乎新旧；其喑呜废千人，其洞视无全牛"（康有为《挽徐树铮》），可算是民国猛人。他在"鸿文"《平报周年纪念日感言》中，竟放言杀人有理。其高论如下：

> 余军人也，军人之天职在保民，在卫国，而保民之良法在去暴，卫国之能事在却敌，然则军人者杀人之人耳。夫彼人祖宗数十世延传之祀续，而我以利刃斩之，彼人数十寒暑艰苦化生以有其身，而我以顷刻死之，然则天下至不平之事孰有过于杀人哉？而余顾悍然为之，然则余殆不平之人耳。虽然，"一家哭何如一路哭"？惩一

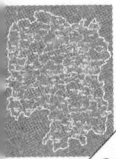

劝百，杀以止杀，非圣人之所谓"仁术"者乎？……暴之不除，良何由安？故欲平国民不平之气，非余辈保国卫民之军人杀人不可。欲杀人而仍不失人心之平，非扶持正论之记者倾注余辈军人杀人之目，参仿余辈军人杀人之腕，以着笔著述，鼓吹杀人之事业不可。

法国大革命时期，巴黎儿童仿制"断头机"为玩具——真正"以杀人为儿戏"，但这些孩子仅有意念上的残忍，并不见血。徐树铮公然鼓吹杀人，视之为"事业"，绝非虚声恫吓，而是真戏真唱。他钢牙铁嘴说硬话，而且口口声声讲明杀人的道理，很有些不吉不祥的味道。若套用"且看剃头者，人亦剃其头"的语式，就该是"且看杀人者，人亦杀其身"。1925 年 12 月 29 日午夜，徐树铮乘坐专车南下，被冯玉祥部第五师师长张之江的手枪队截杀于廊坊车站。死前，他说："我徐某做事，向来了彻生死。"也许他认为自己死于非命算得上"以身殉道"吧。

强调"保国卫民"四个字，徐树铮的理论已足够堂皇，似乎无懈可击。然而，稍稍深究一下，摘掉大帽子，掀开长袍子，我们就不难发现，他另外藏有不能见光的算盘——牢牢掌控专制大权，这一点暂且搁下不论；最令人质疑的是，这样的猛士到底杀了多少该杀的恶人、奸人和坏人？到底杀了多少无辜百姓？随便翻一翻陈年老簿子，翻一翻军事档案，我们就会惊出一身冷汗来，大量的士卒化成炮灰，大量的平民沦为冤鬼，你能说他们死得其所？当世间流血漂杵时，正义也将被裹挟而去。

古代的战将杀人，讲得漂亮，是"止戈为武"；说得坦白，是"以暴易暴"。历史上，掌有生杀予夺大权的强梁鲜有不升格为魔君的。俞万春《荡寇志》的结子为四句歌谣，其中透露出若干信息：

天遣魔君杀不平，不平人杀不平人。

不平又杀不平者，杀尽不平方太平。

这样胡砍乱斫，人间公义就如同快刀之下的一堆西瓜。黑旋风李逵在浔阳城中劫法场，两把板斧"排头砍去"，痛快固然痛快，但他砍死

了多少无辜者？像这样的"天杀星"，果真助其宋公明哥哥"杀人东京，夺了鸟位"，那两把嗜血如渴的板斧岂能束之高阁，颐养天年？靠杀人过瘾的武夫，你根本别指望他放下屠刀，立地成佛。因为他所有的快乐都寄托在那把削铁如泥的屠刀上，他若放下了屠刀，纵然变成佛菩萨，口里也会"淡出鸟来"，难保不因心痒手痒技痒而重堕魔道。

曾国荃说自己一生得力处有二，其一是"杀人如麻"，这口吻声气与屠夫何异？他在战场上杀人就不必太过追究了，那样的杀法，自英雄、伟人而至于嗜血魔王，并无二致。但曾国荃敢冒天下之大不韪，作为胜利者，肆意杀降屠城。这档子事，楚霸王项羽干得最欢，他在河南新安下令坑杀过秦朝大将章邯所部的二十万士兵，进入咸阳城后，还放了一价冲天大火，焚毁了"五步一楼，十步一阁"的阿房宫，直折腾得乌烟瘴气，在其英雄本色上留下了老大不小的污点。可见英雄也好，非英雄也好，古代的战将都把"杀人放火"看成自己的本职工作。他们干得越出色，无辜百姓就越遭殃。

咸丰十一年（1861），湘军攻下太平天国的堡垒安庆，降兵降将数以万计。曾国荃忧心忡忡，询问麾下猛将朱洪章："悍贼太多，如何处分才可杜绝后患？"朱洪章胸有成竹，应声而答："惟有斩尽杀绝，才能高枕无忧！"曾国荃说："降匪扎堆，稍有风吹草动，就会哗变，我军动手，很难做到神不知鬼不觉。"朱洪章立刻献计："派人缓开营门，谎称发放遣散费，每次唤进十名逆匪，半天即可砍完。"曾国荃心知此计可行，就轻描淡写地说："大开杀戒，我于心不忍，这个差事就交给你办了。"

事后，曾国荃六神无主，惊魂不定。在历史上，"杀降不祥"，"祸莫大于杀已降"，早有定论。那些杀降的名将，白起、项羽、李广、胡宗宪、常遇春，没一个有好下场。于是曾国荃写信给大哥，说自己杀人太多，自觉罪孽深重，懊悔不已。曾国藩当即回信呵责道："既谋诛灭，断无以多杀为悔之理！"此前，曾国藩叮嘱过九弟："克城以多杀为妥，不可假仁慈而误大事。"曾国荃在安庆杀人太多，尸骸堆积成山，由于处置不当，引发了一场瘟疫，不少湘军士兵染病身亡。

起先，曾国藩也对于杀人如麻深感不安，但他很快就找到了心理解

脱的途径。咸丰十年（1860）六月初十，他写信给九弟曾国荃，道是："吾辈不幸生当乱世，又不幸而带兵，日以杀人为事，可为寒心，惟时时存一爱民之念，庶几留心田以饭子孙也。"为捍卫名教而杀人，为忠君爱民而杀人，这使他拥有了足敷所用的道德勇气。

曾国荃在安庆屠杀降兵降将，犹如砍菜切瓜，消息传出，天下哗然，因此他遭到了舆论的严厉谴责。湘军水师统领彭玉麟致书湘军大帅曾国藩，建议他大义灭亲，以息神人之共愤。

关于杀降，王夫之在《读通鉴论》中有一个相对圆通的看法，他认为，"杀降者不仁，受其降杀之不信"，这固然是古代仁人君子的格言，但具体情况还得具体分析，如果"不揆其时，不察其故，不审诸顺逆之大义，不度诸好恶之公心"，一味恪守古代仁人君子的准则，就会受到蒙蔽，"仁蔽而愚，信蔽而贼"，后果不堪设想。他提醒胜利者，加害以下四种投降者是不道德的：第一种是敌方倒戈的将士；第二种是虽为胁从却能够自拔的人；第三种是并非铁下心来干坏事的人；第四种是除了求生的念头之外别无恶意的人。在这四种人中，若有人才，理应录用，给他们洗心革面、赎罪立功的机会。然而有两种人非杀不可，一是逆首，二是反覆无常的乱人。王夫之说："杀一二人而全天下，仁也；杀无恒之人以行法，信也。"真正的仁、信不是不杀人，而是绝不胡乱杀人。因此曾国荃不加甄别，杀害一万余名降兵降将，确实属于反人道、反人性、反人类的罪行。

同治三年（1864），曾国荃的部属以挖掘地道装填炸药的方式轰垮坚厚的城墙，攻克江宁（南京）。试想，一群饿虎冲进了羊圈，一帮穷汉闯入了宝山，岂肯空手而归？太平天国的大小府库（尤其是天王府）均遭到剽掠和洗劫，王闿运的《湘军志》直陈"江宁镪货尽入军中"。曾国荃的部队围攻金陵，费时两年多，旷日持久，吃足了苦头，受尽了嘲弄，憋屈得太厉害了，急于宣泄。他身为主将，无意于严明军纪，约束队伍，还顺水推舟，听任部下烧杀淫掠，七昼夜不停，使这座历史名城骤然间变成了人间地狱，美女、金银、珠宝尽皆落入湘军的欲壑之中。大戏压轴时，为了向京城的老佛爷作个"明明白白"的交待，曾国荃的部将萧

孚泗脑袋瓜子灵光一闪，请出了天地间最耐不住寂寞的祝融大帝，湘军四处纵火，将好端端的六朝金粉地焚为半城死尸半城瓦砾，同时也从根本上将湘军的种种罪恶消弭至无迹可寻。

身为湘人，谭嗣同在《仁学》中不仅不为湘军讳恶，而且还痛下手术刀，批判道：“中国之兵，固不足以御外侮，而自屠割其民则有余。自屠割其民，而方受大爵，膺大赏，享大名，瞷然骄居，自以为大功者，此吾所以至耻恶湘军，不须臾忘也。”曾国荃这样的屠伯是奉旨杀人，杀得江水红透了，他的顶子也就红透了，做大官发大财，从来都是他和手下那帮丘八的最高理想。

曾国藩的九弟曾国荃在安庆前线扮演大屠夫，他的四弟曾国潢则在湘乡老家扮演小屠夫。曾国潢借“办发贼”、“办会匪”的名目，冤杀了不少平民。曾国潢手中无兵权，无政权，他要杀人，就得假手于熊县令，熊县令胆小，每过几日就会偷偷地大哭一场，有人问他何故如此悲切，他说：“曾四爷又要借我的权、借我的刀杀人！”县里开码头，照例杀三牲祭神，曾国潢却别出心裁，改为杀人祭神，于是在祭台上杀掉了十六名罪不至死的囚犯。曾国藩得悉此事，极为恼火，他回乡后，决心惩戒一下这位暴戾的老弟。一天，曾国潢睡午觉，曾国藩乘其不备，突然用锥子狠刺了一下他的大腿，曾国潢立刻像挨宰的牲口一样哀号，曾国藩问他何故叫得这么难听，曾国潢回答说：“太痛了！”曾国藩立刻沉下脸色教训他：“你胡乱砍下别人的脑袋，别人就不痛吗？”这则珍闻出自近代报人汪康年的杂记，想必有确凿的事实依据，并非捕风捉影的杜撰。

三、大发战争财

有一个事实昭然若揭，那就是湘军将领几乎个个肥得流油。王闿运在《湘军志·筹饷篇》中揭秘：“……军兴不乏财，而将士愈饶乐，争求从军。每破寇，所卤获金币、珍货不可胜计。复苏州时，主将所斥卖废锡器至二十万斤，他率以万万数。能战之军未有待饷者也。”他还捺着急性子，在《湘军志·营制篇》中替那些将领算了一笔明细账，最终得出结论："故将五百人，则岁入三千金，统万人，岁入六万金，犹廉将也。"廉洁奉公的将领尚且能得到这样高的灰色收入，其他贪墨徇私的将领年收入之丰厚就自然是个天文数字，足以令人惊吐出一尺长的舌头。湘军养敌为资，难怪神将王明山会谩骂飞骑传递捷报的士兵："你们这些蠢东西，想急着消灭长毛回去饿死啊！"

应该承认，曾国荃是一员湘军虎将，为清王朝镇压太平天国，他是不折不扣的大功臣。我们细读《曾国藩家书》，即可晓然，曾国藩原本打算奏请李鸿章到金陵会剿，因为淮军的大炮火力更猛，士气更旺，能够协助湘军轰垮坚城，但他担心李鸿章气焰太盛，言语意态会冒犯曾国荃，使九弟原本隐隐作痛的病肝"愈增肝气"，他还有些担忧，淮军"骚扰骄傲"，会欺侮湘军，"克城时恐抢夺不堪"。有这两方面担心，曾国藩就不太情愿要李鸿章到金陵来"摘桃子"了。总而言之，曾国藩的心情非常矛盾。所幸李鸿章顾大局，识大体，把形势看得比一碗水更清楚，若半途去金陵会剿分功，无论是分名，还是分利，都不会受到欢迎，这种忙帮不得，这种好人做不得，因此他婉言谢绝了。曾国荃也确实争气，硬是凭靠湘军吉字营打赢了这场艰苦卓绝的攻坚战，率领兄弟们拿下了太平军的老巢，夺得首功一件，不仅到金陵美滋滋地撒了野，而且升官、晋爵、发财，三者无一旁落。

曾国荃攻下金陵后，湘江中运送财物回乡的船只络绎不绝，前后断断续续达三个月之久，可见他们捞到的好处何等惊人。当时，江浙士绅讽之为"东南财富大搬迁"，似乎那些金银珠宝并未更换主子，而仅仅只是换个栖身之地。湘军将领贪声大噪之际，水师统领杨岳斌不得不撇清自己，于回乡途中作口号二句："借问归来何所有？半帆明月半帆风。"两位水师统领杨岳斌和彭玉麟都不贪财，倒是真实的，但这种特别的操守在湘军中少之又少。朝廷也有它的难处，内忧外患日益增多，还需要湘军将士为之出死力卖老命，因而对这种公然剽掠的违法行为，只好睁一只眼闭一只眼，听之任之。晚清之前，湖南是一个典型的穷省；晚清之后，湖南百废俱兴，一时人才激涌如潮，"湖南一省之幸运，即是东南诸省之不幸"，这声感叹意味深长，不能说没有它的道理。

曾国藩一向标榜"做官以不爱钱为本"，但他在家书中也不得不承认："近来带兵者，皆不免稍肥私囊，余不能禁人之苟取，但求自己不苟取。"曾老大独善其身，曾老九则大发战争财，将金银珠宝奇货珍玩一兵船一兵船地运回老家。回到湘乡，曾国荃强购良田万顷，还构筑了奢华壮丽的大夫第。记性好的后人曾纪芬在《自编年谱》中回忆道，"前有辕门，后仿公署之制，为门数重。乡人颇有浮议。文正（曾国藩）闻而令毁之。"最末一句有点夸张，不过，曾国藩在咸丰九年致诸弟的信中确有这方面的批评之词："我家若太修造壮丽，则沅弟（曾国荃）必为众人所指摘，且乱世而居华屋广厦，尤非所宜。"由此可见，曾氏兄弟的性情大不相同，老大主张"谨慎"和"韬光养晦"，老九则主张"潇洒"和"及时行乐"。曾国荃竭尽所能，捞钱捞足了，就挥金似土，曾国藩对此不以为然，外界也多有非议，倒是许多年后曾纪芬在《自编年谱》中尝试为她的九叔做一点辩解："忠襄公（曾国荃）每克一名城，奏一凯歌，必请假还家一次，颇以求田问舍自晦。"所谓"自晦"就是向外界表明他没有政治野心，以免遭到当国者的猜忌。这一点很难站住脚，因为遭帝后猜忌的首选对象理应是老大，还轮不到他老九。何况曾国荃对咸丰皇帝的两位遗孀不肯践履先帝"打下金陵者封王"的允诺而一直耿耿于怀，闷闷不乐。咸丰九年八月十二日，曾国藩在致曾国荃的家书中写道："闻林文忠（林则徐）三子分家，各得六千串。督抚二十年，真不可及。"我想，曾国荃读罢此信，很可能忍俊不禁，林则徐啊林则徐，你咋傻到了这份上？当了那么多年省级以上的大官，还清贫得近乎寒酸，这官岂不是白当了？你两眼一闭，两腿一蹬，才留下这么点散碎银钱，寒冬腊月，害得三个儿子眼看就要喝西北风，你能说自己尽到了做父亲的责任？大哥也真是的，这样的傻瓜蛋，有什么好效仿的！曾国藩肯向林则徐看齐，并不是故意装假，他既有思想上的冲动，还有行为上的表现，但收效就没那么理想了。曾国荃奉行实用主义，他只认得钱多的好处，则连思想上的瞬间冲动也不会有。曾老大与曾老九，一个是道学先生，一个是学道先生，均远远不及林则徐清廉，这就说明，有些事是很难猪鼻子里插根葱——装象那样装得"十全十美"的。

换一个角度来看，就有趣了。曾国藩对幕僚赵烈文说过这样的话："九弟手笔宽博，将我分内应做之事，一概做完，渠得贪名而我偿素愿，皆意想所不到。"曾国荃照顾整个家族，挥金似土，焉得不贪取钱财。为了让大哥唱红脸，以完人的形象取信于世，他不惜包揽贪名，唱白脸。

四、毁誉参半

曾国荃是个狠脚色，除了会打仗，敢杀人，大发战争财，其他方面的成绩也不无可取，甚至相当出色。

1866年，曾国荃出任湖北巡抚。湖广总督官文庸鄙贪婪，却对这位率军攻克了太平天国老巢金陵的大功臣缺乏必要的尊重，曾国荃内心积愤难平。尽管大家都知道官文是慈禧太后的亲信，曾国荃仍决定递上弹章，就算鱼死网破，也在所不惜。恰巧湖北监道丁守存与官文有隙，已侦获其贪污腐败的罪证，刀口之下七寸分明。曾国荃弹劾官文，言之有据，直指官文的命门，致使这位不倒翁灰溜溜地解职离任。湖北民众已受害多年，至此拍手称快。曾国荃劾罢官文，虽有个人动机，但确实是去腐驱恶，不能将它视为寻常的官场倾轧。

1877年，曾国荃移任山西巡抚。这年正值三晋大旱，赤地千里，前任巡抚只顾保全红顶子，罔顾老百姓死活，捂着消息不让上峰和外界知道。曾国荃莅任后，当即向朝廷飞章请命，力行公私赈贷，"集金粟至无算，晋民始苏"。《清史稿》上开列的具体数目是："先后赈银一千三百万两、米二百万石，活饥民六百万"。这项功德还是蛮大的。大学者王闿运在日记中还说，曾国荃两次祷雨，初次，未能应验，嗣后，他下了狠心，"藏火药，炷香其上，密誓自焚"。你别说，他这一招还真灵，老天爷都被他唬住了，届时，澍雨果然滂沱而至。用现代唯物主义者的眼光去看，显然事有凑巧，并非其诚意感动上苍。我倒是觉得，曾国荃装神弄鬼，就算演戏吧，真要是次日无雨，他要自燔，肯定会有人死命拦住他，此举也仍然值得称道，说明他的独脚戏演得很有水平，戏分足，剧情也好。中国的老百姓就爱吃这样的"迷信套餐"，韩愈老夫

子不也写过《祭鳄鱼文》吗？能够顺应民心，就不会差到哪儿去，即使他们干的都是装神弄鬼的活儿。

曾国荃离开山西，赴京叙职时，《申报》刊登了一篇相关报道，其中有这样一段话："长生禄位，万民衣伞，不计其数。宪即出城，经过街市，绅民则攀辕卧辙，铺户行商民皆步送出城。四乡百姓来观者，数以万计。……南门外香案摆至十里之遥。非深得民心，何能若是哉？"曾国荃在山西赈灾有方，活人无数，老百姓感戴他，洵在情理之中。

曾国藩爱重九弟曾国荃，但批评起来，往往不留情面。他曾对幕僚赵烈文说："沅甫（曾国荃字沅甫）不独尽用湘乡人，且尽用屋门口周围十余里内之人，事体安得不糟，见闻安得不陋！"他还告诉赵烈文，曾国荃在家乡起屋，"所起屋亦极拙陋，费钱至多，并招邻里之怨"，"吾乡中无大木，有必坟树，或屋舍旁多年之物，人藉以为荫，多不愿卖，舍弟必给重价为之，使令者则从而武断之。树皆松木，油多易蠹，非屋材，人间值一缗者，往往至二十缗，复载怨而归。其从湘潭购杉木，逆流三百余里，又有旱道须牵拽，厥价亦不啻数倍。买田价比寻常有增无减，然亦致恨。比如有田一区已买得，中杂他姓田数亩，必欲归之己，其人或素封，或世产，不愿则又强之。故湘中宦成归者如李石湖、罗素溪辈买田何啻数倍于舍弟，而人皆不以为言，舍弟则大遗口实，其巧拙盖有天壤者"。这就有趣了，曾国荃的厚道处被人视为刻薄处，拙实处被人视为强横处，印象和效果适得其反。对于曾国荃的拙实，曾国藩还给出了一个引人发笑的旁证：曾国荃花费重金到省城长沙中各大药店扫货，将高丽参买空，干什么？凡是军中受刀枪创伤的人，曾国荃就让他们嚼高丽参，将药渣敷在伤口上，这海上方也不知他从何处得来。

晚岁，曾国荃荣任两江总督，长达六七年之久。先在战场较量许多年，后在官场打拼许多年，他总算弄明白了，清朝内忧暂除，外患日深，上至老佛爷，下迄地方官，再怎么旰食宵衣，也救治不了膏肓之疾。为了军民相安，他干脆"总揽宏纲，不苛细故"，图个省事省心，对外自称"卧治"，常以衰老为借口，托病不见来访的客人，就算会晤一些不便拒之门外的老朋友吧，他也只穿便装。惟有国家庆典不敢草率从事，这样子，一年才穿几次官服。外界舆论讥讽他尸位素餐，政府方面则念他是"中兴名将"，立过汗马功劳，凭其宿望，足以雍容坐镇江南，因此并不苛求他能有上佳政绩。其实，曾国荃平日并没闲着，他爱好微服出行，有时几天都不回衙署。他身边总跟着几个亲信，这几个亲信不简单，经他保举，一个个本来可做总兵和副将，却放着师级、团级军官不上任，宁愿做他的亲兵（戈什哈），依然跟随老上司，鞍前马后，奔走效劳。"你道为甚么呢？只因这位大帅，念着他们是共过患难的人，待他们极厚，真是言听计从的了，所以他们死命跟着，好仗着这个势子，在外头弄钱；他们的出息，比做官还好呢。"以上这段引文出自吴沃尧的谴责小说《二十年目睹之怪现状》，虽是小说家言，却并非诬枉，确有几分真实可信。

当时，大臣文廷式看不惯曾国荃的所作所为，在《知过轩随录》中写道："曾沅甫晚年为江督，贿赂公行，女眷用事。一营之兵，不过百五十人，分栈一差，应酬督署干脩，每年万二千两。昏德如此，而日事鬼神。吾以高骈比之，闻者皆深以为允。"高骈是唐末淮南节度使（辖区也在两江之地），曾镇压黄巢起义，后坐镇扬州，妄图割据一方，其部下多为不法之事。文廷式与曾氏素不相能，他的话未免溢恶。不过，这至少说明一点，曾国荃驭下十分宽厚，听由他们贪赃受贿，的确过于纵容。有人则认为，曾国荃身为封疆大吏，晚年不能勤理庶政，固然难脱失职之讥，但比起满朝文武禄蠹来，还算小事颟顸，大事不糊涂。

在当时的廷臣中，光绪皇帝的老师翁同龢对曾国荃评价极高，他的《日记》像个政务活动家的会客厅，对当朝重要人物罕有挂漏，笔触多次涉及这位宣称"挥金似土，杀人如麻"的曾九帅，可谓字字皆赞语。比如"其学有根柢，再见而益信畏友也。吾弗如远甚"，"沅甫之学，老庄也。然依于孔孟，其言曰'抱一守中'，又曰'止念息心'，又曰'收视反听，是为聪明'，其养生曰'神水华池，时时致念'，其为政曰'顺民心'，其处世曰'恕'，其临事曰'简'，其用兵皆依乎此而已"，"其人似偏于柔，其学则贯彻汉、宋，侪辈中无此人也"。从翁同龢推崇备至的描写来看，曾国荃并非穷凶极恶之徒，倒是一个于学问、政治和军事颇有心得的盖世高手，若套用当今程式，这样赫赫扬扬的大角色死了，

悼词上理应称其为"伟大的革命家、政治家、军事家",还要外加一条"苦心孤诣的学者",才算对得起他曾九大人的在天之灵。

有个疑问总像浓厚的疑云压在我的头顶,曾国荃"挥金似土,杀人如麻",这类官员能够顺应民心吗?能够贯彻老庄之学,皈依孔孟之门吗?受曾纪泽之托,王闿运著《湘军志》,为了给后世留下一部信史,他揭露了曾国荃一些不宜见人的疮疤,曾九先生就吹胡子瞪眼睛,老大不开心,色于室而怒于市,只差没对王闿运猛挥擂钵大的老拳了。当此关头,他雅量全无,老庄和孔孟之学统统被扔到了爪哇国里去。这就说明,祖宗的学问其实只能用来遮羞,当然也可用作装修门面的上等材料,金箔之类,珠帘之类,外表堂皇美丽得很,内里却是另一番气象。

有一件事情,曾国荃做得既漂亮又遗泽后世,值得高度肯定,那就是他与其兄曾国藩出资刻印王船山的著作。据王闿运《邡江王氏族谱序》所记:"曾文正夙喜顾(炎武)学,以姜斋(王船山)多新说,甚为称扬。其弟国荃亦喜诵之,犹以未尽刻为憾。会兵兴,湘潭刻板散失,而国荃克江南,文正总督两江。国荃出二万金,开局江陵,尽搜船山遗书,除有避忌者,悉刻之,于是王学大行。"从这件事可以看出,曾氏兄弟的确有学问,有眼光,换了那些穿草鞋的土包子,哪肯自掏二万金这么大的数目刊刻旧籍,为传统文化做点功德?就算他们肯干,也两眼一抹黑,虽说瞎猫也能逮到死老鼠,仍然识不得王船山学问的真实价值。曾国荃"挥金似土",如果全是这样挥洒在惠泽传统文化的实处,倒是值得称道。

英国大学者培根在《论荣华与名誉》一文中说:"臣民的荣誉应分级如下:第一是'为主分忧之臣',即那些主上倚之以负重举大的人,我们所谓的'人君之右手'者是也。其次是'统兵大将',即伟大的军人领袖,例如人君的辅佐和在军事上有大功者是也。第三是'亲幸之臣',如能得君心而不扰民者是也。第四是'能臣',就是居高位而能尽职,能办大事的人。"如此说来,曾国荃于以上四点样样沾边,他长享富贵实乃必然,而谤议不息,骂名怎么洗也洗不去,也不算太冤枉。他杀人如麻,而且屠城杀降,确属人面兽心,伤天害理,学佛也好,学老庄也好,学孔孟也罢,学得再怎么精纯,再怎么深有心得,那黑底还是洗不白。做过一些大恶事、大坏事、大丑事的人，另外做几桩大善事、大好事、大美事，也无补于失，用时髦一点的说法，这叫"资不抵债"。世间还有一等专做大恶事、大坏事、大丑事的大角色，连一桩大善事、大好事、大美事都不曾做过，那可真叫"巨额诈骗"了。但偏偏就是这样的角色，往往被蒙昧的大众称为"救星"和"伟人"，世间的黑色幽默莫过于此。

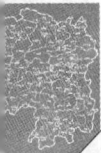

郭嵩焘（1818—1891）：湖南湘阴人。字伯琛，号筠仙。思想家，外交家，主张学习西方政教。官至驻英、驻法公使。其重要著作为《伦敦与巴黎日记》。

郭嵩焘：雪拥蓝关

同治十三年（1874），英国军官布朗率领一支由二百多名武装人员组成的"探路队"进入中国云南境内，随行的翻译官马嘉理持有清政府总理各国事务衙门签发的外交护照，依循国际惯例，地方官理应保护他的生命安全。云南巡抚岑毓英为人浮躁强狠，对这些不速之客表面上热情款待，并派兵护送出境，暗地里却指使部将李珍国在途中伏兵截杀。事后，岑毓英又以不实之词谎称马嘉理为当地野人所害，意在推卸责任。英国公使威妥玛可不是那么容易善罢干休的，经过长达一年的深入调查，他将此案的来龙去脉弄了个水落石出，证明曲在我方。光绪二年（1876）秋，清政府派北洋大臣李鸿章与英国驻华公使威妥玛签订了共计十六款的《烟台条约》，主要内容为：中国借路给英国（一是由缅甸入云南，二是由西藏到印度），中国向英国商船开放多处内地口岸。此外，还有一项附加要求，清政府必须派出一位一品或实授二品大员远赴英伦，向英国政府当面道歉。

据梁溪坐观老人（张祖翼）《清代野记》所载，在云南巡抚岑毓英派

兵击杀马嘉理之前，安徽巡抚英翰已派兵暗杀过两位英国传教士，由于是午夜行动，下手干净利落，没让英国教会和使馆找到任何证据，抓到任何把柄。那一次，除了两位英国牧师，遇害的还有在两条船上熟睡的四十多位无辜平民。绿营兵一把火烧了船屋，把尸体深埋在荒郊，始终没有败露形迹。最可恨的是，屠伯英翰晚年竟以此"光辉业绩"自鸣得意。

一、临危受命，出使西洋

常言道："弱国无外交。"清政府在战场和谈判桌上屡屡吃亏认栽之后，羞忿交加，所幸尚未失去最后那点理性，决定将坏事变好事，干脆就汤下面，任命这位出使欧洲的谢罪大臣为首任驻英公使。当年，这差事可不是抢手的香饽饽，谁得到了它，就将招致千夫指、万人骂，往坏处想，甚至有可能身败名裂。满朝文武莫不视之如畏途，谁会愿意在此群情汹汹的当口，去充当这个天字第一号的冤大头？令朝野惊诧的是，居然有人挺身而出，送肉上砧板，他就是"以为时艰方剧，无忍坐视之理"的兵部侍郎郭嵩焘。由于他曾针对"马嘉理案"上章弹劾过云南巡抚岑毓英，指责岑不谙事理，"持虚骄之气"而"贻累国家"，建议朝廷重惩此人，以取得外交上的主动。委任状一发表，郭嵩焘即刻就变成了众矢之的。在郭嵩焘的故乡，湖南人的爱国主义精神极为强烈，他简直被攻击得体无完肤，有人撰联以阴损的语气责骂道：

出乎其类，拔乎其萃，不容于尧舜之世；
未能事人，焉能事鬼，何必去父母之邦！

联语引经据典，精彩绝伦，骂得也很痛快，却完全颠倒了是非黑白。晚清算什么"尧舜之世"？英国人也不是嗜血的魔鬼。郭嵩焘胆气十足，他敢撄众怒，上疏批评那些见识短浅的士大夫，"不考究中外大势，一味负气自矜，徒恃虚骄，于国有害无益"，他郑重表示自己出使英国是为了"能知洋情，而后知所以控御之法"。其见识之高，胆量之雄，一

时无两。

迄至光绪二年（1876），中国的国门被洋人的重炮轰开已长达三分之一个世纪，清政府在外交事务上却依然是幼儿园水平，事到临头，被逼无奈，才派出自己的第一位驻外使节，你说奇怪不奇怪？按说，郭嵩焘破天荒，出任驻英公使，即便不是喜事一桩，也不是什么丧事啊，可他的家人却将这趟欧洲之行看得十二分晦气，满门老小没一个脸色晴朗的。郭嵩焘本人却颇为乐观，他早就想知己知彼（"通知洋情"），他早就不愿夜郎自大，做那趾高气扬的井底之蛙。

二、先政教而后科技

以对待列强的态度来区别，晚清的士大夫可分为主战派和主和派两大阵营，郭嵩焘是坚定的主和派干将，这倒不是因为他认为中国太落后，才须忍辱求和。郭嵩焘曾以翰林编修的资格短期做过僧格林沁亲王的幕僚。当时，僧王率兵在天津抵抗英法联军入侵，特意向郭嵩焘请教攻守方略。郭嵩焘说："洋人志在通商，大人应该寻找正确的对策，而不是与之交战。海防无功可言，无效可纪，应当以安静为上。"僧王闻言默然。中国与西洋通商是个大课题，当时没几人敢提拎它，更没几人能理解它。后来，李鸿章说过一番颇有见地的话，大意是：中国与欧美各国通商是有益的，欧美各国的繁荣与中国人民的福祉有着不可分割的关联，难道他们愿意杀鸡取卵，竭泽而渔，把中国人榨干榨尽，而不留一点东西？僧格林沁是蒙古籍悍将，百战之余，只知攻守，至于攻守之外还另有更精细的讲究，他就难以明白了。此后，塘沽炮台失陷，英法联军从天津杀向北京，抢掠之后焚毁圆明园，迫使清政府签订《北京条约》，清王朝在军事和外交两方面可谓溃败和完败。僧王回想郭嵩焘当初的建议，不禁感慨系之："朝官唯郭翰林爱我，能进逆耳之言。我愧无以对之，若早从其言，何至于此？"郭嵩焘主张与西洋通商，化干戈为玉帛，这就像是在旷野中呼喊，声音微弱，影响面窄，传播效果极其有限。

清朝早期洋务派的主心骨（以林则徐、魏源为代表）主张"师夷长

技以制夷"，晚期洋务派的领袖（以曾国藩、左宗棠、李鸿章、张之洞为代表）主张"中学为体，西学为用"，虽前后赓续，却是换汤不换药，更形象一点说，无异于"漏船载酒泛中流"。既然船（中学）是破的，人再聪明酒（西学）再好，又能受用几时？可悲就可悲在，当此紧要关头，力图自强自救的国人却没能及早从"天朝中心论"的迷梦中清醒过来，仍在"夷夏之辩"——所谓"天处乎上，地处乎下，居天地之中者为中国，居天地之偏者曰四夷。四夷，外也；中国，内也"（宋·石介《徂徕集》卷十）——的八卦阵中兜圈绕弯，不得其径而出。中国士大夫的优越感全摆在明处：华夏为内，夷狄为外；华夏为尊，夷狄为卑；华夏为上，夷狄为下；以夏变夷为顺，以夷变夏为逆。这种传统的"夷夏观"几乎变成了朝野上下的思维定势和唯一的遮羞布，无人置疑，更无人将它戳穿撕破。按照这个逻辑，满人发迹于关外，原属夷狄，征服关内、统治中土应算是以夷变夏，所以明末清初一些崇尚气节、严夷夏之防的知识分子（例如顾炎武和王夫之）抵死也不肯承认清朝是正统王朝。然而，清朝二百余年君临天下，早已积怯为勇，积健为雄，不再疑惑，不再尴尬，敢自居为天朝上国，对更远更外的异邦持盲目的轻视之心，甚至当国门被洋人当成了厕门之后，这种可怜而又可笑的优越感仍然毫发无损。在他们看来，论船坚炮利、铁路轮机、声光化电，西方远胜于中国；论典章制度、政教道德，无疑是大清帝国更为完美，洋人难望我项背。此调之高，响遏行云，唯有能唱三个 C 音的"阿 Q 合唱团"才唱得出来。李鸿章可算是一大群糊涂虫中的明白人，且与洋人接触频繁，他的见解却不过尔尔："中国的文武制度，事事远在西人之上，独火器不能及。"（《筹办洋务始末》）张之洞也可算是一大群糊涂虫中的明白人，他同样强调："中国学术精致，纲常名教，以及经世大法无不毕具，但取西人制造之长，补我不逮足矣。其礼教政俗，已不免于夷狄之陋。学术义理之微，则非彼所能梦见矣。"（《劝学篇·序》）有这样尊贵的衮衮诸公作大护法，"天朝中心"的童话遂歧变为"西学中源"的神话。不错，中国人老早就发明了火药，却只知用它造鞭炮做礼花，洋人却用它制成了战场上无往不胜的利器；中国人老早就发明了精密的罗盘（指南针），却只知用它选

墓址、卜宅基，洋人却用它航海探险，去认识世界，征服世界。就算先决条件成立，中国是"夏"，"西学中源"，我们事事不如人，处处受欺侮，光图个空名，除了关起门来聊以自慰，又有什么好显摆的？

第二次鸦片战争后，被动挨打的清王朝其忿在色，其怯在心，外交上执行的是彻头彻尾的"鸵鸟政策"，郭嵩焘曾用十二字加以概括，即"一味蠢"，"一味蛮"，"一味诈"，"一味怕"，因为愚蠢而行蛮，行蛮不成就使诈，使诈不成就跪地求和。当局"不揣国势，不察敌情"，却妄肇衅端（杀马嘉理、杀外国侨民、杀传教士、杀外国公使），其结果必然是"贻祸天下"。洋务派有求变图强之心，可是舍本逐末，只在"造船制器"上狠下工夫，对僵化偏枯（半身不遂）的政教，对根子上的症结却视而不见，讳疾忌医，不肯或不敢狠下"虎狼药"，痛下手术刀。这样偏瘫着办洋务，虽然办得热热闹闹，又能办出什么惊天动地的业绩来？"知其本而后可以论事之当否，知其末而后可以计利之盈绌"（郭嵩焘语），中国地利尽丰，人才尽足，没有好的政教，徒有富强的表象，仍是白搭，何况连这个表象也不具备。洋务派的领袖们对大原大本不敢触及，对政教风俗不敢变更，只在细枝末节上修补点缀，郭嵩焘深感失望，在日记中对他们的批评可谓入木三分，"当国者如醉卧覆舟之中，身已死而魂不悟；忧时者如马行画图之上，势欲往而形不前"，"弄空枪于烟雾之中，目为之眩，手为之疲，而终一无所见"，"合肥伯相（李鸿章）及沈幼丹（沈葆桢）、丁禹生（丁日昌）诸公专意考求富强之术，于本源处尚无讨论，是治末而忘其本，穷委而昧其源也；纵然所求之艺能与洋人并驾齐驱，犹末也，况其相去尚不可以道里计乎？"郭嵩焘是怀疑者和独醒者，他已率先从"天朝中心论"的迷梦中破茧而出，手中所缺的只是一帖标本兼治（既能救时，又能济世）的"药方"。他在中华古国寻觅多时，一无所获，于是，他将目光投向西方世界。按照传统的夷夏观，这真有点"礼失求诸野"的味道。

身为驻英公使，郭嵩焘有足够的机会近距离考察英国的宪政、商业、科技、教育、学术和风俗人情，真是不看不知道，看了吓一跳，英国之强并非只强在它的船坚炮利上，它的政体——即它的根本——同样勃勃有生机。郭嵩焘在日记中写道：

> 英国之强，始自国朝。……推原其立国本末，所以持久而国势益张者，则在巴力门（议会）议政院有维持国是之义，设买阿尔（市长）治民，有顺从民愿之情。二者相持，是以君与民交相维系，迭盛迭衰，而立国千余年终以不敝。人才学问相承以起，而皆有以自效，此其立国之本也。……中国秦、汉以来二千余年适得其反。能辨此者鲜矣。

> 或为君主，或为民主，或为君民共主之国，其定法、执法、审法之权，分而任之，不责于一身；权不相侵，故其政事纲举目张，粲然可观。催科不由长官，墨吏无所逞其欲；罪名定于乡老，酷吏无所舞其文。人人有自主之权，即人人有自爱之意。

> 圣人治民以德。德有盛衰，天下随之以乱。德者，专于己者也，故其责天下常宽。西洋治民以法。法者，人己兼治也。故推其法以绳之诸国，其责望常迫。其法日修，即中国受患也日棘，殆将有穷于自立之势也。

他认识到，西洋之所以能享国长久，是因为君民一同主持国政，使用法治而非德治，因此民气得通，民情得达，民志得伸，民才得用，无抑郁挫伤之弊，对此他不禁感慨系之，"西洋能以一隅之地"为"天地精英所聚"是自有道理的，中国朝野人士若不幡然醒悟，急起直追，革故鼎新，除残去害，则西洋更强，中国更弱，势所必然。"自西洋通商三十余年，乃似以其有道攻中国之无道，故可危矣"，郭嵩焘洞烛幽微，能平心静气地看清这一层利害关系，勇于承认中国之"无道"（政治腐败），寻找病症的内因，这才真正是先知先觉者的独到之见。他主张向西方学习，首先要学习西方实事求是的科学态度，找准自己正确的定位。他认为，世界各国按进化程度可分为三个层次：文明、半开化和野蛮。

中国落在第二层次，很难顾盼自雄。为何清朝士绅的自我感觉异常良好？郭嵩焘的答案是："中国人眼孔小，由未见西洋局面，闭门自尊大。"他的话显然是针对国内洋务派领袖们而言的。对于外国的情形，那些人只知其一，不知其二，只知其然，不知其所以然，犹如瞎子摸象，盲人打烛，各得一偏，与实际相去甚远。郭嵩焘对中国浪费人才的现状尤其痛心，"西洋政教、制造无一不出于学。中国收召虚浮不根之子弟，习为诗文之不实之言，高者顽犷，下者倾邪，悉取天下之人才败坏灭裂之，而学校遂至不堪闻问"，而"欧洲各国日趋于富强，推求其源，皆学问考核之功"，因此要挽回一世之心，兴办实学乃是当务之急。可是天朝上国的办事效率实在叫人不敢恭维，郭嵩焘在 19 世纪 70 年代中期即有此议，竟拖延到二十年后中国官方才着手创办第一所大学——京师大学堂。难怪郭嵩焘为中国的发展前途开列进度表时悲观中有乐观，乐观中也有悲观，他认为中国至少得用四百八十年的奋斗和努力才可望成为世界上的富强之国：学习西方军事，三十年初见端倪；学习西方的制造工业，五十年稍见成效；兴办学校，一百年方能培养出高端人才；再用一百年荡涤旧习；用一百年砥砺精英；用一百年趋于大成。唯有头脑发热的伟人才会开出远比这更为乐观更为浪漫的进度表，"五年赶英，十年超美"之类。有趣就有趣在，郭嵩焘是一位出了名的急性子，然而这一回他居然变得从容不迫，十分低调，非常有定性，真令人刮目相看。

郭嵩焘办理外交事务，处处不失汉官威仪，晋见英王，不亢不卑，进退合度。同时，他勇于遵守国际惯例，递交照会，均用西历；与洋人打交道，一律行握手礼；听音乐，看曲目单；游甲敦炮台，穿西装；见巴西国主，起立致意；使馆开茶会，让夫人（梁氏）出面接待。郭嵩焘公使通权达变，行事颇为得体，刘锡鸿副使刚愎自负，处处看自己的上司不顺眼，他在寄给清廷的秘密报告中屡屡贬斥郭嵩焘的言行，公然诟骂自己的顶头上司为"汉奸"，似乎只有他才是坚强卫士，能够维护天朝尊严。

郭嵩焘的言行和思想的确不合乎"天朝上国"的规矩尺度，在朝野名士的眼中，他始终是个异端。比如洋务派领袖们忙于造船制器，他却

主张正本清源；朝野清流一致主战，他却认为在强敌环伺的危局面前，"无可战之机，无可战之势，直亦无可战之理"，只可随机应付，切忌不顾后果的浪战；洋务派领袖们认为当务之急先要强国，他却认为先要富民；朝野清流一致认为列强亡我之心不死，他却认为洋人以通商为治国之本，意在求利，我们不妨因势利导；洋务派领袖们主张工商业官办，他却主张工商业民营。他对诸多关键问题的看法与各路"神仙"格格不入，大相抵牾，得不到朝野各派系的鼎力相助，以至于孤立无援，就毫不奇怪了。

光绪四年（1878），郭嵩焘兼任驻法公使，他基于"公使涉历各国，正当考求其益处"的认识，将自己出国途中备述所见所闻的日记整理成册，名为《使西纪程》，由总理衙门刊行。此书对国外的政治、军事、科教和民俗多有赞语，相比之下，对国人不明外情，视西洋人为夷狄的情形，则多有微词，其中有这样一段话值得留意：

> 以夷狄为大忌，以和为大辱，实自南宋始。西洋立国二千年，政教修明，具有本末，与辽金崛起一时倏盛倏衰，情形绝异。其至中国，唯务通商而已。而窟穴已深，逼处凭陵，智力兼胜，所以应付之方，并不得以和论。无故悬一"和"字以为劫持朝廷之资，哆口结目，以自快其议论，至有谓宁可覆亡国家不可言和者，京师已屡闻此言，诚不意宋明诸儒议论流传为害之烈一至斯也。

可以这么说，郭嵩焘的《使西纪程》惹恼了朝野之间的天朝完美主义者。那些嗅觉灵敏而又"深明大义"的铁笔御史早就看得郭嵩焘鼻歪眼斜，正愁手头没有合适的题材，这下他一头撞进罗网，结果可想而知。且不说御史以"叛臣贼子"的罪名指控他，单是以"有二心于英国"的恶言指责他，郭嵩焘就吃不了得兜着走。清政府勒令将此书毁版，禁止发行。

六年后，淮军大将张树声在两广总督任上病逝，他的遗折中有一段至理精言格外醒目："……夫西人立国，自有本末，虽礼乐教化远逊中华，然驯致富强，具有体用。育才于学堂，论政于议院，君民一体，上下一心，务实而戒虚，谋定而后动，此其体也；轮船、大炮、洋枪、水雷、铁路、电线、此其用也。中国遗其体而求其用，无论竭蹶步趋，常不相及，就令铁舰成行，铁路四达，果足恃欤！"在这段话中，"育才于学堂，议政于议院"，即办学校开启民智，立议院开创民主，是要点中的要点。我们不知道，张树声是否与郭嵩焘通过声气，有过交流，他们的主张简直如出一辙。张树声选在遗折中进言，就算慈禧生气，也不能怎样了。智者不没善言，不留遗憾，真是了不起。这也说明了一个事实，郭嵩焘并不是一个人在战斗，与他同时期处于同一智识层面的官员、学者固然不多，但也并非绝无仅有，容闳、薛福成、冯桂芬、张树声等人庶几近之。

三、官场失意

据历史学家蒋廷黻考证，郭嵩焘做过僧格林沁的秘书，曾向固执而又蛮横的上司建议：不要仇视洋人，应该与对方坐下来谈判通商条约，和平与繁荣有赖于对外开放，闭关锁国只是死路一条。这样的见识，当时算是极其超前了。郭嵩焘既知本末，又知情势，通权达变，不肯拘泥于故常，李鸿章却批评他"有些呆气"。曾国藩一向以冰鉴自许，也认为郭嵩焘只是"著述之才"，并非"繁剧之才"，即指他干不好实际事务，只能舞文弄墨。归结起来，若说郭嵩焘不会做官，测不准宦海几级强风、几级巨浪，这倒是真的。他颇具诗人气质，喜欢危言危行，在"混"字当先、主调为因循苟且的晚清官场上，处处受到排挤。他一生在宦海浮沉起落，真正拎得起的"风光岁月"屈指可数。

1859 年，郭嵩焘在诗中喟然感叹道："人生都是可怜虫，苦把蹉跎笑乃公。奔走逢迎皆有术，大都如草只随风。"他不甘心蹉跎岁月，但舞台和擂台全都属于别人。

郭嵩焘既不是满蒙贵族，又不愿削尖脑袋钻营，要在官场冒尖确实难于上青天。他生性戆直，性情开放，毫无城府，长于思考，拙于行动，的确更像个理论家，不像个实干家。曾国藩知人论世的功夫颇深，始终只将郭嵩焘视为承明著作的好手，从未推许他为治世调羹的能人，因此

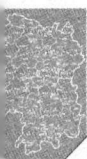

当李鸿章在江苏巡抚任上有意起用郭嵩焘时，曾国藩再三写信给弟子，要他多听郭嵩焘的建言，至于实际公务，则尽量少让郭嵩焘沾边，以免误事。曾国藩的观点直接影响到儿子曾纪泽，后者在写给九叔曾国荃的信中，竟以"花拳练步"四字来酷评这位有通家之谊的父执，曾国荃回信允为确评："以'花拳练步'之说喻筠老（郭嵩焘号筠仙），极为有识。筠老之取憎于一世在此，而吾之敬重筠老亦在此。与其交举世诟病筠老之一班朋友，则不若交筠老，以其犹有文字之知识也。"在中国，要成为一位实干家，就必须理顺身边复杂的人际关系，投足无碍，游刃有余，这显然不是郭嵩焘的长项。

同治元年（1862）秋，江苏巡抚李鸿章邀郭嵩焘前往任职。郭嵩焘途经安庆，去湘军帅帐中拜访了曾国藩，盘桓一月之久，两人相处融洽，无话不谈。临别之际，曾国藩书联一副赠郭嵩焘："好人半自苦中来，莫图便宜；世事多因忙里错，且更从容。"对于这样的箴告，郭嵩焘虽有心领，但并未神会。

同治二年（1863），郭嵩焘得两广总督毛鸿宾举荐，署理广东巡抚。"署理"只是代理，并非实授其职，这就使他处境尴尬，少做事吧，尸位素餐，他觉得愧对百姓，多做事吧，容易越权，又会惹毛鸿宾不开心。他依着性子，无所顾忌，拿出当行本色，在广东办厘金，力行劝捐，手段凌厉，由于自信太强，求治过急，好似涸泽而渔，封山而猎，一时间粤商怨声载道。有人匿名作了一副对联咒骂郭嵩焘和毛鸿宾："人肉吃完，唯有虎豹犬羊之廓；地皮刮尽，但余涧溪沼沚之毛。""廓"与"郭"谐音，骂的是郭嵩焘，"毛"则直指毛鸿宾。毛总督见势不妙，处处诿过于郭巡抚。清朝同城督抚不和是常事，没什么好奇怪的，但面子总还得勉强顾全。郭嵩焘管不住自己的大喇叭，在人前放出丑话："曾涤生（曾国藩字涤生）保人甚多，唯错保一毛季云（毛鸿宾字季云）。"他斗胆向自己的朋友和恩主开炮，这违反了官场的游戏规则，曾国藩很不高兴，立刻反唇相讥："毛季云保人亦不少，唯错保一郭筠仙。"此言一出，闻者无不喷饭。

郭嵩焘担任广东巡抚三年多，既得罪了粤商，又弄坏了官声，不免

焦头烂额，还被太平军余部折腾得够呛，为此他对左宗棠"驱匪入粤"深致不满，两位亲家的交情一落千丈。此外，郭嵩焘的私德也牵动时议，遭到各方严厉谴责。事由很简单，郭嵩焘违反传统的尊卑礼数，令续弦的正妻、上海太仓名门闺秀钱氏作小服低，屈居于侍妾邹氏之下，钱氏受不了这样的折辱，愤而大归（女子回娘家后不肯再回夫家）。前庭遭淹，再加上后院起火，郭嵩焘想不丢官都不可能。左宗棠不顾亲家翁的情面，一纸奏章将他送回了湘阴老家。

郭嵩焘出生于湖南湘阴，祖父是富甲一方的大商人，多财而不吝，"然诺一语，千金不惜"。县令某公借了重金，人死在任上，他家愿用两位漂亮的丫环抵债，郭嵩焘的祖父烧掉借据，一笑置之。他还爱好诗文，闲暇时以吟咏为乐。应该说，这种豪迈家风和诗书气息对郭嵩焘的影响很大，因此他并不像一般读书人那样轻视"商贾末业"。郭嵩焘十七岁入岳麓书院就读，十八岁与曾国藩、刘蓉义结金兰，十九岁中举人，三十岁中进士，点翰林，与李鸿章、沈葆桢是会试同年。他有两个弟弟郭崑焘和郭崙焘，都是湘军大体系中极有才干的角色，合在一起号称"湘阴三郭"。对他们三兄弟，曾国藩有一个堪称公允的评价："论学一二三，论才三二一。"意思是，在三兄弟中，大哥郭嵩焘的学问最好，小弟郭崙焘的才干最高。

四、先知者必致疑，先行者必致谤

郭嵩焘一生最得意之处，既不是三年使西，也不是三年抚粤，而是他凭三寸不烂之舌说动了居丧的曾国藩墨绖从戎，说动了"傲腿"左宗棠欣然出山，说动了负气而走的李鸿章重返曾氏幕府。他在《玉池老人自叙》中曾颇为得意地说："其出任将相，一由嵩焘为之枢纽，亦一奇也。"当年，曾国藩居母丧，咸丰皇帝敕令他在湘省主办团练，他为了表明自己尽孝的决心，写好奏章，恳请终制（守墓三年），准备让湖南巡抚张亮基代为呈递，奏章正在誊抄，还未送出，已是夜半时分，恰巧郭嵩焘来到湘乡荷叶塘曾国藩家致唁。宾主坐定后，谈及此节，郭嵩焘力劝曾国藩接下千斤重担。他说："您素有澄清天下的大志，现在机会来了，千万不可错过。况且戴孝从戎，古已有之。"曾国藩的思想工作可没那么容易做通，郭嵩焘又将"力保桑梓"的大义跟曾国藩的父亲说了，然后由后者出面晓之以理，动之以情。君命可抗，父命难违，曾国藩这才硬着头皮应承下来，赴省城去尝试一项自己先前做梦都未曾想到过的艰难事业。其后，这位湘军大帅历尽千难万险，成为"中兴第一名臣"，郭嵩焘当年苦口婆心的敦劝之功自然不可抹杀。左宗棠一向以"今亮"（当今的诸葛亮）自居，可他多年受困于科举考场，三次进京会试，均铩羽而归，他一向恃才傲物，胡林翼不遗余力地保荐他，他总是婉言谢绝。郭嵩焘出于同乡之谊，当面向他陈说利害，"贤者不出，其奈天下苍生何"，左宗棠被其至诚感动，于是告别隐居生活，走马上任，先辅佐湖南巡抚张亮基，后辅佐湖南巡抚骆秉章，最终出将入相，只可惜这两位好友加亲家，后来因为政见不合而反目成仇。李鸿章与郭嵩焘都是丁未（1847）科的进士，这层同年关系在科举时代是非比寻常的，李鸿章一度与恩师曾国藩意见不合，赌气离开大帅府，前程顿时趋于黯淡，正是郭嵩焘劝他及早回头，才有了曾国藩保举李鸿章为江苏巡抚的下文，也才有了往后李鸿章飞黄腾达的好戏。

湘军的最终取胜，很大程度上得益于后防稳固，粮饷充足。郭嵩焘曾不无自豪地说，"湖南筹饷，一皆发端自鄙人"。官民交困，在这种形势下，征收厘金（商业税），虽说不是他的发明，但他有宣传推广之功，为此他曾戏称自己是个"化缘和尚"。此外，郭嵩焘还创议兴办湘军水师，使湘军水陆并进，两翼齐飞，实力大大增强。

然而，不管郭嵩焘早年对湘军作出过多大的贡献，也不管他对曾国藩、左宗棠、李鸿章的功业有多大帮助，就因为他出使英、法三年，对西方文明赞不绝口，主张开眼看世界，虚心向西方学习，尤其要学习西方政教方面的可取之处，便招致国内顽固分子和保守势力的口诛笔伐，种种苛责、贬斥和狂吠都齐刷刷地瞄准他。连一向开明的文坛领袖王闿运也认为郭嵩焘不可救药，说他"殆已中洋毒，无可采者"。两江总督刘坤一（湖南新宁人）曾称赞郭嵩焘"周知中外之情，曲达经权之道，

识精力卓，迥出寻常"，后来也改变看法，在致左宗棠的信中口吻大变，对罢官归来的郭嵩焘出言不逊："筠仙首参岑彦卿（岑毓英字彦卿）宫保，以循英使之意，内外均不以为然。此公行将引退，未审何面目以归湖南。"算是被他言中了，郭嵩焘返回故里湘阴，长沙、善化两县以"轮船不宜至省河（湘江）"为由，迫使他改行陆路。省城士绅在街头贴出大字报，直斥他勾通洋人，是卖国贼。普通官员见到他也神情冰冷，侧目而视，不加理睬。

　　世事难料，人情莫测，像郭嵩焘这样一位"见利不趋，见难不避"（僧格林沁语）、"拼了声名，替国家办事"（曾纪泽语）的人却遭到"深明事理"的士大夫如此之大的误解和如此之多的攻击，一时间，"骂名穷极九洲四海"。对此，郭嵩焘蔑然视之，重压和积毁之下，他并不打算改弦易辙，重新做人。他始终坚信自己所践履、所主张的一切都是以先知觉后知，以先觉觉后觉，虽被世人误解和攻讦，却经得起时间的考验和历史的推敲。他曾在致友人书信中表明了自己不以世间毁誉为进退的心迹："谤毁遍天下，而吾心泰然。自谓考诸三王而不谬，俟诸百世圣人而不惑，于悠悠之毁誉何有哉！"他还在诗中唱出强音："流传万代千龄后，定识人间有此人。"如同一支响箭，他将自己的大自信射向遥远的时空。后来，维新派的杰出代表谭嗣同果然挺身而出，为郭嵩焘鸣不平，并向他致敬："中国沿元、明之制，号十八行省，而湖南独以疾恶洋务名于地球。……然闻世之称精解洋务，又必曰湘阴郭筠仙（嵩焘）侍郎，湘乡曾劼刚（纪泽）侍郎，虽西国亦云然。两侍郎可为湖南光矣。"维新派的另一位杰出代表梁启超称赞郭嵩焘是"最了解西学的人"。

　　郭嵩焘与李鸿章终生交好，但他对后者办理洋务方面的关键性失策（偏重军事而忽略政教）多有批评，"观其勤勤之意，是为能留意富强者，而要之皆末也，无当于本计"，还说李鸿章"考求西洋军火，可云精博。……惜其徒能考求洋人末务而忘其本也"。反过来，李鸿章倒是真心推许郭嵩焘为中国精通洋务的第一流人才，他在致友人的书信中称郭嵩焘"虽有呆气，而洋务确有见地"，"所论利害，皆洞入精微，事后无不征验"。

　　郭嵩焘晚年处境如何？他曾以文字这样形容："臣以庸愚，奉使无状，万口交谪，无地自容，积年以来，心气消耗，疾病日增，里居窭岁，足迹未尝一出门户。"然而一旦朝廷需要他就钦差大臣崇厚有辱使命，签订丧权太夥、辱国太甚的《里瓦吉亚条约》上疏进言，他就略无迟疑，洋洋洒洒提出六点宝贵的建议，对此后曾纪泽与俄方改签条约有明确的指导意义。特别可贵的是，他保持理性，在三千多字的疏言中多次提到万国公约，反复提醒朝廷要遵照国际公法办理外交，不可衅自我开。郭嵩焘对崇厚知根知底，崇厚无知、颟顸而又刚愎自用，尽管他把这次外交事务办得彻底砸锅了，但按照国际通例，朝廷只宜薄惩，不宜严治，否则俄国人就会以此为口实，大动干戈。郭嵩焘痛切地指出："国家用兵三十年，财殚民穷，情见势绌，较道光、咸丰时，气象又当远逊。……窃以为国家办理洋务，当以了事为义，不当以生衅构兵为名。名之所趋，积重难返。"奏章呈上后，他总算得到了"郭嵩焘所奏，不为无见"的谕旨肯定，内心稍感欣慰。

　　光绪十七年（1891），郭嵩焘病逝。他若多活三年，中日甲午海战北洋舰队灰飞烟灭将证明他早先的预见（舍政教之本，逐船炮之末，不能使国家强大）是正确的；他若多活九年，庚子之乱也将证明他早先的预见（士大夫为求攘外的美名而轻举妄动，必定害苦中央政府）是正确的。预见变成了现实，他又该作何感想？郭嵩焘去世后，李鸿章为他奏明学行政绩，援引旧例，请求宣付国史馆立传，礼部赐谥，奏折中说："（郭嵩焘）生平于洋务最为究心，所论利害，皆洞入精微，事后无不征验。前后条列各件，外廷多不尽知。病归后，每与臣书，言及中外交涉各端，反复周详，深虑长言，若忧在己。迄今展阅，敬其忠爱之诚，老而弥笃，且深叹不竟其用为可惜也。"可是李鸿章得到的答复却是冷冰冰的："郭嵩焘出使西洋，所著书颇滋物议。所请着不准行。"辛丑年（1901）间，朝廷中某些"义愤填膺"的官员大发病狂，竟要将八国联军入京的那笔坏账烂账算在墓木已拱的前驻英公使头上，郎中左绍佐尤为激进，他坚请朝廷下令夷平郭嵩焘、丁日昌的墓庐而戮其尸，以此谢天下。这些家伙的眼力太差，情急之下，连个顶缸的对象都找错了。所幸公道自在人

心，几句"圣裁"并不能抹杀一切，蠢货的痛斥狂贬也注销不了郭嵩焘的思想光芒。与朝廷的无情无知相反，湘籍大学问家王先谦为郭嵩焘撰写的墓志铭对其一生功德作出了高度评价，也许能算得上是盖棺论定："利在国家，岂图其私！……皦尔风节，百世之师。文章满家，鸾凤其仪。谤与身灭，积久弥辉！"这段话的意思是："只要对国家有利，哪里还谋求个人的好处！……你的高风亮节，堪称百代师表。家里满是文章，贤人俊士都为之心仪。诽谤与身俱灭，你的功德名誉越久越光辉！"

我们观察历史，反顾来路，称郭嵩焘是中国 19 世纪末维新派的先声，是 20 世纪上半叶"全盘西化论"的嚆矢（响箭），当不为错。他痛恨伸手关家门，力主开眼看世界，早已被证实是明智之见和明智之举。他是超越时代的先行者，生前没有知音，没有同道，内心寂寞如沙。郭嵩焘主张学习西方的蓝调文明，面对重重阻力，真可谓是"雪拥蓝关马不前"，他叹息过，苦恼过，却从未绝望过，内心始终抱持沉重的乐观，他相信未来。事实证明，他是对的。

如今，郭嵩焘的在天之灵已不再孤独寂寞，中国早已加入了世界贸易组织，诚心诚意向西方学习的人越来越多。若请求郭嵩焘给我们一句赠言，他会说什么？他或许会说：

"学习西方的政教仍永无止境。"

或许，就只有这简明扼要的一句吧。

谭嗣同（1865—1898）：湖南浏阳人。字复生，号壮飞。政治家，思想家，诗人。"戊戌六君子"之一。其重要著作为《仁学》。

谭嗣同：天地雄心

在长沙湘江西岸的岳麓山上，黄兴、蔡锷的墓庐庄严气派，瞻仰者和拜谒者长年络绎不绝。然而，在二百多里外的浏阳县牛石乡，我们见到的谭嗣同墓地却近似荒冢，只是简简单单的格局，寒伧得令人心酸，凭吊者的身影更是难得一见。

清制规定，四品官墓前可陈列两对石兽，一双阡表。如今，石兽已残缺，唯独阡表完好。谭嗣同出任过十三天的四品军机章京（从到任算起），行刑前被褫夺官职，但名分犹存。谭家为了避讳，墓碑上镌刻的是"故中宪大夫谭公复生之墓"，含糊得有些令人费解了。这无疑是一个不声不响的提醒，专制淫威不仅能够笼罩九州八荒，扼杀生人的性命，而且能够追及六尺黄泉，连长眠的死者也不放过，真是无往而不厉啊！

我站在墓道前，远眺坦坦平畴——空空原野——莽莽群峰，近观萧萧黄叶——萋萋衰草——袅袅寒烟，胸中未经烈酒浇沃的块垒遂造成好一阵抵膈之痛，隐隐沉沉，又哪堪消受？阡表上的这副对联并非出自名家手笔，却颇为精奇，烈士的功业被他搁置一旁，仅对其人格魅力作了高度形象化的赞美：

亘古不磨，片石苍茫立天地；

一峦挺秀，群山奔赴若波涛。

谭嗣同已经牺牲百余年，但他始终牵连着敏感的政治神经，在"爱国主义"这四个最易讨好的镀金字样下，不少人兴致勃勃，奋笔疾书，所作的表面文章汗牛充栋。

依大清律例，判决了死刑的犯官，其妻子殁后，不许合茔。谭嗣同夫人李闰的孤坟就在毗邻的山头上，白茅黄土，隔垄相望。生前，谭嗣同投身维新大业，奔走四方，夫妻聚少离多；死后，颈断难续，九泉之下如何相认？谭嗣同遭受的是专制时代最为惨酷的大辟之刑，李闰身为"犯官"亲眷，能不恸绝？她自号"臾生"（取"忍死须臾"之意），悼亡诗中遂有"惨淡深闺悲夜永，灯前愁煞未亡人"的痛句。想来，这样一位身处情爱荒芜地带、天赋敏感的知识妇女，内心该是何等悲苦寂寥，一步一惝恍地走完了她的余生！

夫君新丧，李闰怀抱空枕，竟夕呜咽，谭嗣同之父谭继洵辗转难眠，直听得心如针扎，他隔窗劝道："七嫂，你不要这样哭坏了身子，老七是为国殒命，将来的名声只会在我之上！"说这话时，谭父舐犊情深，又何尝不是老泪纵横。

秋空碧如晴湖，只有几朵舒卷的白云随风飘动，宛如可远观而不可亵玩的莲花。是啊，历史上的殷殷血渍早已被时光冲淡了，只留下追思与怀想，不停地叩击我那页坚闭的心扉，直叩得它石屑纷扬。

一、七分侠士三分佛子

专制暴政究竟是怎样的"宁馨儿"？它该是贼夫人之子才对，是天底下源流最龌龊的东西；岂止龌龊，还暴戾阴狠！它有一条不成文的游戏规则：

"你尽可以高喊爱国口号，叫破铜锣嗓子也无妨，但不准许触痛现政府脆弱的神经；不准许用手术刀指着它遍体的脓疮，试图加以剜割；

不准许拿出猛药毒剂，投治它的膏肓之疾。你若要维新，甚至要革命，别以为现政府会视若无睹，听之任之，它将在第一时间使用专制的绞肉机和断头台，以恐怖魔王的斩截方式来解决一切。你要铭记在心，只能做顺民和奴才，扮哑巴和聋子，最好识相点，赶紧承认自己是个不折不扣的傻瓜，没有健全的视力和听力，也没有好记性，对于现政府累积如山的罪恶，必须主动表态：什么都没看到，什么都没听见，什么都不记得。你要比瘫痪者显得更为麻木。"

只有这样，你才可望得到它恩赐的一丁点"安全感"。身处专制国家，人权和尊严不仅毫无保障，甚至被完全剥夺。你要么认命，要么革命，别无第三条道路可走。噢噢，你还可以自行了断，也就是自杀，那就要看处境已究竟险恶到何等地步。

革命，最典型意义上的吻抱死神，是"赤子"或"傻子"乐此不疲的极限运动。死神无所不在，它可以使身首瞬间分离，使热血骤然变冷，使人坠入无底深渊，一瞑而万古不复视。但真正的革命家并不怕死，他怕的是死于无名，死于无益，死得毫无价值，如鸿毛之轻，如尘灰草芥之微不足道。

一百年前，革命家谭嗣同可以逃亡海外，他不逃；可以避走南方，他不避。他硬是要滞留在杀机四伏的京城，等待那把又冷、又沉、又锈、又钝的鬼头刀反复斫向自己的脖子。

谭嗣同毅然赴死的理由，在一个世纪前就已举世皆知，然而至今也没有几人真正懂得。百年的大蒙昧，百年的大嬗替，其颈血冲天的意义一度艰难地浮出海面，却只露出冰山之一角。

各国变法，无不从流血而成，今日中国未闻有因变法而流血者，此国之所以不昌也。有之，请自嗣同始！

谭嗣同的热血挥洒在贫瘠的土地上，流淌在凉薄的人心中。我真不忍说，但又不得不说，他的大仁大义大慈大悲仿佛一封投错了地址的加急电报，我们至今也未收到。他是天底下最务实的人，却在戊戌年间务

虚了，以为一死可以尽收全效，以为血的警示从此镌刻在万里长空、神州大地和世代人心，岁月的风雨无法将它强行擦去。我不忍说，又不得不说，他未免太天真了，太乐观了。

倘若起谭嗣同于九原，依照他的性情，仍然会坚称：大丈夫死则死矣，无怨无尤！他本是七分侠士三分佛子，比任何人都看重生命，也比任何人都看轻生命。

三十三年（1865—1898）间，谭嗣同如此淬炼自己的身心：先是寒窗苦读，究天人之际，穷古今之变，于学无所不窥，对湖湘先贤王夫之的学说尤为心折；十八岁时，谭嗣同在《望海潮》一词中写道，"拔剑欲高歌，有几根侠骨，禁得揉搓？忽说此人是

用治性灵存底物
金石刻画臣能为
谭嗣同

谭嗣同手迹

我，睁眼细瞧科"；青年时期，谭嗣同壮游天下，饱览名山大川，寻访岩穴侠义之士，"足迹遍西域，抵掌好谈兵"，幸获文天祥生前用过的"蕉雨琴"和"凤矩剑"，他跟王正谊（王五）学刀法，跟胡致延（胡七）学拳术，跟吴雁舟、杨仁山学佛谛，成就文武全才；谭嗣同知行合一，著《仁学》，阐述惊世骇俗的激进思想，摆脱专制樊篱，戛戛乎独造，在湘省办报办学办会，以此作为资产阶级革命的启蒙先声。他还涤净了旧时代读书人身上常有的不良习气，不嫖妓，不纳妾，不赌钱，不吸鸦片，不玩物丧志，生命俊朗而刚强。

……嗣同幼娴技击，身手尚便，长弄弧弦，尤乐驰骋。往客河西，尝于隆冬朔雪，挟一骑兵，间道疾驰，凡七昼夜，行千六百里。岩谷阻深，都无人迹，载饥载渴，斧冰作糜。比达，髀肉狼藉，濡

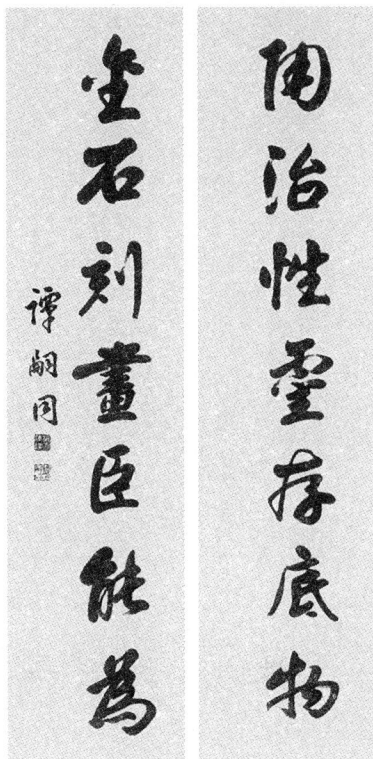

染裤裆。此同辈目骇神战，而嗣同殊不觉。(《与沈小沂书一》)

谭嗣同不仅天才轶荡，而且魄力绝伦，豪情胜概，一时无两，像他这样书剑合璧、文武兼资的青年志士，世间不可多得。同样是三十岁，明末那位屈身事敌，辜负了义妓李香君殷切期望的侯方域，自署"壮悔"；谭嗣同"振衣千仞岗，濯足万里流"，则自署"壮飞"。一字之差，两人的精神境界相去何止天渊霄壤？壮飞，壮飞，其直上青云的大鹏羽翼要冲决网罗。

> 初当冲决利禄之网罗，次冲决俗学若考据、若词章之网罗，次冲决全球群学之网罗，次冲决君主之网罗，次冲决伦常之网罗，次冲决天之网罗，次冲决全球群教之网罗，终将冲决佛法之网罗。(《仁学·自叙》)

在专制时代，别的且不说，要冲决"君主之网罗"和"伦常之网罗"，绝非常人的勇气和力量可以做到。典籍累累如丘山，谭嗣同最喜欢的是一部遭到历代儒生狙击不休、攻讦不厌的《墨子》。墨家有两派，一派"任侠"，一派"格物致知"。在谭嗣同的心目中，行侠仗义就是"仁"。曾有人称赞，谭嗣同所著的《仁学》是中国十九世纪末的"人权宣言"，其激进的民主思想，即使置诸今日，仍堪称先进。"民贵君轻"和"君末民本"的思想失传了两千多个春秋，在漫长的专制暴政时期，通读圣贤书、口口声声子曰诗云的儒家子弟助纣为虐，冷血的统治者钳制思想，桎梏人性，荼毒生灵，将偌大的国家变成病态、邪恶、压抑生机的人间地狱。

> ……故常以为二千年来之政，秦政也，皆大盗也；二千年来之学，荀学也，皆乡愿也。惟大盗利用乡愿；惟乡愿工媚大盗。(《仁学·二十九》)

明清之际，思想家、史学家黄宗羲提出"非君说"，其结论十分大胆："为天下之大害者，君而已矣。"清初思想家唐甄更是愤然斥骂："自秦以

来，凡为帝王者，皆贼也！"现代政治巨人毛泽东则不愿苟同，他对郭沫若说过"百代犹行秦政法"，用的完全是肯定的语气。

专制暴政君主挟天下为私产，视国民为奴婢，逞其淫杀之威已太久太久，谭嗣同侠义为怀，再也忍无可忍。于是，他借用法国大革命时代最勇毅的志士丹东的壮语大声疾呼："誓杀尽天下君主，使流血满地球，以泄万民之恨！"（《仁学·三十四》）谁说谭嗣同只是温和的改良派？他才是狂飙猛进的革命者，《易经》中的系辞"汤武革命，顺乎天而应乎人"，被他屡次引用。对于铁血专制，谭嗣同连亿万分之一的好感都没有。

> 故华人慎勿言华盛顿、拿破仑矣，志士仁人求为陈涉、杨玄感，以供圣人之驱除，死无憾焉。若其机无可乘，则莫若为任侠，亦足以伸民气，倡勇敢之风，是亦拨乱之具也。……儒者轻诋游侠，比之匪人，乌知困于君权之世，非此益无以自振拔，民乃益愚弱而瘝败！言治者不可不察也。（《仁学·三十四》）

谭嗣同是一位不折不扣的侠者，在封建末世，他是极其醒目的异数，那些留着长长的"猪尾巴"（辫子）、饱读圣贤语录、善作八股文的士子，众口一词地嗫嚅"臣罪当诛兮，天王圣明"，而他昂藏于天地之间，高擎"民主"和"自由"的旗帜，满怀"大同"理想。

> 然为各国计，莫若明目张胆，代其革政，废其所谓君主，而择其国之贤明者，为之民主，如墨子所谓"选天下之贤者，立为天子"，俾人人自主，有以图存，斯信义可复也。（《仁学·四十四》）

最有意味的是，他从庄子"闻在宥天下，不闻治天下"一语中，悟出"在宥"是"自由"的转音。这种不拘一格的灵活性，显然是那些做定了奴才而窃窃自喜的儒生所不具有，也害怕具有的。

谭嗣同有剑胆琴心，有刚肠侠骨，那柄凤矩剑伴他走遍江南塞北，自制的崩霆琴和霹雳琴常伴左右，还有文天祥弹奏过雅乐与悲声的那把旷代罕觏的蕉雨琴，是他万金不易的珍藏。他仰慕文天祥的浩然正气，又何必怅叹知音异代不同时？只要手抚铮铮弦索，就能听到彼此心灵金玉共振，锵锵和鸣。

"虽千万人吾往矣"，这种大无畏的气概，几人具备？谭嗣同从不知道恐惧为何物，三十一岁他由京返湘，有朋友在饯别时吓唬他："湖南人以守旧闻名天下，你到了地方，最好闭口勿谈时务，要不然，以你这样子锋芒毕露，当即就会被他们整治得铩羽而逃，无立足之地。"谭嗣同果然遇到了王先谦、叶德辉等又臭又硬的守旧派大力金刚的疯狂攻讦，但他毫不畏缩，而是以百倍的努力协同其他维新志士，迅速将时务学堂、南学会、保卫局、《湘学报》、电报局、内河小轮船等实业——创办起来。其中，南学会尤为盛业。创设此会的原意是将南部志士联通一气，彼此抱成一团，宣讲爱国道理，探寻救亡之路，实际上是将地方议会和学会合而为一。地方有事，公议而行，有点西方议会的味道；每七天集众讲学一次，演说世界大势和政治学原理，这又有点西方学会的功能。风云相应，时势相激，有志之士凝聚在一起，他们披荆斩棘，以最短的时间将湖南这个全国最顽固守旧的堡垒刷新为最激进的省份。

晚清名士、"湘中五子"之一李寿蓉（字篁仙）是谭嗣同的岳丈，曾供职户部主事，深得宗室贵族、户部尚书肃顺的赏识。但他主办的事情不妥帖，被肃顺参劾，遭受了两年的牢狱之灾。劫难之后，他对政治心生厌恶，不愿看到谭嗣同深涉其中，为此他曾书赠一联给佳婿，其辞为："两卷道书三尺剑，半潭秋水一房山。"语气委婉，语意含蓄，劝导谭嗣同收敛锋芒，镇定心气，说白了，全是道家清静无为的思想在起缓释作用，但谭嗣同的内心向佛而不向道。

三十岁之后，谭嗣同倾心于大乘佛谛，定慧双修，悲智双运，他认为"救人之外无事功，即度众生之外无佛法"，参"菩萨道"的人，不应该只满足于看破红尘，清清寂寂做个"自了汉"，还应回向世间，把自己的大仁大爱施予大千世界，将芸芸众生从炼狱中解救出来。"以出世的精神，做入世的事业"，日暮途远，大任在肩，谭嗣同绝不会轻言逃避。

二、变法：悬崖上的搏斗

在十九世纪中叶，清王朝被西方列强打得满地寻"牙"，又被太平天国击成"颅内出血"，颓势之下，谋国者苟延残喘，依然只肯作些小修小补，不肯动大手术实行政治变革。垂死的政体缺乏从内部重新改造自己的信心和勇气。1897 年底，梁启超说："欲以变法之事望政府诸贤，南山可移，东海可涸，而法终不可变。"更早的时候，谭嗣同就已看穿和揭破最高统治层深藏不露的机心：

> ……方将愚民，变法则民智；方将贫民，变法则民富；方将弱民，变法则民强；方将死民，变法则民生；方将私其智其富其强其生于一己，而以愚贫弱死归诸民，变法则与己争智争富争强争生，故坚持不变也。（《仁学·三十四》）

谭嗣同十分讨厌那些高唱俗调"祖宗之法不可变"的守旧派分子，曾讽刺他们，要是古代真有那么可爱的话，你们还做今人干什么？趁早一头撞死了，去地下拜见老祖宗啊！有趣的是，他还借用敌方最凑手的武器，从文字学的角度发论：任何偏旁与"古"字沾上了边，意思就大坏。从而给了那些冥顽不化的老古董一记势大力沉的刺拳。

> 于文从"古"，皆非佳义。从艹则苦，从木则枯，从艹木则楛，从网则罟，从辛则辜，从攴则故，从口则固，……从牛则牯，从疒口则痼，从水口则涸。且从人则估，估客非上流也。从水为沽，孔子所不食也。从女为姑，姑息之谓细人。吾不知好"古"者何去何从也。（《仁学·十八》）

戊戌年（1898）四月，谭嗣同在长沙接到上谕，被召入京。面对这突如其来的荣宠，他脸上并无喜色。世有不虞之誉，也有无妄之灾，他料定此行凶多吉少。但他仍是一贯的作风，既不畏惧，也不退缩。五月初二，谭嗣同写信给夫人李闰，信中说：

> 夫人益当自勉，视荣华为梦幻，视死辱为常事，无喜无悲，听其自然。

这话叮咛得有些蹊跷。他不是已被朝廷超擢为京官了吗？大喜事一桩啊，为何要讲这门子晦气话？这说明，尽管谭嗣同对"朝廷毅然变法，国事大有可为"的时局抱有谨慎的乐观，但他深知此次北上万分艰险，已作了最坏的打算。商鞅变法，惨遭车裂；吴起图强，身被诛戮；晁错酿七国之乱，王安石启南渡之衰……，中华四千年历史，总共才有那么几次像模像样的变法，而变法者的结局都很惨烈，虽然王安石是个例外，侥幸保住首级，但历代冤家对头食古不化，仍要强行将北宋衰败这一大笔烂账让他顶着！

也有稳重的朋友观望时局，以"龙不离渊，虎不离山"为词，规劝谭嗣同不要北上。诚所谓"执者失之，为者败之"，北京政坛由精神变态的女主当道，阴气沉沉，而谭嗣同的个性过于刚烈，须知柔能克刚啊！这套说词有阴阳家的气息，他一笑置之，未加理睬。

在临江的酒楼上，唐才常为好友谭嗣同饯行。谁能料到，这两位刎颈之交一别而成永诀。席间，谭嗣同口占诗句，"三户亡秦缘敌忾，勋成犁扫两昆仑"，革命意气尽在言中。这哪里是准备去变法维新，分明是以推翻清王朝为职志。后来，唐才常对弟弟唐才质说："复生（谭嗣同）虽役其身于清廷，从事维新，而其心实未尝须臾忘革命。"告别时，谭嗣同嘱咐唐才常在南方广泛联络会党，待机举事。从多种迹象看得出，谭嗣同只以变法维新为一时的权宜手段，他要谋求的是真正意义上的解决。可惜那时民族革命与民主革命的气候和土壤尚不具备，他只能蓄势待发。

戊戌年七月二十三日，谭嗣同抵达北京，此时"百日维新"的短剧已演到帝党与后党巅峰对决的高潮阶段。谭嗣同扮演的角色已不可能是改革家，而只能是肝胆照人的侠士。他首次晋见光绪，看到这位面色灰白、身体瘦如豆芽的君主真像外界所传闻的那样，只是个二当家，甚至连二当家都算不上，只不过是暮气沉沉的古宫殿中一片薄纸剪影，内心顿时生出莫大的悲凉。开懋勤殿的建议被慈禧否决后，光绪的地位已朝不保夕，岌岌可危，此时此刻，"圣之时者"康有为病急乱投医，居然想借助练兵专家袁世凯的小站新兵驱除后党势力。袁世凯善于投机，当初他加入康圣人主持的"强学会"，并不意味着他就真的相信康有为的那套变法主张，只不过是首鼠两端，见风使舵。七月二十八日，光绪皇帝将染满泪渍的衣带诏交给杨锐，急切谋求外援，在生死成败之间，维新派别无选择，只好孤注一掷。在专制时代，皇上向臣下发出呼救（SOS）的诏书轻易难得一见，此处不可不录：

> 朕惟时局艰难，非变法不足以救中国，非去守旧衰谬之大臣，而用通达英勇之士不能变法，而皇太后不以为然。朕屡次几谏，太后更怒。今朕位几不保，汝康有为、杨锐、林旭、谭嗣同、刘光第等，可妥速密筹，设法相救，朕十分焦灼，不胜企望之至！特谕。

有人经过缜密的考证，得出结论：这道《衣带诏》是康有为刻意伪造的。但不管怎样，可怜的"老板"即将破产，就要跳楼了，维新派惟一的解救办法就是赶紧去挪借一支强有力的军队。这话说起来真是滑稽透顶，堂堂帝王的"账号"上竟然没有几支枪和几位忠心不贰的将军。当年，维新派内部有两种意见：谭嗣同和林旭主张找董福祥，董是甘军大将，并非荣禄心腹，平日有较强的忠君思想，但维新人士与他交情不深，其军力也较为薄弱；康有为更看好袁世凯，这人练的是新建陆军，到过朝鲜，对世界大势有所认识，而且同情变法，新近又由光绪皇帝破格提拔为兵部侍郎，应该会知恩图报，最佳人选非他莫属。谭嗣同的好友毕永年是一位热血志士，听说康有为打算把宝押在袁世凯身上，顿感大祸临头。他说，袁氏是典型的滑头、风向鸡和反侧之辈，现在后党势焰遮天，他怎会为你们帝党效纳死力？还是找董福祥较为稳妥，此人头脑简单，忠君意识浓厚，一定肯舍命勤王。可惜这条意见被忽略了。毕永年

离京之际写信给谭嗣同，大意是：鼎鱼幕燕，危在旦夕，如今祸患迫在眉睫，你还是早作脱身之计吧。

三、裸露在狼群之中

1898 年 9 月 18 日，康有为、梁启超等人推举勇于负责的谭嗣同星夜去法华寺游说袁世凯。关于此事，坊间有多种版本流行，最著名的是梁启超的《谭嗣同传》、袁世凯的《戊戌日记》和袁世凯之子袁克文的《戊戌定变记》。考虑到袁世凯其人狡诈成性，善于为自己涂脂抹粉，而且这本日记真伪难辨，我还是更信任梁启超为亡友所作的传记，尽管其中也有水分，比如将谭嗣同的原话"不有死者，无以召后起"篡改为"不有死者，无以酬圣主"。在梁启超的笔下，谭嗣同与袁世凯的对话大致是这样的：

"阁下认为皇上是怎样的人？"谭嗣同开门见山，单刀直入。

"是百年一遇的圣明君主。"袁世凯乃一世奸雄，当然不会嘲骂光绪皇帝是"傀儡"或"窝囊废"，甚至像后来章炳麟那样斥之为"小丑"。

"对天津阅兵的阴谋，想必阁下已经知道了吧？"谭嗣同亮出第一张牌。

"嗯，对此我略有所闻。"关于这一点，袁世凯没必要装糊涂。慈禧要借天津阅兵之机废黜光绪，这在高层已是半公开的秘密。

谭嗣同不再绕弯子，兜圈子，立刻拿出光绪手谕给袁世凯看，然后以道义相激。

"今日局势危殆，能救皇上的只有阁下一人，阁下想救就救"，谭嗣同稍停，用手抚摸了一下自己的脖颈，接着说，"如果阁下不愿救，请到颐和园去告发我或杀了我，就可以得到享之不尽的荣华富贵。"

袁世凯听了这话，人格似乎受到了莫大的侮辱，沉下脸来，厉声辩白："阁下以为我袁某是什么人？我们共同效忠皇上，我与阁下又身受非同一般的知遇之恩，救驾的责任，不该只是阁下一人承担，阁下如有见教，我愿听从驱遣！"

谭嗣同见袁世凯义形于色，就将计划原原本本地告诉了他，并且强调这是千载一遇的伟业，必定能够流芳百世，名垂青史。袁世凯也似乎成竹在胸。

"若皇上阅兵时策马驰入本营，传号令诛杀乱臣贼子，那么我就能与诸君同心戮力，以图万全。"

谭嗣同见袁世凯一副铁心勤王的样子，就再将他一军："荣禄待阁下一向不薄，到时候，阁下将如何处置他？能下得了手吗？"

袁世凯笑而不答。他的幕僚出来代他发言："荣禄对大帅向来虚与委蛇，并非推诚相待。荣禄还说过'不能给汉人太大的兵权'，可见他平日只是假意笼络……"

"可荣禄有曹操、王莽那样的命世之才，是一代枭雄，要对付他，恐怕没那么容易吧？"谭嗣同用的是激将法。

"只要皇上在我军营中，杀荣禄简直就像杀一条狗，易如反掌！"袁世凯把话说满了，仿佛已下定决心，要痛痛快快干这一票。

然而，同一件事在袁世凯的日记中则是另一番描写，在他的笔下，谭嗣同的形象变成了"气焰凶悍，类似疯狂"，犹如亡命之徒。在他看来，康有为、梁启超等人存心挟天子以令诸侯，扰乱朝纲，专与慈禧太后过不去。该洗刷的地方他都为自己洗刷得干干净净，该粉饰的地方，他也没忘记为自己描绘一副关公脸。单看他的日记，真是天底下再没有比他更忠悫无私的军人了。后来，其子袁克文撰《戊戌定变记》，全面为老爹开脱罪责，树立光辉形象，竟然采用歪

谭嗣同

曲史实的笔法，滑天下之大稽。袁克文说，谭嗣同情急之下，曾掏出手枪来要挟和逼迫袁世凯"火线入党"。试想，以谭嗣同远高于常人的智商，怎么可能出此最弱智的下策，用手枪威逼袁世凯于另一空间另一时间去完成勤王的重任？撒谎者自以为聪明，却不小心拆穿了自家的西洋镜。

在"百日维新"这幕短剧中，"谭嗣同法华寺夜探袁世凯"一段戏分最足，无疑是重中之重，是高潮中的高潮。可惜侠义之士谭嗣同被一世枭雄一世奸雄袁世凯所诓骗。袁世凯的算度精而又精，他不费吹灰之力就计算出，倒向慈禧太后的怀抱，有奶就是娘，成功率百分之百；投入维新派的阵营，高空走钢丝，成功率顶多不过百分之十。英国一位诗人曾说，"背信弃义是不会成功的，因为它一旦成功，就不叫背信弃义了"，这话耐人寻味。袁世凯有意要为自己的背信弃义正名，他要做一位"忠臣"（当然是忠于慈禧太后）。在袁世凯的心目中，国家的前途和利益算什么，个人的权力欲望高于一切，他后来窃国而为总统，欺世而为洪宪皇帝，完全符合其强盗逻辑。怪只怪，维新派领袖康有为将千载难得的历史性机遇孤注一掷地赌在袁世凯身上，真是盲目盲心，一场政治劫难已无法补救。

至此，谭嗣同已裸露在狼群之中，面对生与死，他该如何抉择？

四、去留肝胆两昆仑

剩下的剧情已不是成败的走势，而是死活的去向。1898 年 9 月 19 日，康有为奉旨南归，仅隔一天，就发生了宫廷政变，光绪被幽禁于瀛台。慈禧再度垂帘，她干的第一件事，即下令捉拿康圣人。特别不可思议的是，她极为"大度"地匀出三天时间，给维新派的其他志士反省反省，好好考虑死活去留的问题，而军机四章京中竟没有一个人想逃出绝境和死地。是他们太勇敢了？并非完全如此；是他们太乐观了，以为慈禧的怒火只喷向康有为一身，当时，连康有为的大弟子梁启超都有这种浅识。他们认定，这场变法已得到列强暗中支持，必定会有大国站出来主持公道，摆平是非。他们万万没料到慈禧太后全然不计后果，蔑视世界舆论，撇开大清律例，不经刑部过堂，即磨牙吮血，下令戕杀维新志士。"六君子"中，死得最冤枉的是康广仁，他与维新变法根本不沾边，只因是康有为的胞弟，即遭株连和虐杀，难怪他在牢狱中怨愤之极，以头撞墙。杨深秀是一位豪杰御史，守正不阿，临危不苟，胆量十分了得，慈禧太后恢复训政，雌威十足，他却大胆诘问她，光绪皇帝被废黜的理由何在？并且抗疏坚请慈禧返回颐和园，去继续歇菜。他这样做等于找死，但这种"找"法何其勇烈！

不用说，谭嗣同的武功够好，可他玩不转政治这柄双刃剑。他的赤子之心裸露在狼群之中，太危险了，以大无畏的精神与专制暴政狰恶的刀斧相抗衡，未战而生死立判。文天祥《金陵驿》中有句："千年成败皆尘土，消得人间说丈夫！"要做大丈夫伟男子，有时候，不可太计较成败利钝！

在滞留的三天（那是中国近代史中最长的三天）里，谭嗣同拒绝了大刀王五、英国传教士李提摩太、东洋志士和梁启超等人劝他逃亡避祸的建议，他决意赴死。

多年后，梁启超向同门师弟刘海粟忆述往事，仍然热泪盈眶，他说："戊戌年九月二十一日（1898年11月4日），康先生已经离京，他住的南海会馆被查抄，我对壮飞放心不下，要他立即出走，以避那拉氏的加害。他昂首望天，慨然有赴死之志，说话一片赤诚，闻之使我泪下。大意云：'吾辈前日欲救皇上，铁错铸成，无法可救；今日复欲救康师，虽已出京，生死未卜，再见无期。忧愤填膺，惟死而已！'谈到天黑才匆匆告别，我没有回到下榻之处，住进了日本使馆的一间密室。次日，壮飞提着一箱手稿来看我。我说：'日本友人希望你东渡避难，徐图后举。'他说：'任公请携吾文稿去东京，以图将来，吾一死以报圣主。各国变法，皆曾流血，中国不能例外，请从弟始，唤醒同胞则国事有望焉！'我说：'君死固重泰山，而株连伯父，长者无辜，于心何安？'对曰：'昨晚兄去，即仿吾父笔迹作书，叱弟不忠不孝，从此断绝往来。信置于枕下，故意使荣禄鹰犬获得，当不致牵累老父。身后之事已托付大刀王五，平素爱佩之凤矩宝剑，亦赠王君。此公任侠，可以信赖。诸事就绪，无所萦怀，

长为别矣！'乃相抱拥泣，三去三回首，二十八日，壮飞蒙难……"

不有行者，无以图将来；不有死者，无以召后起！

谭嗣同义薄云天，把"行"而"图将来"的机会送予康有为和梁启超，把"死"而"召后起"的责任留给自己。"死"与"行"各有使命，并不存在谁高谁低、谁勇敢谁懦弱的比较和区别。只能说，谭嗣同的赤子之心再度发作，把"我以我血荐轩辕"的作用估计得太高，意义估算得太大，因此误将"小数点"提前，误将自己生命的最大值缩成了最小值，这不仅是他个人的悲哀，也是整个民族的悲哀！他并不清楚，未经启蒙的国民其灵魂麻木了数千年之久，很难从这意义深刻的祭献仪式中受到强烈震撼而迅速复苏。他不可能料到，九年后，1907年夏天，秋瑾牺牲时，烈士的热血仍只供那些无可救药的痨病鬼去蘸白生生的馒头，当成所谓的"灵药"！

我很奇怪，后人在"我自横刀向天笑，去留肝胆两昆仑"这两句诗上花费那么多心思，去制造迷宫，大猜哑谜：说"两昆仑"是康有为和王五；是康有为和梁启超；是谭嗣同和唐才常；是谭嗣同和梁启超；尤其可笑的是，有人绞尽脑汁，仿佛破解斯芬克斯之谜，欣欣然认为："昆仑"即"昆仑奴"的略称，指的是谭嗣同的仆人胡理臣和罗升。这么多学者喇喇不休，真将"诗无达诂"的陈见发挥到淋漓尽致的程度。其实，诗意迎刃而解：我自横刀向天长笑，留下（"去留"为偏正词）肝胆，就像两座巍巍的昆仑。何须用什么典故？豪壮之美已尽收眼底！

五、丧钟的回响

我更关心谭嗣同留下的绝命诗："有心杀贼，无力回天。死得其所，快哉快哉！"这首诗中的"贼"字必有所指，指向慈禧后党？指向叛卖维新志士的袁世凯？他们是贼，是谭嗣同要痛加斥骂的对象。但读过《仁学》之后，我认为此"贼"更大，它是孳生人间一切邪恶邪祟和不公不

义的铁血专制，蛰伏在绝大多数中国人深心里，徘徊在神州大地上，比幽灵病毒更难驱除。谭嗣同有心杀死此贼，但他势单力薄，终于回天无望。

如今我们冷静地想一想，谭嗣同果然"死得其所"吗？他大业未竟，大志未伸，具备非常之才，却未能建树非常之功，他死有余憾才对。身为大智大勇的革命者，他只走完了一小半路程，就戛然而止，竟甘心在"维新"的标识牌下竖立自己的墓碑？无疑，他过分高估了热血的作用和牺牲的意义，殊不知无情的岁月和蒙昧的人心将它们七折八扣，就连一向目光如炬的史学家钱穆先生也认为谭嗣同知行分裂。

> 复生果以旬日知遇，遽忘其二千载君主之惨毒，三百年满廷之酷烈，竟自没齿效忠，称"圣天子"如常俗矣。然则复生之死，以《仁学》所谓冲决网罗，毁灭君臣父子之伦常言之，不将为无意义之徒死乎？

"徒死"即是白白送死，死得莫名其妙。钱氏认定谭嗣同为忠君而死，有悖于其一贯的革命主张。谭嗣同在《仁学》中曾明明白白地指出：

> 故夫死节之说，未有如是之大悖者矣。君亦一民也，且较之寻常之民而更为末也。民之与民，无相为死之理；本之与末，更无相为死之理。然则古之死节者，乃皆不然乎？请为一大言断之曰："止有死事的道理，决无死君的道理。"死君者，宦官宫妾之为爱，匹夫匹妇之为谅也。（《仁学·三十一》）

可是到头来，谭嗣同既为事业而献身（死事），又因忠君而殒命（死君），似乎真有点言行不一。翁同龢在日记中说谭嗣同"高视阔步，世家子弟中桀骜者也"，对皇帝的老师和当朝宰相尚且不肯稍稍卑屈，可见他傲睨一世，怎会自降水准，去与宦官宫女、匹夫匹妇同列？只因在谭嗣同心目中，光绪皇帝徒有君王之名，空无君王之实，也是封建纲常名教的直接受害者和牺牲品。试想，这位儿皇帝明知自己的命运被慈禧太后牢牢地攫在狮爪之中，本可苟且偷安，隐忍度日，与老太婆暗暗较量谁的寿命更长，但他并未自私自利，而是甘冒凶险，鼎力赞成变法维新，毅然追寻强国之梦。同在一条战壕，共对敌垒，谭嗣同将光绪皇帝视为战友而非君王，出于袍泽之谊，两肋插刀，这样侠义为怀，并不为错。

首先，谭嗣同是一位侠者，侠者轻生死，易去就，有担当，无畏惧。侠的顶点是武士道，那种随时都敢为了理想锥心剖腹的勇毅精神。某些时候，侠者并不一定非死不可，如侯嬴送魏公子赴赵，估计他到了边境，入了晋鄙营，夺取了虎符，就向北自刭，他忠守的纯粹是一言九鼎的信义。谭嗣同身上显然具有这种精神，为眼前的失败，为日后的成功，他都认定，维新志士应该树立杀身成仁、舍生取义的正面形象，以感召天下人，对后世有一个轰轰烈烈的交待，而不能个个临难苟免，遇祸逃生。由于这种古侠古烈之风已失传太久，国人才会看不懂他的捐躯，看不懂他的深意，才会说他是白白为爱新觉罗·载湉送死。智识者尚且雾里看花，患了严重的"青光眼"和"白内障"，看不透谭嗣同的良苦用心（确实有点像一首晦涩的古诗），其捐躯的意义和献祭的价值就注定要迅速归零。

其次，谭嗣同是一位佛子，他持信大乘佛法，比一般自求多福的清修之徒更有担当。他是勘破了生死两界的活菩萨，佛家既然肯舍身饲虎，又如何不能舍生取义？李敖说："'舍'是速决，是早退，是慧剑斩情，是壮士断臂，是为而不有，是功成弗居。"谭嗣同相信王船山"一圣人之死，其气分为众贤人"的说法。他的解释值得一听：

> 吾自少至壮，遍遭纲伦之厄，涵泳其苦，殆非生人所能任受，濒死累矣，而卒不死。由是益轻生命，以为块然躯壳，除利人之外，复何足惜？深念高望，私怀墨子摩顶放踵之志矣。（《仁学·自叙》）

> 好生而恶死也，可谓大惑不解者矣！盖于不生不灭瞢焉。……是故学者当知身为不死之物，然后好生恶死之惑可祛也。（《仁学·十三》）

当一个人不以死亡为毁灭性的终结，为莫大之灾祸，而能悟透佛家和道家所说的万物不生不灭和生死等齐，俱为幻相而非实相的性理，他就会无所畏惧，无所吝惜。谭嗣同七岁时昏厥过三天，十二岁患白喉病，再次死而复活，他早已参透生死奥义，认为生命既是为我的，更是为人的；既是利己的，更是利群的。梁启超、章太炎和杨度均中年学佛，但没有一人能修成谭嗣同这种视死如归的境界。他拔足飞奔，精进太猛，没有几人能追上他绝尘而去的背影，更别说理解他的初衷。

梁启勋写过一篇《梁启超逃亡日本的经过》，发表在 1988 年 9 月 8 日的《人民政协报》上，提供了一个新的视角，谭嗣同不走不逃的原因另有三条：其一，谭嗣同认为，大概往后十年八年，国内没有他的立足之地。流亡的话，他既不会讲英语、日语，又不会讲粤语和闽南话，华侨多是广东人和福建人，他的一切活动能力均会消失，变成废料；其二，他自知身染肺结核（当时是不治之症），将不久于人世，杀身成仁，舍生取义，乃是大丈夫的本分，又岂能在病榻上苟延残喘？其三，他担心自己脱身而走，会连累古稀之龄的老父亲。

谭嗣同的性格刚猛豪放而不失细致温情，这三点都是站得住脚的。

谭嗣同牺牲后两年，唐才常在武汉策划自立军起义，谋泄被捕，旋即遇害（下令处决他的是湖广总督张之洞）。唐才常比谭嗣同小两岁，少年时期他们一同师从酷嗜王船山学说的欧阳中鹄先生，砥砺志节，切磋学问，深相投契，结为刎颈之交。谭嗣同在致欧阳中鹄先生的信中说："才常横人也，志在铺其蛮力于四海，不胜则以命继之；嗣同纵人也，志在超出此地球，视地球于掌上，果视此躯曾蚊虱千万分之一不若……夫何不敢勇不敢说之有！一纵一横，交触其机括……"这两位大才一纵一横，都死于三十四岁的英年上。

　　与我公别几许时，忽警电飞来，忍不携二十年刎颈交同赴泉台，
漫赢将去楚孤臣，箫声呜咽；
　　近至尊刚十余日，被群阴构死，甘忍抛四百兆为奴种长埋地狱，
只留得扶桑三杰，剑气摩空。

唐才常的挽联流露出复仇之志，联语中的"扶桑三杰"指的是康有为、梁启超和唐才常自己。康有为一辈子保皇，毫无长进，直把倒车开得飞快，混在辫帅张勋一手导演的那幕极其拙劣的复辟丑剧中，充当群众演员，差点闷头闷脑撞死在历史的耻辱柱上。梁启超几经蹭蹬和努力，中途也"失足"出任过袁世凯北洋政府的司法总长，似乎全然忘记了袁老贼叛卖维新志士的那笔宿仇旧债。后来，他幡然醒悟，投入革命阵营，助弟子蔡锷打响护国战争，减轻了自己心中的愧怍。唐才常借勤王为名，发动革命，在序言中即挑明"非我族类，其心必异"，成为以排满反清为职志的民族革命的先声。唐才常的《感事诗》中有"剩好头颅惭死友，无真面目见群魔"的句子，在他看来，这样的"惭愧"，终须倾尽一腔热血才能洗净，他的灵魂追随亡友谭嗣同的足迹而去了，他将"惭愧"的皮球踢给了后人，试问，谁能接住这一记势大力沉的抽射？

早在九十多年前，清王朝就死翘翘了，但那一套专制主义的鬼把戏却依然活现在今日的文化意识和社会生活中，君不见电视连续剧夜夜开张，清宫戏的花样百变无穷，极端暴虐的雍正皇帝摇身一变，成为了荧屏上头号英明的君主；慈禧太后也清唱着快乐小曲《艳阳天》，在美丽的圆明园反复向咸丰皇帝卖弄风情。真不知借尸还魂的丑剧还要演到何年何月。我不禁要问，谁该惭愧？谁还知道人间有"惭愧"二字？

生亦何可幸？死亦何可悲？康有为力倡变法维新，事败之后，流亡东瀛，其光彩反而日益剥蚀，终于沦为封建余孽，被国人戟指唾弃；汪精卫刺杀摄政王载沣，当日自料必死，遂吟就壮烈的绝命辞"慷慨歌燕市，从容作楚囚。引刀成一快，不负少年头"，辛亥革命的及时成功使他获释得救，一时间被赞为英雄。二十多年后，汪氏认贼作父，甘心堕落为日本军国主义的傀儡，在历史的枯鱼之肆中，又多了一条永难翻身的咸鱼。这两人错过了成为烈士的千载良机，生命最终只剩下了令人嗤之以鼻的负价值，你说，他们濒死而未死，究竟是可幸还是不幸？谭嗣同要是活着，是否也会把灯盏踢翻，把一条光明路彻底走黑呢？我认为，他绝不会误入歧途，他是七分侠士三分佛子，具有真知灼见（其革命思想异常成熟）和敏捷的身手，能够领导时代先进潮流，他的生命将如同

旗帜一般冉冉升起，飘扬在最高处。惟其如此，谭嗣同的牺牲才是不可估量的损失，才特别令人扼腕痛惜！

历史是不容许假设的，但我还是忍不住要假设，倘若当年谭嗣同南逃或东渡了，不曾喋血于菜市口，又会如何？东渡的话，以他完备而激进的革命思想，不难成为黄兴、蔡锷和宋教仁这些湖湘英杰的老大哥，将更早掀起民族革命和民主革命的高潮；若南逃，得哥老会的掩护和唐才常等至交好友的拥戴，他也可以举行武装暴动，至少可以将清王朝衰弱的命脉震成重伤。此外，谭嗣同还有一步好棋可走，据梁启超回忆，大刀王五曾劝导谭嗣同："出了居庸关，乃东北千里之地，大山连绵，森林茂密；还有一片辽阔的土地，水草丰盛，人烟稀少。我打算买下一批骆驼牛马，在那里放牧，再招集游民，发展农牧经营，建立一个'塞外王国'。我奉你为主，也可以利用这些经营资助你的朋友，继续干你的事业！"去努尔哈赤的龙兴之地发展事业，大刀王五的想象力和行动力非同凡响，这确有其可能性，张作霖能在东北白手起家就是后之范例，大刀王五与谭嗣同合手，肯定能够超过张作霖的作为。可惜谭嗣同未能采纳这一方案。历史总是在关键时刻堵死各条出路。

谭嗣同深受西方民主思想的感召，连康有为和梁启超都认为他是华盛顿那样的"伯里玺天德"（president，总统）的上佳人选，只要他活着，以他的威望和才智必能使四方猛士云集影从，以他疾恶如仇的性格，可以断定，他绝不会像孙中山那样妥协屈从，将革命成果拱手送给窃国大盗袁世凯。中国必定能更早踏上民主共和之路。

历史创造英雄，英雄也同样创造历史，谭嗣同具备英雄的全面素质，则更是如此。可悲的是，中国失去了谭嗣同，就如黄河改道，弥望的只剩滚滚浊流。"志士枉流的热血，是历史最好的眼药水。"夜中，读到潘旭澜先生《太平杂说·大渡河钟声》中的这句话，我不禁深长思之。可惜，可悲，患了痼疾的世人之眼和历史之眼都很难"药"到病除。

台湾作家李敖曾讲，假如他处在戊戌变法的当年，"我会学梁启超，我会走的。因为梁启超走了以后，他用《新民丛报》发挥那么大的力量，最后把坏政府推翻。他不要做烈士，他要做个成功的人，做成功的人应该比做烈士正确。"李敖站在历史的高度俯瞰昨天，知人而论世，论世而知人，无疑是一位智者。

鲁迅一贯主张韧性的战斗，明确反对志士无谓地流血，他在《空谈》一文中写道："改革自然常不免于流血，但流血并非等于改革。血的应用，正如金钱一般，吝啬固然是不行的，浪费也大大地失算。……这并非吝惜生命，乃是不肯虚掷生命，因为战士的生命是宝贵的。在战士不多的地方，这生命就愈宝贵。……以血的洪流淹死一个敌人，以同胞的尸体填满一个缺陷，已经是陈腐的话了。从最新的战术的眼光看起来，这是多么大的损失。"

应该说，谭嗣同太迷信"放血疗法"的作用了，他在写给恩师欧阳中鹄的一封信中，曾大谈流血的好处："今日中国能闹到新旧两党流血遍地，方有复兴之望，不然，则真亡种矣。"然而，默察谭嗣同死后的百年历史，我惊奇地发现，东方古国的民主进程酷似蚯蚓蠕行，缓慢出奇，并非流血太少，而是失血太多，含笑赴死的志士和天纵英才的革命家太不珍惜生命，过分信从"头颅堕地作雷鸣"的浪漫主义念头。在《丑陋的中国人》一书中，柏杨隆重介绍伏魔使者的著作《唐圣人显圣记》，对戊戌六君子的牺牲毫无痛心之感，其摇人心魄的描写和评论竟是这样的："只听一排枪炮声，六名犯官的头，早已个个落下。可怜富贵功名，一旦化为乌有。"国人只看重富贵功名，完全无视变法的意义和烈士的价值，这就是残酷的事实。

费正清在《伟大的中国革命》一书中揭开谜底："显露在历史中的，不是最好的、最英明的人，而只是幸存者。"那些极具潜质的领袖（谭嗣同，宋教仁）死了，结果只留下一大批将个人权力凌驾于全民利益之上的阴谋家和野心家，还有一大批坐享其成的庸人和废物，由他们来主持大局，掌握国家和民族的命运，结果可想而知。专制主义还将是专制主义，非但未被铲除，而且更加盘根错节。"好人不出头，坏人背了世界走"，"坏人在台上唱戏，好人在家里叹气"，世事一至如此！

死是容易的，更重要的是尽可能活出自身的极大值。正是基于这一认识，尽管我能理解谭嗣同毅然赴死的雄奇意愿，但我不能赞赏他在百

年前那场血的献祭。他死了，黑暗的铁幕在其身后依然紧掩，根除专制主义毒素的血清依然无人配制出来。须知，他的角色谁也替代不了。对此，可能连他自己都不曾意识到吧。

薄情寡义的历史不堪重读，它留给后人的只有永难平复的伤痛和无奈！

六、赘言

2008年3月25日上午，我接到张扬先生（长篇小说《第二次握手》的作者）的电话，说是地处浏阳市牛石乡嗣同村的谭嗣同烈士墓近日被几名盗墓贼掘开，骨头都弄了出来，适值雨后，现场一片狼藉。张扬先生从湖南省作家协会退休后，即定居浏阳，对当地的民情和舆情了如指掌，他的话很有公信力。他还强调说："这件事千真万确，我亲自去村子里调查过了，具体细节全是村民当场告诉我的。"

这个消息令我震惊，而且浑身发冷。

我随即登录百度搜索了一番，与此消息相关联的网络信息共有一千余条，几乎全都是转自2008年3月18日《长沙晚报》的一条短新闻，原文如下：

> 3月15日晚，位于浏阳市的省级文物保护单位谭嗣同墓被盗未遂。犯罪嫌疑人在谭嗣同墓的拜台处挖掘了一个70×80厘米宽、90厘米深的盗洞，由于该墓结构精密，并且离周围农居较近，掘墓人盗掘未遂。
>
> 案发后，浏阳市文物、公安部门立即赶赴现场，成立专案组调查此案。目前，浏阳市公安局已组织精干力量对此案进行侦查，市文物部门也正在对谭嗣同墓进行紧急抢修、恢复原貌，并加强了对该墓的保护工作。
>
> 谭嗣同墓是湖南省级文物保护单位，位于浏阳市城南约8公里处嗣同村石山下，该墓占地面积约160平方米。1904年6月，谭嗣同棺木自县城迁葬于此。

这条新闻与张扬先生告诉我的情况有很大的出入，官方新闻说是"盗墓未遂"，张扬先生告诉我的情况则是"骨头都弄了出来"，到底哪种说法更准确呢？聪明人自有判断。

谭嗣同烈士墓是湖南省文物保护单位，却长期失于维护。我曾经与李元洛先生结伴去拜谒过一次，且不说墓前的石兽早已无影无踪，就连一道简朴的围栏也没有。牛可以来践，羊可以来踏，鸡可以来觅食，狗可以来屙屎，实际上是徒有省级文物保护单位之名，却无人用心管理。近年以来，神州大地上大兴土木，修建了无数富丽堂皇的衙门，斥资动辄数以亿计，却吝于给长眠地下的中华先烈更好一点的"待遇"，岂不令人寒心！

"文革"时，丧心病狂的红卫兵也曾想铲平谭嗣同烈士墓，当地农民对谭烈士抱有质朴的感情，硬是手持锄头、扁担与红卫兵对峙数小时之久，将墓地完好无损地保护下来。如今，老辈凋零，年轻人对烈士墓的感情日益淡去，加之青壮劳动力多半出外务工，谭嗣同烈士墓就失去了最后一道屏障（原也是最牢靠的一道屏障）。盗墓贼无疑是瞅准这个空子，借助夜色和雨声的掩护，对这座"古墓"（在猖獗的盗墓贼眼中，从来都只有古墓，绝无烈士墓）挥起了疯狂的镐头。

"各国变法，无不从流血而成，今日中国未闻有因变法而流血者，此国之所以不昌也。有之，请自嗣同始！"当年，谭嗣同血洒菜市口，何其慷慨壮烈，中华有此雄魂，何其幸运！现在，谭烈士墓竟然被盗掘，等于他再遭斩首之厄。

悲哉！天地间还有没有"愧疚"二字？谁又扛得起这"愧疚"二字？

何绍基（1799—1873）：湖南道州（今道县）人。字子贞，别号东洲居士，晚号蝯叟。书法家，藏书家，学者，诗人。其重要著作为《东洲草堂诗钞》。

何绍基：九秋风露鹤精神

　　庄子在《逍遥游》中说："风之积也不厚，则其负大翼也无力。"何绍基充盈的底气由多方面合成：他出身于书香人家、簪缨门第，父亲何凌汉少年孤寒，发愤求学，晚上点不起灯烛，就用松枝照明。嘉庆十年（1805），何凌汉参加殿试，被皇帝钦点为一甲第三名（俗称探花），此后官运亨通，以户部尚书致仕，予谥文安。何凌汉为人严谨有度，不敧坐，不疾行，独步必敛容，将周敦颐、程颐、程颢、张载、朱熹的画像悬挂在书斋的墙壁上，早晚馨香礼拜。如果何凌汉只会做官，只讲理学，就不值得我浪费笔墨了，他还是一位名重海内的书法家，这给何绍基提供的正能量太大了，一个艺术家有深厚的家学渊源，往往更容易成大器。年轻时，何绍基得到学界名流、政界要人程恩泽和阮元的青眼赏识，被赞为"无双国士"。他遍交天下英才，与林则徐论书，与龚自珍酬唱，与魏源评议国是，与邓显鹤砥砺志节，与曾国藩切磋学问，与左宗棠、胡林翼鸿雁往还，师友的成色如此之高，精神境界又怎会落于下乘？先天资质上佳，后天精勤不辍，何绍基命中注定要取得常人难以企及的艺

术成就。你夸他才华横溢，学识丰赡，保准不差毫厘。他还欠缺什么？我真想不出他还欠缺什么。也许，他还欠缺一点运气。

何绍基是贵介公子，却并非纨绔子弟，他要跻身士大夫行列，摆明了有三条路可行：一是学而优则仕；二是捐上一笔钱，买个功名；三是耐着性子、厚着脸皮等着荫封（在专制社会里，高干子弟特有的好处，尊亲死后，子弟好赖可以弄个官儿当）。比较而言，应试很难，捐钱很俗，"歇凉"很浑。何绍基自尊自强，让他挑选，他也只可能挑选科举入仕这条最险最难的路，可说是高空走钢丝，黄昏过独木桥。初次踏进闱场，他还只有十八岁，诗很好，书法更棒，八股文却总有点不着调。道光二年（1822），何绍基第二次落第，与好友魏源同病相怜，因此他作了一首七绝《柬魏默深》，以抒发内心的怅惘之情：

> 蕙抱兰怀只自怜，美人遥在碧云边。
>
> 东风不救红颜老，恐误青春又一年。

魏默深是谁？他就是大思想家魏源，在科举考试的泥泞路上滑跌的时间特别长，直到五十二岁才考中进士，难怪他忍不住要在致湘中名士邓显鹤的书信中自我调侃，说什么"中年老女，重作新妇"。

据刘禺生《世载堂杂忆》记载，何绍基早年放荡不羁，并非标准的读书种子。二十四岁那年，他与父亲何凌汉一同入京，路途乘舟，多有闲暇。于是何凌汉兴致勃勃，用四书五经的内容考试何绍基。没想到何绍基平日学业荒歉，此时疲于招架，破绽百出。何凌汉怒不可遏，额上青筋突暴，捋袖挥掌，接连打了何绍基二十个耳光，将他驱逐上岸，对着他的背影吼道："不可使京中人知我有此子，以为吾羞！"何绍基回家后，洗心革面，闭关苦读，终成一代奇士。这个故事与苏东坡的父亲苏老泉（苏洵）二十七岁才用功读书如出一辙，但额外的二十个耳光和一声棒喝则是精彩好料，确实鞭策更狠，回味更足。

直捱到三十七岁，何绍基方才铁树开花——中了解元（乡试第一名）。这回得意，他真有点忘乎所以了。在《杂书绝句》一诗中泄露出真

性情：

> 为近重阳苦忆家，安排鳌盏是生涯。
> 清风大月秋无价，买得雏姬当菊花。

有年轻的美人相伴左右，那年的重阳节肯定是他一生中过得最快意的重阳节。虽说是"苦忆家"，想必也不会像盛唐诗人王维那般惆怅，"独在异乡为异客，每逢佳节倍思亲。遥知兄弟登高处，遍插茱萸少一人"。

考场如赌场，撞上大运，成为赢家，没有不开心的。何绍基中了解元，再联捷中进士（殿试二甲第十一名），他夜夜梦里都该欢笑三声。蹭蹬蹉跌了整整十九年，四度名落孙山，四度去意徊徨，这次总算是渡过了苦海，登上了码头。

四十而不惑，何绍基得授翰林院编修一职，前程似锦。此后，他的步调相当稳健：四十一岁出任福建乡试的副考官，四十六岁出任贵州乡试的副考官，五十一岁出任广东乡试的副考官。在清朝，京官到各省去典试，好处（且不算收取大笔礼金）至少有两个方面：一是可以做房师，门生弟子满天下，既提携了人才，又拓展了人脉，培植了一股潜在的政治势力；二是可以借此机会游历名山大川，开阔眼界，涵养精神。可资佐证的是，何绍基出任考官的年分，他的诗兴更浓，产量也更丰，像他那样有艺术情怀而又热爱大自然的诗人，只要"赊"得青山秀水，笔下就会有百倍的神韵。

十余年清贵翰林、史官当下来，

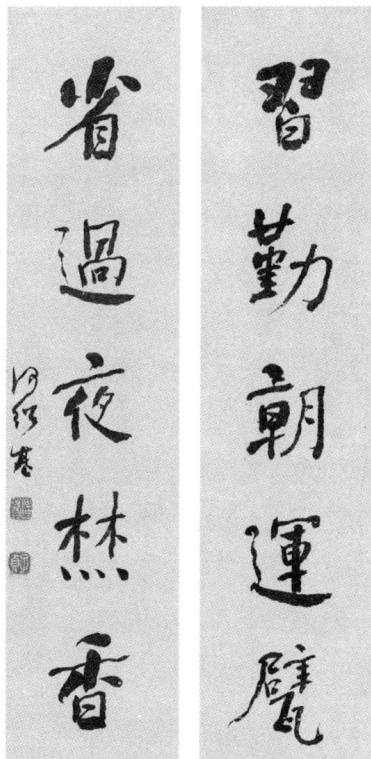

何绍基手迹

何绍基考绩良好，官声清白。于是，朝廷决定任命他为四川学政，将他放到基层去锻炼一番，只要他在三年任期内不捅漏子，日后升迁就不愁没有阶梯。咸丰元年（1852）八月，咸丰皇帝先在圆明园后在乾清宫两次召见何绍基，不仅垂询了他的家世，而且交流了经、史、书法和文字学方面的意见，还询问了湖南被太平军攻破后的种种情形。谈话的时间不短，气氛也很融洽。想必那位素以苛察为能的皇帝对这位即将外任的翰林编修评分不低。

何绍基入仕多年，一直身居清贵闲散之地，对官场厚黑学领悟不深，对那套尔虞我诈、互相倾轧的官场作风缺乏真切的体验。他秉性耿直，行事规矩，方正有余，圆通不足，因此在处世待人方面远不如其父何凌汉那样长于应对，达于机变。他一心一意要为地方办实事，愿望好，热情高，但难免操之过急，整顿考场，平反冤狱，劾罢贪官，必然会惹恼某些权贵，得罪某些要员。于是，身边掣肘的有之，脚下使绊子的有之，背后放冷箭的也有之。他越想有所建树，就越觉得孤立无援，越感到苦闷难消，倒是那些只做官不做事的人乐得逍遥，非常滋润。他对这种弊政实在忍无可忍了，于是剀切上书，缕陈时务十二事。咸丰皇帝生性阴沉，颇有点神经质，哪里听得进逆耳的忠谏？他即位以来，太平军在南方闹腾得开了锅，祖宗传下来的江山社稷都快缩水一半了。乌鸦天天叫，坏消息天天揪耳朵，他的心情能好吗？眼下，他披阅完四川学政何绍基呈上的这本专门挑刺的奏折，自然气不打一处来。龙颜震怒了，何绍基的仕途也就亮起了红灯，他终于为自己的"肆意妄言"付出了高昂的代价。

"锦城虽云乐，不如早还家"，性情洒脱不羁的李白尚且在《蜀道难》中发此感叹。以何绍基此时的心境，他就更有理由高唱陶渊明的《归去来兮辞》了。成都士民尊崇他的人品学问，苦苦挽留，打算集资创建草堂书院，聘请他主讲其中。诚意可感，何绍基仍然婉言谢绝，他想早一点离开这片伤心之地。他总算看清，官场的腐败已难有整肃的可能，朝政还将继续跳水，万方多难的局面只会更加恶化。深夜扪心，他反复自问：一介儒生，读圣贤书，所为何事？进则兼济天下，可是眼前进无可进，进一步断崖千尺；退则独善其身，所幸脚下退犹可退，退一步海阔

天空。昔年，何绍基"将身货与帝王家"，如今，他决意将它赎回。只可惜他在家乡道州（今湖南道县）精心营建的东洲草堂已毁于洪杨兵火，就算他想"白发渔樵江渚上"，也已是好梦难圆。

江西诗派的祖师爷黄庭坚论诗时曾说："临大节而不可夺谓之不俗。"是真诗人，是真名士，必然是不俗的性情中人。对于"俗"与"不俗"，何绍基在《使黔草自叙》中另有睿智高明的发挥：

> 所谓俗者，非必庸恶陋劣之甚也；同流合污，胸无是非，或逐时好，或傍古人，是之谓俗。直起直落，独往独来，有感则通，见义则赴，是谓不俗。

这既是论诗，也是论人。何绍基最喜欢的生活方式是"凉宵命酒，伏案围棋，明窗小楷，击节高歌"，他生性洒脱不羁，胸次旷达浑穆。闲暇时节，与客人聊天，他谈锋极健，侃侃穷日夜。然而，若非心悦诚服，即算是著名的公卿贵胄，他也不肯随便推许，比如他对包世臣汲汲于功名的人品和好为大言的学问就嗤之以鼻。至于才艺出类拔萃之士，他总是青眼相加，乐意与他们痛饮白酒，一醉方休。他喜爱宋诗，欣赏苏东坡、黄庭坚，更胜过欣赏李白、杜甫，因为苏、黄"胸有积轴气味（即书卷气）"，作品洋洋如海波奔注，能"摆脱窠臼，直透心光"，蕴含奇趣和闲情。何绍基终生恪遵黄庭坚反讪谤的诗教，"一切豪诞语、牢骚语、绮艳语、疵贬语，皆所不喜，亦不敢也"，如此敦厚温柔，其诗中自然就没有了"高音部"，没有了"酒精"，没有了"毒药"，一味的清新素雅，表现自然精神和艺术情怀，喜欢白居易的人大抵是不会太喜欢他的。每当何绍基的新诗集出炉，分赠友人时，他总不忘一再叮嘱："只许骂，不许赞！"真是戆态可掬。

何绍基的性情自有极认真的一面。他中年（四十三岁）丧父，为了找到一块风水上乘的墓地，他居然不惮烦劳，煞费苦心，钻研了多种堪舆学要籍，等到心中有谱，便手捧罗盘，冒雨跋涉，走遍长沙县东西南北四乡，最终葬父于河西九子岭。

"读万卷书，行万里路"，这是何绍基的座右铭。他身强体壮，精力过人，游踪遍海内。平日他脚蹬芒鞋，头顶箬笠，只要遇着好山好水，便徜徉自适。王安石曾在《游褒禅山记》中说："……世之奇伟瑰怪非常之观，常在于险远，而人之所罕至焉。故非有志者，不能至也。"何绍基是一位真正的有心人，他不肯自安于卑陋，一有闲暇，就喜欢去奇山巨壑，寻幽探险。暮年，他作《野性》一诗，仍满怀风月。

嵩洛归来狎薜萝，山巢粗构息心窝。

无端野性随春发，万叠奇山入梦多。

在大自然中，何绍基从未有过望而怯步的时候。五十七岁时，他因直谏丢官，却并没有杜门谢客。躲在黑屋子里长吁短叹，静等生霉，这不合他的心性。他有更好的验方——去游览峨嵋山附近人迹罕至的瓦屋峰。在高可蔽日的磐石古木中穿行，倾听怪鸟的磔磔惨叫，闻老猿的凄凄哀鸣，真可谓惊心动魄，同伴面色苍白如鬼，他却谈笑自若，诗兴酽浓。过了春节，他又远赴三秦故地，赶在元宵之前登览华山。他从山巅眺望茫茫神州，念及芠芠国事，情不自禁，在绝顶怆然而泪下。何绍基一生作诗一千六百余首，其中有将近四成与游历有关，耿耿胸臆，磊落跌宕。晚清名士邓显鹤对何绍基笔下满掬山水精神的诗歌评价极高，"二百年推此笔少，七千里破古天荒"，这确实不算谬奖。曾国藩早在道光二十二年（1842）十一月致诸弟书中就对何绍基赞不绝口，预言他将成为不朽的人物："盖子贞之学长于五事：一曰《仪礼》精，二曰《汉书》熟，三曰《说文》精，四曰各体诗好，五曰字好。此五事者，渠意皆欲有所传于后。以余观之，此三者余不甚精，不知浅深究竟何如。若字，则必传千古无疑矣。诗亦远出时手之上，而能卓然成家。"曾国藩素以知人著称，他的话果然应验如神。

清代以前，湘地的人材少得可怜，通观《全唐诗》，也只有屈指可数的几位三、四流诗人在文学史上偶尔露一小头，比如李群玉（湖南澧县人）、刘蜕（湖南长沙人）这样轻量级的选手。倒是唐代的两位书法

家为湖南挣了脸，欧阳询（湖南临湘人）号称唐初四大家之一，他的楷书在清朝颇受官方推崇，《九成宫醴泉铭》碑帖至今仍是习字者的范本。怀素（湖南永州人）的狂草独步天下，连诗仙李白也赞不绝口，特为他作《草书歌行》，道是"墨池飞出北溟鱼，笔锋杀尽中山兔"，认为怀素不师古法而浑然天成的草书比王羲之、张芝和张旭的草书更可贵，这一评价不可谓不高。

何绍基是名诗人，更是大书家，他的诗名一直为书名所掩，他的书法作品具备苏东坡所称道的"端庄杂流丽，刚健含婀娜"的韵致，确实太优秀了，难怪众人一想到他，满眼就是挥斥方遒的铁画银钩。

学书初期，何绍基每天都要凝神悬腕，临摹颜真卿的擘窠大字五百个，行有余力，再旁及篆书和隶书。后来，有人问他："你为何不取法乎上，以书圣王右军（王羲之）为师，却如此推崇颜鲁公（真卿）？"他回答道："晋代距今一千五百多年，王右军的神品真迹不容易见到，流传下来的都是一些多方辗转的摹本，要想从中找到王右军的不二法门，谈何容易？颜鲁公的天赋和资质虽比王右军稍逊一筹，但他的大字真力弥满，浑然天成，何况唐朝距今时间更近，他的碑帖仍完好无损，非常适合临摹。颜鲁公为人刚正不阿，我欣赏他的书法就如同亲见他的真容，书如其人，人如其书，人品高尚，书品高华，在他身上达到

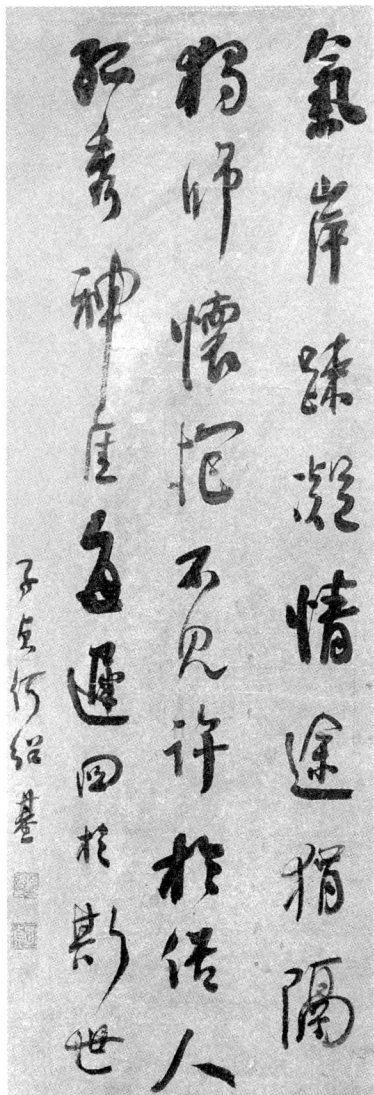

何绍基手迹

了高度的融合。王右军神龙见首不见尾，一般人只能够学到他的皮毛，表面上固然好看，骨子里却提溜不起，赵孟頫等人画虎成猫，就是患上了这样的'痹症'，太可惜了。"何绍基认准书法关乎心性，丝毫马虎不得。

弱冠时，何绍基就穷本溯源，刻苦钻研《说文解字》，涵泳沉潜，用志不纷，深深体察到篆书的奥妙所在。他学习颜鲁公，悬腕作藏锋书，日课五百字，形体大如碗盏。一旦扎牢根基，他就留意北碑方整厚实、沉雄峭拔的特色，吸取汉魏笔法，入蔡伯喈之篱垣，窥"张黑女"之堂奥，气格自是不凡，腕力自是不弱。"往往一行之中，忽而似壮士斗力，筋骨涌现；忽又如衔杯勒马，意态超然。非精究四体，熟谙八法，无以领其妙也。"难能可贵的是，何绍基一生书写楹帖数以千计，不仅语妙天下，而且极少雷同。

《新世说》的作者易宗夔赞誉何绍基为嘉庆、道光以后海内第一书家。与何绍基同时代的书法家赵之谦感叹道："何道州书有天仙化人之妙，余书不过著衣吃饭凡夫而已。"赵之谦若非真心推崇，不可能如此誉人而自贬，很显然，他对何绍基的书艺由衷钦佩。何绍基长年研究名帖，终生揣摩古碑，临池不倦，学艺不休。尤其难能可贵的是，他晚年变更法度，自出机杼，求意境，求创造性，求个性发挥，力求独辟门户，颇有大器晚成的雄心。六十岁时，何绍基苦练隶书，化隶入楷，扫除积习，不落晋唐窠臼，从此卓然有成，高峰耸峙。何道州的书法如龙飞凤翥，气骨苍劲，可谓超迈入神。书法家曾农髯称赞七十岁后的何绍基："下笔时时有犯险之心，所以不稳；愈不稳，则愈妙。"其灵蛇入草、神龙飞天的意境与其一生孜孜不倦的追求密不可分。

当年，何绍基的书法作品被有识者视为通国之宝和连城之璧，其足迹所至往往绢素如山，门庭若市，求字者唯恐不能如愿。他从不摆谱，算得上有求必应，即使是乡下人求他写对联，既无好纸张，又无好笔墨，他也照样笑呵呵地挥毫。流传最广的一则轶事是：湘军大将郭松林五十大寿时请何绍基撰联一副，这有何难哉？何道州本就是楹联高手，再加上书法天下独步，这副寥寥十字的寿联极尽恭维之能事："古今三子美，前后两汾阳。"文则将郭松林与唐代诗人杜甫、宋代诗人苏舜钦（三人均

字子美）并称，武则将郭松林与平定安史之乱的唐代大将、汾阳王郭子仪并举（两人同姓郭）。此联评价之高令郭松林心花怒放，赏金之重（一千两银子）也同样令何绍基心满意足。然而，世间之大，无奇不有。一次，何绍基去永州探访好友杨翰，离城数里，饥肠辘辘，就近在村店里对付着吃了点东西，结账时，这才发现钱荷包放在行李中，已由仆人送进城去，于是他提出写一幅字充作这顿饭钱。可他万万没想到，店主是个既缺心眼又少见识的二愣子，竟然不知道何道州的墨宝值大价钱，还以为这位装束寻常的老夫子是骗吃骗喝的，差点动了粗口。无奈之下，何绍基只好抵押一件衣服了事。杨翰听闻此事的本末，忍俊不禁，出言打趣道："何先生的书法闻名天下，价值连城，居然也有管不够一顿粗茶淡饭的时候？"这个笑话很快就传开了。此后，那些上座率高的饭庄都以悬挂何道州的墨宝为荣。

清末小说家李伯元的《南亭笔记》处处描写如画，其中有一则《何子贞狷洁自好》，大意是：何绍基不作兴给僮仆发工资，逢年过节，大笔一挥，写若干副楹联分赠给他们，算是结账。何家僮仆出售对联所得的进款相当可观，因此皆大欢喜。道州盛产芰荷，何绍基经常赠送种子给友人，曾有一位太守用二百两白银和一大瓮惠泉水还礼，他就将白银退还，留下一大瓮清泉沏茶。何绍基是真名士，不愿接受繁文缛礼的拘束，他曾于夏日拜访本省巡抚，竟然不修边幅，葛衫蕉扇，赤足芒鞋，与之携手偕行。某提督奉上百两纹银润笔费，准备了极精致的扇面，向何绍基求书，谁也没想到，何绍基题写的四个字竟是"暴殄天物"，某提督大惊失色，面子仿佛烂酒旗都快挂不住了。与此相映成趣的是，晚清大书法家翁同龢对索字者穷于应付，也给某位京官的扇面题写过"山穷水尽"四字，遂使排队索字者望而生畏，裹足不前。

何绍基五十六岁时自号为"蝯叟"，作《蝯臂翁》一诗，叹息道：

笑余惯持五寸管，无力能弯三石弓。

时方用兵何处使？聊复自呼蝯臂翁。

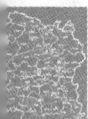

真要是再年轻一点（何绍基比曾国藩大十二岁，同属羊），说不定这位"蜷臂翁"也会成为湘军中的重要一员吧。

何绍基是诗人、是书法家，也是教育家。他五十四岁出任四川学政，任职三年，致力于提携蜀地人才，开放学术风气，颇有绩效。"湘人常为蜀人师"的话是不错的，后来王闿运入蜀讲学，培养出了一大批敢为天下先的血性人才，其中有学术界的革新者廖平，还有"戊戌六君子"中的刘光第、杨锐。何绍基晚年主讲山东济南泺源书院（三年多）和湖南长沙的城南书院（八年），得天下英才而教育之，获得了莫大的欣慰。同治九年（1870）五月，两江总督曾国藩和浙江巡抚丁日昌特邀七十一岁的何绍基到扬州书局主持校勘大字本《十三经注疏》。他殚精竭智，保证了这部鸿篇巨制的权威性。

做人则方方正正，不亏心术；做官则清清清白白，不亏良知；做艺术家则潇潇洒洒，不亏境界。何绍基的境界可浓缩为这样八个字：精骛八极，心游万仞。晚年，他撰写的一副联语饶有自况的意味：

万顷烟波鸥世界；
九秋风露鹤精神。

"鸥世界"该是自由的世界，"鹤精神"该是洒脱的精神，这无疑是何绍基毕生向往和追求的最高艺境和心境。其芳洁的人格投射在他的诗歌和书法创作上，形成了永不磨灭的光辉。艺术，唯有真正的艺术，才是生命的不死药。一个多世纪的岁月流水淘去了无数英雄豪杰，何绍基的诗歌和书法作品却越淘越亮，至今仍鲜灵灵地活着，这就足够了。足够了。

敢为天下先
——纵横天下湖南人

王闿运（1832—1916）：湖南湘潭人。字壬秋，号湘绮，世称湘绮先生。经学家，文学家。其重要著作为《湘军志》《湘绮楼诗文集》《湘绮楼日记》。

王闿运：空留高咏满江山

据稗史称，举世之中总共只有三人能让修心功夫超一流的选手曾国藩彻夜失眠，方寸大乱。这三人是谁？一是天王洪秀全，曾国藩视这位太平天国的头号首领为眼中钉，肉中刺，一日不除，则寝食难安；二是慈禧太后，她垂帘听政，寡妇治国，猜忌的本领天下独步，曾国藩自知功高震主，头顶有悬剑，又怎能睡得安稳踏实？三是大才子王闿运，他坚执帝王学，游说曾国藩，嘴皮磨薄，口水耗干，终于撩动了后者对御座的觊觎之心，但曾国藩谨慎有余，胆魄不足，夜里熄了灯，蒙着被子想一想，都会肝儿颤，胆儿寒，魂儿惊。洪秀全与慈禧太后是何等人物？已不必我来多言费词。至于王闿运，他是晚清第一流名家，可是如今许多读书人对他的身世和学行茫然不知。健忘的时间喜欢开玩笑，原属正常，这一回它把玩笑开得实在太离谱了，让人感到莫名其妙。

我喜欢王闿运，一是他够硬，腰杆硬，膝盖硬，笔头硬；二是他有趣，有逸趣，有雅趣，有谐趣。按理说，"硬"与"趣"二字最难调和，性情耿硬的人通常趣味鲜少，而趣味丰富的人则多半骨头酥脆。儒家文化是灼热的铁板，士子的那一点幽默感早就在上面焙烤得焦枯了，若真要找有趣的人，又不想找得太辛苦，就只好往俳优（演员）队里去寻。王闿运堪称异数，他是大学者中有趣的硬骨头。

王闿运夙慧天成，才名自立，丰神秀隽，英气勃发，虽然是泥瓦匠之子，却文质彬彬，颇得塾师蔡先生的赏识。王公子尚未琴挑，蔡小姐暗自属意，蔡先生旁观者清，宝贝女儿喜欢王闿运，他心中窃喜，乐观其成。这位老父亲蛮会绕弯子，他不打算亲手捅穿这层糊窗纸，而要自家老妈——也就是女郎的祖母——出面探探河风。颤颤巍巍的老祖母乐了，有意无意间对女郎说："湘潭的王生，文才人品都蛮好，只可惜太穷了。"女郎低头笑道："穷一点也没什么关系的，家和万事兴嘛。"老祖母见她心有所属，赶紧就汤下面："那你愿不愿意嫁给这位穷秀才？"女郎两颊绯红，沉吟顷刻，然后难为情地点了点头。女郎开心，家人又不反对，一桩男才女貌、共谐连理的美事水到渠成。封建社会向来重礼轻情，能这样子旧瓶（礼）装新酒（情），于两心相悦的男女而言，可算异常圆满了。蔡小姐名菊生，知书达理，能背诵《楚辞》，有咏絮之才。王闿运与蔡小姐订婚当夜，他梦见庚帖上写着一个"媞"字。婚后，他岂肯错失良机？赶紧以"梦媞"作为蔡夫人的别字，就好像在房门上扣了一把结结实实的黄铜锁，方才心安。于情于爱，莫非他能先知先觉？

结了婚，首要的事情莫过于营巢，王闿运在湘潭修建了一栋瓦屋，取名为"湘绮楼"。说是楼吧，其实只是平房，筑在湘江之滨，他想吹点牛，也可说是"窗含西岭千秋雪，门泊东吴万里船"吧。

"人不风流枉少年"，常人如此，才子尤有过之。王闿运一生喜爱壮游，多行则必有艳遇。在岭南，王闿运与一位才貌双全、积资数万的名伶一见钟情，这位名伶择偶，颇有出奇之处，她不愿做达官富商之妻，甘愿为才子名士之妾。王闿运为这位红颜知己取名"绿云"，相携隐居于石门山中，十二年的治学生涯有绿云陪伴，红袖添香，白天写经注，晚上听昆曲，心情怡悦赛过活神仙。王闿运的艳福不止羡煞天下文人骚客，连七位湘籍巡抚也都纷纷写信给他，表示由衷的歆慕。"纳一妾而名动七巡抚"，这无疑是王闿运压箱底的炫耀资本。

王闿运平素特别讨厌那些束身害性的陋儒，曾作《拟曹子桓》一诗，诗中有句："高文一何绮，小儒安足为！"好一个"绮"字，这是王闿运极高的自许。曹子桓即魏文帝曹丕，若论文学才华，可算是历代帝王中的前三名高手，此人另有出奇的地方，竟然将文章视为世间的宝中之宝，重中之重。他在《典论·论文》中说得既动情又认真："文章经国之大业，不朽之盛事。年寿有时而尽，荣乐止乎其身，二者必至之常期，未若文章之无穷。"王闿运自封为"湘绮楼主"，其属意于名山事业的初衷昭昭可见。然而，命运另有安排。

一、初试牛刀

王闿运是典型的读书种子，年纪轻轻，对功名心存向往，志在必得。但急转直下的时势逼迫他跳出象牙塔，快步走向江湖。太平军的先锋部队一路北上，如猛虎出柙，锐不可当，官军不敢鏖战，更别说短兵相接，一路溃败，太平军冷不防就打到了长沙城下。当时，王闿运正在城外游玩，强寇入境，仓皇而归，城门已经关得严严实实，幸遇熟人巡逻，用篾箩将他吊进城去。安静的书桌在湘绮楼是摆不下了，他预感到风云际会，功业就在眼前。他先是上书言事，结识了曾国藩。那是咸丰四年（1854），王闿运二十三岁，曾国藩四十四岁，王闿运是布衣，曾国藩是公卿，年龄和地位均相差悬殊。王闿运大开大阖的文笔以及不卑不亢的态度，给曾国藩留下了深刻印象，也许后者心里时不时还会跳出四个锣鸣鼓响的字来："后生可畏"。1857年3月，曾国藩丧父，王闿运去湘乡吊唁。1858年6月，曾国藩重返前线，他专程到长沙送行。这年深秋，王闿运只身前往驻扎在江西建昌城外的湘军大本营。去时，他听到消息，李续宾率领六千精锐之师，骄兵冒进，已被太平军全歼于三河镇。经此大败亏输，湘军刚刚抬头的士气又如同遇冷的汞柱一样迅疾回落。曾国藩履薄临深，一筹莫展。王闿运在帅府仅待了短短三天，却有两次与曾国藩谈到半夜，倘若话不投机，这对忘年之交的谈兴岂能如此浓厚？

王闿运一生的辉煌时期是从二十五岁到五十五岁。他二十五岁考中举人，先是结交了湘中第一人曾国藩，随后结交了朝中第一人肃顺，再后结交了川中第一人丁宝桢。王闿运的老同学龙汝霖受聘为户部尚书肃顺的家庭教师，经他引荐，肃顺与王闿运结为布衣之交。肃顺是郑慎亲王乌尔恭阿的第六个儿子，其父强娶美艳回女，伤害岳父、岳母的性命，终得"落头疽"而死。肃顺即回女之子，少年时狭邪无赖，以酒食鹰犬为乐，成人后革面洗心，慨然有澄清天下之志。肃顺性格鸷悍，敢于任事，而且铁面无私，深得咸丰皇帝的信任。可他恃宠而骄，居然试坐御椅，擅用皇宫器物，仅此两项妄为，依律就该杀头，后来也确实成为了他被斩首的罪状。为了打击政敌，树立个人威望，肃顺陵轹同列，下手凶狠，戊午科场案，竟置军机大臣、大学士柏葰于死地，株连甚广，破家者无不恨之入骨。肃顺大开杀戒，可谓"积玩之下，振之以猛"，虽为自己埋下了祸根，但客观地说，他的做法并不算错。朱作霖为毛祥麟的著作《对山书屋墨余录》作跋，即就此案为肃顺讲了几句公道话："科场舞弊，例禁綦严，恐碍寒峻进身也。此案法行于贵近，虽阁部大员，蹈此亦不姑恕。乾纲一震，士气皆伸，实足为乡会维持风气。"相比而言，今日各地司法部门对公务员考试中的舞弊行为就姑息太甚，惩罚太轻了。

　　肃顺有魄力，也很能干，为挽救艰危的时局，他延揽的精英不在少数，借此广收物望固然有之，对国家的裨益则是实实在在的。肃顺常说满人糊涂不通，只知要钱，不能为国出力，所以他待满人远不如待汉人厚道，满人多有与之结怨成仇者，连恭亲王奕訢也与他积不相能，暗中较劲。肃顺爱才若渴，慧眼识珠，尤其推服楚贤，他救助过左宗棠，保全过曾国藩，对王闿运也很器重，甚至纡贵降尊，愿与年轻的湖湘才子义结金兰，还打算出钱为他捐一个郎官。王闿运是明白人，他深知，肃顺置身于政治斗争的大漩涡中，发力太猛，树敌太多，自信太过，自己若死心踏地投靠他，很可能会沦为刀俎上的鱼肉，死于非命。同时，王闿运已收到严正基的来信，规劝他离开京师，并以严厉的语气发出警告：你若重蹈柳宗元的故辙，攀附大臣，急于求进，必将开启招祸之门，困顿而死。好友言之深切，王闿运为之动容，随后他就托故去了山东济南。没多久，咸丰皇帝驾崩于热河，以肃顺为首的八位顾命大臣果然结局悲

惨，怡亲王载垣、郑亲王端华被赐死，肃顺被斩首，其他五人最幸运的发落也是革职。

肃顺被后党处死后，人人都想撇清与他的关系，唯独王闿运还记着他的好，不肯忘恩负义，他说："人诋逆臣，我自府主！"意思是，人人都说肃顺是逆臣，我却认他为府主。同治十年（1872），王闿运在京城参加会试，回湘之前，还特意存问过肃慎之子承善，可谓念旧有心。

有人说，在肃顺面前，王闿运极口揄扬过曾国藩。他分析日益艰窘的东南战局，指出骄惰的绿营军不堪一击，时下惟有曾国藩统领的湘勇可以凭仗。然而曾国藩处处受地方官掣肘，难以施展百分之一的才能，若不赶紧给他号令东南的军政大权，这支劲旅很快就会在内部消耗殆尽。这条意见对肃顺和咸丰皇帝触动不小。清初撤除三藩后，不再轻易任用汉人为手握重兵的封疆大臣，曾国藩能以兵部尚书衔署理两江总督（辖区为江西、江苏和安徽三省），固然是东南危局成全了他，亦可谓众望所归。这奇数也与王闿运在京都大锅热炒的宣传手段多少有些关系。王闿运在《湘绮楼日记》中撇清过此事，认为是"世人之好刻画无盐"，但他为曾国藩说过话，应在情理之中。

王闿运游说曾国藩，除了出于公心，也挟有私念。他一直渴望施展平生所学（帝王学），现在终于遇到千载难逢的大好时机，岂肯失之交臂。所谓"帝王学"，"其中最重要的内容有帝王如何驾驭臣下，权臣如何挟帝王以令群僚，野心家如何窥伺方向，选择有利时机，网罗亲信，笼络人心，从帝王手中夺取最高权力，自己做九五之尊"（唐浩明《帝王之学：封建末世的背时学问》）。帝王学的关键在于"借权"。试想，一介书生孤悬于世，究竟有多大能耐？倘若特立独行，不肯附草依木，假手于人，则大志难伸。纵横家必须凭仗三寸不烂之舌说服多角权力斗争中的某一方，通过这位大佬的明智决策，去实现自己的政治理想。

曾国藩已经完全掌握苏、皖、赣三省的政权、军权和财权，这是王闿运巴望见到的局面。他风尘仆仆，不顾酷暑的毒热，赶到驻扎在安徽祁门的湘军大本营。王、曾的秘密会谈到底谈了些什么，已成千古之谜，后人不得而知。《湘绮楼日记》起始于同治八年（1869），此前的线索已经无从寻获。但从曾国藩咸丰十年（1860）六月初十到八月十八的日记中，我们尚可寻获蛛丝马迹。在这七十天中，曾国藩与王闿运十四次久谈，其中七月十六日一则："傍夕与王壬秋（王闿运字壬秋）久谈，夜不成寐。"而到了八月中旬，曾国藩收到弟弟曾国荃和湘军将领李元度的信，提醒他"文人好为大言，毫无实用者，戒其勿近"。若只是寻常的聊天，曾国藩何至于通宵失眠？曾国荃等人又何至于紧张兮兮？

王闿运试图说服曾国藩，偃旗息鼓，养寇自重，不急于攻打太平军，将天下大局逐渐导向三足鼎立之势。清王朝根基已朽，太平天国内耗严重，惟有湘军的势力如日方中，先坐观成败，然后徐图进取，最终收拾残局，江山之主就可由爱新觉罗改姓为曾。王闿运的大计很诱人，曾国藩是否动了心？他缺乏盖世英豪的胆魄，而且长期浸淫于宋明理学，忠孝思想已沦骨浃髓，中毒太深。他原本不是非常之人，又岂敢行非常之举？一句话，曾夫子好不容易混到今天这样有头有脸，人生百年，又何苦去冒那身败名裂灭九族的大风险？

王闿运劝人"豪赌"，这种做法历史上早有失败的先例。秦亡未久，天下逐鹿，蒯通曾游说一代名将韩信（这人可不是胆小鬼），大意为：楚汉相争正酣，将军乃是胜负的枢纽，倾力助汉则刘邦坐收社稷，尽心归楚则项羽立得江山，拥兵自重则楚汉都要反过来瞧你的眼色行事，这正是建立霸业的千载良机。然而韩信执守妇人之仁和小儿之义，未能采纳蒯通的伟略雄韬，一旦在长乐钟室死于吕后之手，才万分痛心地叹息"悔不用蒯通之计"。当年，蒯通未能说服韩信，深恐大祸临头，他伴狂而走，隐姓埋名。曾国藩不敢火中取栗，王闿运也感到极度失望吧，赶紧打点行装，拱手而别。说不定，他还像鸿门宴后亚父范曾那样背转身去，狠狠地骂上一句：

"竖子不足与谋！"

事隔多年，王闿运回忆往事，告诉自己的门生、杨度的胞弟杨钧，私底下他确实向曾国藩进过言："大帅功高望重，将士用命，何不乘机夺取江山，自己做皇帝，何苦白白替别人出力？"后者坐在书案前，一边听他讲话，一边用笔写着东西。中途，曾国藩有事出去了一下。王闿

运起身走到案前，看看曾大帅到底写了些什么，结果是满纸的"妄"字和"谬"字。等曾国藩回来，王闿运谈笑如故，但他心里头明白，旋转乾坤的大计已成泡影。也就在那一瞬间，他猛然意识到自己的政治使命已经告一段落，天意如此，不可强求。

咸丰十一年（1862）夏，王闿运又给曾国藩出了个大主意。文宗驾崩了，肃顺等八人做了顾命大臣，西太后同省章奏，这种貌似平衡的局面其实极不平衡。王闿运认为朝廷应该同时重用亲王和贤才，由恭亲王当国主政，以辅幼主，曾国藩则有必要自请入觐，申明祖制，母后不得临朝，这样一来的话，天下中兴，希望犹存。曾国藩正担心自己功名太盛，受朝廷猜忌，岂肯选在这个敏感时点强行出头，落下权臣干政的口实？王闿运的大主意自然打了水漂。王闿运有高明的策划，但碰上不肯冒险犯难的曾国藩，就如同打铁的给绣花的出主意，找错了对象。

王闿运空怀帝王之学和纵横之术，几番兜售，未能成功，徒然感叹"贤豪尽无命，天意恐难凭"，"道在身将老，名轻愿不刊"，不到三十岁，就已意冷心灰。五十多年后，杨度继承恩师的衣钵，在政治上同样难有措手处和伸足处，仿佛崂山道士，碰得头破血流。如此事与愿违，既非王闿运的学问空疏，也不是杨度的智略短少，师徒俩胸怀"利器"，可万分不幸的是他生在一个错误的时代。晚清毕竟不同于战国。战国诸侯纷争，无不居危求安，因此像苏秦、张仪那样的纵横家得以肆行大计，尽展宏图，"一怒诸侯惧，安居天下息"；晚清也毕竟不同于秦末，秦末天下英雄云合雾集，逐鹿问鼎，他们有赖于一批坐镇帷幄之中、决胜千里之外的高人时时贡献奇策，因此像张良、范曾那样满腹韬略的谋士得以脱颖而出。晚清内忧外患，多种力量纠结一团，没有一方能够制衡全局。曾国藩未肯采纳王闿运的大计，一方面固然是胆魄不足，不敢冒死犯难；另一方面又何尝不是深知清王朝大限未至而避祸求福。清帝国的满口"虫牙"确实松动了，但真要拔掉他们，则有赖于四十多年后同盟会诸君大兴革命之师。

王闿运晚岁作自挽联，道是："《春秋》表仅成，正赖佳儿学诗礼；纵横志不就，空留高咏满江山！"好一个"空"字，暗含了多少沮丧？

他能有什么办法安慰自己？数年漫游，北抵长城，南极五岭，走遍了大半个中国。三十二岁那年，在天寒地冻的隆冬，他羁旅于黄河古渡，身世飘零之感郁积于心，于是他返顾来路，在《思归引·序》中感慨系之：

> 室有贤姤，高莱妻之节。……有妾颇弹琵琶，能和箫笛。得屋三椽，弦诵其中，诚足以无闷矣。……夫巢、由不买山而隐，伯夷不树粟而食。吾生也有涯，而所待者难期。余尝游朱门，窥要津，亲见祸福之来，贵贱之情多矣。亦何取身登其阶，然后悔悟乎？

这段话的意思是："家里有贤姤，像楚国隐士老莱子的妻子一样深明大节……有小妾经常弹琵琶，能够与长箫短笛协奏。住得三间房子，在里面弹琴读书，确实足够我解闷了。……古人巢父、许由不会去购买青山来隐居，伯夷不会去种植庄稼而获取食物。我的生命短暂，愿望却很难达成。我曾出入豪门，接近过显要地位，多次亲眼见到祸患和幸福的踪影，贵人和贱人的感情。又何必登上那道阶梯，然后再悔恨和觉悟呢？"王闿运去意徊徨，归心似箭，在漫漫寒夜里，总算是大梦初醒了。

二、再试牛刀

王闿运是那种说进取就要锐意进取，喊退出就要全身退出的人。从同治三年（1864）起，他"暂隐衡山十二年"，埋头编写方志，研磨经学，不复有入世之心。直到光绪四年（1879），他四十七岁，才应四川总督丁宝桢的邀请，欣然入川，荣任成都尊经书院院长。其纵横之志又有了死灰复燃的契机。

晚清政界，丁宝桢以清廉果敢而著称。在山东巡抚任上时，他冒着脑袋搬家的极大风险，依照大清律例，一举扑杀了出宫远游、威福自享的太监安德海。安德海是慈禧太后跟前的头号大红人，丁宝桢尚且敢于下刀去切，可见此人胆魄之壮。跟这样的豪侠之士交往，王闿运满心畅快。

王闿运致书丁宝桢，自信之情溢于言表："公与闿运皆一时不可多

得之人才。"这样推许和自许毫无攀附与炫耀之意,实为惺惺相惜。有一次,他们同游峨嵋,夜宿合江,水波漾漾,月光溶溶。眼前美景最能助人谈兴,说到人各有志,丁宝桢问王闿运:"你的志向如何?"王闿运稍稍沉吟了一下,说:"少年时代仰慕鲁仲连义不帝秦的为人,如今年齿渐老,志在做申屠蟠那样隐居田园的学问家。"反过来,王闿运询问丁宝桢:"大人呢?"丁宝桢捋着胡须笑道:"我生平颇以诸葛孔明自期,但愿能做到张居正那样,也就心满意足了。"张居正是明朝万历年间勇于兴利除弊的铁血宰相,从气质性格而言,丁宝桢确实与张居正有相似之处。王闿运在内心还暗暗地作了另一番比较,丁宝桢与曾国藩相比,丁宝桢是奔放的,诚挚的,乐观的,而曾国藩恰恰相反,是阴冷的,虚矫的,悲观的。丁宝桢与曾国藩都有很强的办事能力,但丁宝桢比曾国藩更积极更果敢更有效率。当时丁宝桢已洞悉英国人窥伺西藏的心机,他请王闿运入川办学,就是想更多地储备人才。对于这一点,就像在雪地上打灯笼,王闿运早就看得分明,他那冷却了将近二十年的纵横之志又开始跃跃欲试。他向丁宝桢献上一道御侮之策:印度与英、荷是宿世之仇,现在我们可以趁着西藏无事,积极补充兵员,作为印度的坚强后盾,印度既然已经结难于中国,寻求援助,就会拼死抵抗英、荷的侵略,成为西藏牢不可破的屏障。丁宝桢欣然接受了王闿运的建议,并且立刻付诸实施,可惜天不从人愿,没多久,他就病逝了。那个宏伟的计划自然而然也随之泡汤。丁宝桢去世时,王闿运五十五岁,深感命运困窘,知己零落。他在《丁文诚诔》中大发悲怆之语:"……慎忧辱之无死,每对食而忘餐。思环海之受兵,若群蚁之围鲲。……时冉冉而多留,老駸駸其欺人。谓圣贤之无如何,增志士之酸辛!"这段话的意思是:"节制忧愁羞辱之感不轻生,每次面对食物却忘记就餐。惦念着周边的海域大兵压境,就像成群的蝼蚁围困着巨鲲。时光缓缓流逝,许多计划却原封未动,(我们)很快就衰老了,岁月就是这样欺人太甚。有道是圣贤也无可奈何,志士只能增添一腔辛酸之情!"

《清史稿》中王闿运本传有这样几句话:"闿运自负奇才,所如多不合。乃退息无复用世之志,惟出所学以教后进……,成材甚众。"的确,作为深怀韬略的纵横家，王闿运很不行时，可说专走背运；作为广树人材的教育家，王闿运获得了巨大的成功。仅川、湘两地，出自他门下的大才子就有廖平、岳森、杨锐、杨度、杨钧、胡从简、宋育仁、刘光第、齐白石等人，连生性喜欢师心自用的郭沫若也曾骄傲地宣称他是王闿运的三传弟子。从这张简约的人才清单，我们不难看出，"戊戌六君子"中有两人（杨锐和刘光第）曾列于王闿运的门墙，这绝非偶然现象。王闿运能将天下豪杰收入门墙，光勉强是不行的，还得确实有强过他人的真功夫硬本事才行。王闿运在赠王森然的诗中说："求友须交真国士，通经还作济时人。"他治学以社稷苍生为念，以经时济世为怀，从不赞成弟子一味埋首于故纸堆中，纯然以训诂考订、寻章摘句为能事。

刘禺生《世载堂杂忆》存心揭破了王闿运的一个秘密，可谓妙趣横生："王壬秋最精《仪礼》之学，平生不谈《仪礼》。人有以《仪礼》问者，王曰：'未尝学问也。'黄季刚曰：'王壬老善匿其所长，如拳棒教师，留下最后一手。'"王闿运做学问如此，无可厚非，若为人师也如此，徒弟想要尽得其真传，可就难了。好在他"短斤少两"只在某个方面，而不是全方位。

王闿运致书左宗棠，直称："涤丈（曾国藩）收人材不求人材，节下（左宗棠）用人材不求人材，其余皆不足论此。以胡文忠（胡林翼）之明果向道，尚不足知人材，何从而收之用之？故今世真能求贤者，闿运是也。而又在下贱，不与世事，性懒求进，力不能推荐豪杰，以此知天下之必不治也。"他说这话并非大言不惭，实绩都摆在那儿，尽管曾国藩、左宗棠二人在公开场合不好表态，但暗地里不得不买这位后辈晚生的账。

杨度作《湖南少年歌》，述及恩师王闿运，对其游说大佬和培植英才两方面的行动力，颇多赞美之词，拔高当然也是难免的："更有湘潭王先生，少年击剑学纵横。游说诸侯成割据，东南带甲为连衡。曾胡却顾咸相谢，先生笑起披衣下。北入燕京肃顺家，自请轮船探欧亚。事变谋空返湘渚，专注《春秋》说民主。廖康诸氏更推波，学界张皇树旗鼓。呜呼吾师志不平，强收豪杰作才人。常言湘将皆伧父，使我闻之重抚膺。"王闿运两次试用牛刀，有败有成，一生最得意的方面在于名山事业，为

此他还遭到了险些危及性命的严厉责难。

　　曾有人评价道："王氏不受宋儒矜束，非不高明，特所以自律者不甚讲求，小德出入，浸或逾闲，一代经师，而人师之道，乃不免有阙焉。"所谓"有阙"，主要批评王闿运好色，因此四川学者（如廖平、宋育仁）得其遗风，多以好色著称。

三、著《湘军志》惹祸

　　王闿运著作等身，光是经学方面的研究专著就有十多种，但最为人艳称的偏偏是一部史著——《湘军志》。同治三年（1864），湘军攻陷江宁（南京），太平天国土崩瓦解，使命达成之日，就是湘军卸甲之时。那些以千万人鲜血染红顶戴的湘军高级将领，陆续被清廷擢拔为总督、巡抚之类的封疆大吏，从此极情尽兴地享受富贵荣华，十余年出生入死，一朝获得高额补偿。然而好日子过得快如飞电，他们这才拍打后脑勺，猛然察觉，当时起义之人和殉难之士已近乎湮没，传闻失实，功绩未彰，若要取信后世，就必须勒成一书。于是大伙儿决定找位名家来修撰湘军的军史。当时，谁的资格比得上王闿运？也只有他才能接下这个大单？他是公认的硕学名儒，又与湘军将领多有交集，颇具交情，其文才和史才均属一时无二的隽选，最重要的是，曾国藩生前有过"著述当属之王君"的叮嘱。于是由吴敏树倡议，郭嵩焘运筹，曾国藩的长公子曾纪泽主持，赍送了丰厚的润笔费（六千两白银）给王闿运。事情就这样敲定下来，这一年是光绪元年（1875），王闿运四十三岁。按照王闿运的儿子王代功的《湘绮府君年谱》所记，王闿运"不得已而诺之"，意思是：他没法推托才答应接下这个烫手的山芋。

　　韩愈曾深有感慨地说，修史会招致"人祸"和"天刑"。为此，柳宗元还专门写了一封《与韩愈论史官书》，大言快语加以批驳，说，修史你都惧怕，倘若当上御史中丞，必须参劾同朝的高官大吏，你岂不是更惧怕吗？韩愈谏迎佛骨，连唐宪宗的逆鳞都敢批，仍招致老友这番责难，心里滋味如何，可想而知。

在王闿运看来，明代文章不堪入目，唐宋八大家也算不上巅峰典范，他曾说"八家之文，数月可似"，他发足飞奔，为的是"依经立干"，"力追班马"，直接取法班固和司马迁，"为有德之言"。从《湘绮楼日记》可以看到，同治八年二月初一那天，王闿运阅读了两卷《三国志》，认为它"诚非佳史"，陈寿的史才被后世夸大了。他写道："史才不易，亦何容滥予人名，若以鄙人秉笔为之，当不在范、班之下，因慨叹久之。"王闿运对自己的史才极为自信，不仅能够盖过陈寿，还可直追《后汉书》的作者范晔和《汉书》的作者班固。

王闿运用足六年工夫，写成《湘军志》，总计十六篇，九万余字。大著杀青后，王闿运深有感慨地说："修史难，不同时，失实；同时，循情。"他看得很清楚，史官"无故而持大权，制人命，愈称职愈遭忌也"，史官之笔就像阎罗殿上的判官之笔，轻重缓急之际，既可以使人一举超生，也可以使人万劫不复。何况他还不是史官，却用白纸黑字对许多宿将评头品足，活着的人只会更为伤心。既然有此烛照幽微的智慧，若换个势利之徒，念头一闪，笔头一转，踏上歌功颂德的通途，必能结欢于衮衮诸公，何愁没有大量的好处源源而至？可是王闿运的性情过于耿直，再次决定了他要将虎须，践豹尾，直言无讳。在他义不容情的快笔下，清廷官吏多数昏庸无能，绿营兵和湘勇则贪残成性，湘军将领的形象又能好到哪儿去呢？大将曾国荃和刘坤一，前者无异于市中之屠夫，后者犹如乡间之笨伯。王闿运大暴其短，曾国荃和刘坤一等人恼羞成怒，纷纷跳起脚来，指斥《湘军志》诬枉不实，纯属谤书，绝非良史。即使是盛赞《湘军志》的湖南巡抚陈宝箴，竟也怀疑王闿运以爱憎驱遣笔墨。殊不知，王闿运认定"怀私文必不能工"，他是秉持公心才敢开罪大佬强梁。事情越闹越离谱了，那些原本狂恣跋扈的老干部怒从心头起，恶向胆边生，要给王闿运一点厉害瞧瞧。令曾国荃最恼火的是，江宁决战明明是他戎马生涯中最大的亮点，然而王闿运轻描淡写，将太平军视为乌合之众，使其军功大为逊色。曾国荃的门人怒于市而色于室，责骂王闿运不肯与人为善，存心揭疮疤，寻晦气，故意跟九爷过不去。他们甚至捋起袖子要动粗，大有饱打王先生一顿而后快的意思。其实，王闿运的史笔

已为曾国荃开脱不少，并未赶尽杀绝，既然曾老九不领情，王闿运也只能摇头叹息："不知文之人，殊不可与言文！"因为《湘军志》一书，王闿运名满天下，谤满国中，这回连他的老朋友郭嵩焘也抹下面子，对他的遭遇不表同情："王壬秋《湘军志》，均取当时官场谣谤诋讪之辞，著为实录，以相印证，尽取湘人有功绩者诬蔑之，取快悠悠之口，而伤忠臣烈士之心，竟莫测其用意之所在。其颠倒功过是非，任意低昂，则犹文人习气。"王闿运不胜其烦，不堪其扰，终于妥协，将《湘军志》的雕版和部分成书交给郭嵩焘，因为后者的资望很高，可以代表湘绅，又是坚决反对《湘军志》付印的领袖人物之一，任其毁弃。可是王闿运门下的四川弟子不畏强权，硬是将这部书刻印出来，使它流播广远，岿存于世间。

在当时的局外人看来，王闿运文笔高朗，固然是文坛一世之雄，但他自信太过，喜好讥贬的积习难改，演义的痕迹较重。他托名彭玉麟，作《衡阳志》，连王夫之这样的峻节高士都被他刺了个满面花，何况他人。王闿运修的《东安志》遭人毁板，《桂阳志》也被人纠谬，可谓个性使然，在王闿运笔下没有完人，因此他逮住别人的过失就要议论一番，揶揄数句，这就招人恨了。还有一点，王闿运以王霸之才自许，以知兵自负，曾国藩却不为所动，这让王闿运颇感压抑，一旦他有机会修《湘军志》，就难免要推倒一世豪杰，成就一家之言，偏颇之处实不能免。至于事实之出入，笔墨之详略，立论之诡异，就更有可议可疑之处了。王闿运到底是不是"挟区区乡曲之怨颠倒是非"？恐怕只有他本人才心知肚明。

对《湘军志》攻击火力最猛的是郭振墉辑录的《湘军志平议》，里面有郭嵩焘、郭崑焘兄弟的纠谬和评论一百多条，郭振墉（郭崑焘之孙）引用官书私录加以笺注。但有趣的是，曾国藩的弟子黎庶昌选辑《续古文辞类纂》，收入王闿运《湘军志》中的《曾军篇》《曾军后篇》《湖北篇》《水师篇》《营制篇》，对此书推崇备至："文质事核，不虚美，不曲讳，其是非颇存咸（丰）同（治）朝之真，深合子长叙事意理，近世良史也。"子长是司马迁的字，这下算是挠着了王闿运的痒处。

后来，曾国荃请王定安作《湘军记》，以求取代《湘军志》。两相比较，

《湘军记》以《湘军志》为底本，显然更翔实，更周密，更完整，《湘军志》则以史识、史才见长。因此，《湘军记》并不能百分之百地取代《湘军志》，反倒衬托出它"精气光怪，不可掩遏"的许多优点。若论文字的成色，《湘军记》逊色于《湘军志》可不止一两分，就连那些认定《湘军志》是谤书的人也不得不承认王闿运是文字魔术师，能使读者生出无穷之兴味，这恰恰是曾国荃等人最抓瞎最无奈的地方。

四、为人诙谐有趣

曾国藩的外孙女婿王森然接触过王闿运，他的写照是："先生丰下而丹颜，目如电，声如钟，步履如飞，禀赋之厚，盖无与比，平生早眠早起，无烟酒之嗜，亦摄生之道有异于人，故其精力弥满，造诣独多"（《王湘绮评传》）。王闿运的书法绝好，他用绝好的书法终身抄书不辍，乐此不疲，数十年间，他抄书的字数当以千万计，光凭这一点，他就是一位不折不扣的异人。你也许会问，他抄写大量的经书干什么？一部分送给好友，另一部分充作女儿的妆奁。王闿运共有四个宝贝女儿（受老爸影响，个个腹有诗书），也真够他老人家操心和抄经的。别人孔夫子搬家，尽是书，他王夫子嫁女，也尽是书。只可惜才命相妨，这几个女儿的婚姻均不甚如意，不是遇人不淑，就是夫君短寿。

清末时，王闿运可算开明的保守派，论保守，他不像王先谦、叶德辉、曾廉那样顽固不化，论开明，他不如江标、徐仁铸那样与时俱进，应划入中右分子队伍。某一回，长沙的几位绅士聚会聊天，有人说：陈中丞（湖南巡抚陈宝箴）讲求吏治，刚直不挠，是近年难得的贤臣。但他不应该聘请梁启超来长沙主讲时务学堂，败坏湖南风气。有人解释道：这不是陈中丞的过错，怪只怪他儿子陈三立交友太滥，择友不慎，所以陈中丞受到误导，千虑而有一失。大家议论风生，王闿运却撚髭微笑，在一旁默然无言，于是大家请他发表高见。王闿运叹息道："江西人好听儿子说话，陈中丞只不过遵行古道而已。"大家面面相觑，莫明所指。于是王闿运开导他们："王荆公（王安石）变法时，遇事多由儿子王雱主

敢为天下先
——纵横天下湖南人

持。严嵩当国，对儿子严世蕃言听计从。现在陈中丞也是如此，这是江西人的惯例，你们大惊小怪干吗？"此言一出，众人莫不倾倒。至于褒贬臧否，既在言语之内，又有弦外之音。

民国建立伊始，最鲜明的标志有三点：男人解放了头（剪掉了辫子），女人解放了脚（除去了裹脚布），清廷的龙帜被换成了五色旗。其他方面改观不大。王翁一时起兴，自告奋勇，为总统府作讽刺联一副，"民犹是也，国犹是也；总而言之，统而言之"，横批为"旁观者清"。后来，章太炎意犹未尽，觉得此联与其含蓄不如显豁，他为上、下联分别添加"何分南北"和"不是东西"（意为：民国何分南北，总统不是东西），变冷讽为热骂，更加痛快淋漓，却缺失了几分蕴藉。除此之外，王翁还创作了一副众口流传的谐联：

> 男女平权，公说公有理，婆说婆有理；
> 阴阳合历，你过你的年，我过我的年。

王翁的脑袋瓜子只要不被帝王学的柴薪猛火高烧，就比谁都清醒。他说怪话，说得山响，这异常有趣的声音值得一听。

王翁八十寿辰正逢民国"开业"，一时间宾客盈门，湖南都督谭延闿身穿一套挺括的西装到湘绮楼来道贺。王翁却身穿一套前清的袍服出门迎接，令谭延闿大惑不解。王翁打趣道："我的衣服是外国式样，你的衣服难道是中国式样？"经他这么一说，满座为之尽欢。

大名士就得有春风风人、化雨雨人的言谈举止。如今，某些出没于荧屏"大名士"，竭尽所能，也只做得出尘羹土饭，只玩得转乡愿的那套把戏，若站在王翁面前，真是小丘较于泰山，西湖比于东海，相形见绌啊！

当年的饱学之士，旧学好的，新学未必佳，甚至有人对新学一窍不通。年轻人最喜欢挑战宗师级的人物，好从中获取乐趣，从而抢尽锋头。曾国藩的长孙曾广钧兼通新旧两学，王闿运单凭旧学功夫，就在湖南文坛坐第一把交椅，曾广钧心里很不服气，决定找个机会好好地捉弄一下王先生，使他大出洋相。有一次，曾广钧当众向王闿运请教，《策府统宗》一书中的"克虏伯"应该作何解释，王闿运头一次听说这个新名词，茫然不知所云，瞠目不知所对，仓促间嗫嚅而答："这似乎是一个冷僻的典故。"此言一出，满座哗然，王闿运受窘，竟至于无地自容。克虏伯是德国军火大王阿尔弗莱德·克虏伯，在当年的洋务派中可谓大名鼎鼎，无人不知，无人不晓，王闿运说它是僻典，当然十分搞笑，算是出了大糗。

五、布衣傲王侯

在等级森严的中国专制社会，士子若没有傲岸不羁的精神，独立人格就难以保全。从弱冠之龄到寿终正寝，王闿运交结天下豪俊，常为王侯将相的座上宾。他痛恨胁肩谄媚之徒，浑身铮铮傲骨，在权贵面前，从不摧眉折腰。

曾国藩出任两江总督后，天下士子宗仰他为泰山北斗，趋之若鹜，唯恐不及，以能成为其门生幕僚为极大荣幸。他们谋算的是进身之阶，是平坦的仕途，是亨通的官运。然而王闿运与曾国藩交集，始终以宾客自处，唯其独立不羁，潇洒来去，曾国藩才对他格外高看一眼。江宁之役告捷，王闿运去湘军帅府道贺，此时曾国藩志得意满，已非昔时临渊履冰、独撑危局时的苦瓜相，对老朋友远不如先前那么礼貌周全。王闿运察觉曾国藩没有回访的意思，心下大感不平，他打点行装，立刻走人。恰巧这时曾国藩派幕僚来召他前去宴饮，王闿运不满而且不屑地说："我大老远赶过来，难道是为了吃大帅两顿酒饭？"于是他浩然归棹，连一个当面转圜的机会也不肯留给对方。曾国藩去世后，曾家印制门生故吏名册，竟自作主张，将王闿运列在曾文正公的弟子行，别人求之不得，而王闿运嗤之以鼻。他为曾国藩撰写挽联，联语中暗含讥刺，其词为："平生以霍子孟、张叔大自期，异代不同功，勘定只传方面略；经术在纪河间、阮仪征而上，致身何太早，龙蛇遗恨礼堂书。"曾国藩不曾入值军机处（相当于未登相位），没有留下专著（按老规矩，奏折、日记、书信不能算数），乃是他人生的两大遗憾，均被王闿运信手拈出，哪壶不开提哪壶。难怪

曾国藩的儿子曾纪泽乍见此联，即岔然作色，斥责王闿运"真正狂妄"。

王闿运与左宗棠交往，依然显露其狂狷不羁的素性。左宗棠比王闿运年长二十一岁，王闿运"唯以丈人行事之，称其为'十三丈'"。左宗棠一向自视甚高，对王闿运的姿态感不以为然，他对别人说，王闿运"太过狂悖"。王闿运风闻此评，立刻投书问罪，词锋相当锐利，他责备左宗棠"将兵十年，读书四纪，居百僚之上，受五等之封，不能如周公朝接百贤，亦不如淳于之日进七士，而焦劳于旦暮，目营于四海，恐仍求士而士益裹足耳"，意犹未尽，他还写道，"节下颇怪闿运不以前辈相推，……如闿运者尚不怪节下不以贤人见师也"。王闿运的逻辑很简单：左宗棠功勋盖世固然不假，但他未能礼贤下士，就该大打折扣。我猜，左宗棠读了这封信，两个眼珠子很可能都气成了绿的，甚至掉在地上。

循情推理，王闿运布衣傲王侯，那股子狂傲劲头是以自身超强的实力为基础。他若学识谫陋，心胸狭窄，徒有狂傲的性情而缺乏狂傲的资本，曾国藩牛气过人，左宗棠虎气冲天，才懒得搭理他，又岂肯忍受这种目空一切的讥诮和责让？

既然王闿运敢于睥睨曾国藩、左宗棠两位大神，其他等而次之或相差甚远的达官贵人，在他眼中，能算老几？有一回，湖南巡抚端方拿出一只珍藏多年的异形古瓷器，请王闿运鉴赏。王闿运把玩一番后，即兴调侃道："这古瓶的确年深月久，已见过不少世面，可它的形状既不端又不方，真叫人拿它没办法！"此前数年，另一位湖南巡抚陈宝箴也跟王闿运有过交集，某次，这位江西籍的封疆大吏设宴请客，谈及湖南盛产人材，再三表示歆羡。王闿运环顾四周，神秘兮兮地说："别看这些下人现在卑贱，穿布衣，干粗活，一旦行时走运，也可以做总督当巡抚的。"王闿运的这句讽刺话既不显棱，又不露角，而是绵里藏针。听罢此言，陈宝箴的脸色"唰"的一下就红了。

湖广总督张之洞敬重王闿运的才学，曾用讨好的语气对后者说："我为博学，君为鸿词，合为一人，始可应博学鸿词考试。"古代的博学鸿词科极难考中，考中的人真能名副其实、既"博"又"鸿"的少之又少。张之洞是择其难处而言。王闿运笑着说："若必定如此，又从何处得同考之人？"王闿运当仁不让，居之不谦，张之洞默然无语。

魏晋名士之风久已渐灭，而在王闿运的身上仍有保留。湖南巡抚陆元鼎专程去衡阳拜见王闿运，王先生竟然闭门不纳，让这位省长大人吃下闭门羹。陆元鼎倒也不以为忤，掉转船头，返回省城。过了半天，王闿运租条快船追上百多里水路，回拜陆元鼎，两人把晤之后，相谈甚欢。对此有人大惑不解，王先生解释道："前之不纳，示不敢当；后之远追，又以示敬。"东晋才子王子猷雪夜乘舟去剡县访戴逵，乘兴而往，兴尽而返，并未与戴逵谋面。经《世说新语》播扬，"王子猷雪夜访戴"早已成为千古佳话。王先生的高仿，也饶有趣味。

王闿运对金钱看得很轻，真能做到"苟非吾之所有，虽一毫而莫取"。他主理湘潭慈善公所时，银钱出入数以万计，他却从不沾手，另择专人管账。他为不忍堂题写楹联："世上苦人多，一命存心思利济；湘中民力竭，涓泉濡沫念江湖。"可见他仁者爱人。也有说王闿运贪财的，理由是他曾订下条例：凡是央求他向达官贵人通门径，以谋取美差的，须按每封推荐信一百两银子的标准付费。就算是自家的女婿，也不例外。殊不知，他这样做是为了省去无谓的应酬，杜绝烦人的官场请托。标出高价，才能让人知难而退。当代打条子的官太爷，自然不必这样明码实价，他们口里好说好说，手上却好收好收。王闿运能瞧得起这种鼠辈？

六、老眼未昏花

民国初年，袁世凯决定聘请康有为担任国史馆馆长，但康有为力辞不就，还放出狠话来：他要是修《清史》，袁世凯必入贰臣传。这就让袁世凯浑身不自在了。于是袁世凯退而求其次，请湘绮老人王闿运出山。虽然王闿运以嘲弄的语气质疑"瓦岗寨、梁山泊也要修史乎"，但是他并未回绝。不少学者对此大惑不解，章太炎致信刘揆一，即吐微词："八十老翁，名实偕至，亢龙有悔，自隳前功，斯亦可悼惜者也。"王闿运去世后，版本学家叶德辉所撰挽联则暗含讽刺："先生本自有千古，后死微嫌迟五年。"意思是，王翁若早死五年，即可名节两全。当年，有好事者按

捺不住好奇心，揣着这个疑惑，直接就教于王翁："先生已八十三岁高龄，夫复何求？如今折身事袁，为其下属，似不值得。"王闿运的回答既令人解颐，又令人释疑："做官是一件最容易不过的事情，如今老赘，百事莫办，只得找件最容易的事情做做。"

孔子曾郑重告诫道："君子有三戒：少之时，血气未定，戒之在色；及其壮也，血气方刚，戒之在斗；及其老也，血气既衰，戒之在得。"但人老了，往往耐不住寂寞，总想掺和点事情，自然而然就会出昏招。这也正是庄子"寿则多辱"一语隐含的深意。王翁受累于弟子杨度，杨度要借重乃师之盛名，为自己多捞些政治资本，因此擅自在劝进书上代为签名，实违王闿运的本愿。在大是大非上，王闿运曾劝杨度不可犯傻："若先劝进，则不可也。何也？总统系民立公仆，不可使仆为帝。弟可功成身退，奉母南归，庶几免乎，抑仍游羿彀耶？"王闿运致信袁世凯，也婉言劝导这位龙心未餍的大总统打消称帝念头："……但有其实，不必其名。四海乐推，曾何加于毫末？"当时，袁世凯哪里听得进逆耳之言？

王闿运一生风骨不肯让人，就算他要兜售帝王学的"老锅底"，也绝不肯沿街叫卖。袁世凯得陇望蜀，欲壑难填，王翁视之为鄙夫，再加上国史馆的经费、工资迟迟不能到账，遂有寄人篱下、仰人鼻息、"不胜其辱"之感。恼怒之余，他将国史馆馆长的印信寄存在弟子杨度处，未向袁世凯辞行，就一驾风回了南方。

当初，王闿运北上赴任，在武昌的题襟会上，意气洋洋，所作诗句"闲云出岫本无意，为渡重湖一赏春"，至此仅兑现了一小半，折损了一大半，春意若有实无，秋风萧瑟倒是一点不假。

王闿运晚年，本不足道的周妈（王闿运的管家婆和情人）却扮演着极其重要的角色。周妈帮他料理衣食住行，检寻书籍文章，还帮他出恭后揩污，是个不可或缺的好帮手。王闿运北上，暂停武昌，先去拜会以贪鄙著称的湖北督军王占元，他带上周妈同行。王翁对王占元说："老妪欲瞻将军威仪，幸假以辞色。他日入京，亦携此妪，谒拜圣颜，使阔眼界。"王占元对周妈礼遇有加，赠以金帛，那些招待员原本视周妈为乡下老太婆，因此态度大转弯。湖北将军段芝贵设宴招待王闿运，王先生又带周妈同行，他对周妈说："汝欲看段大少爷，即此人也，有何异处？"段芝贵闻言，面露惭色。

王闿运到国史馆就职后，报章上时不时地敲打、调侃周妈。上海《时报·文艺周刊》载有长篇小说《周妈传》，明道湘绮老人无周妈，则冬睡足不暖，日食腹不饱。《益世报》刊文更模仿湘绮老人的口吻说："周妈，吾之棉鞋大被也。无衣无褐，何以卒岁。"《顺天时报》记者更讽示周妈幕后干政，国史馆官以贿成。于是王先生自弹自劾，递上辞呈："呈为帷薄不修，妇女干政，无益史馆，有玷官箴。应行自请处分，祈罢免本兼各职事。……闿运年迈多病，饮食起居，需人料理，不能须臾离女仆周妈。而周妈遇事招摇，可恶已极，致惹肃政使列单弹奏，实深惭愧，上无以树齐家治国之规，内不能行移风易俗之化。"章太炎有两句点评，算是道破谜底："湘绮此呈，表面则嬉笑怒骂，内意则钩心斗角。不料八十老翁，狡狯若此！如周妈者，真湘绮老人之护身符也。"

有一则轶事流传甚广。王闿运初抵京城，袁世凯示以高规格的恩宠，不仅陪他游览三海，而且召集百官，设宴为这位文坛耆宿洗尘。吃完饭，袁世凯与王闿运聊天，礼仪周至，状极谦卑，王先生则以"慰亭老世侄"称之。返回客栈的路上，王闿运对随行的弟子说："袁四真是个招人喜欢的角色啊！"马车经过新华门，他抬头喟叹道："为何要题此不祯不祥之名？"同行的人大吃一惊，赶紧问他何出此言。王闿运说："我人老了，眼睛也昏花了，那门额上题的不是'新莽门'吗？"王先生真够机智俏皮的，"莽"字与繁体的"華"字的确有点形似。西汉末年，王莽发动宫廷政变，改国号为"新"，猴急鸟躁地过了一把皇帝瘾。可他惨淡经营的十五年短命王朝旋即崩盘，他本人也被绿林、赤眉掀翻在地，好个莽爷成了无头之鬼。王先生话中藏话，弦外有音，暗示袁世凯若蓄意称帝，其下场很难好过王莽先生。

一位阅尽沧桑的大智者，一位被奉为"学界泰斗"、"鲁殿灵光"的大名士，在极端幼稚的新生事物面前，肯定要摆一摆他的谱。这很正常，说明新旧两种思想恰似酒窖中的粮食和曲药在作急剧的发酵反应。若经不起旧思想猛力的颠搏和敲打，新体制就很难有足够的生命力。同在保

守阵营,但王闿运与王先谦、叶德辉之类的"花岗石"大有区别,他是"名士派"人物,所取的是不偏不倚的立场,在任何时候都会冷静地保持思考和发言的权利。

七、不向空门何处消

王翁身历六朝,活到八十五岁高龄,看天下万事如走马。以他的霸才,以他的傲骨,以他的雄心,以他的慧眼,早已修炼得了无窒碍,嬉笑怒骂皆成文章。王翁晚年常念叨王维的两句诗:"一生几许伤心事,不向空门何处消!"由此可见,他心中仍有耿耿难消的遗憾。王翁是诗坛的旧头领,汪国垣纂《光宣诗坛点将录》,提点王翁为"托塔天王晁盖",于经学的研究他也多有创获,名山事业堪称不朽,树艺人材众多,皆为一时之俊杰。真不知道,他究竟还遗憾什么?莫非他抱憾而终的是时势与英雄两造之际,自己却一脚踏空?王翁仙逝后,同县人吴熙撰写挽联:"文章不能与气数相争,时际末流,大名高寿皆为累;人物总看轻宋唐以下,学成别派,霸才雄笔固无伦。"此联概括死者一生,有抑有扬,对王翁晚年的所作所为略有微词,其精切处为时人所称道。

只要细心寻绎,我们就不难发觉,王闿运睥睨不党的名士性情与他修持不懈的帝王之学大相冲突。是真名士自风流,"一种风流吾最爱,南朝人物晚唐诗",南朝人物好尚清流,总与权力核心保持足够的距离,掩鼻以对政治的溷秽之气。王闿运喜爱魏晋文章,崇仰魏晋风骨,精神方面有明显的洁癖,无论如何,他都不会仿学苏秦、张仪,自沼其心,自污其行。偏偏帝王学与厚黑学有着千丝万缕的瓜葛,王闿运自尊而任性,只能行其光明面,不能行其阴暗面,白天不知夜的黑,仅仅做了半吊子的权谋家,终于不着边际。显而易见,封建末世的读书人内心尤为彷徨,一方面,若要实现齐家治国平天下的理想,他们就必须有所依傍,不仅不能与强梁之辈"拧麻花",还须时时仰仗其大力提携;另一方面,若要保持独立人格,他们又必须无所营求,决不能与龌龊之徒同流合污,须学那中通外直的青莲,出淤泥而不染。似此左其身则丑,右其身则穷,真是进亦难，退亦难，进则"亢龙有悔"，退则"据于棘蒺"，毫无中间道路可走。因此那些怀有良知而又丢不开功名的读书人就恒久地处于进退失据、左右为难的边缘境地，游移越久，苦闷越深，甚至终身闷闷不乐。"不义而富且贵，于我若浮云"，这话当初从孔夫子嘴里说出来，味道就已变酸，更何况说了两千多年，早已变成了醋精，真不知酸掉了多少亿颗门牙。在封建体制下，不义才能富且贵，这是游戏规则的头一条，若违背它，圣哲如孔丘、孟轲，照样怀才不遇。"太上立德，其次立功，其次立言"，王闿运立德立言，未能立功，虽有遗憾却无愧怍。

清末民初，进步知识分子渴望的是民主与自由，大潮之音不绝于耳，王闿运持守的"显学"愈益残破，禁不起雨打风吹。王先生晚年入京，犹有姜子牙九十佐文王的心理期待，但他血气衰矣，暮气沉矣，袁世凯只会参野狐禅，货色太差，实在难入法眼。王翁离京返湘时，嘱咐弟子杨度："早日奉母南归，我在湘绮楼为你补上老庄之学。"王翁的信仰危机至此暴露无遗。他想用黄老清静无为的解药化除帝王学的丹毒，可惜为时已晚。

一贯令人厌憎的索命无常叩响了门环，竟有心来点幽默，可他那句玩笑开得不合时宜："去天堂，你老人家的帝王学更派不上用场，还是去地狱吧，所有人间的专制魔王都在那儿蠢蠢欲动呢，你老人家不愁找不到大显身手的机会！"然而，王翁断然拒绝了恶鬼的"美意"，他把最后一瞥目光投向了高旷邈远的青天。

八指头陀（1850—1912）：湖南湘潭人。法号寄禅、敬安。高僧，诗人。中华佛教协会首任会长。其代表作为《嚼梅吟》《白梅诗》。

八指头陀：洞庭波送一僧来

这是一片青草芊芊的山坡，蓝天白云下，呼朋引伴的鸟雀高高低低地滑翔，撒欢得失了记性，竟全然忘怀觅食的烦苦。野花香风间，蝴蝶扇动五色斑斓的翅膀自由恋爱，寻梦，寻梦，梦在花丛更深处。偌大的田原，偌大的旷野，万物欣欣向荣，汇合成一首生命的欢歌。

一位神情恬淡的少年宛如纤巧的绣花针躺在锦缎上，仰起头眺望高天的云彩，看它们一会儿幻化为飞龙，一会儿幻化为奔马，一会儿动如脱兔，一会儿静若处子，千奇百怪，似乎有变不完的魔术。少年那双晶亮的眸子射出一股同龄人罕有的笃定专注之光，不恍惚，不游移，不涣散，通常是禅修多年的得道者才有这样的目光。在他身后不远处，一头水牛胃口正好，嚼食满嘴青草，另一头黄牛闲闲地喷着响鼻，甩甩大耳朵，"哞哞"高叫几声，旷野发出回响。

少年琢磨着心事，想念母亲，想念父亲，他们都已过世，他眼中噙满晶莹剔透的泪珠，阳光则为泪珠投下虹影。他还记得，有一次，母亲笑意盈盈地说："真是好奇怪的，生你的前一天晚上，我梦见四处开满兰花，连风都是香沁沁的咧。"那年，他才七岁，母亲就往生极乐世界了。

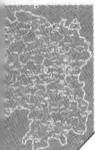

她说过，在西方乐土，一切都美好，一切都善良，人可以无病无灾，无忧无虑。对母亲的话，他坚信不疑。平日，她念诵佛经，礼拜观音，不吃荤腥，少年也学着那么做，真是奇妙，内心里仿佛开满黄黄白白的兰花，一缕缕馨香经久不散。

这位少年姓黄，名叫读山，湘潭人。据族谱记载，黄读山是北宋文豪黄庭坚的裔孙，天然具有诗人的遗传因子，他对文字，尤其是韵律感极强的诗歌，十分着迷。有一天，他在村舍避雨，私塾中的孩子正朗诵唐诗，他听到那句"少孤为客早"，不禁潸然泪下。塾师周云帆见状，很惊讶，问他怎么回事。他回答："父母过世后，我就无依无靠，没有书读。"周云帆动了恻隐之心，给读山一个机会："你为我洒扫庭除，我有闲暇就教你识字，你看好不好？"读山纳头便拜，立刻行了认师礼。他天分高于常儿，学业优秀，恩师开心，逢人就夸赞："这孩子天分真高，又肯勤学苦读，将来必定会有一番成就，可惜我老了，只怕看不到那一天了。"没过多久，周云帆驾鹤西归，读山只好另寻所在。他听说某大户人家要给家中子弟找个伴读，就欣然前去应选，哪知主家把他当仆人使唤，不许他私底下读书。读山心想，我来这儿本是为了读书，既然事与愿违，我怎能为了一日三餐就沦为家奴，听人使唤，遭人呵斥？于是他拍屁股走人。

黄读山重获自由，高兴时，折根树枝，以地为纸，默写唐诗，例如李白的"花间一壶酒，独酌无相亲"，他既不会写"壶"字，又不会写"酌"字。这难不倒他，画个酒壶，画个酒杯，嵌进句子，反而有妙不可言的趣味。多年后，他有了诗名，仍按照原模原样写给（也是画给）同乡大才子杨度看，后者击节称奇，赞赏不已。有时，读山也会认真思考自己的将来，做个诗人多快活啊！但他心里明白，要写诗，先得填饱肚子才行，常言道"民以食为天"，莫非肚皮才是天下第一神灵，必须天天供养？猛然间，他的脑海里有了电光火石的一闪念，做和尚岂不是一条明摆着的出路吗？这个念头一生，他又立刻感到惭愧，出家难道只图吃三餐饱饭？那时，他还不可能考虑到"普度众生"、"救赎灵魂"这般紧要的问题。但他深信，出家做和尚与混饭吃是不该牵扯上任何暧昧关系的。

远山上有一座法华寺，读山眺望过许多回了，每一次他投去目光，心头就会为之一热，仿佛那里就是自己的家，母亲正在倚闾相望，等着他驱犊而返,每当黄昏,她总喜欢高一声低一声地呼唤他的乳名。十八岁,这个年龄让人猝不及防。他心中生出了异常强烈的热爱，对天地万物满怀不可遏止的悲悯，哪怕是微贱的虫蚁，无知的草木，罗中鸟，网底鱼，他都会为它们掬一把同情之泪，但他不明白这究竟是怎样的一份深情。

一场暴雨来得及时，读山看到篱笆间的白桃花被摧残得片片零落，掉入沟渎，随流水各奔东西，生命原是如此脆弱，如此不堪一击，如此去向不明，母亲和父亲的生命不就是这凋落的白桃花吗？他流泪了，情不自禁地恸哭，穿云裂帛的哭声终于激成了深心的波涛与感悟。他向远山走去，向法华寺走去，拴在树上的牛儿望着他义无反顾的背影，满是疑惑不解的眼神，"哞哞"地叫了许久。

一、千疮求半偈

黄读山投在湘阴法华寺东林禅师座下为弟子。临到老境，东林没料到自己收下的徒儿拥有如此纯正的根器，他很开心。但他并不自私，法华寺太小，自己的修为有限，可别耽误了这孩子的光明前途。东林修书一封，将他荐往南岳祝圣寺，那里有高僧大德，这孩子能够得到最上乘的教益。

读山遵依本师之命，去了衡山，遵照贤楷法师的教导，受具足戒（佛家的入门戒律）。贤楷法师对他说："从此，你的法号为敬安，敬慎的敬，安详的安。你可知其深意？"他略略沉吟，然后轻声回答道："敬我佛，安我心。"

一向以严明著称的贤楷法师嘴角浮现出一丝不易察觉的笑意，连说"甚好，甚好"。那意思就是"孺子可教也"。

读经，是日久方知味；参禅，也是慢工出细活。敬安毕竟是青年佛子，更乐意迅猛精进，不甘心独守青灯，深埋黄卷，他想获得更快捷的法门，及早修成正果。有一回，敬安听人讲述六祖慧能的故事，因此对南禅(以"顿悟"为法门)产生了不可遏止的神往。六祖惠能是唐朝人，设道场于韶州曹溪宝林寺，法嗣有神会、智诜、智德、玄晓、法如等四十三人，诗人王维描述惠能禅法弘化的盛况，有这样一段话："五天重迹，百越稽首。修蛇雄虺，毒螫之气销。……永惟浮图之法，实助皇王之化。"然而唐宋之后，南禅渐渐式微，迄至晚清，已是野狐禅(学佛而流入邪僻、未悟而妄称开悟)风行，南禅的山阴路上，更是人迹罕至。敬安打探了一阵，皇天不负诚心，他终于打探到，恒志和尚在衡南岐山仁瑞寺倡教外别传之旨，是南禅正脉。时值寒冬腊月，下了一场埋人不用镐的大雪，敬安一路跋涉，冻得手脚生疮，牙齿打架，总算站到了恒志的法座前。他心想，能饱听大师一席教言，就算冻个半死也值当。可他万万没料到，恒志冷冷地瞥了他一眼，并没有欢迎的意思，只表情淡漠地留他在庙里挂单。白米饭管吃，但米饭不可白吃，他必须晚睡早起干一份杂役，究竟要干多久？只有天晓得。

具体来说，敬安的活计除了劈柴，挑水，打扫寺院，还得饲养几条护院守门的烈犬。这样一干就干了好几年。志公(恒志)和尚对他的表现还算满意。有几次，志公要与敬安接谈了，却又欲言而止。敬安预感到，机会正在不远处等着他。

一天，他喂狗时粗心大意，投食比平常多，狗的胃口没那么好，残剩了一些。志公平日最看不惯弟子浪费粮食，因此敬安害怕受到苛责，于是横下一条心，将残食囫囵吞下肚去，总算把"战场"打扫干净了。他正要收工回房，突然看见小狗吧嗒着舌头从茅厕里出来，样子幸福得不得了，神情满足得不得了。敬安想起自己刚才吞咽的狗食，里面或许杂有粪秽，顿时大感恶心，险些呕出整条肠子来。但正是这一呕，他把内心的迷惑也连带呕了个精光，因而恍然大悟：世间万物，原本无所谓污垢，无所谓干净，众生偶合而成的肉体，落在混混红尘中，本无所谓好恶取舍，只因久而久之形成的知识处处武断，才妄生若干差别，这无疑是修道者必须荡除的心魔。

释迦牟尼佛有"千疮求半偈"的说法，苦修的人要在身上弄出许多疮疤来，才能算数。敬安本性最能耐苦，头上共有四十八个香疤，从脖

子到肚子还有一百零八个香疤。稍后，他告别志公，前往宁波阿育王寺，这回，他发愿更大，竟忍痛割下手臂上的肌肉，铜钱大小，共割下四五枚，置于佛前长明灯的灯油中；意犹未尽，他又毅然将左手的两根手指在长明灯上活生生烧断，从此自号为"八指头陀"。

以自残的方式礼佛，不仅与儒家鼻祖孔子所主张的"身体发肤受之父母，不可损伤，孝之始也"大相背离，空门中的苦修门类虽繁，花样虽多，也很少有人像他这样割肉断指，以一时惨痛表白一世虔诚。这种手法太酷，太刚，太烈，太决绝，芸芸众生只要想一想，就会心惊，浑身直冒冷汗。

此后，法号"敬安"渐渐从人们口头上消失无踪，剩下"八指头陀"这个怪异的称呼，背地里，众人叫得顺溜爽脆，一半是出于难以言喻的惊奇，另一半则出于莫名其妙的敬意。

二、"白梅和尚"

前面已说过，还是放牛娃时，八指头陀就喜欢诗歌，这种爱好与日俱增，并没有一朝放弃。他在岐山仁瑞寺里学习禅修，功课之余，常见精一禅师吟诗自炫。八指头陀对诗歌的章法一知半解，因此还不清楚心中老有平平仄仄的妙语如同小鹿儿撞来撞去，究竟是何滋味。一次，他以微讽的语气对精一禅师说："出家人须专心研究正宗佛学，哪有闲工夫迷恋世俗文字？"意思再明白不过了，于僧人而言，吟诗是舍本逐末，自残慧根。精一微微一笑，反唇相讥："你看你，灰头土面，只适合参枯木禅。小小年纪，精进如此之猛，他日成佛，大有可能。不过说到文学中的三昧，今生今世，只怕你没办法证得其妙谛了。你以为文人的慧业是那么容易成就的？他们别有怀抱，颠倒于情河欲海之中。我们出家人，置身其间而要无玷无染，实属天大的难事。你别瞧不起世俗文字，它可不好摆弄啊！"八指头陀听了这话，心想：我本来也是爱诗的，只不过怕它影响禅修，听精一的说法，只要定力足，倒是没有多大妨碍，何妨一试？再说吧，浪费灵感同样是暴殄天物，硬把自己憋成闷头僧，毫无生趣可言。

写诗？还是不写诗？这样的问题已不再像藤蔓纠缠八指头陀。没多久，他去巴陵寻访亲舅舅，与诸公同游岳阳楼，别人分韵赋诗去了，他凝神跌坐，下视湖光，一碧万顷。美景当前，岂可无佳句写照？他不费思索，如有神助，竟看到雪样分明的诗句就在浪涛之间："洞庭波送一僧来。"那"一僧"是自己，又不是自己，是天地间一位大慈大悲大彻大悟的高僧，则断无疑义。就在那一刻，他喉咙眼里差点迸出石破天惊的壮语："我是诗僧，我是诗神！"

八指头陀回到湘潭，拜访名士郭菊荪。郭菊荪是"中兴名臣"郭嵩焘的侄子，饱读诗书，颇有识人的慧眼。八指头陀牧笛横吹时，郭菊荪就曾预言："此儿宿根非凡，将来的慧业不可限量。"如今，相貌堂堂的八指头陀托钵还乡，谈论诗歌，竟能发古人所未发，丰沛的灵思大有铁闸挡不住的势头。最好玩的是，许多妙语从他结结巴巴的嘴里讲出来，老是慢上半拍，听者不免为他着急。三国时期，魏国大将邓艾打起仗来如同蛟龙出潭，猛虎下山，他荡平蜀汉，立下头功，早已被历史清清楚楚地记录在账。可是邓艾平日沉默寡言，只因嘴头不够利落。《世说新语·言语》篇中记载了一条趣闻：邓艾口吃，常自称"艾艾"。司马懿有意拿他寻开心，当众调侃道："你老是自称艾艾，到底是几艾？"邓艾虽是个结巴子，脑袋瓜却十分灵光，他应声回答："凤兮凤兮，当然只是一凤。"此言一出，他丝毫不落下风，猛可间还抬高了自己的身价。要说什么是机智，这就是机智。口吃的人通常很聪明，八指头陀也不例外。他把诗句"洞庭波送一僧来"念给郭菊荪听，后者大为激赏："你有这样的夙慧，若能明格律，识章法，还愁好诗不来投缘？"郭菊荪是性情中人，他不在乎沾上好为人师的嫌疑，将蘅塘退士编纂的《唐诗三百首》传授给八指头陀。后者是何等样的悟性？过目成诵，半点不夸张，其精进之快，常人策马飞奔也追赶不上。

李白"一生好入名山游"，正是山川的灵秀所钟，日月的精华所毓，造就他为万古"诗仙"。八指头陀同样热爱大自然，行迹飘然不驻，遍访云山烟水，所以他的诗跌宕有奇气。三十岁后，其诗名卓然而立，天

下士林不复以寻常僧人视之，而以大师称之。

有人说，八指头陀的诗，带云霞色，无烟火气，尘外之味多，人间之情少。这并非确论。诚然，他有"三影和尚"的雅号，写过"夕阳在寒山，马蹄踏人影"，"寒江水不流，鱼嚼梅花影"，"林声阒无人，清溪鉴孤影"这样不落尘抱的诗句，但他也写过不少悲天悯世，关怀民瘼国艰的诗篇。《赠宗湘文太守》一诗中有"秋风不动鲈鱼兴，只有忧民一点心"的真诚表白；《感事二十一截句附题冷香塔》中则有"谁谓孤云意无着，国仇未报老僧羞"的深沉感喟。他不仅借诗抒臆，还动了拳头，你可以想象吗？那是甲申年（1884）间，法军侵犯台湾，中国守军屡次被法军的开花炮弹所挫败，电报传到宁波，八指头陀正卧病延庆寺，不禁五内俱焚，以至于唇焦舌烂，三天三夜没合眼，他反复琢磨如何破解敌军的炮法，却苦无良计。出了门，正巧一位法国传教士迎面走来，他怒不可遏，竟将那位撞着煞星的高鼻梁、蓝眼睛的倒霉洋人揍了个半死，总算出了胸头一腔恶气。八指头陀致书李梅痴："盖贫僧虽学佛者，然实伤心人也。"他为什么伤心？为的是国运不昌，民气不振，佛法不兴。

八指头陀不仅言谈期期艾艾，不善应酬，而且书法奇拙，也就是说，他的毛笔字写得简直不成体形。他曾夜宿同乡名士杨度家，后者拿出宣纸、湖笔、徽墨、端砚，要他题诗。这可有点强人所难，赶鸭子上架，逼迫客人露拙示短的意思了，八指头陀别的不怕，就怕这个，他推脱了好一阵也推脱不了。写就写吧。正如外间传说的那样，他笔下十字九误，这里少只"胳膊"，那里少条"腿"，窘得满脸通红。杨度也自觉如此施虐，有点残忍，当即颁布了"特赦令"，让八指头陀依循自己的意思，作一首诗充作"罚金"。

清朝人特别重视书法，科举固然如此，连大才子龚自珍都吃过这方面的大亏，许多时候，许多地方，都看重这块敲门砖。有人讥笑八指头陀的书法对不起观众，差不多就是嘲笑他浪得虚名。八指头陀丝毫不恼，只心平气和地说，"字不欲工，略有写意；语不欲明，略存话意"，其中的禅机恐怕不是那些满脑子横、竖、撇、捺、点、折、勾的人所能了然于胸的。不少人的字蛮好看的，实则其俗入骨；也有些人的字并不悦目，却是返璞归真。弘一法师死前，遗言"悲欣交集"，笔意略显枯瘦，丝毫不像他早年的书法那么温润秀媚，但我一眼看了，就感觉到不绝如缕的悲悯之情从中生发，袅袅然若生篆烟。"以貌取人，失之子羽"，孔子的弟子澹台灭明（字子羽）相貌生得丑陋，孔子原以为他不会有什么出息，但他心地光明，勤学好问，终成人才。这句话移用到书法上来，也是通理啊。

八指头陀与近代名流（王闿运、王先谦、陈三立、樊增祥、易顺鼎、章太炎、杨度）都有十分亲善的交往，其中与龙阳（常德）才子易哭庵（顺鼎）相交至厚。有一回，他俩同宿山寺之中，哭庵觅得妙句"山鬼听谈诗，窥窗微有影"，满意之极，八指头陀笑道："这诗若是写鬼影，与工巧还有几丈地的距离。依我的意思，可改为'孤灯生绿影'，你看如何？"哭庵拍案叫绝，称赞道："摩诘（王维）诗中有画，寄禅（八指头陀字寄禅）诗中有鬼。我愿意用一百两银子换你这句诗，你看如何？"易顺鼎手面阔绰，出价够高。八指头陀却不为所动，摇了摇头。他说："文章千古事，得失寸心知。你就是再加十倍的价钱，我也不卖。"你称他嗜诗如命，也不为过。

八指头陀没受过几天正规教育，纯粹是自学成才，其诗章法精严，所取譬喻常常出人意外，且不打诳语，毫无宋人的诗禅恶趣。优秀的诗人需要好视觉、好听觉、好嗅觉、好触觉和好味觉，这"五觉"，八指头陀均超人一等。他品评唐、宋两朝的诗歌，颇有见地："唐人诗纯，宋人诗薄；唐人诗活，宋人诗滞；唐诗自然，宋诗费力；唐诗缜密，宋诗疏漏；唐诗铿锵，宋诗散漫；唐诗温润，宋诗枯燥；唐人诗如贵介公子，举止风流，宋人诗如三家村乍富人，盛服揖宾，辞容鄙俗。"有比较才能有鉴别，八指头陀的比喻令人解颐。其中显然包含了真知灼见。

奇人而有奇行，奇人而有奇遇。八指头陀读书少，写起诗来，用力甚勤，用心甚苦，远胜于那些才思敏捷的诗人。有时，一个字安置不妥，他会焦虑到寝食皆废的地步。即使他如此用功，还是有些诗句怀胎十月，甚至数年，才能呱呱坠地。从他推敲不断的苦吟精神来看，说不定他是贾岛的后身。八指头陀遍游吴越的山山水水，亲眼欣赏过海市蜃楼。当

时，他发明了一种前无古人后无来者的咏歌方式，将《楞严经》《圆觉经》的经文混合着《庄子》《离骚》的警句随意宣唱，许多人见他如此打通释、道、儒诸家门径，不执一端，不守一藩，不解其味的死脑筋就难免视他为走火入魔的狂僧。

中国古代的诗僧，为世所称道的，晋朝有法显、道林，唐朝有寒山、拾得、皎然、齐己、贯休，宋朝有参寥、石门。近代工吟咏的方外之人，苏曼殊、弘一法师和八指头陀均堪称巨擘。可惜他们生不逢辰，生在黄钟毁弃、瓦釜雷鸣的晚清，再好的诗也很难博得世人的爱重，倘若他们身处唐代或宋代，无疑会成为卓尔不凡的大方之家。

"三影和尚"之外，八指头陀还有另外一个雅号——"白梅和尚"。他刊行了《嚼梅吟》和《白梅诗》两部诗集。梅妻鹤子，原本是林逋处士的拿手功夫，他睡完午觉醒来，倘若读几首八指头陀的白梅诗，肯定会自愧不如，甘拜下风。曾有人称白梅诗独擅千古，道是"意中微有雪，花外欲无春"为梅之神，"澹然于冷处，卓尔见高枝"为梅之骨，"偶从林际过，忽见竹边明"为梅之格，"孤烟淡将夕，微月照还明"为梅之韵，"净姿宁逊雪，冷抱尚嫌花"为梅之理，"三冬无暖气，一悟见春心"为梅之解脱，俱为有识者之明见，难怪八指头陀"闻言大喜"。好诗遇到解人，确实是一件愉快的事情。

人有人的命运，诗也有诗的命运。八指头陀生前诗名远播海外，与其酬唱的诗人多为当时人中豪杰。版本学家叶德辉眼界极高，眼光极辣，凡庸之辈不得其门而入，休想让他夸上一句半句。他慷慨解囊，斥资精刻八指头陀的作品，合为五卷集，这一权威版本迅速流传开去，为眼明手快的读书人所玩味，所珍藏。从此天下识得八指头陀的人，不仅喜欢他的诗，而且也喜爱他身上自然的佛性。

八指头陀的晚年诗作有赖于杨度的保全。短命的洪宪法王朝猝然垮台后，身为"帝制余孽"，杨度遭到段祺瑞临时执政府的严令通缉。即使变成了惊弓之鸟，不得不仓皇出逃，杨度仍然将一箧故人的手稿随身携带，稍得喘息之机，就为八指头陀的诗稿编定次序，这样的挚情高谊，洵为人间罕见而难得。

革命和尚苏曼殊平生难过色界与情关，好作痛语和恨语，"还卿一钵无情泪，恨不相逢未剃时"，此等怆然情怀令人久久难忘。八指头陀终生不涉欲海，心中无艳情，笔下无绮语。应该说，苏曼殊是一位诗人，却并非高僧；八指头陀既是一位诗人，又是一位高僧，这就显得尤为可贵。

佛寿本无量，吾生讵有涯？诗心一明月，埋骨万梅花。

这是八指头陀为宁波天童山上冷香塔所写的铭识（前四句），他真可以飞身佛界，带着沉沉的诗囊，什么"文字障"，统统一笔勾销，而那些诗，正是佛心别样光芒的闪耀。除了盲者，凡是停驻在八指头陀诗前的有缘人，谁能无动于衷？

三、大修行者

八指头陀不止一次对人说过，他曾冒着大雪登上天台山巅顶，立于云海中，振衣长啸，惊醒了睡意蒙眬的山大王，老虎凶巴巴，咆哮跳踉，要用人肉当午餐，八指头陀是得道高僧，他不慌不恐，只用目光传出慈悲的心劲，老虎顿时收威，垂头蹑足而去。八指头陀平生好善疾恶，往往能触景生情。他渡过曹娥江，拜谒孝女庙，竟然重重叩头，流了许多血，同行者看不过眼，责备道："你是大和尚，干吗要屈身礼拜女鬼曹娥？"八指头陀也不等伤口上的云南白药抹匀，就把对方的责怪轻松挡回，他说："你难道没听说过波罗提木叉孝顺父母？诸佛圣人，都是以孝为先。在我眼中，这位汉朝的孝女曹娥，完全与佛身等同。礼拜她，又有什么错？"听了大师这席话，对方打算猛轰一阵的谴责之炮顿时哑了火。

佛家了断生死，禅定乃是正业。八指头陀喜欢"参父母未生前语"，即参悟往世幻相，大有不明白昨日种种，怎了断今日般般的意味。一旦冥然入定，他就能做到"内忘身心，外遗世界"，坐上一天，也只当是弹指一挥间，何况山水清幽，内心不难获得宁帖（安宁妥帖）。八指头陀"猝闻溪声有悟"，也就在情理之中。

从三十九岁到五十一岁，十二年间，八指头陀先后出任湘中五寺（大罗汉寺、上封寺、大善寺、密印寺和上林寺）的方丈。身居乱世，为推行佛法，他呕心沥血，不遗余力，后经浙江宁波天童寺僧众盛情相邀，驻锡该寺，出任住持。嗣后，他更将佛教朝积极入世的方向推动，鼓励弟子关心国难民瘼，不要只闻钟磬，不闻鼙鼓；也不要只观黄卷，不怜赤子。六十二岁那年（1912），八指头陀出面筹组中华佛教总会，当仁不让地出任首届会长，总会的本部设在上海静安寺，机关部设在北京法源寺。国体更迭之际，宗教衰绝，八指头陀见各地僧人因避祸而流徙还俗，一些中、小寺庙行将废弃，对此深以为忧。孙中山极力推行三民主义，这让八指头陀看到一线希望，他喜乐无量地说："政教必相辅，以平等国，行平等教。我佛弘旨，最适共和。"为了取得相应的宗教权益，他特意前往南京行辕，拜谒临时大总统孙中山，请求国民政府及早颁令保护佛教，得到了孙中山的首肯。然而，在动乱不靖的年代，攘夺僧产，毁坏佛像的事情比比皆是，地方政府乐得从中渔利，睁一只眼闭一只眼，根本不予查办。别处且不提，湘省一地，宝庆（邵阳）闹得最凶，僧侣们都快没有活路了，于是他们联名呈状，请求北洋政府内务部明令制止这股歪风。然而内务部的主管官员以鞭长莫及为由，将此状束之高阁。

末法时代,河决鱼烂,佛教注定要大大遭殃。在中国，即使天下太平，也很少有人植根坚牢的信仰，所抱持的只是利益原则，膜拜佛祖，巴结神仙，供奉基督，推崇某某主义，若不能与一己之私利挂钩，他们就会抹下脸来，给佛祖、神仙、基督厉害看看，或者公然践踏某某主义，半点不留情。远的且不说，太平天国毁坏江南佛寺,民国政府大肆侵夺庙产，哪次不让佛教大伤元气？缺乏信仰的人多半鲜廉寡耻，不肯自省，不肯自悛，不肯自赎，这样的人只知使用厚黑手段去追求利益，哪肯关心人间的公义、公德和公道？

八指头陀受湘中宗教界人士全权委托，决意去北京与内务部礼俗司司长杜关当面交涉。到了北京，他住在法源寺，该寺的方丈是他的弟子道阶。值此时节，师徒相见，惟有唏嘘再三。八指头陀在内务部见到杜关，杜关的态度既强硬又恶劣，他说，僧人的资产得自募化，充公完全合理。八指头陀指出，杜关口口声声讲"布施为公，募化为私"，根本就是界说不明，岂不知"在檀那（施主）为布施，在僧侣则为募化"？这是一事之两面，根本不存在任何利害冲突。杜关性情褊狭，见大师忤逆己意，驳得他无词以对，忍不住邪火攻心，诟骂之余，竟动手扇了大师一个耳光。由此可见，民国初年的政客气焰何等嚣张。八指头陀遭受这番奇耻大辱，当晚胸膈隐隐作痛，第二天一大早就圆寂了。政客公然行凶，一代宗师愤恚而逝，这无疑是中华民国的耻辱一桩。杜关货色太差，虽百死不能赎其罪愆。他矢口抵赖和动手打人一节，由于得到某高官的包庇，事后竟毫发无损，依旧升官发财，虔心奉佛的善良信众无不气愤填膺，却无可奈何。

黄兴（1874—1916）：湖南善化县（今长沙县）人。原名轸，字克强，一字廑午，号庆午、竞武。革命家，诗人。华兴会的头号发起者。中华民国的缔造者之一。

黄兴：英雄无命

　　几千年来，中华民族祸患频仍，灾难深重，无数英雄屡起屡仆，屡仆屡起，祭献了青春和激情，祭献了头颅和热血，但这样的牺牲似乎还远远不够惊天地，泣鬼神，真不知漫长的献祭仪式究竟要拖延至何年何月才告结束。

　　英雄有大才、大力、大德、大能、大勇、大智、大胸襟、大抱负、大恻隐、大慈悲，如此十全却难以十美，又是为何？细究一番，他们还单缺了一样，那就是命运不遗余力的援手。英雄无命，往往赍志以殁，抱憾而终，引得普天下同情之泪飞溅如雨。

　　李敖曾说："有失败，有英雄，但没有什么失败的英雄。文天祥、史可法都是大大的成功的英雄。英雄从不失败，他在天塌时，也会捞到天鹅！"在声名的"赌台"上，英雄确实可以保平争胜，但命运有济有不济，功业有成有不成，结局总归是有些不同的。

　　放眼中国近、现代史，最无命的大英雄莫过于"湖湘三杰"：黄兴终年四十二岁，蔡锷终年三十四岁，宋教仁终年三十二岁，他们拼尽心力，万苦千辛，在封建帝制的废墟上，协助孙中山缔造和挽救了中华民国，却盛年崩殂，撒手而逝，民福仍其不增，国运仍其不幸，九泉之下，他们的悲情远远多于快意。

无命的英雄伫立在历史的西风残照里，泪眼将枯，泪眼已枯，这幅血色风景嵌于后人的心头，不忍看时最凄凉。

一、毁家救国

清朝末年，一位姓黄名轸的青年倜傥出众，四书五经，他读得明明白白，却并未沾染寻常儒生抱残守缺的陋习。他认为中国要从根本上获救，古代圣贤早已宣告束手，再也开不出显效的药方。他以诗鸣臆："朝作书暮作书，雕虫篆刻胡为乎？投笔方为大丈夫！"他无意于仕进，《别母应试感怀》的结句是"一第岂能酬我志，此行聊慰白头亲"。既然他志不在此而在彼，彼是什么？是民族革命的霹雳手段。不过在当时，他心里还只能勾勒出一个朦朦胧胧的影像。

这位文武兼资的湖南青年入读清末气象最新的两湖书院，迅速以其恢弘的度量和豪迈的风采征服众人，无论年长年少，同学都争与论交。他在校两年，考试十二次，六次名列第一。书院山长梁鼎芬对他格外青睐，称许他"品学兼优，智虑精明，文似东坡，字工北魏，诗尤豪气磅礴"，是名副其实的优等生。黄兴有一首《咏鹰》诗，作于求学期间："独立雄无敌，长空万里风，可怜此豪杰，岂肯困樊笼？一去渡沧海，高扬摩碧穹。秋深霜气肃，木落万山空。"他下定决心要去试探沧海碧穹，任何樊笼都休想困住他。

1899 年，黄轸以官派身份赴日本考察工业。1902 年，他入读弘文书院速成师范科，在这所学校求过学的中国名人还有鲁迅和秋瑾。留日期间，黄轸经常集合志趣相投的热血志士（多半是湖南同乡），秘密召开"国家兴亡研讨会"，宗旨是排满反清，职志是重建一个有尊严有主权的国家。黄轸极具领袖气质，他的演说雄辩有力，一呼百应，不少留学生惟其马首是瞻。1903 年，黄轸束装归国，途经武昌，在母校两湖

书院演说《民族革命与国体政制》，革命思想震惊四座。尽管两湖书院创办人、湖广总督张之洞赏识黄轸的天纵之才，但身为清廷的封疆大吏，又岂能容忍这位乳臭未干的黄口小儿用"异端邪说"在他的地盘上蛊惑人心？张之洞又惊又怒又惧，责令梁鼎芬悬牌将黄轸驱逐出境。张氏不留情面，自有他难言的苦衷，黄轸是他保送的官费留学生，他害怕受到牵连。

1904 年 2 月 15 日，是黄轸开张大吉的日子，他在长沙成立华兴会，以兴办实业为名，将一大群湖南同志（多为留日归国学生）召聚旗下，抱成一团。黄轸的想法相当明确，人才足了，人气旺了，以此建国，何忧不成？以此反清，何患不克？他还主动示好，与哥老会的首领马福益歃血为盟，结为拜把子兄弟，有了帮会支持，一旦武装起义，就不必再为势单力孤而犯愁。

"长剑倚天外，匹马定中原"。"当风纵怒马，跨海屠神鲸"。这两副联语出自黄轸之手，前者赠耿觐文，后者赠黄之秀。可见当时黄轸霸气外露，溢于言表。

2 月，华兴会召开正式成立大会，图为华兴会部分会员在日本合影

黄轸家住善化县（今长沙县）龙喜乡凉塘村，有良田数百顷，家境原本富裕。华兴会成立后，他主持策划的第一件大事就是长沙起义，打算趁省会文武官员齐集万寿宫为慈禧太后庆贺七十寿诞之机，将他们一锅端掉。"兵马未行，粮草先备"，干大事，短缺经费可不行，黄轸带头输款，将家中三百石水田卖掉，这种毁家救国的义举在同志间产生了极大的感召力和凝聚力。

如果武装起义胎死腹中，通常都是保密工作出了纰漏，这回也不例外。由于叛徒告密，革命机关被侦破。所幸黄轸得益于会友的多方掩护，化装逃脱。

梁启超是个特别念旧的人，他早已认定湖南为自己的第二故乡（戊戌变法前，他曾在时务学堂任过一年总教习，与谭嗣同结为莫逆之交）。百日维新失败后，他流亡日本，对病入膏肓的老大帝国已不再抱有幻想。他听说湖南险些闹出排满反清的大动作，心里倒是满欢快的。仅凭道听途说，再添加些个人想象，梁启超就创作出一篇文言小说。在他笔下，这位勇于起事的奇男子姓黄，名兴，字克强，他对黄兴的革命意图也作出了大胆的猜想和假设。梁启超预言，黄兴具备超越一世的大志和奇才，必将成为划时代的伟大人物，是清王朝的头号克星。梁启超的文章议论风发泉涌，笔端常带感情，在知识阶层中的影响既深且巨。黄轸读了这篇雄文，顿有拨云见日的快意，遂决心改名。好一个"兴"字，为民而兴，为国而兴，为天下大同、万世太平而兴。"轸"字虽好，"前车既覆，来轸方遒"，总不如"兴"字的精气神更强旺。

若让黄兴挑选一生中最惊心动魄的年份，他不可能有任何迟疑，准定会选择辛亥年（1911）。这年春天，他在广州浴血起义；这年秋天，他在武汉挥师杀敌。两次武装行动都具有犁庭扫穴的作用，彻底动摇了清王朝二百七十六年的专制根基。

广州一役，两广总督张鸣岐于事前已有警觉，为此侦骑四出，全城布控；再加上胆小鬼周来苏害怕海关盘查，竟然将好不容易从日本购得的七十余支精良步枪全部扔入近海，造成武器弹药匮乏，革命形势遂急转直下。局面如此严峻，多数同志主张展期举行武装起义，其中不乏临

战退缩的懦夫孱头，如胡毅生、姚雨平等辈。黄兴见军心动摇，士气低落，不禁怒形于色，当即宣告四条：

一、吾党荟萃全力而谋此举，稍存畏惧何以起事？

二、一部分军火历经艰难险阻已运抵城南，不但不能运返，倘一不慎，足以殃及无辜；

三、华侨捐献，寄希望于广州发难，如有始无终，形同欺骗，不能见谅；

四、一切作战计划业已完成，时间迫急，不战而退，何以立威信于将来？对革命影响至大且巨！

言者谆谆，听者藐藐，不少同谋者临阵退缩，拍屁股走人，剩下百余名热血志士（赵声、林觉民、喻培伦等），明知敌众我寡，黄兴仍率领他们拼死一战，宁肯血洒羊城。至于胜败之数，就不待蓍龟了。

有人说过，黄兴指挥的广州起义纯属盲动，以弱力撄强锋，致使革命精英（他们个个都是不可多得的英才）一战而烬。黄兴徒有愚勇，仅凭一时血气贸然发动自杀性质的起义，致使革命阵营蒙受无法估量的损失。在这件事上，黄兴容或对敌情有误判，但箭在弦上，不得不发，为了保全革命者的名誉和信用，他视死如归，甘之如饴。

往乐观处多想想吧（后人也只能作如此想），黄花岗七十二烈士（实数应为八十六人）发掘了中华民族的良心，弘扬了浩然正气，这种精神力量一旦使天下人达成共识，其意义远远大于一城一池的攻取。清朝末叶，民气日益委靡，老百姓勇于私斗而怯于公战，经此一役，国人也许会扪心自

黄兴（中立者）任陆军总长兼参谋总长时摄于南京紫金山

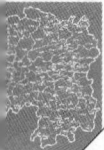

问：何者为义？何者为勇？何者为雄？何者为烈？何者为国家？何者为私己？何者为民族？何者为个人？所有这些，何者为先？何者为后？他们受此电闪雷鸣似的一激灵，也许会有五分钟的清醒，五分钟的活跃，五分钟之后，他们仍将安居于"铁屋"之中，归于酣睡，归于麻木。无论是"放血疗法"，还是"震惊疗法"，在这样的国民面前，又能有多大疗效？这真是令人既悲愤而又无可奈何的事情。白流的鲜血都被雨打风吹去，再无痕迹。烈士的生命好似在夜间擦亮了一根又一根火柴，身后仍是黑夜，仍是豺狼当道的荒野。正如鲁迅先生所感叹的，"夜正长，路也正长"，没办法，千百次血沃中原之后，寒凝的大地才能萌发星星点点的春华。

1912 年 5 月 15 日，宋教仁在《黄花岗起义周年纪念会演说辞》的结尾作出这样的总结："但平心思之，此事究不得以为失败，盖失败一时而收效甚远也。何则？有此一番变动，遂生出三种观念：一、此番死难诸人，如此猛烈，可使一般人知同盟会非徒空谈，实有牺牲性命的精神；二、此番死义，多属青年，易激起人痛惜之心，而生倾向革命之热诚；三、政府对于此举毫无悔心，人愈恨旧政府而争欲推翻之。有此种种，故武昌一起，天下从风，岂偶然哉？虽谓诸烈士已成有圆满无上之功，未为不可。"宋教仁对广州起义的价值评估甚高，他不是计较一时的成败，而是着眼于它深远的影响和震荡。

广州之役，黄兴被击断两根手指，流血满身，幸得女中豪杰徐宗汉（后成为黄兴的妻子）及时救助，才得生还。未等伤口愈合，黄兴就嘱咐宋教仁筹备广州起义失败检讨会，他在会上慷慨陈词：

> 广州起义失败了，使我肝胆俱裂，五内俱焚，悲痛不能自已。……此役明知不可为而为者，迫于革命存亡绝续之交，战则虽败，革命精神不死，国魂光辉照耀古今，是所以坚持否决展期之说，宁死于战场，决不未战先溃。

黄兴就是这样，他曾自嘲为屡败屡战的"常败将军"，具有凌轹万

古的劲气，是一条铁骨铮铮的汉子，即使被击倒一千次，只要还剩半口气，他就会挣扎着从血泊中第一千零一次爬起，高昂的头颅决不会低下。完全可以这么认为，恶势力只能消灭他的肉体，却无法战胜他的精神。

辛亥革命前，孙中山一直认为，在珠江流域开展革命活动是上策；黄兴则把目光北移至长江中下游，更看好这一流域的革命资源，一旦义军攻克武昌或南京，即可震撼全国。在寄赠好友谭人凤的一首诗中，他表明了自己的观点：

怀锥不遇粤途穷，露布飞传蜀道通。
吴楚英豪戈指日，江湖侠气剑如虹。
能争汉上为先着，此复神州第一功。
愧我年来频败北，马前趋拜敢称雄？

有人说，黄兴是上马杀贼、下马草檄的英雄；也有人说，黄兴只是半吊子的军事家，自他掌管兵枢以来，几乎无役不从，无役不败，这样吃败仗吃得太多了，自己都已惭愧得不行，三番四次引咎自责，要以一死谢天下。作此酷评的人也不仔细想想，黄兴是在拿什么跟敌方硬拼和死磕，他率领同盟会众战友徒手搏虎，一回又一回，光是那份勇气，就足够令人敬佩了。在武昌，身为民军总司令，黄兴指挥了几场鏖战，其中汉阳保卫战尤为惨烈，他以初成之军对抗北洋大将冯国璋、段祺瑞等人统领的精练之卒，有赢有输，有胜有负，最终因为湘军第三协统领王隆中等将领抗命不从，擅离阵地，再加上新兵器械陋劣，作战经验欠缺，一而再、再而三地误事偾事，汉阳遂告失守。所幸袁世凯有养敌自重的私念，不想将革命党人赶尽杀绝，好留着他们做筹码，因此他勒令两位前线大将见好就收。要不然，急于立功封侯的"北洋之狗"冯国璋早就挥师攻占了武昌城。

应该说，武昌起义的意义也不在一城一池的得失，而在于迅速形成的多米诺骨牌效应，影响所及，全国十一个省宣告独立。清王朝日薄西山，气息奄奄，三分天下残剩其一，即便是这三分之一，也已摇摇欲坠，土崩瓦解已成定势。性情温和的鄂军协统黎元洪福大命大，被群龙无首的起义军推戴为军政府鄂军大都督。这场以擦枪走火开始、以南北对峙告终的革命起义十分意外地成为了中国命运的转折点。

二、南北议和

古人的说法是："得之速者，失之也疾。"民间的说法则更为通俗明白："来得快的，去得也快。"可不是吗？中华民国才建立几天，袁世凯就集结重兵，在江北虎视鹰瞵，随时准备扑灭南京的革命火种。黄兴顿感燃眉之痛，早先的喜气一扫而空。

谁来当中华民国的首任总统？当时意见并不统一，黄兴的呼声很高，这是不争的事实。据《胡汉民自传》所记："时章炳麟、宋教仁已先在沪。章尝倡言，若举总统，以功则黄兴，以才则宋教仁，以德则汪精卫。终以党人故，克强不敢夺首领之地位。"孙中山完全入不了章炳麟的法眼，这当然有个人意气的成分在作怪。黄兴不想当总统候选人倒是真的，并非有什么顾虑。

1911年12月29日，选举临时大总统的会议在南京大元帅府举行。当时，全国共有十八省代表到会，其中十七省代表以黄兴功勋盖世，公推他为总统候选人，但黄兴谦谦让贤，使孙中山顺利通过票选程序，荣任中华民国临时大总统。随即，黄兴被总统府任命为陆军部总长兼参谋总长，兼大本营总监，保留大元帅职务，主持和战大计。此前，黄兴纵观全局，虽知奸雄袁世凯未可信赖，但考虑到要彻底推翻清王朝，若能促使那位临危受命、对旧王朝离心离德的总理大臣反戈一击，就可收到釜底抽薪的奇效。当时，北京清政府、南京中华民国政府与袁世凯的北洋军形成三足鼎立之势：清政府尸居余气，中华民国政府狂飙初起，袁世凯兵力最强，军威最盛，足可制衡全局，可谓左袒左成，右袒右成。袁世凯还有可能做出惊世之举——那就是取清而代之，自居九五之尊。那样一来，濒死的帝制必将绝处逢生，死灰复燃。在北方，袁世凯的势力叶茂枝繁，根深蒂固，若想以中华民国临时政府现有的兵力和财力砍

倒这棵大臭椿，必定卷刃无疑。一旦南北兵戎相见，则天下糜烂，百姓遭殃，整个局面不可收拾。有见于此，1911年12月9日，黄兴给获释未久、仍滞留北京的汪精卫写信，阐明自己的观点：

> 迅速推翻清政府，令全国大局早定，国际早日承认。中华民国大总统之职，断举项城（袁世凯）无疑。惟望项城举事宜速，且须中国为完全民国，不得令孤儿寡妇尚拥虚位。

当时，不少人对此决策深表不满，认为黄兴有将民国总统一职私相授受之嫌，一旦革命胜果被"恶猿"攫去，时局将不容乐观。殊不知，在当时错综复杂的形势下，黄兴所用的只是权宜之计，他认为：民选总统顶多连任两届，待袁氏离职，则一切可以恢复正轨，这总比打一场无把握取胜的内战，致使生灵涂炭要好得多吧。应该说，黄兴的想法不无道理，却失之天真，老奸巨猾的袁世凯"盘外招"太多，他和孙中山明显估计不足。一旦袁氏攫取总统之位，许多事情就得依着他的性子去办理，诸如迁都南京、组织责任内阁之类，凡是于他不利的项目，他都一一推倒重来，中华民国临时政府笔杆子硬枪杆子软，只好一再地迁就他，直到最底线——黄兴与孙中山同时解去军政要职。

袁世凯手握重兵，看上去，他随时都能以石击卵，其实，他并不想与中华民国临时政府真刀真枪地对冲，毕竟战事一开，旷日持久，既劳神又费力，再说吧，杀敌一万，自损八千，也并不划算，弄不好，还会被国人斥骂为天字第一号的巨恶元凶。既然对方恭恭敬敬地架好了楼梯，那就上吧，千载良机不是天天都会找上门来的。不过，照剧本演戏，他在汪精卫面前还要装装姿态："民不爱国，罪孽深重；人不为己，天诛地灭！项城老矣，心在国家，愿志士仁人，容我有为国为民服务之机会，为了化干戈为玉帛，我谨以至诚，接受南北和议。"袁氏绿荧荧的目光瞄准了中华民国总统的宝座，一旦掠得这个最高权位，他就会用北洋军队扎紧篱笆，到那时，他还怕哪路神仙来搅局翻盘？在他看来，总统与皇帝只是换个名称而已，权力一样大，好处一般多，什么狗屁宪法和议会，能约束得了袁项城？

起初，孙中山坚决不赞成与袁世凯媾和，他的想法有多少出自私心的成分？旁人无从揣度。远比理性更强烈的直觉告诉他，像袁世凯这样长期附逆的军棍子，只可能成为人民公敌，绝不可能脱胎换骨成为人民公仆，革命军惟有北伐中原，方可澄清天下。革命党人谭人凤（也是湖南人）情绪更为激烈，态度更为强硬，他反对南方事事迁就袁世凯，以屈辱的姿态与北方媾和，他目光如电，很有洞察力，他的话也颇具煽动性：

"袁世凯要国家就不要迷恋武力，残民以逞为手段，要做总统，就要有民胞物与的襟怀，大公无私的气度，昭示天下。今民国建立，选孙文为总统，不到一个月，就要孙文下台，让位于袁世凯，本人以为这正是长他人志气，灭自己威风。革命者一往无前，所向无敌，本人主张兴师北伐，以竟全功！"

似谭人凤这样慷慨激昂的革命党人不在少数，但他们的话语除了调子高，并不具有多少说服力。南京临时政府真要跟袁世凯硬扛，靠的是枪，可不是嘴。章太炎是大腕级人物，他代表主和派发言，一席话把道理讲得天衣无缝：

"革命者去腐去恶，求变求新，求富求强，这是坚定不移的理想。昔姜太公对文王说：'大盖天下然后能容天下，信盖天下然后能约天下，仁盖天下然后能怀天下，恩盖天下然后能保天下。'孙子是我国军事大师，他说：'百战百胜，非善之善者也。不战而屈人之兵，善之善者也。'今孙大总统回国没有几天，当上总统也没有几天，长期革命在海外，对国内事务，只知其一，不知其二，蓦然主张北伐，要知未动兵先动粮，钱从哪里来？枪械从何处买？运输、补给、支援有什么准备？当大总统回来那天，记者问你携带多少金钱，而你答称'一文莫名，革命的精神而已'。如今黄兴大元帅，因广州之役伤口未愈，又坚守汉阳一个多月，身心疲惫，吾人不复忍心他无战备，无粮饷，凭血肉之躯再上战场。孙总理你运筹帷幄，决胜千里，兴师北伐，自然胸有成竹，应取代黄兴统领军权，身临前线。不佞当效犬马之劳，追随骥尾，生死不辞也。"

章太炎的话显然是连消带打，连讽带刺，但孙中山雅量过人，并未

生气，还微笑着称赞章太炎言之有理。孙中山转而征询黄兴的意见，黄兴说：

"我既然敦请十六个省的代表选举你为总统，就不能反其道而行之，要你让位给袁世凯。我个人的职责即推翻清朝，建立民国，其他无争论，不计较，解甲归农，希望有更多休闲岁月。广州之役、武汉之役，饥肠辘辘，无以为食，两三日不得一饱，于今患有严重胃病，大有朝不保夕之忧。如总理（孙中山是同盟会总理）决定兴师北伐，自应竭尽所能，鞠躬尽瘁，死而后已！"

听了这席话，孙中山的北伐主张顿时偃旗息鼓，他没有再发言，而是当机立断地写了一张纸条递给南北议和的全权代表汪精卫，其文如下：

> 个人名位非所愿争，总统职位可以让给袁世凯，如清帝退位，宣布共和，则临时政府推袁为总统，决不食言。

汪精卫读毕这力透纸背的寥寥数语，随即将纸条转交给黄兴，他坐在一旁，始而放声大哭，继而纵情大笑。孙中山问他哭什么，笑什么？汪精卫蓦然起身说："先生一身系天下之安危，南北和耶？战耶？面临倒计时，处此生死存亡之秋，先生表示禅让为怀，化解了内战危机。我的笑哭是出自一种感慨！中山先生，你为安邦定国打下了句号，你无我无私的精神，可以告白于天下。"

在南北议和期间，孙中山为人题词，总喜欢写"天下为公"，黄兴为人题词，总喜欢写"南北一家"。他们为国家计，为民族计，充分表现出不争权、不牟利的美德，可惜明珠暗投，这种美德最终被袁世凯抛掷于污渎，践踏于泥泞。一方面，可说是孙中山、黄兴遇人不淑；另一方面，也可说是孙中山、黄兴知人不明。对此，谭人凤曾有一针见血的批评：

"吾人经营革命十余年，掷无数头颅，流无量颈血，博换共和，本应有始有终，求圆满之结果。乃孙、黄放弃责任，一让总统，一辞留守，博功成身退之虚名，致令政变频乘，扰攘至今，而不能底定，不得谓非一大恨事也！"

　　革命者不阋墙，不争于同盟之内，这是可取的，不争于营垒之外则属不智。天下事，并非一味不争就好，争与不争，应视何时、何处、对象为何人而区别对待。

三、无我者必不争

　　黄兴的可贵之处在于真诚。他曾说："我革命的动机，是在少时阅读太平天国杂史而起……但是又看到太平天国自金田起义之后，起初他们的兄弟颇知共济，故能席卷湖广，开基金陵。不幸得很，后来因为他们弟兄有了私心，互争权势，自相残杀，以致功败垂成。我读史至此，不觉气愤腾胸，为之顿足三叹。"他还剖白过心迹："盖自束发读书以来，即知立志自爱，凡一切谋利禄、争权势与夫寡廉鲜耻、卑鄙阴贼之念，不待禁革，早就自绝于心。"革命家有这样的良知，就不易腐化堕落了。

　　诚然，不争则不足以成为革命家，但真正的革命家有所争，必有所不争。他们为民众争人格，争自由，为国家争主权，争出路，可以拿身家生命去作殊死拼搏，这样的争往往能够见出他们的智略、胆魄和血性。至于其不争者，则是在同盟之内不争名，不争利，不争权，不争一己之荣辱得失。

　　1905 年 8 月 20 日，在中国同盟会成立大会上，黄兴若要争夺总理的位子，难度系数并不大。因为华兴会人数最多，单纯票选，孙中山必然处于劣势。但黄兴并未乘机争权，而是生怕自己受到大家过分热情的推戴，冷落了孙中山。他主动提议由孙中山出任中国同盟会总理一职，为此即席发言：

　　"孙先生论年龄比我大九岁，论革命先我整十年，况且他学贯中西，熟识世界潮流，以及富有民主政治思想，是将来治理国家的最佳人选。愿大家决大疑，顺时务，开诚心，布公道，为国家慎重其事，为国家选贤与能。"

　　黄兴大公无私，延陵高揖，这种精神别说一世少有，即使纵览千秋

百世也罕见。黄兴不争名位，毫无虚伪的成分。试想，孙中山投身排满事业，长年冒险猛进，身当百难之冲，不知受人非笑唾骂过多少回了，他一直想主持一个声势遍及全国的革命组织，这次东来，原意只是拉拢黄兴合作，却万万没想到黄兴会对他竭诚相待，以和衷共济为旨归。

要说黄兴与孙中山正面顶牛，只有过一次，却并非为权为名为利，为的是确定中国同盟会的会旗。1907 年 2 月，中国同盟会本部召开全体干事会议，议题之一为会旗图案。黄兴建议用"井"字旗，它暗含平均地权的意思。孙中山则主张用兴中会在广州首义时使用过的青天白日旗。两人各执己见，不肯妥协，直争得脸红脖子粗。黄兴愤激地说："以太阳为特征，这是效仿日本，一定要赶快毁了它！"孙中山当即厉声抗辩："我在南洋时，有数万人托命于这面旗帜，你要废弃它，就先把我除名吧！"身为党魁，孙中山示人不广，此事闹得极不愉快。黄兴气得脸色发青，甚至扬言要退出中国同盟会，与孙中山断绝往来。事后，黄兴再三权衡，认为革命阵营应以团结为第一要义，他愿意作出让步。为此他专门给孙中山的同乡好友胡汉民写了一封短函，表明衷曲：

> 名不必自我成，功不必自我立，其次亦功成而不居；先生何定须执第一次起义之旗？然余今为党与大局，已勉强从先生意耳。

1907 年暮冬之际，孙中山由东京重返南洋，行前向黄兴道别，盛赞黄兴是一位知行合一的革命家、山河再造的工程师。一时兴起，展纸挥毫，笔端饱蘸深情厚谊，撰成一副对联，赠予黄兴：

> 安危他日终须仗，
> 甘苦来时要共尝。

既有"他日"，又有"来时"，在漫长的征途上，孙、黄二人志向一致，目标一致，理应共休戚，同甘苦。革命领袖之间最难得的就是推诚相待，始终如一，患难时如此，安乐时也如此。孙、黄相交十一年，恒多患难，少有安乐，患难时救死不暇，还哪有闲空算计对方？但以黄兴在权力面前力求无我无私的性情和风格而论，安乐之时，他也不会与孙中山斗意气，争权柄。他会走开，走得远远的，去做闲云野鹤。

黄兴若要争权，不争于中国同盟会成立之初，尚可争于"倒孙风潮"盛起之时。1907年，日本政府接到清政府的外交照会，总得做做样子吧，依循惯例，将革命者孙中山驱逐出境。但日本政府很精明，打算两头下注，遂由外务省赠送程仪（路费）五千元，此外，东京股票商铃木久五郎馈赠一万元，孙中山却之不恭，一一笑纳。当事人秘而不宣，中国同盟会的同仁被蒙在鼓里，一旦走露风声，即迅速引起风潮。当时，章太炎正主编同盟会机关报《民报》，经费左支右绌，听说孙中山暗地里收下了日本人的黑钱，顿时气不打一处来。他撕下孙中山的画像，掷于地上，主张罢免孙中山的总理之职，由黄兴继任。孙中山的态度很奇怪，对此既不否认，又不承认，始终保持缄默。陶成章的表现更激烈，他起草了《七省同盟会意见书》，历数孙中山十九条罪状，将"排孙"的情绪煽至沸点和熔点。章太炎在集会上说：

"孙文自欧洲来到东京，囊空如洗，一文莫名，所有日常生活开支，概由同盟会同志捐献供应。而今孙文得自日本当局馈赠一万五千元，以自动离境为交换条件，事前事后，本会毫不知情。孙文如此见利忘义，不自珍惜志节，不愤发艰苦卓绝情操，接受了污染渗透的赠与，使本会大公无私的号召力，蒙受毁损的阴影，殊感莫大遗恨！为挽救本会开创之士气与信赖，拟请孙文引咎辞卸本会总理职。"

此前，因陈天华投海自杀，黄兴悲痛欲绝，加之推行"革命者回归祖国"的方案，百事猬集，颇感力不从心，眼下又添"倒孙风潮"，更觉形势咄咄逼人。他对章太炎、陶成章多方开解道：

"如今革命风潮笼罩全国，清朝暴虐，变本加厉，万事莫如伐罪急，建国急，两公如求革命成功，万望对孙总理释除误会而信任之。"

黄兴还洞烛幽微，分析日本政府的居心用意：日本人见中国同盟会发展壮大，如受当头棒喝，日本政府希望窳败积弱的清政府继续腐败，好从中受益，不愿革命者夺取政权。日本这次驱逐孙中山出境，一反常

态地馈赠程仪，违反外交惯例，是否别有居心，以糖衣毒药为饵，欲引发同盟会内讧，使之自行瓦解？诸位当有所警惕。黄兴好说歹说，总算拆除了这个一触就爆的"炸弹"。

武昌起义后，南方各省纷纷独立，革命党人要建立新政权，谁来担任中华民国的首任总统？当时意见并不统一，黄兴的呼声很高，这是不争的事实。据《胡汉民自传》所记："时章炳麟、宋教仁已先在沪。章尝倡言，若举总统，以功则黄兴，以才则宋教仁，以德则汪精卫。终以党人故，克强不敢夺首领之地位。"孙中山入不了章炳麟的法眼，这当然有个人意气的成分在作怪。黄兴不想当总统候选人倒是真实的，他推戴孙中山的决心也是坚定的。

李书城是老同盟会员，在武昌城与黄兴并肩战斗过，结下了深厚的友谊。据他回忆，1911年12月底，黄兴拟赴南京组织中华民国临时政府，代行大元帅职务，但在行前一天犯了踌躇，决定不去南京了，原因是孙中山正在回国途中，黄兴若不在上海等船，而去南京就职，将会令孙中山感到不快，引起党内同志的猜疑。黄兴如此谨小慎微，乃是从大局出发，恐因小隙而致不和。

1913年3月，宋教仁被刺，孙中山倡导"第二次革命"，黄兴考虑到实力悬殊，不主张贸然与北方交兵，因而意见相左。1914年夏，孙中山倡导"第三次革命"，成立中华革命党，黄兴采取回避态度，不表赞成。于是，孙中山写信给黄兴，让他去咀嚼其中的滋味如何：

　　……闻兄无意于第三次革命，不日赴美，人各有志，至感欣慰。国事党事，弟所求于兄者，则望兄静养两年，俾弟一试吾法，过此无成就，由兄继续出而任事，弟当让兄独办。

黄兴哪有什么图谋权力的意思？孙中山仅凭个人意气如此说话，纯属误会。黄兴摇摇头，在来信上批写"传阅"二字，一笑置之。孙中山的这封信写于1914年5月29日，一个月后，黄兴已赴美国旧金山。此时，他的胃病越来越严重，整个生命只剩下了最后两支蜡烛，但那光焰依旧是纯净的，也是灼热的。

1914年7月8日，孙中山弄出不可思议的事情，他重组中华革命党，制订的新党章规定：入党者，第一要牺牲一己之生命自由权利，服从党魁一人的领导。第二要举行宣誓，在誓词上按下指印，而且规定党员分三个等级：第一等级为首义党员，属于"元勋公民"，得享一切参政、执政之优先权利；第二等级为协助党员，属于"有功公民"，有选举与被选举权利；第三等级为普通党员，属于"先进公民"，只享有选举权利。凡非党员，在革命期内，不享有公民资格。

乍看党章这几条，我们很难将它与孙中山领导的革命党联系起来，它更像是黑社会组织的帮规。难怪许多同盟会的老会员开始怀疑孙中山的民主思想不够纯粹，不够成熟，是承袭了专制暴政的衣钵。李根源甚至公然指斥此举为"无知的政治狂风"。对于中华革命党的党章内容，黄兴也难以表示赞同。身为孙中山的畏友和诤友，他指出，"前者不够平等，后者迹近侮辱"，批评孙中山"反对自己所提倡之平等自由主义"，而"徒以人治，慕袁氏之所为"，纯粹是"以权利相号召"。此前，在一份电文中，黄兴解释"忠"字的意思，"以忠言之，尽职之谓忠，非奴事一人之谓忠"。他坚决反对个人崇拜和将个人权威凌驾于政党之上。然而，从大局着想，为了避免不必要的磨擦和误会，为了不伤及袍泽之情，他决意留在美国，休养一段时间，让孙中山冷静自省，以便尽快恢复理性。

于国事蜩螗之际，黄兴若想做几笔投机的政治买卖，完全可以大发大升，甚至登上权力的峰顶，但他从未动心。1908年10月间，清政府想收买他，派大儒王先谦（黄兴早年就读于城南书院时的业师）居中说项，许以湖广总督的要职，他谢绝了；后来，黄兴被众人推戴为总统候选人，他又敬谢不敏。应该说，黄兴虽字克强，其权力欲望却并不强。他曾对好友叶楚伧说：

"真有志气者，不必做官。即居一乡为一小学校长，年年替国家培植出十数高尚纯正的人才，……功亦不鲜。"

黄兴敝屣权势，屡屡言退却无法抽身，纯属时局使然。

黄兴曾为人书联一副："古人却向书中见，男儿要为天下奇。"

唯自律者能成器，唯自勉者能成功，这是天下通理。黄兴自律自勉的功夫均堪称一流。他曾订下六条规则，一生恪守：

一、行动必须严守时刻；

二、说话必须说到做到；

三、读书须分主次，纵使事忙，主要者不得一日荒旷；

四、处理重要事务及文书，必须亲自动手，不得请托他人；

五、对人必须真诚坦白，不得怨怒；

六、游戏可以助长思想，不应饮酒吸烟。

以上六条颇为平实，没有唱半句高调，但守信、仗义、精勤、诚实、严谨诸种品质尽在其中，真要做到做好也不是那么容易。举大事者如此注重细节，真是难能可贵。黄兴革命，奔波南北，稍得安歇，则手不释卷。这与岳飞在行军帐中秉烛读书，有得一比。

黄兴知行合一（心口如一，心手如一），他平生恨人食言自肥，敬人"言必信，行必果"。面对敌阵，他无所畏惧，不肯退缩，生死以搏；

3月20日，宋教仁被刺后，孙中山、黄兴在上海举行会方式，决定发动"二次革命"

面对同志，则常露休休之容和蔼蔼之色，恂恂然，谦谦然。中国同盟会干将谭人凤生性孤傲，不喜欢与人比周，他坦承自己当初加入中国同盟会，对民族主义考虑不多，主要是黄兴的人格力量感染和吸引了他。

同时代人对黄兴的评价都很高，这种高，却并非是将纸糊的高帽一一奉上。

同盟会元老胡汉民说："黄兴是个标准的'湖南骡子'。更隐藏'老子不信邪'的脾气，其雄健不可一世，处世接物则虚衷缜密，转为流辈所弗逮。先生使人，事无大小，辄曰慢慢细细。传闻耳熟是语，以为即先生生平治己之格言。"

李书城长期追随黄兴左右，被黄兴视为智囊，他曾感慨道："克强总是个最平实的人，做事有功不居，光明磊落；作战身先士卒，爱护袍泽；做人推诚务实，容忍谦恭；受谤不言诠，受害不怨尤；不道人之短，不说己之长。"

章士钊则经常将一句赞词挂在口头，他不止一次讲过："吾持以论交之武器，在'无争'二字，然持此以御克强，则顿失凭依，手无寸铁。何以言之？我以无争往，而彼之无争尤先于我，大于我。……天下最易交之友，莫如黄克强！"

四、英雄无命

1912 年 10 月 20 日，黄兴乘坐楚同号兵舰返湘，恰逢三十九岁生日，不禁感慨万端，发抒为七言律诗一首：

> 卅九年知四十非，大风歌罢不如归。
> 惊人事业随流水，爱我园林想落晖。
> 入夜鱼龙都寂寂，故山猿鹤正依依。
> 苍茫独立无端感，时有清风振我衣。

黄兴回到故乡，受到万人空巷的欢迎，所到之处，民众齐唱新制的

歌曲：

> 秋凉时节黄花黄，伟大英雄归故乡。
>
> 一手缔造共和国，重整中华一定强。

黄兴荣归故里，意欲实现其"功成身退，解甲归农"的初志。他先是在省城召集各界名流，共商建设新长沙的大计，原计划以岳麓山为市区中心点，架设湘江大桥，修筑十条纵横大马路，连通南岳至洞庭湖这道五百里长的风景走廊。过了八十多年，这个新长沙的建设规划在今之执政者手上仍未能全部付诸实施，顶多功成一半，怎不叫人感叹建设之难呢？黄兴曾私下向湖南都督谭延闿租借一块土地，好开辟农场，躬耕其中。谭都督未肯认同他这个想法，而是"劝以国家为重，正当年富力强之时，何忍掉臂归隐，弃国事于不顾？但为将来年老之计，姑且有以设想准备。鄙意以为洞庭湖中之君山是最理想之处，湖面浩瀚八百里，乾坤旋转日夜浮，丘陵村落，气象万千，乃休闲养老之胜地。黄兄功在国家，容许我湖湘人民通力合作，预先准备"。

可怜一世英雄空怀逸兴，这次故乡行，成了他的诀别之旅。五年后，灵柩归来，他已成古人，所谓"掉臂归农"随之化为千秋梦幻。

1916年10月3日凌晨4点半，黄兴因胃出血病逝于上海，他的死引得万方同悲。当时，蔡锷因喉结核就医于日本九州的福冈医院，噩耗传来，急痛攻心，他当即挥毫撰写了一副哀思殷殷的挽联：

> 以勇健开国，而宁静持身，贯彻实行，是能创作一生者；
> 曾送我赴日，忽哭君天涯，惊起挥泪，难为卧病九州人。

蔡锷比黄兴年轻八岁，晚死八天，八发八发，这样的"发"，真是一发而不可收拾啊！旬日之间，民国痛失两位支撑门户的英雄，大才子梁启超的挽联该怎样写？于私人感情而言，他还失去了一位最优秀的弟子。

十日死两贤，天下事可知矣；

千钧系一发，后死者其念诸。

　　国事到此已无可为，后死者气魄和才具有限，千钧重担，谁能用铁肩挑起？黄兴死后，孙中山表现出真实的悲哀，失去了一位最堪倚仗的战友。宋教仁、黄兴和蔡锷纷纷凋谢，自郐以下，不足论矣，孙中山的路子势必越走越窄，越走越黑。尽管他与"湖南帮"有些解不开的疙瘩，这回也只剩推崇和悲怆。

常恨随、陆无武，绛、灌无文，纵九等论交到古人，此才不易；

试问夷、惠谁贤？彭、殇谁寿？只十载同盟有今日，后死何堪？

　　最意想不到的挽联出自杨度之手，他与黄兴完全不是一路人，但老乡哭老乡，两眼泪汪汪，当年的政敌，除了敌意，尚存友情，难得难得。杨度的联语为：

公谊不妨私，平生政见纷驰，肝胆至今推挚友；

一身能敌万，可惜霸才无命，死生从古困英雄。

　　读来读去，所有的挽联，还推章太炎笔下寥寥十二字总结得恰好，近乎盖棺论定：

无公则无民国；

有史必有斯人。

　　令人不解的是，后之史学家颇为势利，仿佛统一了口径，竟将缔造民国的盖世功勋，大部分派给了孙中山，其他人很难分羹。对黄兴的贡献，某些史学家相当抠门，仅给予低度认可，似乎还是额外开恩。对此，黄兴的小女婿、中国近代史专家、美籍华裔学者薛君度教授非常气愤，不知吹断了多少根胡子。薛君度教授推翻陈见，特出新意，撰写《黄兴与中国革命》一书，为老泰山争回公道，他发掘的史料和抛出的观点确实使中国史学界发生了一场里氏七级地震。由此看来，"历史是人民写的"和"公道自在人心"之类的行话，也是不可不信，未可全信的。

二十世纪上半叶，由于一大批革命志士剑及履及，苍老的中国有了活气与光明。然而，随着众多精英的纷纷凋谢——如吴禄贞、吴樾、林觉民、喻培伦、宋教仁、黄兴、蔡锷、赵声、陈其美、朱执信、谭人凤——那活气与光明迅速转向微弱，这就足以说明东方古老的"海棠叶"多灾多难，每每在关键时刻，龙凤夭折而蛇鼠暴兴。

或许有人要问：民国初年，万方多难，百废待举，假若"湖南三杰"——宋教仁、黄兴、蔡锷不相继辞世，又能如何？

我想，只要他们三人中有一人在，至少至少，孙中山病逝后，还轮不到蒋介石来"庸医治国"，误尽天下苍生。

可恨啊，天地不仁，戕我国士，竟以万物为刍狗！

蔡锷（1882—1916）：湖南宝庆（今属洞口县）人。原名艮寅，字松坡。军事家，诗人。大独裁者袁世凯的头号克星。

蔡锷：特立而独行

　　数年前，当油菜花开的暮春时节，我觅得一个黄金机会，顺道前往邵阳县城关镇，参观民国先驱蔡锷的故居。蔡锷故居为砖木结构，由于风雨侵蚀，年久失修，半已废圮，当地人称之为"半节屋"。谁能料想到，从这几间潮湿阴暗的破屋子里，曾经昂然走出了一位拔山扛鼎级的历史伟人！这使我再次记起了"英雄不问出身"那句耳熟能详的老话。

　　多年来，我在省内参观过曾国藩、谭嗣同及多位民国英雄的故居，显而易见，它们长期受到漠视，遭到废弃。冷冷清清或破破烂烂的故居似乎一律患上了"自闭症"，不肯让阳光和空气讨到半点便宜，生锈的铁将军冷若冰霜，动不动就将寻访者拒斥于院门之外，如此一来，乘兴而至的游客常常败兴而返。历次政治运动被称为"革命的洗礼"，这是对的，那些故居的肚肠被"清洗"过几遍之后，早已徒有其貌而乌有其实了。即算是一具空壳吧，也仍会有素心人不远千里万里前来寻觅历史的蛛丝马迹，有关方面何不顺水推舟，给他们这个现成的便利？大到一个民族，小到一个政府，若不尊崇历史上的先贤和先烈，其整体品格就很难向上攀升，而只会以直线或抛物线的方式堕落。我站在蔡锷故居前，

将"遗忘"二字又细细地咀嚼了一遍，心中真不是滋味。寒碜一位历史英雄，总归要用些低劣之极的招数，这尤其令人胸闷气结。距离蔡锷故居不过一箭之遥的小山上，不知何方大手笔正修建一座高大敞亮的万寿宫，单看其规模，斥资少说也要近百万元人民币。绕万寿宫走上一圈，我心想，无须多日，"佛狸祠下"就该是"一片神鸦社鼓"了。然而，那样的香火，把蓝水晶般的天空熏得黝黑，就能祈求到形同梦幻泡影的福祉吗？这悲哀似乎是淡淡的，若不往深处寻究，还会认为一切都很祥和。不知建庙者想没想过，英雄的生命是什么？它是荒歉年代的一坛麦子，饥饿走了，还会回扑，可怕的是，麦种却被短见浅识的后人磨成面粉，纵然能挺过暂时的难关，也不易度过此后的绝境，这样的悲哀才是最沉重的。

一、做一个有名有实的军人

　　蔡艮寅七岁赴试童子科，考场外人山人海，做父亲的干脆叫儿子骑坐在自己的双肩上，气喘咻咻往里钻。主考官见状，上前打趣道："怎么，子将父作马呀？"蔡艮寅应声回答："父愿子成龙嘛！"一问一答恰成切对。入了试院，别的孩子东张西望，蔡艮寅却稳坐如山。主考官决定使出偏招为难这位神童，便拿出一张方寸大的小纸片，吩咐道："在上面写一万个字。"蔡艮寅闻言，暗自心惊，但他脑筋急转弯，主考官打哑谜，分明是要测试《三字经》。于是他奋笔疾书，"一而十，十而百，百而千，千而万"，写完就交卷。蔡艮寅机警过人，应对无误，主考官既满意又开心，当众勉励道："好好用功吧，你将来前程无量！"六年后，蔡艮寅参加邵阳府岁考，主考官是著名维新派人士、湖南学政江标。据石陶钧回忆录《六十年的我》所记，他和蔡艮寅同期进学，江标勉励道："邵阳先辈魏源你们得知吗？读过他的书吗？你们要学魏先生讲求经世之学。中国前途极危，不可埋头八股试帖，功名不必在科举。"

　　两年后，蔡艮寅前往省城长沙，入读时务学堂，在头班四十位学员中，论脑筋他最灵光，论年纪他却是"白帽轻衫最少年"。唐才质在《追

忆蔡松坡先生》一文中称赞道："每月月考，皆居前列。英气蓬勃，同学皆敬慕之。"这位天才少年认真聆听谭嗣同、梁启超、唐才常、熊希龄等大贤激进的改革言论，学识和悟性与日俱增。

百日维新失败后，蔡艮寅深知积重难返的清王朝已非政治上的变法改良可以从头刷新，而必须借助军事上的摧枯拉朽方能断其根本。庚子（1900）之夏，唐才常领导的自立军起义由于事机不密而失败，二十多位志士血洒刑场，蔡艮寅先期离鄂赴湘联络，幸获保全。悲愤之余，他决意改名为"锷"，意思是：愿为刀剑之刃，直刺邪恶势力。同年10月，他在组诗《杂感》第二首中写道："前后谭唐殉公义，国民终古哭浏阳。湖湘人杰销沉未？敢谕吾华尚足匡。"其气愈挫愈奋，其志愈磨愈坚。秀才造反，十年难成，由傀儡皇帝主持的维新变法只不过是纸上功业，蔡锷痛心于师友罹难，从此改弦更张。留学东瀛时，他弃东亚商业学校而选成城学校，修习陆军科目。1903年，蔡锷考入日本陆军士官学校第三期，继续深造。

起初，梁启超对爱徒倾心学习陆军科目大惑不解，开过这样的玩笑："你是文弱书生，似乎很难担当军事重任。"蔡锷回答道："只须先生为我想方设法，能够学陆军，将来不做一个有名有实的军人，不算先生的门徒。"蔡锷说话算话，果然成为日本陆军士官学校高材生，毕业时，被誉为"中国三杰"之一。

1906年底，蔡锷学成归国，在桂林筹办广西陆军小学，膺任总办。第三期学员李宗仁亲眼见识过蔡锷的飒爽英姿，《李宗仁回忆录》有一段传神的文字描写蔡锷将军身手矫健：

> 我们的总办蔡锷将军有时来校视察，我们对他更是敬若神明。蔡氏那时不过三十岁左右，可称文武双全，一表堂堂。他骑马时，不一定自马的侧面攀鞍而上。他常喜欢用皮鞭向马身一扬，当马跑出十数步时，蔡氏始从马后飞步追上，两脚在地上一蹬，两手向前按着马臀，一纵而上。这匹昂首大马，看来已够威风，而蔡氏纵身而上的轻松矫捷，尤足惊人。我们当时仰看马上的蔡将军，真有"人

中吕布，马中赤兔"之感。

1911 年 10 月 10 日，武昌起义，滇省亦于重阳节积极响应。当时，蔡锷任云南二十七协协统（相当于旅长），在昆明巫家坝主持大局，为当然策动者。滇人敬服蔡锷的威德，独立后，公推他为云南都督。对于这位强力上垒得分的青年军事天才，窃国大盗、老狐狸袁世凯没理由不生疑忌，不怀警惕。恰巧蔡锷有意离开偏远的云南，谋求湖南都督一职，这原是国务总理熊希龄作了肯定答复，袁世凯也点头应允了的，但袁世凯心思特贼，暗地里上下其手，让张敬尧后发先至，蔡锷的愿望全然落空，一时间陷入进退失据的窘境。没法子，蔡锷入京听训，正好落入袁世凯的网罗。当年，袁世凯祭出的黄金绊马索是：封蔡锷为昭威将军，委任他为参政使、兼经界局总裁和统率处办事员，用三份高薪（共计五千银元）去卸下这位异己者的兵权，其居心犹如和尚头顶的虱子——明明晃晃地摆着，也可谓极尽笼络之能事了。

二、与袁世凯斗智斗勇

应该说，蔡锷对袁世凯的认识经历了一个较为曲折的过程，曾有人将它概括为六个字："拥袁——疑袁——倒袁。"最初，蔡锷留学东瀛，得到过袁世凯一千银洋的资助，心中自然是怀着感激之情。后来，他也跟黄兴、孙中山一样，对袁世凯抱有不切实际的幻想，他曾语气笃定地说："袁是中国的一个人才，能把中国治理好。"还曾说："如果袁氏愿意的话，就让他做个终身总统。"这都是从国家稳定这个大前提发言的。蔡锷初见袁世凯回来，喜形于色，告诉好友陈宧等人："项城（袁世凯）今天称呼我为松坡先生，很出我意料之外。"陈宧是袁氏心腹，对袁氏了解更深，他给蔡锷当头泼下一瓢冷水："他喊你先生，就是要你先死！"这话不中听，倒是迎头棒喝，一语揭秘。

1913 年 3 月，"宋案"发生，黄兴力谋法律解决，孙中山则主张发动"二次革命"，武装倒袁。黄兴不得已，派遣专使谭心休奔赴昆明，与云南都督蔡锷秘密接洽。此时，蔡锷仍在疑袁，未肯出以霹雳手段。他说：

"民国初建，国基尚未巩固，当劝克强安静。袁势方张，此时未可轻动。"

"我等若再忍耐，袁贼必将称帝。"谭专使继续烧火。

"他如胆敢称帝，我将在西南也做起皇帝来！"蔡锷冷笑道。

谭心休大惑不解，问蔡锷，他这话究竟是什么意思？云南都督正气凛然地解释道：

"国体共和，或在约法。有人敢违约法，国人必起而共击之，我就是第一个不饶他的。现在项城劣迹未彰，故我主张暂时忍耐，时机未到，我劝诸公万勿轻动。"

1915年1月18日，日本政府向中国政府提出"二十一条"无理要求，这是一个关键的转折点。袁世凯信誓旦旦地向蔡锷保证："交涉完，思一雪此耻！"外交大臣陆徵祥秉承袁大总统的意旨，也确实作出了最大的努力，驳回了日方一些足以亡我中国的条款，但不管怎么说，它仍为一个丧权辱国的不平等条约，这是不争的事实。当时，在参政院，蔡锷发表了长篇演说，呼吁捍卫国家尊严，不惜决一死战。眼看北洋政府妥协退让，蔡锷颇为灰心，致书友人曾广轼，表明心迹，必要时他将"飘然远引，打个人之穷算盘"，回湖南从事矿业。此后，北京政坛更加乌烟瘴气，1915年8月23日，杨度等人组织"筹安会"，把君主宪政鼓吹得仿佛水中可以点灯。这时节，蔡锷对袁世凯尚未餍足的权力欲望已有相当明显的戒备。

为了表明自己的立场，蔡锷曾与黎元洪等人通电发誓："沧海可枯，初心不改，当共以铜筋铁血担保共和，……断不使帝制复生，民权中斩。皇天后土，实闻斯言。"然而，政治斗争终须讲求策略，梁启超与爱徒蔡锷合计，决定两人一个退到暗处，另一个进到明处。退到暗处的将来要用枪，以推翻袁氏专制政权为大任，"志存颠覆，则迹求隐晦，平日谨言词，慎交游，常恐以意外之疏忽而招来本事之损害"，自然是潜心默运，不露声色，不轻于一掷，不预先暴露目标；进到明处的现在要用

笔,以揭破袁氏假面为急务,则无妨嬉笑怒骂皆成文章。袁氏汲汲于称帝,梁启超看他不顺眼,在天津发表了《异哉,所谓国体问题者》,给袁世凯以迎头痛击。蔡锷在北京,与袁党周旋,对此不可能不公开表态,他说:"我们先生是书呆子,不识时务。"袁党诸公当即抓住这个话柄,责怪他不肯出面去劝导梁启超收敛笔锋。他又说:"书呆子哪里劝得转来?但书呆子也不会做成什么事,何必管他呢?"稍后,他干脆以自污的方式在"主张中国宜用君制者署名于后"的条呈上率先签写"昭威将军蔡锷"的字样。暂时的自污是为了永久的自洁,暂时的受辱是为了永久的光荣,无疑,这是举大义行大事者的权宜之策,非硁硁愚人所能理解。

　　袁世凯逆时代大潮而动,要圆成一局皇帝迷梦,障碍之多可想而知,他先得摆平各个利益集团的代表人物,而以军界人物为关键之关键。蔡锷冰雪聪明,他很快就看清了"老猿"的那几根花花肠子歪歪筋。其实,在蔡锷心中有一个解不开的情结,他对袁世凯在戊戌政变时卖友求荣的昭彰劣迹,很难不耿耿于怀,因为被出卖者中有他特别敬重的谭老师谭嗣同。谭老师喋血菜市口之日,也正是蔡锷发誓要推翻帝制之时。他与袁世凯薰莸不同器,冰炭不同炉,又哪有丝毫合作的余地?但凡政治高峰上的斗争,尤其是斗智,总须玩一玩太极推手。你"老猿"不是要逼我赞成帝制,要钳住我的口舌吗?我就干脆给你一个天大的爽快,表面上赞成你,实际上我行我素,你要是真敢南面称孤,我蔡锷该出手时就出手,掀翻你的御座,决不含糊。为了不使袁党起疑,蔡锷干脆往自家脸上抹黑,他常常流连于秦楼楚馆,捧名角,吃花酒,或者与友人终夜鏖战于方城之中,伪作钝痴之态。袁世凯是只老狐狸,虽然种种迹象显示,那位年轻的昭威将军日渐堕落,小报上的文章也众口一词,把蔡锷骂得一无是处。袁党分子抓住蔡锷沉迷于醇酒妇人的好题材大做文章,袁世凯却叹息道:"使彼诚乐此不倦,吾始高枕无忧,特恐醉翁之意不在酒耳。"袁世凯对蔡锷丝毫不敢掉以轻心,加派暗探,日夜监视其一举一动。

　　1915 年 11 月底,蔡锷乔装出京,到天津秘密会晤梁启超,师徒二人仔细分析了当前不容乐观的时局,认为护国一役已避无可避。蔡锷愤激地说:

眼看不久便是盈千累万的人颂王莽功德，上劝进表，袁世凯便安然登其大宝，叫世界看着中国人是什么东西呢？国内怀着义愤的人虽然很多，但没有凭藉，或者地位不宜，也难发手。我们明知力量有限，未必抗得过他，但为四万万人争人格起见，非拼着命去干这一回不可。

师徒二人郑重约定："今兹之役若败，则吾侪死之，决不亡命；幸而胜，则吾侪退隐，决不立朝。盖以近年来，国中权利之风大盛，吾侪任事者当以身作则，以矫正之。"这种只任责不谋权的政治品德，在华夏大地上，真是旷世罕闻，当今罕觏啊！蔡锷与梁启超匆匆道别，变名易姓，从天津赴长崎，自长崎转香港，再经海路至广西，由广西入云南，高高地举起了护国军义旗。

当年时务学堂那位二十四岁的梁（启超）总教习是热心鼓吹维新理论的保皇派，如今思想觉悟已大进一步，他终于明白，家天下的专制王朝黑如锅底，无论换个怎样三头六臂、旰食宵衣、渴望天下大治的好皇帝，也绝对不可能带来真正意义上的一线光明。何况袁世凯是一只善于玩权术的老狐狸，既无仁心又无仁术，不可能给中国日趋黯淡的前景带来半缕晨曦。曾有不少时人和后人讥讽梁启超为"风派人物"——他参与过维新变法，鼓吹过保皇思想，赞成过君主立宪，后来又转而同情国民革命——甚至嘲之为"变色龙"，诟之为"尸变"。殊不知，似他那样与时代同进步，为之倾注满腔激情，甘冒锋镝的知识分子恰恰不是太多了，而是太少了。

梁启超有一句口号很著名，那就是"不惜以今日之我难昨日之我"，时代进步愈速，这种自我内心的战争就会愈演愈烈，他负得少胜得多，终于脱胎换骨。1915 年秋冬之际，梁任公追随爱徒蔡锷将军的足迹，远赴两广，策动陆荣廷反袁护国，干出了彪炳青史的轰轰烈烈的大事业，足以俎豆百世，流芳千古。当时，胜负尚在未定之天，干得成，于国家和民族固然是大功一件；干不成，则身家性命全赔。试问，有几位白面书生敢这样"忍把头颅作孤注"？

三、打响护国战争第一枪

袁世凯合该跌足痛悔，他听说蔡锷潜至云南，梁启超也现身沪上，势将于己不利，遂气极败坏地说："自己一世做人聪明伶俐，不料这回被梁启超、蔡锷装在鼓子里头！"这时候，他再饬令云南军方极力镇压乱党，对潜入该省煽惑军队者，无论何人，拿获即予就地斩决，简直就是把自己当成万能的主神宙斯了。他使出的无疑是"隔山打死牛"那样威武之至、刚猛之极的天桥功夫，叫聪明人看了直觉好笑。还有更滑稽的，袁世凯听信风水先生的鬼话，令人在邵阳县亲睦乡蒋家村——那儿埋有蔡锷家的祖坟——急修一条新路，拦腰切断其龙脉，以为这样子就可以"飞刀杀人"，"不战而屈人之兵"。然而没隔多久，袁世凯就得到了"丰厚的回报"：云南方面给他连发两封电文，其中一封载明五条要求：请袁总统开诚布公；尊重约法；恢复旧有议会制度；严惩贪官污吏；取消帝制。并宣布天下，神人共鉴。另一封即宣告云南政府自由行动，与北京政府断绝关系，保存中华民国（1915年12月31日《大公报》，取其大意）。与现在的新闻曝光速度相比，应该说，天津《大公报》真有点像是慢郎中对付急惊风，动作过于迟缓，要知道，六天前，即12月25日，蔡锷、唐继尧、李烈钧已于昆明电告全国，宣布云南独立，反对帝制，武力讨袁，打响了护国战争第一枪。袁世凯当时正被筹安会的那班马屁精捧到九霄之外，腾云驾雾，又是"改元"，又是"建朔"，又是试龙袍（两件金绣

护国战争时期任第一军总司令的蔡锷

龙袍价值八十万元），浑身的痒痒肉被众人挠得舒服之至，当然不可能自己拆自己的台，顶威风顶神气的也就是电令第七师团司令张敬尧火速从湖南入滇，强行弹压云南乱军。他再次低估了蔡锷的雄韬伟略。

表面看去，蔡锷打响护国战争，以三千义兵挑战北洋大军，是为了保全国体，扑灭死灰复燃的封建帝制，实则，他挺身而出，是要为全体国民争取应有的基本人格，为中华民国争得一线命脉，不忍眼睁睁地看着它们被践踏被宰割而坐视不救。蔡锷具有现代民主政治思想——他主张军人严守中立，以捍卫国家主权保护民众生命为己任，不加入也不偏向任何政党。他本人既不是同盟会会员，也不是国民党党员。他的立场首先是放在国家和民族这一边的，他与北洋军阀完全不对路，他发动护国战争，其初衷昭昭可见，不在抢地盘，也不在夺兵权，他不是私欲膨胀的军棍子。台湾作家李敖在《现在是我们关心自己人格的时候了》一文中，有一段论及蔡锷的倒袁意图，讲得十分透气："我在演讲中特别提到当年梁启超和蔡松坡挺身而出，反对中华民国总统袁世凯的前例。他们师徒二人，在袁世凯一而再、再而三的不讲诚信以后，他们实在忍不住了，最后以'为国民争人格'的崇高目标起而反袁。——反袁为什么不以袁世凯不诚无信为目标？因为袁氏为人的不诚无信我们早已司空见惯，他个人的人格实已不值得我们关心或悲愤。该使我们关心的、悲愤的，乃是我们如果听任他一而再、再而三的以不讲诚信作弄我们，我们却逆来顺受，默尔而息，我们自己，就未免太贱种了，太没人格了。以'为国民争人格'为主调反对袁世凯，才是梁启超、蔡松坡先生的伟大人格。"极力推行愚民政策的政府固然是无耻的政府，听任愚民政策糟践自己而忍气吞声的国民又何尝不是下贱的国民！要使"民免于耻"，强力的觉悟者就应当率先发难，梁启超和蔡锷师徒二人早就提供了光芒四射的范本。

蔡锷将军有大胸怀大气魄，也有大幽默感大讽刺力。袁世凯称帝以丑剧始，以闹剧终，"老猿"气数将尽，却仍旧涎着一张檀板厚脸，要重新坐回民国总统的宝座，他也许觉得自己这副政治嫖客的扮相蛮有趣，演技也蛮高，可大家都觉得他太无信义太无羞耻。蔡锷将军眼中头等瞧

不起的就是这号无信无耻之徒，他曾拍了一封电报给"老猿"，措辞十分精奇，读之令人神爽。电文如下：

> 共和与帝制，立于极相反对地位，自帝制发生，则共和濒死。吾侪力活共和者也，今既活矣。公何能再赓总统之任？吾谓公既以帝制为生，即宜与帝制同死，若帝制死而公独生，窃为公不之取。吾侪拼掷生命，盖欲身殉共和；公犹不思退位，能无愧对帝制耶？仆为公计，能殉帝制，仍不失为英雄。

1916年6月6日，愤恚至极的袁世凯吹灯拔蜡踹锅台，一命呜呼。蔡锷这封具有宣判意味（犹如敲下最后一枚棺钉）的电报显然给了"老猿"精神上沉重一击。"人不可以无耻"，当政者尤其要谨记此言，因为无耻是魔鬼的诱饵，一食之后，就会枯髓烂心，不仅置个人的人格于不顾，而且还将置全体国民的人格于不顾，涂污自己犹自可，涂污全体国民，终必天地同仇，人神共弃，从其宝座下，从其棺椁旁，喷射出憎恨的烈焰和熔浆。当代诗人北岛的《无题》诗开头两句为"卑鄙是卑鄙者的通行证／高尚是高尚者的墓志铭"，他这是明白之语、忿激之语和悲哀之语，在中国的现实环境中，愈益邪恶的专制主义随时随地都可能借尸还魂，要清除它的恶臭与毒质，民主、科学和自由的思想无疑是最好的抗生素，但若没有高尚人格这一必不可少的血清，那些好的思想仍将收效甚微；使之完全变调和走味更是某些黑心政客的拿手好戏。蔡锷在一个正确的时间、一个正确的地点，为一个正确的主张挺身而出，他登高一呼，全国响应，不仅风云为之变色，而且历史为之改容。那样的机遇，另有数人的铁腕原本也可把握，蔡锷却独着先鞭，这正说明他的大智大勇超卓于一世之上。

四、功德并举，壮志未酬

蔡锷不仅主张"军人不党主义"，还特别关心民瘼，他膺任云南都督时，云贵两省的商贾感戴其恩德，大家合计着要为他铸造一座高大威武的铜像。蔡锷却将这笔款子用于赈恤两省的饥民。事后，他对大家说："君等铸我像，享受荣名，在百年千年之后，若辈哀鸿，食此涓滴之赐，当可活命无算。彰人之功，不若拯人之命也。"斯人乃有斯言，斯人乃有斯言！此外，他还将自己的薪俸由六百元减至六十元，树立榜样，以苏民困。看历史，比较异代不同时的人物的德行，往往可以从同一件事琢磨出许多真实的信息来，就看你的目光会不会或者肯不肯在横向、纵向的历史坐标上反复扫描。

1916年11月8日凌晨2时，因患肺癌与喉结核，蔡锷将军溘然病逝于日本九州的福冈医院，年仅三十四岁（其师谭嗣同和唐才常也都在这个年龄上牺牲）。死前一天，他还观看了窗外的飞机表演，并说：中国国力欲强，必须尽早建立自己的空军。几小时后，病情即突然恶化，弥留之际，他嘱咐侍从人员发一封电文给当时的大总统黎元洪，以表达自己的遗愿。全电如下："大总统钧鉴。锷病近弥留，谨口授随员等以遗电上陈。㈠愿我人民政府协力一心，采取有希望之积极政策。㈡愿为民望者，以道德爱国。㈢此次在川阵亡出力人员恳饬罗督军、戴省长核实呈请恤奖以昭公允。㈣锷以短命未能尽力民国，应为薄葬。临电哀鸣，伏祈钧鉴。四川督军兼省长蔡锷百拜。"

在当时混乱的政局之下，黄兴刚死，蔡锷又逝，这肯定不是生民之福，未为国家之幸。孙中山先生的帐下还剩有一些零零落落的将领，但极具感召力和影响力的帅才，除黄兴、蔡锷之外，孙中山已很难作第三人想。大厦未竣，栋梁先折，这是民国莫大的悲哀。"人之云亡，邦国殄瘁"，翻遍三千多年的历史流水簿，中国的国运向来不佳，这一回又是如此痛苦地印证了。

有人说，英雄不短命，便不足以称为英雄；美人不短命，便不足以称为美人。这话是很令惜才者和怜香者寒心疾首的。真正的英雄，尤其是那些具有唯美气质、狂飙性格和浪漫情怀的英雄，他们的生命犹如风中之烛，总是燃烧得异常之快，熄灭得异常之早，"赍志以殁"和"英年早逝"，这八个字，犹如黄连一样，是短命的英雄留给后人最苦涩的

回味。

许多次，我游览岳麓山，从爱晚亭取道上行，一口气攀登到古麓山寺后的蔡锷墓庐旁。苍松郁郁，小溪淙淙，空山鸟语提醒给我的除了幽静，还有另一层意思：英雄将骸骨留给了青山，他的灵魂已化为爱国者反独裁反专制的精神遗产，宛如空谷幽兰，弥散的馨香不绝如缕。

"苍苍云树直参天，万水千山拜眼前。环顾中原谁是主？从容骑马上峰巅。"

1905年春，蔡锷登临岳麓山，写下这首意气洋洋的七言绝句。可惜，时隔十二年，他再度登临此处，已然是魂兮归来。

我肃立在蔡锷墓庐前，凝望那座白色方尖碑。"将军拔剑南天起"的豪情仍未被雨打风吹尽，固然多一点悲凉，多一点沧桑，但天地雄心，何尝死去！稍稍留意，你还会发现石栏上刻下的那行字迹——"是真革命之先觉，乃敢特立而独行"。你若透辟地理解了这行文字，也就理解了蔡锷将军的非凡之处和伟大之处。他将存活了两千多年的中国封建帝制一举掀翻在地，使这条百足之虫再无苟活的残息，再无反噬的余力，他的道德、他的人格、他的理想还能不因此矗立为永恒的丰碑？我徘徊于墓庐旁，久久不愿离去。由衷的敬意强求不得，而只能从心湖中唤起，仿佛唤起一群雪白的鸥鹭。

梁任公《护国之役回顾谈》一文的结尾犹然可诵，那声音仿佛阵阵松涛，在谷中持久不绝地回荡而又回荡：

　　蔡公死了吗？蔡公不死，不死的蔡公啊！请你把你的精神变作百千万亿化身，永远住在我们青年心坎里头。

无疑，时间的每一根肋骨上都已镌刻下"蔡锷"这个熠熠然闪烁着刀剑之光的名字，他为四万万国民争人格的那份巨量的勇气也是任何岁月风尘都无法抹杀的。我来到岳麓山中，来到蔡锷墓庐前，反复咏诵他写于1916年8月上旬的那首《别望江楼》：

锦江水暖溅惊波，忍听巴人下里歌！

敢唱满江红一阙，从头收拾旧山河。

蔡锷抱有奇才壮志，他的寿命却不及中人，这是冷酷的天意，谁也无法改变它。拿破仑尝言："一百年后，东方将有兵略家出，承其古昔教训之原则，为欧人之大敌。"拿破仑的预言本可应验，不二之人选就是蔡锷，他精研古今兵法，具有澄清浊世、戡平乱局的魄力和英才。然而天不假年，一代伟人竟中路崩殂，这确实令人扼腕叹息！

宋教仁（1882—1913）：湖南桃源县人。字钝初，号渔父。革命家，思想家，法律家。中华民国的缔造者之一。《临时约法》的主要起草者。国民党的主要组建人。大独裁者袁世凯心目中的头号劲敌。

宋教仁：桃源何处寻渔父

陶渊明《桃花源记》中的武陵渔父只不过偶然莅临缥缈的仙境，另一位"渔父"宋教仁来自湖南桃源县，他的政治理想却要建成人间天国，一幻一真，一虚一实，虚幻易好，真实难为啊。前者既没有方子，又没有药；后者既有方子，又有药。下医医人，上医医国，宋教仁与孙中山一样，堪称上医。可惜他长才未展，理想尚未实现千万分之一，就抱憾而终了。

一、性情中人

少年时代，宋教仁就读于本地的私塾。有一回，他读《孟子·公孙丑下》，读到"夫天不欲平治天下，如欲平治天下，当今之世，舍我其谁也"，朗诵再三，似乎不能自已。塾师觉得奇怪，问他有什么想法。他说，我也有与孟子相同的抱负；沉吟俄顷，又说，但愿我的运气比他好许多。塾师听了这话，大感惊奇，抚摸宋教仁的头顶，连声夸赞道："其志可嘉，其志可嘉！"

1899 年，在湖南桃源的漳江书院，宋教仁苦读严复翻译的《天演论》，苦思"物竞天择，适者生存"的"优胜劣汰"律。年纪轻轻，他就关心国事，对戊戌六君子的慷慨就义极为赞佩，挥笔写下"莫使真心堕尘雾，要将热血洗乾坤"的联语。但他绝对不是愣头愣脑的愤青，他有抱负，有理想，在学业上从不懈怠，于书无所不读，曾发出"英雄起事赖文章"的感叹。

至今仍有人记得他的八字真经："文不借笔，武不借刀。"

宋教仁早露文学才华，十六七岁时，他的诗句"月来窗纸薄，露下客衣单"颇具晚唐之风，深得友人的称道。

二十岁时，宋教仁做了一件极其出格的事情。他前往常德参加府试，竟借题发挥，大胆抨击朝政："不惜杀一人以谢四万万同胞，不惜杀一人以安万世之天下！"这样的壮句既扎眼又痛快，他主张将卖国的慈禧太后和误国的李鸿章明正典刑。奇怪的是，他如此忤逆桀骜，却受到阅卷官的激赏，居然以第八名的成绩补博士弟子员。

宋教仁十二岁丧父，家境贫寒，从小目睹官府鱼肉乡里，贪暴寡恩，细民饱受欺凌，悲苦无告，他十分痛心。某回，一位德高望重的堂叔告诫宋教仁莫在外面招惹闲气，"安心读些有用之书，做个有用之材"。意思是要他少留意民间疾苦，多关心仕途经济，准备将来做官。宋教仁却不以为然，他说："清政府只知残民以逞，官场比锅底还黑，我岂能与那些酷吏贪官一鼻孔出气！"瞧，他这话说得义正词严，掷地作金石响。那位堂叔死爱面子，被这句硬话噎得难受，却无可如何。宋教仁熟读圣贤书，不可能不清楚孔子曾郑重叮咛弟子门生的那句名言："邦无道，富且贵焉，耻也。"

"公民的贫困不是别的什么东西，正是政府的犯罪"，"要想致人民于安全的地位，非要施加异常猛烈的手段不可"（商务版译本《革命法制和审判》），法国大革命时代的顶尖人物丹东具有激进思想，宋教仁也是百年同慨。他生长在"百日维新"脐风夭亡的年代里，眼看内忧外患纷至沓来，病入膏肓的清王朝罔顾祸患，依然如同负伤的恶兽一般磨牙吮

血，疯狂地残害志士仁人，宋教仁又岂能甘心做苟且偷生的涸辙之鲋？

当年，宋教仁单衣薄履轻装只身走出小小的桃源县，不愿做逸民，不肯做顺民，好头颅赠予家国，好身手扭转乾坤，其抱负之伟，担当之大，显然是那些墨守成规、苟活蒿莱的小丈夫和痿男子难以望其项背的。

1904 年，黄兴、宋教仁、刘揆一、陈天华等人创立了"开中国内地革命先声"的华兴会。他们在长沙策动的反清起义失败后，宋教仁逃回桃源老家，在途中口占七绝一首："满地腥膻岁月过，百年胡运竟如何？我今欲展回天策，只奈汉儿不肖多。"很显然，他对沉酣未醒的国人怀有不满之情。

这次回乡，宋教仁遭到追捕，好不容易逃到沅江边，却被大水阻隔，幸亏一位渔翁及时搭救，他才躲过一劫。这次经历使宋教仁深深体验到了革命的危险和残酷。为了纪念那位救命恩人，宋教仁取"渔父"为号。

到了东瀛，宋教仁钻研政法，同时涉猎历史、地理、财经、哲学各科，读吕叔简的《呻吟语》，读王阳明的《传习录》，读石村贞一辑录的《泰西名言》，在日记中抄摘了不少有益于良知良能的语录，"大其心，容天下之物；虚其心，受天下之善；平其心，受天下之事；潜其心，观天下之理；定其心，应天下之变"，"人惟患无志，不患无功"，"君子以正直行义，以诚实发言"，"无德行与智识者，崇邦国之祸基"，"一心必能成多事，多心不能成一事"，诸如此类。宋教仁于学无所不窥，在修心方面更是狠下工夫。浏览宋教仁 1904 年 10 月 30 日至 1907 年 4 月 9 日的日记，我不禁惊叹于他购书之多、译书之多和读书之多。

1906 年 2 月 1 日，24 岁的宋教仁进入东京早稻田大学预科学习。许多中国留学生荒废学业，虚度年华，宋教仁却邃密群科，对政治、法律、经济、历史、地理用功最深。留学期间，他翻译了《日本宪法》《英国制度要览》《德国官制》《美国制度概要》等十多部有关国家制度和法律的著作。宋教仁深入了解欧美各国的宪法和政治制度，成为了中国人中首屈一指的宪政理论家，为他日后的政治生涯完成了知识积累。蔡元培曾说："其（同盟会）抱有建设之计划者居少数。抱此计划而毅然以之自任者尤居少数，宋渔父先生其最著也。"

每次讨论问题，宋教仁最能明悉本末，大家非常服气。章太炎一向俯视群雄，他评点当世人物，首推宋教仁为宰辅之才。

1904 年 2 月 8 日，日俄战争爆发，战场竟选在中国东北地区，腐败怯弱的清朝政府被迫宣布中立，世间确实很少有比这更荒诞的事情了。间岛位于图门江口，领土主权属于中国，日俄战争后，两国将间岛私相授受，而清廷懵然不知。1907 年，宋教仁前往东北，实地考察间岛的历史沿革，著《间岛问题》一书，作者署名为宋练，确认间岛自古就是中国领土。嗣后，清朝总理各国事务衙门与日俄交涉时，终以此书为金科玉律，折服对方，保住了间岛的主权。慈禧太后知悉了此事的前因后果，不禁拍案感叹道："国有人才如此，管理外务大臣不能引用，可惜可惜！"当年，武则天读骆宾王的《讨武曌檄》，也曾感叹宰相失人，虽然异代不同时，二者风味奇似。据刘禺生《世载堂杂忆》所记，慈禧太后下手谕："宋练着赏给五品京堂，来京听候任用。"宋教仁爱国而反清，当然不会把什么劳什子的五品京堂放在眼里。

在日本东京，宋教仁曾有过短时间的感情恍惚。1906 年 2 月，宋教仁结识西村千代子，对方谈笑晏晏的美貌吸引了他，立刻为之心旌摇摇。同年 3 月 14 日晚间 7 点，千代子来访，"实出余意外，余大喜慰"，两人同至聚丰园就茶点，相处甚为欢洽。然而这根情苗很快就被宋教仁的友人吴绍先和杨勉卿掐灭了，他们上纲上线，批评宋教仁好色不好德。宋教仁明知"千代子言笑在若有情之间"，内心也发生了一番激战，最终还是决定"姑下一决心，切莫负此良友，而听从其言"。凡是读过平江不肖生的揭露小说《留东野史》的人都知道，当年不少中国留学生在日本花天酒地，蝶浪蜂狂，某些革命党人也入乡随俗，不免于狎邪。但宋教仁只有过那么一小段时间的心思恍惚（连大德之一眚也不算），就重归了正道。

一位前辈"大贤"饶有兴味地说过这样一句去伪存真的话："好的政治家不该是性情中人。"按照常规的理解，一个人不率真，不坦直，不任性，不热心，则不足以称为"性情中人"，性情中人多半寡谋略，缺心机，好冲动，易误事。在中国铁桶一般严实的专制社会，所谓的"政治"

敢为天下先
——纵横天下湖南人

乃是一门精细活，过度地讲求技术，不重艺术，充分地追求效果，不顾后果，是其鲜明的特征。"尔虞我诈"的技术愈发达，"巧取豪夺"的效果就愈显著，官场就自然而然地沦为溷秽肮脏的垃圾站。从有毒的专制政治体系中分泌出无耻的"厚黑学"（当代美其名为"成功学"），并不足为奇闻，奇就奇在它已逐渐变成一门显学，被众多高人应用于各个领域，长此以往，恐怕连升斗小民也会有不懂得厚黑学则难以安身立命的危机感。

毫无疑问，宋教仁是性情中人，孙中山、黄兴等革命家又何尝不是性情中人。寻常意味的求友，只要言语投契，即可缔交；革命家结盟，则须气质相侔，才能彼此激赏，引为同道。在同盟会中，宋教仁排在孙中山、黄兴之后，是毫无争议的第三号人物，他与孙中山有过一时的政见不合，但他明处做事，决不另立山头。清末，革命党的武装起义屡仆屡起，屡起屡仆，革命成功的希望忽明忽晦，忽晦忽明，宋教仁也曾深感悲观。当时，这种悲观情绪就像流感病毒一样广为传染，黄兴是侠骨豪肠的汉子，尚且多次想到自杀。章太炎说宋教仁在日本东京时"常郁郁，醉即卧地狂歌"，宋教仁在 1906 年 2 月 22 日的日记中也承认自己"忧闷交集，兀然独坐，愁苦之极，至有披发入山之思"，可见其当时的精神苦况，纵然醉酒狂歌，也难以纾解。漂泊者每逢长夜即倍感孤独和悲愁，在宋教仁的日记中屡屡可以见到它们的影子，试举数端，"怆然泣下者良久"（1906 年 4 月 12 日），"时夜方雨，孤灯对坐，万种凄凉，交集于心"（1906 年 4 月 26 日），"夜，心中烦闷不堪，思及一切世事，皆令人烦恼之具，甚苦也。"（1906 年 8 月 4 日），"烦恼更甚，似又愤懑，甚难过"（1906 年 9 月 19 日），"心中轴辘上下，悲感不堪，一时泪下如雨，几至失声，约二时间乃稍已，则衾枕皆有湿痕矣"（1906 年 10 月 5 日）。革命家也是人，性格中有刚强，则必有脆弱，这不难理解。1906 年 10 月，宋教仁作五律《秋晓》一首："旅夜难成寐，起坐独彷徨。月落千山晓，鸡鸣万瓦霜。思家嫌梦短，为客苦宵长。徒有枕戈志，飘零只自伤。"寥寥四十字，透露出他异域为客的落寞情怀。但无论如何，宋教仁是一位真正的政治家，"政治为吾人之生命,吾人一日不死,则一日不忘政治",

对于日本明治时期的头牌政治家大隈重信的这句名言，他始终持信而且持守。

有人说，武昌起义是革命的急就章，擦枪走火，将黎元洪从姨太太的床底下拖出来，推举他为鄂军都督，这些都是刚性的证据。殊不知，有人为此次行动预先制订了计划，这人就是宋教仁。早在日本时，宋教仁就提出了革命三策：效仿法国大革命，直接占领北京，号令全国，实行中央革命，此为上策；在长江流域，各树潜力，同时并举，创立政府，然后北伐，此为中策；在边陲各省起义，此为下策。1911年7月31日，在上海北四川路湖北小学校，中国同盟会中部总会根据宋教仁提出的中策，谋求"长江革命"，决定首先在武昌发难。三个月后武昌起义的胜利，证明了这个战略决策的成功。

二、组建国民党

袁世凯的狼子野心尚未暴露之前，不少革命党人都对他抱有一定程度的轻信和幻想，就连政治头脑较为清醒的人物（孙中山和黄兴）也不例外。1912年9月11日，黄兴会见袁世凯之后对《民立报》记者说，"袁公确是英杰，民国第一流人物"，他还称赞袁世凯为"民国可靠人"。当时，在革命阵营中，甚至有人偏心地认为，袁世凯当年出卖戊戌维新的志士，直接导致了清王朝的迅速垮台，应该在功劳簿上特别记他一笔。但也有为数不少的热血青年，不相信专制余孽和反侧小人袁世凯能够脱胎换骨，成为革命元戎。杨禹昌、张先培、黄之萌三位烈士于1912年1月16日在北京东华门东的丁字路口刺杀过袁世凯，可惜炸弹稍有偏差，只将马车掀翻在地，大功讫未告成。袁世凯受此铁弹一击，亦如秦桧当年于桥头被义士施全砍断轿腿，从此惊魂莫定，难得再睡上几个囫囵觉，吃上几顿安心饭。

为了实现龙袍加身的帝王迷梦，袁世凯一直疯狂戕残军界和政界的精英分子。先是暗杀了吴禄贞，翦除了张振武，然后，又一连串地暗杀了宋教仁、陈其美等重要人物，毒手所及，使革命阵营元气大伤。有一

次，袁世凯与爱将段祺瑞谈起军事才能杰出的吴禄贞，袁世凯咬牙切齿地说："这等人物，少一个，好一个！"对于其他强有力的异己分子，袁氏的想法中也只剩下一个字，那就是"杀"，区别仅在明与暗，早与迟。

宋教仁任南京临时政府法制局局长时，独力草成多项法规，令时人为之钦佩和赞叹。袁世凯十分欣赏宋教仁的政治才华，这位奸雄私底下对自己的心腹亲信说："孙（文）、黄（兴）诸人，均不足畏，所可畏者，惟湖南人小宋而已。"因此袁世凯极力笼络宋教仁，邀请他牵头组阁，出任国务总理，但遭到了宋教仁的婉言谢绝。宋教仁还将袁世凯馈赠的五十万元支票原封不动地退还。在宋教仁看来，如果国务总理由独裁专制的袁世凯任命，就不能代表民意，只不过是经过巧妙包装的猫腻，他坚决不领情。在宋教仁眼中，袁世凯是一个"不学无术，其品更恶劣可鄙"的角色，他怎么可能上当。须知，宋教仁是一位理想主义的政治家，他志在推行政治现代化，确立一种相对可靠的民主制度，务必使民主宪政能一劳永逸地保障国家的太平和人民的幸福。在二十世纪初的中国，这显然是不合时宜的，在一个未经民主思想长期启蒙的国度，他的政治理想过于超前，竟然被政客们误解为争权夺利的"架空之术"，举国之中也没有几人能够理解他造福千秋的宏愿。由于宋教仁一贯特立独行，直言不讳，难免招致党内的不满和党外的忌恨。

1912 年 8 月 13 日，宋教仁亲笔起草《国民党宣言》，开宗明义："一国之政治，恒视其运用政治之中心势力以为转移。其中心势力强健而良善，其国之政治必灿然可观；其中心势力脆薄而恶劣，其国之政治必暗然无色。此消长倚伏之数，固不必论其国体之为君主共和，政体之为专制立宪，而无往不如是也。天相中国，帝制殄灭，既改国体为共和，变政体为立宪，然而共和立宪之国，其政治之中心势力，则不可不汇之于政党。"这篇宣言，充分体现了宋教仁要澄清政治，建立强健而良善的中心势力的初衷。宋教仁的游说和联络收到奇效，1912 年 8 月 25 日，同盟会与统一共和党、国民共进会、共和协进会、国民公信党正式合并为国民党。宋教仁年纪轻轻，威信摆在那儿，感召力也摆在那儿，有目共睹，他被党员代表推举为九位理事之一，其后孙中山委托他代理理事长，实属众望所归。在年底的国会议员选举中，参、众两院共870个席位，国民党占据392席，取得优势。宋教仁才华横溢，志气鹰扬，制订出一部《临时约法》，成为国会主流派的领袖，由他组阁，乃是大势所趋。章太炎一向目高于顶，但他对宋教仁的才干极为推崇："至于建制内阁，仆则首推宋君教仁，堪为宰辅"，"总理莫宜于宋教仁"。

袁世凯眼看自己手中的大权即将旁落，深感忧苦和不快，不禁口吐怨辞："宋教仁的《临时约法》像是唐僧的紧箍咒，令人头痛不堪，要是宋教仁出来组阁，我必四大皆空，这不但非我所愿为，孙文在南京亦表示不为也。孙文就任临时大总统于南京之日，宋教仁提出采用责任内阁制，然而孙文断然拒绝。可谓人同此心，心同此理。"袁氏反复强调，他不愿"自居于既神圣又赘疣的位置"，"不习惯于做个窝囊废"，司马昭之心路人皆知，袁世凯一心渴望专制集权。

在《宋教仁集》中，宋教仁当时的进步思想依然历历在目，他明确提出："我们要在国会里头，获得过半数以上的议席，进而在朝，就可以组成一党的责任内阁；退而在野，也可以严密的监督政府，使它有所惮而不敢妄为，应该为的，也使它有所惮而不敢不为。"

宋教仁极力倡导政党责任内阁，意在限制总统日益膨胀的权力野心，大力推行民主政治，如果说他主张的责任内阁会对总统念紧箍咒，那么他并非专门针对袁世凯，而是基于他的政治见解："内阁不善而可以更迭之，总统不善则无术更易之，如必欲更易之，必致摇动国本。此吾人不取总统制而取内阁制也"。外界谣诼纷起，说宋教仁想当总理，故力主内阁负责制。宋教仁认为，通国之中，谁有欲为总理之志都不可羞，倘能自信，正道而取，不妨当仁不让。有志者欲负起此绝大之责任，只应问他能力之有无，非议嘲笑则大可不必。

宋教仁在南方抨击政府两年来"几无一善状可言"，外交只知偷安，财政只知借款，这无疑令袁世凯及其亲信怀恨在心。赵秉钧时任国务总理，尽管他表面上与宋教仁交情不浅，骨子里却头一个仇视他忌恨他。这是再简单不过的推断，宋教仁真要是担任由议会推选的国务总理，赵某人就会从"天花板"上掉下，他又岂能甘心让位？

1912 年 11 月 15 日，黄兴在湘潭国民党支部欢迎会上演说，讲到党规、党德和党略，对党德一项讲得最为详尽，他说："……对于国民，无论如何反对，本党皆宜引为己咎，归罪于自己感化力之不强。凡与他党交接，皆宜同兄弟一样，彼此互相携手，以救国家。他党主张之善者，我党须赞同之，务使其能达目的；他党主张之不善者，我党亦须尽朋友规劝之义，使一般人民皆能信仰我党之德……" 1913 年 1 月 19 日，孙中山在国民党茶话会上致词，对政党政治的含义也作出了厘清和界定，他说："人民之凭藉在政党，国家必有政党，一切政治始能发达，政党之性质，非常高尚，宜重党纲，宜重党德，吾人宜注意这一点，以与他党争胜。"他还强调了朝野各政党之间竞争的必要性："互相更迭，互相监督，而后政治始有进步。"他特别指出，当时"劈头第一事，须研究一部宪法"（《民立报》，1913 年 1 月 20 日）。无疑，注重党德的政党政治才能立诚于世，取信于民。国民党后来落在蒋介石、汪精卫等人手中，搞成一党专制，搞成惟我独尊，搞成腐败透顶，搞成信誉扫地，实有悖于政党政治的精义，走到了反动的极端。这样的政党不垮台，才真叫咄咄怪事。

三、有救国之志，无防人之心

宋教仁是当年中国政治舞台上最富激情、理念和才华的青年翘楚，是政党政治最富驱动力和号召力的宣传者、推行者，假若他能如愿以偿，组成以国民党为主体框架的政党内阁，袁世凯的专制手段就会迅即失灵，总统的权力就会大幅缩水，北洋亲信的地位也将摇摇欲坠。于是，在袁氏内心中，跳出磷光鬼火般的一句话："我不杀渔父，则渔父必图我！"他当然不会坐以待毙，其高招为：一面假意邀请宋教仁赴京"会商要政"，一面授意心腹干将、国务总理赵秉钧，派杀手在宁、沪两地逡巡，伺机刺杀那位即将在其虎皮交椅下掀起超级风暴的头号政敌。

当年，有记者叹惜宋教仁"不是天生的政治家，而是天真的政治家"，意思就是说他不仅毫无害人之心，甚至连防人之心也缺乏。宋教仁奋不顾身，奔波于民国初年暗潮汹涌、险象环生的南北政界，仿佛裸体游历于虎狼之群，遇害只是迟早的事。

1912 年 10 月 18 日，流亡在外近十年的宋教仁重返湖南，他主持完国民党湖南国会参、众议员的竞选后，回到故乡桃源。二十二岁时，宋教仁离开故乡，亡命扶桑，只是文弱书生，此番返回故乡，已是中华民国首届内阁的农林部长。宋母白发苍颜，她挽留儿子，说了这样一句话："你幸而活着回家了，就不要再离开了呀。"但宋教仁有政治理想要去实现，他不得不走。这一别就是永诀。

1913 年 2 月，两院大选揭晓，宋教仁领衔的国民党独得 392 席，梁启超领衔的进步党只拿下 223 席。国民党组阁已经稳操胜券，专制独裁的总统袁世凯即将大权旁落。此时，宋教仁意气风发，在杭州的南高峰吟出了"海门潮正涌，我欲挽强弓"的诗句。

强敌阴谋于密室，赤子却裸露于群狼。有人善意地提醒宋教仁要多加防备，他却毫不在意，依然在长沙、武汉、上海、杭州、南京等地发表演说，批评袁世凯政府一年来的政治失误。其言论风采，倾动一时。

历史学家唐德刚写道："他少年气盛，精力过人，心比天高，自命不凡，又生个倔强的个性和毫无顾忌的大嘴巴。做起演说来，听众掌声如潮，欢声雷动，使政敌听来，就真以为他是拔毛成兵的齐天大圣了。"

距孙中山的讲话刚好两个月，1913 年 3 月 20 日，夜间十点多钟，在上海北车站，黄兴、廖仲恺、于右任等人为赴京的宋教仁送行，他们谈笑风生，刚走到验票处附近，突然闪出一个身形矮小的刺客，朝人群连射三枪，其中一弹从宋教仁的右后肋斜入腹部，是致命伤。一颗子弹，仅仅一颗罪恶的子弹，就足以击碎一个古老的东方大国民有、民治、民享的希望。林肯被暗杀了，美国的民主进程只不过暂时放慢了步子，而不至于改变走向。宋教仁被谋杀了，民主宪政的教父死了，中国晦暗的前途则失去了最亮的一盏航灯。可悲的是，当时没有几人察觉到这一点，至今也没有几人感悟到这一点。

在汉口时，宋教仁曾与好友谭人凤乘船畅游长江，畅谈国事。谭人凤认为责任内阁事体重大，很难一蹴而就，宜从长计议。他恳劝宋教仁

暂缓进京，权且韬光养晦，不要"急于觊觎总理"，平时要处处谨慎防卫。宋教仁的回答是："总理我无冀望之心，载酒游江亦诚乐事，惟责任内阁实应时势之必要，未便变其主张也。戒备之说，前在湖南亦有以此言相劝者，实则杯弓蛇影之事也，请毋虑。"勇者无畏，智者无忧，宋教仁坦然面对生死，他接着说："暗杀的事，防不胜防，怕也怕不了，只有处之泰然。我在这个时期，生有生的关系，死也有死的关系。我若真被暗杀，或足以激励同志的奋斗，而缩短袁氏的政治生命，也未可知。"他到了上海，陈其美、徐血儿等人以种种传闻相告，再次劝他多加防范，宋教仁却依然固执地认为：谣言徒乱我心，不足采信。于是，不逞之徒就有了可乘之机。

宋教仁被击中后，对身旁的于右任说："我中枪了。"于是大家赶紧将他送到老靶子路沪宁铁路医院，不巧的是医生当时外出，须等待一晌。宋教仁痛极，仍谆嘱于右任："我伤成这样子，估计再好的医生也已无力回天。请你记着，将我在南京、北京和东京寄存的书籍全部捐赠给南京图书馆。我本是一介寒士，老母还健在，如我死后，请克强（黄兴）与您还有各位老朋友代我照料。"随后医生到院，迅速给宋教仁作了检查，调子颇为悲观："要将宋君的生命救回，已只剩下百分之一的希望。"宋教仁对《民立报》记者锡三说："我并不怕死，但伤处的痛苦太折磨人了。我没料到南北调和之事这等艰难，时局如此，奈何！奈何！"宋教仁还有一事久久不能释念，他说："可惜凶手在逃，不知误会我的竟系何人。"宋教仁自知来日无多，他请黄兴代拟一道《致袁总统电文》：

北京袁大总统鉴：仁本夜乘沪宁车赴京，敬谒钧座。十时四十五分，在车站突被奸人自背后施枪，弹由腰上部入腹下部，势必至死。窃思仁自受教以来，即束身自爱，虽寡过之未获，从未结怨于私人。清政不良，起任改革，亦重人道，守公理，不敢有一毫权利之见存。今国基未固，民福不增，遽尔撒手，死有余恨。伏冀大总统开诚心，布公道，竭力保障民权，俾国会得确定不拔之宪法，则虽死之日，犹生之年。临死哀言，尚祈鉴纳。宋教仁。等。

宋教仁真是宅心仁厚啊，竟然未对袁大总统产生一丝一毫的怀疑。我想，袁世凯看了这封电文，心里一定磔磔冷笑吧。

"宋案"发生后，群情愤慨，上海都督陈其美派员大力缉凶。每天都有数百人前往铁路医院探询，蹀躞于楼下的会客室，久久不肯离开，脸上无不显现出忧虑的神情。延至3月22日下午4点多钟，宋教仁不治而逝，年仅三十二岁。中华民国草创未久，这座大厦就崩毁了一块无可替代的基石！

在各界施加的强大压力之下，上海总巡捕房仅用几天时间就将暗杀宋教仁的两名凶手一举抓获。原来，此事是由江苏巡查长、青帮头目应桂馨收买一退伍兵痞武士英所为。可悲可叹之处就在，应桂馨买凶，付费不过区区三十块光洋。三十块光洋就足以杀害一位伟人，此举早有先例，据《圣经·马太福音》记载，犹大出卖耶稣的价钱也是三十块银币。细想来，并非伟人只够这个价码，而是那些凶妄的家伙只值这个价钱。

哀悼宋教仁的挽联很多，孙中山哀悼宋教仁壮志未酬身先死，其词为："三尺剑，万言书，美雨欧风志不磨！天地有正气，豪杰自牢笼，数十年季子舌锋，效庄生索笔；五丈原，一抔土，卧龙跃马今何在？冠盖满京华，斯人独憔悴，洒几点苌弘血泪，向屈子招魂！"章太炎的挽联照例精短，"愿君化彗孛，为我扫幽燕"，他要扫的当然是北京的那位专制魔王。宋教仁与民主党领袖汤化龙私交甚厚，后者的挽联颇具为国惜才的痛切之意："倘许我作愤激语，谓神州当与先生毅魂俱沉，号哭范巨卿，白马素车无地赴；便降格就厉害观，何国人忍把万里长城自坏，从容来君叔，抽刀投笔向谁言？"另有几副挽联将矛头直接指向袁世凯：其一为"既生瑜，何生亮？卿不死，孤不安"，模拟袁世凯的鳄吻蛇衷，惟妙惟肖；其二为"养虎果然贻大祸，烹猿宁足祭先生"，作者痛感民元时孙中山让位于獠类，贻患无穷，现在就算烹杀袁世凯，也已无济于事，不足以祭奠宋教仁的在天之灵；其三为"桃源何处寻渔父，博浪翻教刺子房"，上下联都用典故，上联意思甚明，下联则翻出奇解，在博浪沙，张良椎刺秦始皇未遂，反遭暴君追杀，这一反史实的假设发人深省。黄兴与宋教仁乡谊深挚，挽联更是毕露锋芒："前年杀吴禄贞，去年杀张

振武，今年又杀宋教仁；你说是应桂馨，他说是洪述祖，我说确是袁世凯。"宋教仁被刺，袁老贼故作猫悲，通电全国，示以"沉痛"，但无论他怎样演技高超，也掩藏不了自己的狰狞面目。宋教仁的惨死一举激醒了那些对袁世凯依然抱有幻想的人，促使他们与反动阵营割袍断义，不共戴天，倒袁的声势从此一浪高过一浪。

宋教仁遇刺后，时局堪忧，民主政治昙花一现。梁启超说，这是"不可规复之损失"，"非直为宋君哀，实为国家前途哀也"。宋教仁的治国大纲尚未实施万分之一，就抱憾而终，九泉之下，他能瞑目安息吗？

四、桃源何处寻渔父

1914 年开年不久，十分凑巧的是，刺杀宋教仁的策划者赵秉钧和经办人应桂馨相继横死暴毙。先是元月 19 日，应桂馨在京津线杨村车站被军政执法处侦探长郝占一和侦探王双喜发现踪迹，遭乱刀砍死，血溅头等车厢；随后，2 月 27 日赵秉钧被袁世凯用计鸩杀，死于无名。尤可叹者，赵秉钧为袁主子多年效尽犬马之劳，已是顶级奴才（官至国务总理，一人之下，万人之上），他见应桂馨被刺，兔死狐悲，竟派人追缉凶手，致电袁世凯，为应某鸣不平，说什么"此后还有谁肯为总统做事"，他怀揣着这番迟来的觉悟，必死无疑。由此可见，世间的阴狠强梁之辈从来都只有利益勾结，利尽则交废。还有一位洪述祖，也是宋案中的关键

宋教仁墓（位于上海市闸北公园，1913 年 6 月 26 日安葬于此）

角色，是赵秉钧的忠实走狗，官职为国务院秘书，赵秉钧正是通过他与应桂馨策划暗杀事宜。"宋案"东窗事发后，洪述祖逃至天津租界藏匿，三年后风声渐渐平息，他耐不住寂寞，抱着侥幸之心，前往上海租界逍遥。真可谓冤家路窄，宋教仁之子宋振吕报仇心切，逮住洪述祖，扭送法庭，要求严惩。在强大的社会舆论压力下，北京政府大理院判处洪述祖死刑。值得一提的是，洪述祖是国内上绞刑架"开洋荤"的第一人。由于洪述祖身躯肥胖，刽子手操作手法不娴熟，绞索竟将洪述祖的脖子绞断，现场血污满地，一片狼藉。

如今，我们反顾历史来路，已不难看清这样一个事实：袁世凯的最大败因并非称帝，而是此前的倒行逆施——授意赵秉钧收买刺客，暗杀宋教仁，令天下切齿寒心，令南方革命党与之彻底决裂。

"宋案"一度被列为20世纪的一大谜案，至今仍有人认为袁世凯并不知情，更别说授意，是赵秉钧、洪述祖等人自作主张，"仰体上意"而为。袁克文曾劝父亲通电自辩，袁世凯却说："我代人受过的事情多了，从不自辩。我虽然没杀宋，宋还是因我而被杀，我还自辩什么呢……我如果要杀宋，不必在召他前来之际；或者等他来了，陷以罪名亦可。如果要杀宋，那么反对党如孙文、黄兴、陈其美辈皆可杀，为什么非要选一个帮助我组阁、并且声明组阁不用党人的宋教仁呢？……只是我必杀应夔丞，为宋教仁报仇。"这个说法有多少可信成分？袁世凯后来不是派杀手刺杀了陈其美吗？他这样做，就等于自己狠狠抽了自己一记响亮的耳光。

"因果报应律"是否可信？我们随便抖搂一下历史黄卷，强梁不遭恶死，英雄不得善终的显例就多到数不胜数。成千上万的精英被恶势力虐杀，这正是中华民族屡振屡仆的根本原因。将十个袁世凯、百个赵秉钧、千个洪述祖和应桂馨、万个武士英牢牢地捆扎在一起，都抵不上一位宋教仁！虽然创造者与毁灭者气势两相高，但后者出以鬼蜮伎俩和蛇蝎手段，更容易占据上风。若单论生命的良性价值，无疑前者远胜后者，彼此天差地别，又岂可等量齐观。

那些为人类设计美好乐土的古人不再醒来。柏拉图的"理想国"，

莫尔的"乌托邦"，康帕内拉的"太阳城"，无不空空如也。但人类又怎可缺失理想呢？理想之不能实现，并非它悬置得过于高远，而是因为它一而再，再而三地被厄于难堪的现实，被厄于千万双摧残的黑手和无知的白臂，摧残的黑手夺走生意，无知的白臂卸下车轮。如此，理想则半途而废。

在中国近、现代史的交接处，宋教仁扮演着"渔父"的角色，已属无疑，那么他究竟是一位怎样的渔父呢？他不太像美国作家梅尔维尔长篇小说《白鲸》中那位偏执狂似的艾哈伯船长，他更像海明威中篇小说《老人与海》中那位刚毅沉着的老渔民桑提亚哥，后者毕尽八十余天的艰辛努力，拖回的却是一副巨大的鱼骨。宋教仁的不幸更大，他毕尽一生，拖回的"鱼骨"遗落中途。无论是桑提亚哥，还是宋教仁，他们的生命意义都已浓缩为一句极其精粹的名言："一个人并不是生来要给打败的，你尽可以把他消灭掉，但他的精神是不可战胜的。"是啊，无论鲨鱼还是袁世凯，都休想战胜对手伟大的人格力量！

泰山其颓，梁木其坏，哲人其萎。孙中山的诔词称道宋教仁："为宪法流血，公真第一人！"在中国近代史上，湖南从来就不缺少这样的第一人。可悲的是，诸多"第一"却并未改变历史的根本走向！

即使人间真有桃花源，我们又到何处找寻那位具有宪政理想的渔父呢？

陈天华：海魂

1904 年深秋，天上的彤云倒映在湍湍北去的湘水中，江流仿佛殷殷热血，从一道巨大的伤口中奔淌而出，令人触目惊心。

黑暗的年代，多的是内忧外患，多的是人祸天灾，真可谓泪比水淡，心如冰寒。志士在哪里？勇士在哪里？义士在哪里？烈士在哪里？问得好，他们即将现身江湖。眼下就有一桩，华兴会诸君子（黄兴、宋教仁、陈天华、刘揆一等人）密谋在长沙举行暴动，由于内部走漏风声而功亏一篑。中国近代第一波民主革命刚一冒头，即遭到清政府的凶狠打压，暂时陷入了低潮。长沙暴动的主要策划者相继逃亡日本，他们寄栖于东京、横滨两地，留学为名，革命是实，只要话题触及清王朝的颠顸腐败，四万万同胞过着全无人格全无尊严的奴隶生活，祖国即将遭受瓜分豆剖的惨祸，一个个无不捶胸跺足，哽咽涕泣。在这些满腔悲愤的爱国青年当中，陈天华的表现最为引人注目，他是那种极其罕见的"爱国根于天性之人"（宋教仁的评语），且具有典型的诗人性情，除了长歌当哭，鲜血当墨，他还打算只身北上，效仿义无反顾的史坚如，独闯虎穴龙潭，

以一死泄其愤。

"吾实不愿久逗此人间世也！"

陈天华，字星台，又字过庭，别号思黄，湖南新化人。他幼年贫苦，为人牧牛，稍长，做小贩维持生计。后经人赞助，陈天华入资江学院和新化求实学堂读书，受维新学说影响，"每读中外史志，于兴亡盛衰之感，则涕泗横流"。陈天华慨然以天下为己任，以光复汉族为首念，每遇乡人称颂曾（国藩）、左（宗棠）、彭（玉麟）、胡（林翼）的显赫功业，他就唾弃不顾，勃然有愧恨之色。陈天华不营产业，箪瓢屡空，年至而立，尚未娶妻，有人劝他善营家室之计，他就热泪盈眶，以汉代大将霍去病的名言作答："匈奴未灭，何以家为！"

1900 年秋，有位清朝官员造访岳麓书院，陈天华埋头苦读，心无旁骛，吸引了他的目光。这位官员看过陈天华的文章之后，更是拍案叫绝，激赏有加，竟主动提出将女儿许配给他。但陈天华以"国不安，吾不娶"为由，推掉了这桩在外人眼里看来相当不错的婚事。此后，陈天华终身未娶，一直到 1905 年 12 月，他在东京大森海湾投海自尽，仍是孑然一身。

新化人天性勇敢，刚烈倔强，由于习武成风，"新化蛮子"的名号在湖南叫得很响。陈天华痛感国事日非，民气不振，口头常常念叨孟子的那两句名言，"志士不忘在沟壑，勇士不忘丧其元"，自励而励人，可见他只有速死之心，毫无苟活之念，其烈士情怀纯粹由天性所出。此前，陈天华之所以对自己的生命稍加护惜，那是因为

陈天华著作之一——《猛回头》

他还有亟待完成的工作，邹容在《革命军》中发出的那句谆谆告诫时刻响彻其心头耳畔："革命之前，须有教育；革命之后，须有教育。"近代民主革命的启蒙工作才刚刚开头，章太炎和邹容就被抓进了上海租界的西牢，他们的如椽巨笔也被恶势力收缴。在刀山之中、枪林之下，陈天华临危不惧，将唤醒国人的重任负于仔肩，以饱蘸激情的笔墨挥写振聋发聩的《警世钟》《猛回头》《狮子吼》和《国民必读》，给"肺痨三期"、垂死挣扎的清王朝敲响丧钟。

一、热血的沸响

当年，中国青年才俊留学日本，最歆羡日本的军国民主义精神，这种精神使日本的国力异常强大，因而雄立东方，独霸亚洲。与此相应，日本的智识者，也时时在研究近邻中国积贫积弱的病根。1895 年，日本前文部大臣尾崎行雄著《支那处分案》，断言中国永无雄飞之望，盖因五"病"缠身，这五"病"是：

其一、支那民族之性情习惯，尚文好利，非尚武好战；

其二、以尚文好利之民，虽集节制、训练之功，亦不能匹敌尚武之民族；

其三、支那人缺乏道义心，上下交欺，恬不为怪，毕竟不能举节制训练之实；

其四、支那无固有之军器，其所谓军器者，非杀人器，而吓人器也；

其五、既无军器，故无战争之理。支那人之所谓战者，不过旗鼓竞争会而已耳。要而论之，支那人之战斗力，自今以往，其必沉沦于水平线以下矣。如斯民族，处于今日战争最剧之世界，而欲保全其独立也，能乎？不能。

外人看得清中国的情形，难道中国人自己反而看不清楚？四万万中

国人，其中有多少怯者、弱者、病者、裹足者、吸鸦片者？勇健者不足十分之一，智识者更不足百分之一，这样怯弱、蒙昧的国民在颟顸、卑劣的统治者率领下，战无可战，守无可守，岂能不受强敌的欺凌和践踏？有见于此，陈天华用最大的肺活量发出悲愤的呼号：

> 长梦千年何日醒，睡乡谁遣警世钟？
> 腥风血雨难为我，好个江山忍送人！

陈天华的《警世钟》通篇热血沸响，通篇刀剑铿锵，通篇都是强烈的革命之意，通篇都是真挚的爱国之情。他愿为"血钟"之震鸣，不为木铎之闷响——

"苦呀！苦呀！苦呀……"

"恨呀！恨呀！恨呀……"

"痛呀！痛呀！痛呀……"

"耻！耻！耻……"

"杀呀！杀呀！杀呀……"

"奋呀！奋呀！奋呀……"

"快呀！快呀！快呀……"

淋漓满幅的控诉（称奴颜婢膝、摇尾乞怜的清王朝为"洋人的朝廷"）之后是十项须知和十条奉劝。在整篇《警世钟》里，无处不是比嗞嗞冒烟的手榴弹更令人惊悚的感叹号。陈天华将汉人二百六十多年来遭受满人蹂躏、屠戮、迫害、敲骨吸髓的血泪史，将清政府贪婪、残忍、腐败、无能的真面目，将某些汉奸认贼作父、助纣为虐的丑行和恶行，将迫在眉睫的亡国灭种的惨祸，一一揭示在世人面前。对于浑浑噩噩、苟且偷生的中国人来说，这无疑是一场寒彻骨髓的冰水浴，如果连这样强烈的刺激都不能使他们猛然惊醒，似邹容、陈天华这样的革命者就差不多是在荒凉的墓地逆风呐喊了，那是无可计量的悲哀！

"怕只怕，做印度，广土不保；怕只怕，做安南，中兴无望……"

"怕只怕，做波兰，飘零异域；怕只怕，做犹太，没有家乡……"

"怕只怕，做非洲，永为牛马；怕只怕，做南洋，服事犬羊……"

"怕只怕，做澳洲，要把种灭；怕只怕，做苗瑶，日见消亡……"

在《警世钟》中，陈天华针对中国百姓普遍惧怕洋人、洋枪、洋炮的心理，颇下了一番诊疗的工夫。"其实洋人也是一个人，我也是一个人，我怎么要怕他？……只要我全国皆兵，他就四面受敌，即有枪炮，也是寡不敌众"，"只要我人心不死，这中国万无可亡的理"，"洋兵若来，奉劝各人把胆子放大，全不要怕他。读书的放了笔，耕田的放了犁耙，做生意的放了职事，做手艺的放了器具，齐把刀子磨快，子药上足，同饮一杯血酒，呼的呼，喊的喊，万众直前，杀那些洋鬼子，杀投降那洋鬼子的二毛子"。这些话很实在，很够劲，也很给力，只可惜，当时的国人还被鸦片烟、裹脚布、封建迷信、三纲五常的毒氛所呛，缺乏猛然振作起来的心劲。革命党人奔走于旷野，号呼于荒原，只激起微渺的回响。

陈天华从小喜欢阅读话本小说，观看民间杂剧，他曾自称《猛回头》是"文明戏"，实则说唱相间，如同鼓词。他采用这种琅琅上口、便于说唱的形式，"务使舆夫走卒皆能读之了解"，其目的是要将革命道理传播至更广远地方，传播给最低层的对象。《猛回头》比《警世钟》更进一步，作者除发出以上四条"怕只怕"的警告外，还提出了颇具建设性的"十要"主张：除党见；讲公德；重武备；务实业；兴学堂；立演说；倡女学；禁缠足；绝洋烟；改造社会。诚如烈士史坚如所说："……中国的专制政体，譬如几千年的一所破屋，屋内屋外，都已败坏得不可收拾，要住新屋，非把破屋拆去重建不可，要想用一些水泥石灰，把旧屋修理，一辈子也修不好！"在陈天华的十项主张中，同样有兴有革，有破有立，在他的心目中，惟有破坏与建设并举，政治与科学并重，中国（邹容在《革命军》中将它命名为"中华共和国"，陈天华在章回小说《狮子吼》中将它命名为"混沌国"）才可望争回久已沦丧的主权，国民才可望争回久已沦丧的人格，齐齐脱离败亡的渊薮，恢复活力和生机。

瓜分豆剖逼人来，同种沉沦剧可哀！

太息神州今去矣，劝君猛省莫徘徊！

当年，陈天华的吼声仿佛发自高悬于九霄十八天的巨钟，在九百六十万平方公里的神州大地上久久激荡，唤醒了无数不愿做孱种的热血志士，毅然决然地踏上民主革命的不归之路。

1906 年 7 月，浙江金华的民间艺人曹阿狗到处演唱《猛回头》，被金华县令嵩连逮捕杀害，这足以说明，清廷走狗们对陈天华的"畅销书"畏之若虎。

二、悲愤难解，投海自沉

1905 年有两件大事早已被历史铭记：一是中国同盟会在 8 月 20 日成立，二是陈天华在 12 月 8 日投东京大森海湾自沉，这两件事都在中国近、现代史上产生了深远的影响。

1905 年冬天显得特别寒冷，这与衣衾单薄无关，与冰雪寒冷无关，而是与遍地腥云、满街狼犬的现实有关，海外的革命者刚刚从加入中国同盟会的兴奋中缓过神来，就要接受残酷的考验，他们内心的热力再度面临着兜底流失的危险。

就在这年冬天，日本政府应清政府外交照会的请求，颁布了《取缔清国留日学生规则》，其用意昭然若揭，矛头直接指向中国同盟会，迫使立足未稳的革命党人失去栖身之地。

在中国同盟会的大力策动下，八千余名中国留日学生群起力争，迅速形成抗议浪潮。对此，日本国内首屈一指的大报《朝日新闻》率先跳出来，充当日本政府的喉舌，以充满敌意的措辞肆意诋毁中国留日学生的抗议行为是"放纵卑劣"。在这个节骨眼上，"霹雳火"、"革命党之大文豪"陈天华竟然搁笔不动，这多少有些出乎众人的意料之外。黄兴和宋教仁劝他撰写文章，发表意见，他不肯写，他认为"以空言驱人发难"是无益的，这一回他要做就要做到实处。

当时，同盟会中，大家对是去是留的问题意见截然分歧，据冯自由《革命逸史》第二集所记："一派主张归国，另在上海办学，以洗日人取缔之耻辱。天华与易本羲、秋瑾、田桐等力主之；一派主张求学宜忍辱负重，胡汉民、朱执信、汪精卫等主之。两派互相驳论，争之至烈。秋瑾、易本羲以是归国。天华愤不能平，乃作绝命书累万言，竟于十一月十二日（此为农历纪事，公历为12月8日）投大森海湾自杀。"

1905年12月7日，陈天华神色萧然，坐在书桌前，这是他最后一次坐在宁静的书桌前，室友见他伏案写作，直至深夜，透窗而出的灯光很晚仍未熄灭。第二天清晨，陈天华两眼布满血丝，显然是因为通宵失眠所致。他草草地咽下一个饭团，向室友借了两元钱，说是要去邮局寄信，此时，他的语气和神情均平静如常，毫无异样。

陈天华确实去市内的邮局寄发了一封书信，而且是一封鼓鼓囊囊的长信，收信地址是东京中国留学生会馆，收信人是中国留学生总会众干事。寄完信，他径直去了海边。冬日的大森湾，寒风凛冽，波浪翻滚，来往的船只却不多。距离海岸不远的地方，有古梅数百株，此时此刻，陈天华已无心去瞥上一眼。他脱下布鞋，沿着银色的沙滩往前走，往前走。此时，天地虽大，谁知道他的悲欢，谁知道他的意向？这位长发垂肩的新化汉子满眼泪光，念及白发慈母仍在故国老家倚闾而望，自己早岁"立功绝域，决胜疆场"、"布衣终老，名山著述"的志向即将化为泡影，内心不禁感到好一阵隐隐作痛。别了，可怜的慈母，多难的故国，未竟的大业，陈天华的脚步已偏离了沙滩，他双拳紧握，神色坚毅，海水渐次没过了他的脚面，没过了他的腰间，没过了他的头顶……近处的海鸥发出迭迭连声的惊叫，莫非这些对千奇百怪的海难早已司空见惯的鸟儿也不忍目睹眼前正在上演的悲剧？

有一个问题必须澄清：陈天华投海自尽绝非一时冲动，而是蓄志已久。毋庸置疑，他认定自己投海而死的现值要远远大过他继续活下去的期待值，他这样做不仅可以抗议日本政府驱逐中国留学生的卑劣行径，还可以向那些意见分歧的同胞及时示警：应像鸟儿爱惜羽毛一样爱惜团体的名誉，共登救国之途，决不可放纵卑鄙，为东洋人所轻视。

1905年12月8日晚上，陈天华迟迟未归，东京中国留学生会馆突然接到大使馆打来的电话，说是大森湾的渔民从海上打捞到陈天华的尸身。乍聆噩耗，黄兴和宋教仁如闻惊雷，他们立刻带人赶赴大森湾警署

认领好友的遗体。一具窄狭而短小的倭式棺材惨然入目，陈天华十分拘促地仰卧在里面，只见他长发犹湿，面色苍白，眼睛和牙关紧闭，并未显出受苦和忧伤的样子。可以说，他求仁得仁，求义得义，求死得死，了无遗憾。

　　黄兴为人极重义气，陈天华自尽，他如失手足，如丧兄弟，心情之沉痛可想而知。他和宋教仁办完遗体认领手续后，匆匆返回留学生会馆，果然收到陈天华的绝命书，他打开这封信，当众朗读，当读到"我不自亡，人孰能亡我者！惟留学生而皆放纵卑鄙，则中国真亡矣。岂特亡国而已，二十世纪之后，有放纵卑鄙之人种，能存于世乎？鄙人心痛此言，欲我同胞时时勿忘此语，力除此四字，而做此四字之反面——'坚忍奉公，力学爱国'。恐同胞不见听而或忘之，故以身投东海，为诸君之纪念"时，会馆中数百名中国留学生无论跟陈天华识与不识，受其精诚所感，个个潸然泪下，痛哭失声。

　　　　诸君更勿为鄙人惜也。鄙人志行薄弱，不能大有所作为，将来自处，惟有两途：其一则作书报以警世；其二则遇有可死之机会则死之。夫空谈救国，人多厌闻，能言如鄙人者，不知凡几！以生而多言，或不如死而少言之有效乎！

　　革命阵营中原本就有五种人：一是出于功名心而革命的，二是出于责任心而革命的，三是包藏祸心而革命的，四是瞎起哄而革命的，五是为混口饭吃而革命的。陈天华属于第二种。他不愿空谈救国，于是以一死刺激国人，他用的是震惊疗法，如同外科医生给心脏停搏的病人使用电击。应该说，陈天华的投海的壮举确实成为了众多中国同盟会志士杀身成仁、舍生取义的先声，其后，如刘道一、徐锡麟、秋瑾、熊成基、温生才、刘静庵和黄花岗七十二烈士，均义无反顾地为民主革命事业抛洒满腔热血。这些烈士所达成的共识是：既争一时之胜，也争千秋之功，死的意义要远远大于生的意义。秋瑾的"拼却十万头颅血，须把乾坤力挽回"，吴樾的"予愿予死后，化一我为千万我"，林觉民的"吾今死无余憾，国事成不成自有同事者在"，朱执信的"好头颅，谁当斫去"，韩衍的"所欠故人惟一死，头颅堕地作雷鸣"，李叔同的"度群生哪惜心肝剖"，无一不是实践着这一主张。就连汪精卫当年也是亢爽勇烈的志士，因刺杀摄政王载沣而入狱，他自料必死，特意作五言《绝命诗》一首："慷慨歌燕市，从容作楚囚，引刀成一快，不负少年头！"但他侥幸赶上了辛亥革命的及时爆发，得到清政府的赦免。众所周知，这位幸存的"烈士"最终蜕化为鲜廉寡耻的政客，堕落为举世唾弃的汉奸。"贞妇白头失守，一生清白俱非"，张恨水的这句联语无意间敲中了汪精卫的后脑勺。作为极端的例证，如果汪精卫求仁得仁，求义得义，名字可与日月齐辉。他从黄泉路上捡回一条性命，好事却变成了坏事，其间的差异真是判若云泥。

二十世纪中国民主革命太不完全，太不彻底，自有多方面的外因和内因，其中一个主要的原因就是早期革命者拼命爱国、舍生取义的精神未能薪尽火传。名利地位对革命者的腐蚀作用日见其神效，往昔的锐气、雄风、猛志和进取心日见其萎退。何香凝在《我的回忆》中记录了孙中山先生的一番怅叹，可谓切中肯綮，孙中山说："现在革命党人，多已丧失革命锐气，一味只知贪图富贵荣华，今后恐难有大作为。"孙中山死后，徒然留下"革命尚未成功，同志仍须努力"的遗言，他和黄兴等人毕其一生艰难缔造的民主事业最终断送于汪（精卫）、蒋（介石）之手，这无疑是莫大的悲哀。

陈天华毅然赴死，秋瑾从容受刑，黄花岗七十二烈士视死如归，历史的纪录固然是残缺不全的，但足以令人大脑过电，内心着火。活着真不容易啊，要让生的价值大过死的价值，要让生的意义超越死的意义，活着的人要做的事情不可谓不多，但这些事情中显然不包括贪官污吏的放纵卑鄙，也不包括知识分子的默尔而息。

三、东海之魂

"生必有胜于死，然后可生；死必有胜于生，然后可死。"古人这句

话将生死置于天平的两端，砝码则是意义和价值。它的意思是：如果生的意义和价值胜过死，那么就应该生；如果死的意义和价值胜过生，那么就应该死。对于个体生命而言，生和死的意义、价值孰轻孰重？则全凭心脑的片刻衡量。

陈天华知行合一，为了保全道义，使革命党人同心同德，他重死轻生，这样的"烈士殉名"令人悲悯，也令人振作。百年之后，历史还清楚地记得一个投海而死的陈天华，这足以说明，他的躯体已逝，他的精神长存，将一股浩然且沛然的正气永留于天地之间。

1906 年 5 月 23 日，中国同盟会员、民主革命者禹之谟（湖南湘乡人）在长沙组织群众为魂兮归来的陈天华举行空前盛大的社会公祭和公葬仪式，省城各校学生为之罢课一天，他们全然不顾军警的阻挠，身穿素服，手执白旗，排着整齐的队列，唱着悲壮的挽歌，分别从朱张渡、小西门横渡湘江，一路护送陈天华的灵柩，向风光旖旎的岳麓山进发。万人流泪送葬，首尾十里相衔，"自长沙城望之，全山为之缟素"，这样的奇观即使在偌大的省城也可谓百年一遇，"沿途军警，为之震慑，呆若木鸡，莫敢谁何"。各界人士在湖南省城公葬革命志士陈天华，足以惊动四面八方，触怒清政府豢养的鹰犬，他们调派酷吏金蓉镜专治此狱，罗织罪名，株连甚广。

1907 年 1 月 5 日，禹之谟已被摧残得截指断舌、体无完肤，终被绞杀于湖南靖州（今靖县）。临刑前，禹之谟戟指金蓉镜，厉声质问道："我要流血，为何绞之？辜负我满腔心事矣！"禹之谟死前作遗书多通，在《致全中国国民书》中，有一句极其沉痛的呼吁："同胞，同胞！其善为死所，宁可牛马其身而死，甚毋奴隶其身而生！"这句话如同银针一般刺激那些麻木的心灵，令人产生痛觉。

湘北的汨罗江是爱国者屈原怀沙自沉的地方，一派清波给予生命最干净的归宿，爱国，爱民，爱自由，重道义，重灵魂，重精神，样样都可以令人舍却生命，只要死得安心，死得畅怀，死得有价值，仁人志士又何妨投江投海，断腰断头？陈天华之后，还有一位闽籍志士、两位湘籍志士愤然自沉。

闽籍志士是陈天听，姓名与陈天华只有一字不同，肄业于东京政法大学。1907 年 4 月 19 日，陈天听乘坐博爱丸号归国途中，与同伴讨论国势、政局和救亡大计，众人泄气地说："这要倚赖国际交涉，权柄操持在政府手中，我辈手无斧柯，无能为力。"陈天听闻言而怒，告诉大家："我们学成归国，却是这样一个坏局面，还能有什么用武之地？难道我们只能眼睁睁地看着异族入侵中国吗？"翌日，他在甲板上遇到一位同船的韩国人，谈论日本侵略韩国后的所作所为，不禁痛彻心肺。一位日本船客就在附近，偷听他们谈话，脸上流露出揶揄和不屑的神色。陈天听忍无可忍，冲上前去大骂东洋狗、东洋贼，然后捋起衣袖，奋拳殴击日本船客，以泄心头之恨。日本船客挨打后惊恐而逃，陈天听则纵身跃入大海，做了殉国的波臣。

在湘籍志士中，同盟会员姚宏业（湖南益阳人）和同盟会员杨笃生（湖南长沙人）都是投江投海自杀的。

1906 年，姚宏业从日本归国，决心改造社会，先从教育入手。他在上海创办公学，一再遭受挫折，并且为卑鄙小人散播的流言所中伤，内心深感悲苦，遂于 3 月 7 日投黄浦江自杀，以示对罪恶社会的抗议。1911 年 7 月 8 日，杨笃生既愤恨列强瓜分中国，又听到讹传的新闻——黄兴死于黄花岗之役，便在英国利物浦投海自尽。他的英年早逝令极度爱护人才的孙中山先生扼腕痛惜。

宋教仁在《跋〈陈天华绝命书〉》一文中说："吾人读君之书，想见君之为人，不徒悼惜夫君之死，惟勉有以副乎君死时之所言焉，斯君为不死也已。"宋教仁、黄兴、孙中山这些民主革命的巨子相继凋谢之后，国民党党魁汪精卫放纵卑劣，蒋介石治国无方，终告败亡，但这并不足以污损九泉之下陈天华的英名，他早已超越了时代的魔沼，化为东海之魂。

熊希龄（1870—1937）：湖南凤凰人。字秉三，号明志阁主人，双清居士。政治家，慈善家，诗人。曾任北洋政府财政总长和国务总理。

熊希龄：凤凰涅槃

　　有这样一帧绘声绘色的老照片：依稀可闻"四面边声连角起"，隐约可见"千嶂里，长烟落日孤城闭"。对了，正是这般苍凉之至的边塞意境，丝毫也没有走样。在照片中央，一位矍铄老人，臂缠红十字袖章，精神抖擞，朔风吹得他胸前的长髯仿佛雪白的鸽子飞起来。他并没有大模大样地踞坐于太师椅，或斜靠栏杆，或骑于马背，而是巍巍然昂昂然地屹立着，别以为他站在地头，他磐稳地戳在一张八仙桌上！手挥目送之际，他在干什么？问得好！他身前立着大队士兵，离他最近的是神情坚毅、肃穆的抗日名将——宋哲元将军。你也许已经猜出来了，这位矍铄老翁正激昂慷慨地作抗日救亡的演讲。

　　我看不到，却能想象得到的历史画面还有：在战火纷飞的沪上，这位矍铄老翁不畏千难万险，以其非凡的感召力，募集大量的药品和食物，迅速建成收容所和战地医院，从死亡线上抢救出大批难民和伤兵。他四处奔走呼吁，他的声音传得很远，他的慈容为群众所熟识，他的英名则为天下人所仰慕。

身为世界红十字会中华总会的首任会长，他的身影飘动如旗，成为战时一片不可忽略的亮丽风景。他所到之处，那种穷且益坚的精神总能感染和激励周围的青年人，仿佛涟漪，波散开去，使大家陡然增长巨大的心劲，去对付战时无所不在的悲观。

你可能会怀疑，我的话是不是过于夸张，这位矍铄老翁真有如此之大的魅力吗？他究竟是谁？我就知道你会急不可耐地询问。

他的身世很不简单，说他是二十世纪初叶中国政坛的风云人物，绝不为错，但这仍是次要的，更重要的是，他比"行年五十而知四十九年之非"的蘧伯玉（春秋时卫国的头号贤人）醒悟得还要早，他是行年四十四即知四十三年之非。四十四岁，无疑是他一生中最鲜明的分水岭，在这一年，他辞去了袁世凯政权的内阁总理职务，既是怆然辞职，也是愤然辞职，因为他看透了中国政界最阴暗最丑恶的底蕴。"心力竭尽，难买平、勃之欢；去就忠贞，有负唐、虞之盛"，这是他辞职书中的两句话，可见乐观其败的人除了袁世凯，还有段祺瑞，他们积不相能，吃瘪的一方当然不会是武人。

他奋力从政界的粪坑中拔身出来，洗净通身的涸秽之气，然后办慈幼院，收养孤儿；办平民学校，尽其所能扶助穷苦人家的孩子，让他们有书可读；抚辑流亡，使乱世的灾民免遭遗弃。从政时，他受袁世凯的打压和段祺瑞的掣肘，根本无法兼济天下，索性挂印还山，将全部心力用于兴办慈善事业。这样九十度的大转向，绝非失势丢官的寻常政客所能为之，你几曾见着他们肯对天下孤弱者掬一捧同情之泪，老吾老以及人之老，幼吾幼以及人之幼？在这个东方礼仪之邦，强梁情薄如纸，心狠如刀，早已不足为奇。但他是个例外，以博大的爱心包容许许多多苦难者的生命，不仅使他们有饭吃，有衣穿，还有书读；不仅使他们明白做人的责任，还找回做人的尊严。

中国的专制政治自古以来就是一桶漆，怎么可能从中寻到光明的乐趣？四十四岁那年，在政治的波峰浪谷间，他顿悟到这一点，不算迟，不算太迟。他毅然决然地选择了远比混迹官场更有意义更有价值的慈善事业，较之钟鸣鼎食，权势煊赫，他更愿选择心灵无悔。还有什么比慈

善事业更能惠及同胞，泽被后世的？如此说来，与其做个祸国殃民的"伟人"，倒真不如做个济穷救困的善人。

"快说快说，别再卖关子了，相片上的老翁究竟是谁？"你又在催促了。

那好吧，我就告诉你，他是中华民国第四任国务总理熊希龄（1870—1937），湖南湘西凤凰人，"熊凤凰"的美名曾经传播甚广，异常响亮。凤凰栖高梧，形神未可知，他早已隐身于历史的重重帷幕之后，他的故事遂变得愈加神秘，甚至已变成了张恨水笔下的《金粉世家》那样的传奇。

一、大难不死，后福可期

熊希龄的父亲熊兆祥是一介武夫，做过湘军的水师统带，官至协镇。当年，湘军中的要职多半由书生担任，因此武夫很知道自卑的滋味。熊兆祥读书不多，受大环境影响，闲暇也喜欢文事。大抵父亲实现不了自己的理想，就会把接力棒强行塞到儿辈手中。熊兆祥对爱子期望殷切："我这辈子，黄土埋到脖梗了。你还小，多读点书，要比老子更有出息！"自古以来，中国人就特别好妒忌，喜欢相轻相鄙相害，唯独父亲乐于见到儿子的成就比自己大，越大越好，大到光宗耀祖的地步，他在九泉之下乐了，坟山也会开坼。

总之，熊兆祥就是这么一位严父，他督促儿子往光明的宽道上飞奔，只恨他两腋不能真像凤凰那样生出翅膀来。他的做法很不一般，让熊希龄苦读圣贤书自不用说，他还注重培养他的观察能力和处事能力。比如说，熊希龄到哪家去吃饭，回来后，父亲就会问他今天吃了什么菜，同桌的还有谁，谈了哪些话题，那户人家总共有多少房间，园子里栽种了哪些花草果木。起初，熊希龄拙于应答，免不了就要脱裤，露出白花花的屁股，饱吃一顿"竹笋炒肉"（湘地用竹条打人的幽默说法）。几次挨抽，使他大长记性，熊希龄再遇饭局，就成了最忙的人，左瞧瞧，右看看，东探问，西打听，有时候别人烦了他怨鬼似的纠缠，也知道他老爹正摆弄家法，等着要收拾他，就故意隐瞒实情。这样一来，熊希龄常常要多费许多工夫，才能从别人嘴里，仿佛从石缝里，抠到一些"情报"。你别说，他老爹这招用久了还真灵，遇事，熊希龄总喜欢精思默察，而不会贸然一猛子扎进河底的淤泥里。

是大才，是俊杰，最初总还得有人慧眼赏识，才能出人头地。熊希龄的运气好，在节骨眼上遇到了乐于振汲人才的沅州知府朱其懿。后者创设沅水校经堂于府署西侧，着意培养潜质非凡的青年学子。熊在此附读三年，成绩常为第一，深得朱其懿的器重。某回，老师出"五月黄梅天"求对，熊希龄沉吟少顷，即对以"三星白兰地"，对得精妙绝伦，令老师激赏不已。别说好事不出门，这事三传两递，就传到了学政大人张亨嘉的耳朵里去了，他爱才心切，把熊希龄抽调到长沙湘水校经堂深造，使之见闻益广，眼界大开。那年（1891）秋天，这位二十一岁的青年才俊中了举人，而且是"六十人中最少年"。翌年入京会试，又连捷。美中不足的是，熊希龄的书法略显粗疏，若参加随后举行的殿试，他极有可能会因此罣误。晚清的殿试内容大不如前，策论之类都是虚应故事，积习相沿，皇帝真正看重的竟只剩书法这一雕虫末技。此风起于何时？我未仔细考证过，但仅凭直觉，乾隆皇帝雅好题匾，喜欢涂鸦江山，他的嫌疑最大。所幸熊希龄的恩师张亨嘉在北京，嘱咐他暂时不要去应殿试，免得碰壁，徒然坏了印象，倒不如关起门来，临池两载，这当然不是逼他从此做个书法家，而是为了他补试时能中个高第。应该说，熊希龄对练字的兴趣平平，但他硬着头皮临摹大堆碑帖，还行，果然中得二甲第六十三名，朝考后钦点为翰林院庶吉士。这大喜的当口，熊希龄的原配廖氏突然病逝，他只好离京返湘。沅州知府朱其懿雅相爱重，遂将自己同父异母的幼妹朱其慧许配给熊希龄为妻。昔日的师徒如今竟成了郎舅，湖湘佳话又平添一笔。

戊戌维新前数年，湘地风气大变，人气急升，湖南巡抚陈宝箴是一位开明人士，按察使黄遵宪、学政江标也都是激进的改良派分子。人气足了，磁场不难形成，近代史上的几位大腕很快就集结到一起，谭嗣同、梁启超、熊希龄、唐才常、皮锡瑞、韩文举，人人抱负不凡，个个才华出众，自然而然形成一股合力，创办时务学堂，组成南学会，印行《湘

报》，研讨学术，牖启民智，湖南这个内陆省份原有的那股沉闷之气遂
一扫而空，其他各省也都纷纷醒了"迷糊劲"，开始惟湖南的马首是瞻。
保守派中的死硬分子看着这些新人的言行处处不顺眼，时不时从阴暗的
角落放出几支毒箭。当时，南学会延请经学大家皮鹿门（锡瑞）开讲席，
听者如堵，为一时之盛。省会劣绅叶麻子（德辉）仿佛是"大蒜帮"的帮
主，一年四季犯"口臭"，他平日就痛恨那些提倡新学，鼓吹维新的人
士，简直胜过痛恨杀父仇人，这回他觉得题材特别趁手，干脆做了两副
极尽挖苦之能事的对联，玩一玩人身攻击的把戏，以泄心头之恨。叶麻
子才气很高，名头不小，两副对联满城哄传。第一副对联是："鹿皮拥座，
熊掌摇铃。"八个字，将皮鹿门和熊希龄一齐捎带进去，刺了个满面花。
第二副对联是："四足不停，到底有何能干？一耳偏听，晓得什么东西！"
前句拆开"熊"字，骂的是熊希龄；后句拆开"陈"字，骂的是陈宝箴。
恶毒的人身攻击隐藏在谜语似的文词之后，似乎格外高明，却不过是含
沙射影的鬼蜮伎俩。

　　清末政局岌岌可危，慈禧太后连修修补补的改良都不肯放手让人去
做，众人就只好冷眼看着那艘江心的漏船载着一大帮迷梦者沉入海底。
谭嗣同接到破格起用的谕旨后不久，熊希龄也受命入京陛见，所幸他去
衡阳省亲，染上痢疾，一病不起，延宕了行期。后来，"六君子"罹难，
熊希龄被指为康梁党徒，受到"革职永不叙用，交地方官严加管束"的
处分，从奈何桥边好歹捡回一条性命。为此，他不无余悸地说："向非
一病，当与'六君子'同命成七贤矣！"的确很悬啊。

　　熊希龄的运气不算太好，也不算太坏，叶麻子告他恶状，喋喋不休，
这个那个的，上纲上线，都是死罪，可是湖南巡抚赵尔巽把叶麻子的话
当作耳边风，倒是暗地里回护熊希龄，让他去做西路师范（在常德）的
体操教师。这无异于黑色幽默，让一位身躯肥硕的待罪者整天去对付单
杠、双杠，或做操，跑步，跳高，跳远，熊希龄自然领会到赵尔巽的好
意，这样滥竽充数混日子，就可免得教国文或历史时祸从口出。一个学
期后，赵尔巽将熊希龄召回省垣，让他草拟一份整顿湖南财政的意见书，
明摆着，他这是有意让熊希龄戴罪立功。巧就巧在歪打正着，熊希龄经

此一番磨炼，真就成为了中国官房学派的财政专家，为他日后在仕途上起飞铸成金色的翅膀。

二、在政治跑道上起飞

中国有句老话，老得都掉牙齿了，叫做："朝中有人好做官。"赵尔巽认为熊希龄才堪大用，就将他介绍给满族大员端方和亲王载泽，大家都认为，熊希龄既然有理财的本领，他手中就很可能握有开启金山银山的钥匙。听了赵尔巽的劝告，熊希龄正正式式拜载泽为义父，有了如此强大的靠山，那顶"永不叙用"的帽子只当被一阵风吹跑了。此后，熊希龄一岁五迁，终于否极泰来。中国的国情固然复杂，却也不难看懂，一个人横下心要走仕途，光有真才实学长技绝活是远远不够的，还得拜个好码头，拜个福气大的干爹，才能避免走钢丝，走麦城。总之，干爹干爹，这人最好是半点水分也没有，载泽的名字中有三点水，却并非泡来的水货，而是正版的亲王。熊希龄投靠他，只要事事处处乖觉一点，登天又有何难？把月亮当作碧玉西瓜，也不算什么妄想。

大汉奸梁鸿志（汪精卫的左膀）临到被处决时，居然还有野人献曝的兴致，说什么"全世界有两件最脏的东西，但男人都最喜欢搞，一件是政治，另一件是女人的屄"。他满以为自己解开了天大的人性方程式。其实，千百年前的古人对此早就一清二楚，只不过大家心照不宣，犯不着将丑话抖搂无遗。官场"厚黑学"的发达，不是没有原因的，像熊希龄这样的俊杰之士，为了实现自己的理想，尚且不得不觍着脸皮拜干爹，给自己的脑袋找一把能时时挡住霜雪冰雹的保护伞，就遑论其他差上几十几百个档次的混混儿了。只不过，现在的官场已略为翻新，除了有干爹可认，还有干妈可亲，倒真是充满了和和美美的家庭气氛。

在仕途上发飙的人，就好比三级助推火箭送出的卫星，冲劲太大，想停都停不下来。熊希龄从三十五岁到四十四岁这十年间就处于这样的上升势头。

1905 年，他伴随五大臣（载泽、戴鸿慈、徐世昌、端方、绍英）出

洋考察宪政，在北京火车站遭到革命党人吴樾的炸弹袭击，这一惊非同小可，始料未及的"送行仪式"极具纪念意义。真要说，衮服花翎的清朝大员哪里知道宪政为何物？又何从考察它的妙处？只好来点猫腻，而且还要猫腻得像模像样够滋够味，这就有劳熊希龄了，他专门跑到日本去，恳求深知宪政三昧的好友杨度代为捉刀，杨度又转而请梁启超援手，写成《各国宪政之比较》《宪政大纲应吸收各国之所长》等重要文章。五大臣从海外归来，两手空空，就以"考察东南民情"为借口，屯留在南京，多吃了许多天的花酒，直到熊希龄从杨度手中拿到那几篇直陈宪政利害的雄文，他们才顺顺当当地交了差。这真是充满了极大的讽刺意味，垂死的清王朝在"预备立宪"的幌子之后，尽做些虚应人心的表面文章，最漂亮的一手就是尽弃前嫌，请杨度回国，在颐和园给那些脑满肠肥的大臣上宪政扫盲课。然而，朝廷上下闹腾了一阵，一切又归于无声无息。清王朝最害怕的事情就是政治体制改革，帝王将相着实担心，一旦贸然改制，就会火烧老房子，连救也没得救，倒宁愿它透风漏雨，夏热冬寒，维持一刻算一刻。

干成了"长途贩运宪政"这一票大买卖，熊希龄的身价迅速飙升，以至于热到了一将军（奉天将军赵尔巽）一总督（两江总督端方）一巡抚（江苏巡抚陈启泰）三方争着要他入府理财的程度。工商总办之类的肥缺亮晃晃地摆在熊希龄面前，等着他去履新，盼着他去上任。他倒是涵养好，谁也不得罪，这儿干半载，那儿干六月，如此一折腾，他未能展现长才，那些重金聘他的人也未能解除焦渴。也许正因为他变动不居吧，谁都认为他掌握了"芝麻开门"的秘咒，可是又谁都未曾真正见他将全付本事施展出来。于是，一根草绳在百里之外传成了一条蛇，在千里之外则传成了一条龙。熊希龄到底是一根草绳？还是一条蛇？还是一条龙？其实谁也拿不准。但众人更愿意相信他是一条入云的神龙，是一只名副其实的金凤凰。

三、拔毛的凤凰不如鸡

袁世凯白捡了个中华民国的大总统来当，乐得一张阔嘴终日合不拢，乐归乐，当时的政局也真够乱的，都差不多乱成了鸡窝，哪怕只是做做样子，他也得把烂摊子设法拾掇拾掇。有人早就形容过，在清王朝二百七十六年的统治之后，黑暗溷秽的专制政治已如同希腊神话中的奥吉亚斯牛圈，粪如山丘，臭不可闻。袁世凯仿佛是一只巨大的屎壳郎，他乐得在其中打滚，享受幸福生活。但现如今是民国，简直像是在梦中，除了粪如山丘之外，还有什么？还有个新生事物，名叫"内阁"。由唐绍仪出任首届国务总理，南北方都可接受，袁世凯认他是旧雨（老朋友），孙中山和黄兴则认他是新知（刚加入同盟会），在这届内阁中，其他人选还在酝酿，惟有财政总长一职已是众望所归，非熊希龄莫属。发表时，果然是他，他力辞五次，依然还是他。要知道，天下人正等着看他巧媳妇做无米之炊呢。这是一届见光死的内阁，唐绍仪受不了袁世凯事事掺沙子，处处设绊子，时时打棍子，一气之下，拍屁股跑到津门。怪事处处有，民国特别多，堂堂国务总理，居然负气出走，不打算跟大总统继续玩儿捉迷藏的游戏了。屁股底下的交椅尚未坐热，各部总长眼光茫然，纷纷请辞。

"眼见他起高楼，眼见他宴宾客，眼见他楼塌了。"中华民国的首届内阁才存活了三个多月，被人讽刺为"蟪蛄不知春秋者也"，并非"猗欤盛矣"，而是"呜呼哀哉"，兆头可不怎么好啊。

大家再一次雾里看花，没能将熊凤凰的上佳手段看个明白，再度留下遗憾。有耐心的人总会得着回报，才不过一年半载，熊希龄就卷土重来，成为中华民国政府国务总理兼财政总长，这回，大家可是圆睁着铜铃大的眼睛，要看他能拿出什么行之有效的生财之道。当时政府最受窘的是百废待举而国库空虚，动不动就伸手向外国财团借钱，似乎谁最能借到钱，谁就最有本事，那副小叫化的贫薄相可真够人瞧的。熊希龄上了台，大家都认为该是国人大长志气的时候了，凤凰一定能生出金蛋，这是浅

显的常识。殊不知，期望过了头，连上帝都会发愁呢。

熊希龄既是个不新不旧的人，又是个亦新亦旧的人，总体而言，他是清才硕望，能够游刃于各派势力之间。袁世凯对他并无特别的好感，但也没有特别的恶感。起先，袁世凯力邀老友徐东海（世昌）出山，人选都铁定了。但有高参进言，若是先提出徐世昌，以国民党议席为主的国会多半会毫不通融地加以否决，倒不如先拿熊希龄去当炮灰和祭品，然后再提徐世昌，国会就不好意思将他搁翻在地。袁世凯深以为然。可事实上，国民党也好，进步党也好，都觉得熊希龄不属袁世凯的嫡系，让他出面组阁，大家会多得一点生趣和快感。如此一来，工于心计的袁世凯就反而弄巧成拙了。

熊希龄也曾自高身价，三番两次推辞，说什么"今以浅暴之徒，造成一鲜廉寡耻之社会，虽有孔子复生，无从为力"，却终归挡不住孟子那句"舍我其谁"的豪语从背后推动，还是做了火烧屁股的国务总理。他本心想干得漂漂亮亮的，一朝受命，即向外界宣称要组成"第一流经验和第一流人才之内阁"，他中意的人选是梁启超、张謇、杨度和汪大燮。梁启超就不用说了，张謇是清末状元，也是工商界的高手，杨度精通宪法，汪大燮则是晚清大员中以才干著称于世的一个。当然，还有许多第一流的人才可以汲引到内阁中来。但袁世凯悭吝得很，他只给了熊希龄寥寥三个可支配的机动名额，而且还是司法、实业和教育这样的闲曹。杨度公开声称"帮忙不帮闲"，第一个置身局外。司法总长油水太薄，是块名副其实的鸡肋，梁启超也不想辱没清誉，私下里敲起了退堂鼓。熊希龄前去热情劝说，梁启超却把紧门户，没给他转圜的余地，两人遂不欢而散。第二次交涉，梁启超仍执意不肯，熊希龄忍不住大发脾气，开了高腔："屡次都是你催促我来京赴任，嘱咐我作出牺牲，现在我已经牺牲了，你却洁身自好，上岸观风，足见'熊希龄'三字，抵不上'梁启超'三个字那么尊贵！"话已说到这份上，梁启超怕伤及多年的友情（他们在时务学堂即同事），也不好意思再躲来躲去，虽心有不甘，还是硬着头皮出任了司法总长。

熊希龄起始就犯了个大错，他不该委曲求全，袁世凯给什么就吃什么，说什么就认什么，这显然过于乖顺和软弱。他完全可以梗着脖子去争，陆军部和海军部被袁世凯牢牢地攥在手心，不去硬碰可以，但外交部、内务部和交通部统统沦为"失土"，他就不仅没有面子，也没有里子了，将来的苦况可想而知，如何能够偷度过去？与其异日焦头烂额，还不如在此时早赋归去来。可是务实的熊希龄也难免抱有幻想，以为在夹缝里求生存或许会有出乎意外的转机，顶不济，也不至于像唐绍仪内阁那样脐风夭亡吧。

熊内阁的大政方针（由梁启超草拟）一出台，就有麻烦，其中最重要的一项是"废省存道"（初拟为"废省存州"，直接学习美国的联邦制），这种急于事功的书生之见，对于北洋军阀，实为撄锋触怒。熊希龄也不想想，袁世凯正做武力统一全国的迷梦，不得不用升官发财刺激自己长期豢养的鹰犬，而那些伴虎得风的武夫也都有"开府称帅"的打算，哪里肯把兵权交还中央？再说，在袁世凯意中，熊内阁只是一个过渡性质的浮桥，他真心想要起复的是那套亡国大夫的旧班底，他很清楚只有那些人才肯效死命、出全力将他推举到象征九五之尊的御座上去，使他黄袍加身，圆成皇帝美梦。

在出错主牌的劣势下，熊希龄惊讶地发现自己不仅不是神，而且很快就会不是人了。他身为国务总理兼财政总长，面对一筹莫展的财政赤字，就算是沿门托钵，那些外国大银行和大财团也都摊手、耸肩、摇头，摆出一副爱莫能助的姿态，不为别的，就为他是空架子的财政总长。当时，最雄壮的一匹"马"（交通部）被总统府秘书长梁士诒控制着缰辔，其手下的交通银行信誉不错，随时都能向外国财团贷到巨款。但梁士诒与熊希龄是异路人，他正不怀好意地等着看一场"凤凰拔毛不如鸡"的好戏，又哪肯援手？那一年（1913）逼近年关，中央财政缺口仍有七百五十万元，熊希龄使出浑身解数，筹到二百多万元，已经心疲力竭，梁士诒瞅准这个空当，给熊希龄一记凶狠的"勾拳"，他将熊希龄所短缺的五百万元送给袁世凯，再由总统府转拨给财政部，这样反向一折腾，熊希龄羞愧难当，遂不得不辞去财政总长一职。此前那个广播于人口的"熊希龄最能理财"的神话也随即像巨大的肥皂泡一样破灭了。

袁世凯怀有不可告人的居心，他要借力打力，利用熊内阁，将专门跟他唱反调的国民党议席连锅端掉，达到迅速解散国会，实行总统负责制，最终大权独揽的目的。对此，熊希龄的名流内阁当然不会轻易就范，袁世凯要使他们服服帖帖，副署解散国会的命令，就得另外使用阴谋。怪只怪熊希龄授人以柄，他在热河都统任内时，负责清理避暑山庄积留的清朝文物，难免瓜田纳履、李下正冠的嫌疑，他曾将乾隆用过的折扇及另外几件小玩意儿送给袁府红人姜桂题。姜桂题受袁世凯暗示，迟不吭声，早不吭声，这时却点燃炸药桶。结果呢，新闻界抓住这个题材，爆炒出"国务总理热河盗宝"的超级丑闻，弄得熊希龄一身腥一身蚁。

据郑廷玺的《袁世凯挟制熊希龄解散国民党》一文所记，袁世凯真是阴谋家中的第一流高手，与之相比，熊希龄不仅笨拙如熊，而且幼稚如学龄前儿童。袁世凯先是强制国会选举他为正式总统，然后紧锣密鼓地为专制独裁做准备。1913 年 11 月 3 日上午，他传召熊希龄去总统府议事。熊希龄前脚刚到，喘息未定，就与外国某公使撞了车。于情于礼，总统都应该先接见外宾。袁世凯让熊希龄到自己的办公室稍候。熊希龄进入室内，空无一人，只见袁世凯的办公桌上，放着许世英彻查避暑山庄盗宝案的卷宗，熊希龄不看则已，一看，立刻脸色煞白。不用说，袁世凯这样巧妙安排，是故意"取瑟而歌，使之闻之"。袁世凯送走了外国公使，回来与熊希龄谈话，他见熊希龄忸怩不安，面色极差，就假意关心："秉三（熊希龄字秉三），你昨晚别是开夜车没睡好觉吧？为什么脸色这样不好看，精神大显疲惫呢？"待熊希龄支吾一番后，袁世凯话锋急转，严词厉色地说："国事无法向前推进，都因国民党凡事刁难掣肘，真令人心痛。我国现在是责任内阁制，如不将国民党这个障碍铲除，内阁既不能顺利执行职责，总统的权力也就不能行使了。根据目前的形势，我们要把国家治好，非立即解散国民党不可，取消国民党籍的议员资格。我的意见如此，秉三，你看怎样？"有把柄捏在对方手中，迫于袁世凯的威慑，熊希龄还能如何？只好乖乖地听由对方摆布，私念一抬头，就宁肯我负国民党，我负天下人了。熊希龄的胆色太差，难怪他尚未倒台前，就有人将其精心打造的"名流内阁"嗤之为"狗熊内阁"。

熊希龄辞去国务总理后两年，大名士王闿运入京，熊希龄前往拜谒。王闿运询问他住在什么地方，熊希龄说是集灵囿（在古代，"囿"是关野兽的地方，相当于动物园），俗呼围城子，王闿运笑着打趣道："你住在那里，倒真是人地相宜，不知其中还有鸿雁麋鹿么？"他又是拿熊希龄的姓氏开涮。如此谑虐的话，也只有大名鼎鼎的老前辈王闿运敢讲，而且不觉得过分。

中国人的舆论从来都是扶强不扶弱的，对于那些昔日捧之恨不入云天的政客，一旦他们倒了楣，摔了跤，就会群起而嘲骂，将落井下石的"赏心乐事"做得非常起劲。熊希龄的"名流内阁"垮了，有人立刻得到灵感，以"第一流"对"忘八蛋"，竟引来大众的喝彩声。

熊希龄当初受命组阁，并非只存五日京兆之心，但他总共才干了半年，就掉了链子。当时，有位记者脑瓜子够灵光，他把熊希龄在仕途上打拼的经历一一列表清算，得出的结论为：熊希龄只是个砌墙脚的人，躁动而无长性，在每个职位上，都不曾干满一年时间。墙脚砌了就拆，熊希龄势必一事无成。

四、致力于慈善事业

四十四岁那年，熊希龄辞去北洋政府总理的职务，从此远离政治斗争的风暴眼。我们回头来看，他的这个决定适逢其时，堪称明智。但真正令人敬佩、值得称道的是，他没有退息和隐居。求田问舍，打猎钓鱼，那是别人的喜爱项目。沉迷酒色，流连欢场，那是别人的享乐方式。腾出自己的全身心，利用自己的影响力，建设香山慈幼院，倡导平民教育，开启民智，救助弱势群体，这才是他不吝余生去追求的功德。

夫人朱其慧去世后，熊希龄将全部家产悉数捐给"熊朱义助儿童福利基金会"，成为中国现代史上生前就"裸捐"的第一人。如此一来，他一无所有，每月从基金会领取少许生活费，用沈从文的话说，"吃二等公务员伙食"。这种人溺己溺、人饥己饥的悲悯情怀真不可及。熊希龄生前自撰《墓志铭》，有"今当国难，巢覆椟崩，若不舍己，何以利群"

的句子，高情美德跃然纸上。

且让我们驻足于北京香山的林涛下，听一听当年慈幼院的校歌吧："好好读书，好好劳动，好好图自立。大哉本院，香山之下，巍峨真无比。重职业，自食其力，进取莫荒嬉。好兄弟，好姊妹，少年须爱惜。"另有一首《饭后歌》，更为动人："馒头棒子豆芽汤，蒸蒸喷鼻香。我们幸福等天堂，精神体魄强。堂以外，可心伤，穷孩满四乡。如何救彼出饥荒？时时不可忘。"

这些歌词都是熊希龄亲笔撰写的，写得有情有志，韵味十足，确实能够陶冶少年儿童稚嫩的心灵。

熊希龄常说："孩子是真心爱我，把我当他们的父母，我也把他们当我的儿女，成立这个大家庭，便是我终身的志愿了。"他续娶毛彦文，既为感情计，亦为事业计，毛彦文在国外学过教育学，适合主管香山慈幼院，有协助他办理慈善事业的能力、热情和爱心，所以他老当益壮，追求不舍，与吴宓教授情场角逐，高调胜出。

大人先生们常以清谈为高，结果不外乎清谈误事，清谈误家，清谈误国。真正务实的人，务实到乐意倾其所有兴办慈善事业的人，在当时的中国，罕见罕闻。熊希龄是政界名流，把自己的余生全部交付给公益事业，除了办慈幼院，办平民学校，在战乱时期，还办收容所，办战地医院，从大上海的炮火中救出数以万计的难民。熊希龄以育人、救人为天职，从他身上闪耀出善良、温暖的人性光辉。

抗战军兴，熊希龄痛感国土沦丧，生民浩劫，他忧愤填膺，精神备受刺激和煎熬。1937年底，熊希龄携毛彦文赴香港为慈善事业募捐，平安夜突患脑溢血，终因医药罔效，医生回天乏术，溘然长逝。

在《纪念熊秉三先生》一文中，胡适称赞道："他实在是个有办事才干的人，同时又真爱国，真爱人，所以他真觉得替国家做事，替多数人做事，都像是从自己天性里流露出来一样，不觉得费力了。"

叶景葵是熊希龄三十多年的老友，他为熊氏作传，其中有一语论其从政："平生似遇而实未遇，欲有为而终不可为。"堪称知人论世之言。身为政客，熊希龄心劳日拙，早已一息不复存，长瞑而不视；身为慈善家，熊希龄却是永生不朽的，令人景仰。蔡元培撰写的那副挽联，如今仍能在湘西凤凰县熊希龄故居见到，"宦海倦游，还山小试慈幼院；鞠躬尽瘁，救世惜无老子军"。始于从政，终于从善，熊希龄以兼济天下为己任，爱国爱人，纯粹出于自己的天性。

熊希龄是湘西凤凰人。没错，熊希龄就是熊凤凰，熊凤凰就是熊希龄。熊凤凰的好羽毛曾被袁世凯挑起的政治纷争弄得污秽不堪，所幸他跳出了那口粪池，在一场无形的天火浴中得以涅槃，获得新生。这很不容易。你只要看看近、现代官场上一大批玩死了九条命的政客，就不难明白，他们的羽毛和灵魂被烧得焦枯，并不等于凤凰涅槃，只不过是自取毁灭。熊希龄能够获得新生，是因为他重铸了一颗心，一颗比钻石还要闪亮的心，一颗大慈大悲的心。他从迷途中寻获了本性，赎回了良知，这样的人才能够立地成佛，他不朽，是因为他不再有朽坏的内因和外因。

杨度（1875—1932）：湖南湘潭人。原名承瓒，字皙子，别号虎公、虎禅，又号虎禅师、虎头陀、释虎。宪政思想家，诗人。"筹安会"的重要组建者。

杨度：负谤千秋

在中国近、现代历史的结合部，知识分子的命运非常特殊，融通意义上的"调适"与"应变"，常常如古代寓言中那位"东食西宿"的齐女一般，左右逢源，而这恰恰是附丽于二十世纪初叶中国文化精英身上共同的保护色。梁启超被人称为"变色龙"，已不待言；其余，章炳麟、刘师培、陈独秀，包括鲁迅，他们又何尝不像骰子被某只无形的巨手重重地掼在赌台上，不停地翻转变化着，或由激进变成保守，或由保守趋向激进，一时难以定夺。这种通权达变实属身不由己，它使知识分子阵营不断分化而又聚合，聚合而又分化，铁打的堡垒流水的兵，彼此忽焉为敌，忽焉为友，不管为敌或为友，都只因一时政见相悖，无论谁落荒，下野，倒楣，彼此仍能一如既往地相安，相容，而不相害。这是游戏规则中最合理，也最深入人心的一条。

杨度（1874—1931）就是典型的例子。早年，他独树一帜，赞成维新，却不赞成扶清；赞成革命，却不赞成共和。其"君宪救国"的主张与孙中山的"民族革命"思想大相抵牾。他与梁启超志趣相近，缔交尚属情理之中，意料之内；他与孙中山政见相距万里，握手言欢，怎么可能？当年（1903年左右），杨度是中国留日学生总会会长，与孙中山和黄兴都有深厚的私交，正是他而不是别人撮合了孙、黄两位革命巨子的初晤。据刘禺生《世载堂杂忆》所述，孙中山曾在日本横滨的永乐园设宴，与杨度辩论终日，现场气氛相当活跃：

> 皙子（杨度字皙子）执先生手为誓曰："吾主张君主立宪，吾事成，愿先生助我；先生号召民族革命，先生成，度当尽弃其主张以助先生。努力国事，期在后日，无相妨也。"皙子回车，喟然叹曰："对先生畅谈竟日，渊渊作万山之响，汪汪若千顷之波，言语诚明，气度宽大；他日成功，当在此人，吾其为舆台乎？"

"舆台"是古代社会中等级最为低下的奴隶阶层，后泛指地位卑贱的人。这也就是说，杨度自始就预感到孙中山会成功，自己会失败。洪宪王朝土崩瓦解后，杨度身背帝制余孽的骂名，但他并未忘记自己的诺言，一有机会，就将践之履之。

1922年，陈炯明叛变，直系军阀吴佩孚想协同赣军入粤援助陈炯明，当此危急时点，孙中山致信刘成禺，请他入京活动，以期将吴佩孚的军事计划绞杀于萌芽状态。刘成禺找到好友杨度，杨度时任直军总司令曹锟的高级顾问，他爽快地答应出力，帮助广东政府度过难关。杨度利用自己在直系军阀中的人脉资源，借力打力，使直系军阀内部产生严重分歧，曹锟以一句"以下犯上之人（指陈炯明），不可出兵援助"给军事会议定下基调，致使吴佩孚制订的"入粤助陈，驱孙出广"的一揽子计划化为泡影。杨度运筹得当，使南粤局势转危为安，帮助孙中山消除了心头大患。事后，孙中山在上海接见刘成禺、黎澍等人，极口夸赞道："杨度可人，能履政治家之诺言！"

那些骂杨度为"无耻政客"的高人显然忽略了一点：现实政治除了受到利益原则驱动，还有一些人是独往独来，能够出入无碍的。虽然杨度的人品不无可议，但他确实具有一腔爱国热诚。护国军倒袁功成，蔡

锷旋即去世，杨度为之撰写挽联，其词为："魂魄异乡归，于今豪杰为神，万里河山皆雨泣；东南民力尽，太息疮痍满目，当时成功已沧桑。"按理说，撰写这副挽联的作者可以是张三李四，不应该是杨度。毕竟蔡锷是"洪宪"王朝的终结者，是袁世凯的掘墓人，给杨度的政治生涯造成了致命伤。但后者抛开敌意，向前者奉献哀忱，胸襟自见，根本不是猫哭耗子假慈悲的那一套。这就足见当年"推贤服善"的政治与后来勾心斗角的政治，其分野有如田间与沙际。

当然，我们也应该看到，受利益原则强力驱动下的救国，最终必然会因为各个势力集团的厮拼而变成一场臭烘烘的丑剧和闹剧，受损害的总是人民。"爱国"的漂亮幌子人人会打，它五颜六色，晃得大众眼花心烦，国家却愈益迅速地衰败下去，像一部破车闷头坠入黑漆漆的深渊，想挽救都来不及。

由于不合其时，不应其方，不得其径，杨度的爱国赤诚完全归于失败，而失败者较容易获致广泛的同情。但于他而言，同情的滋味未必好受，那么苦涩辛酸，多加几块"方糖"又有何用？

杨度的内心自始至终富有激情，爱国救世的雄心也是愈挫愈奋。正因为这样，他的悲哀就更大，痛苦就更沉，那份积郁不化的忧伤横亘于胸膈间，就绝不是吟诗可以排解的，也不是学佛所能消弭的。

一、湖南少年

宣统三年（1911）四月，梁启超撰写《中国之武士道》一书，杨度为之作序。

起源于中国春秋战国时代的武士道精神早已失传，居于蕞尔岛国的日本人吸取其精髓，恪守其精义，反而完整地继承了这笔精神遗产。近代以来，日本明治维新，武士道精神得以发扬光大，凭仗它称雄于世。对此，杨度作出过鞭辟入里的分析："日本之武士道，垂千百年，而愈久愈烈，至今不衰，其结果所成者：于内则致维新革命之功，于外则拒蒙古，胜中国，并朝鲜，仆强俄，赫然为世界一等国。若吾中国之武士道，则自汉以后，即已气风歇灭，愈积愈懦，其结果所成者：于内则数千年来，霸者迭出，此起彼仆，人民之权利任其铲剥，任其压制，而无丝毫抵抗之力；于外，则五胡入而扰之，辽、金入而扰之，蒙古、满洲人而主我，一遇外敌，交锋即败，至今欧美各国，合而图我，人为刀俎，我为鱼肉。国民昧昧冥冥，知之者不敢呻吟，不知者莫知痛苦，柔弱脆懦，至于此极。比之日本，适为反对。……至今国势之危，有如累卵，举国上下，人尽知之。无论若何顽固之徒，未有实信今日之中国为太平无事者，然知之而遂心焉忧之，谋所以挽救之者，举国中无几人焉。……而日本学之（武士道），反能了人生之义务，故其人于成仁取义之大节，类能了达生死，捐躯致命以赴之。故楠正成之将赴难于凑川也，诣明极楚俊禅师而问以死生交谢之际，禅师答曰，‘截断两头，当中一剑’，而正成遂死。新田义贞之将死国也，以书遗子孙曰，‘进亦非死，退亦非生，死生终必有期，譬如由昼入夜，由夜入昼’，其彻悟通达如此。故能轻弃其学佛之躯壳，以保全其学儒之精神。西乡、福泽之流，皆遵此道以成一世之伟人者也。吉田松荫有言，‘道尽心安，便是死所’，乃诸人所共同之心得矣。国民乎！其有以武士道之精神，与四千年前之人物，后先相接，而发大光明于世界，使已死之中国，变而为更生之中国，与日本之武士道同彪炳于地球之上，称为黄种中第一等国民乎！则或者挟虚无党之刃，以与雷电争光也；或者举革命军之旗，以与风云竞色也；或者奋军国民之气，以使中国国旗扬威振彩于海外，以与列强争一日之雄也！”

力倡武士道精神的人，了生达死，肯为崇高志愿抛洒一腔热血，他们具备“虽千万人吾往矣”的豪气，还要有“众人誉之而不加劝，举世非之而不加沮”的心理素质。杨度就是这样一头湖南犟骡子，他只做自己最想做的事，为此可以冒天下之大不韪。但很显然，他身上的武士道精神火候未到，最终下不了决心为君主宪政的变质和失败而切腹明志，却扬帆转舵，以求全身远引，这是他自批耳光，旁人看了，也不知该如何安慰他。武士道精神太沉太重，比九鼎还沉，比泰山还重，又岂是知行分裂的清谈之士用肉肩扛得起的！

梁启超为人率性天真，平日想怎么说就怎么说，想怎么做就怎么做，

内心了无滞碍，有人批评他喜欢出尔反尔。这是否表明他在择友方面也缺乏原则？当年，梁启超推重杨度，几乎到了无以复加的地步："风尘混混中获此良友（指杨度的诗文），吾一日摩挲十二回。不自觉其性之移也。"还宣称："昔卢斯福（美国总统）演说，谓欲见纯粹之亚美利加人，请视格兰特（美国南北战争时的北军统帅）；吾谓，欲见纯粹之湖南人，请视杨皙子（杨度字皙子）。"这个评价究竟有多少水分？现在的答案肯定对杨度不利，然而上个世纪伊始，同盟会尚未成立之前，中国留日学生几乎不会抱持任何异议。念出曾国藩、左宗棠、谭嗣同这些名字，谁会怀疑湖南人对近代史有极大的推动作用，是中国命运的火车头？岂止"无湘不成军"，简直是无湘不成事。湖南人的自豪感常常溢于言表。身为一个"纯粹之湖南人"，杨度身上除了具备湖南人的勇毅、执拗和坚忍不拔的性格之外，必然还有些过人之处。试想，一介书生，仗剑去国，志在扫清六合，重铸华夏之魂，气魄该是何等雄奇豪迈！杨度作《湖南少年歌》，曾激沸无数有志青年——尤其是湖湘子弟，包括黄兴、蔡锷、宋教仁、陈天华等人——的热血，他们借此喊出内心的最强音。无疑，它是一支射向黑暗地带的响箭，不应当被厚厚的岁月黄尘久久沉埋。且听——

　　我本湖南人，唱作湖南歌。
　　湖南少年好身手，时危却奈湖南何！

又道是：

　　中国如今是希腊，湖南当作斯巴达；
　　中国将为德意志，湖南当作普鲁士。
　　诸君诸君慎于此，莫言事急泪流涕。
　　若道中华国果亡，除是湖南人尽死！
　　尽抛头颅不足惜，丝毫权利人休取。
　　莫问家邦运短长，但观意气能终始。

又道是：

> 垄头日午停锄叹，大泽中宵带剑行。
>
> 窃从三五少年说，今日中原无主人。
>
> 每思天下战争事，当风一啸心纵横。

又道是：

> 救世谁为华盛翁，每忧同种一书空。
>
> 群雄此日争逐鹿，大地何年起卧龙？
>
> 天风海潮昏白日，楚歌犹与笳声疾。
>
> 惟持同胞赤血鲜，染将十丈龙旗色。
>
> 凭兹百丈英雄气，先救湖南后全国。
>
> 破釜沉舟期一战，求生死地成孤掷。
>
> 诸君尽作国民兵，小子当为旗下卒！

杨度在《湖南少年歌》中，特别提到了他衷心钦慕的华盛翁（美利坚开国总统华盛顿），这说明他起初是向往共和国体的。后来，他改弦更张，执着于君主立宪，也是因为他对危如累卵的国势和蒙昧未启的国民素质太缺乏信心。在此歌行中，他力倡"先救湖南后全国"，这成为黄兴当时极欲实行的革命方略。《湖南少年歌》广为传诵，以上两点是关键之关键。《湖南少年歌》流行于湘籍留学生中，他们几乎口口能诵，因为它包蕴有巨量的豪壮之美，是当时的最强音。

"怒向刀丛觅小诗"，没有豪情壮气能行吗？老朽的中华帝国若要还阳，重造少年身，首先就要重铸一颗鲜活的少年心，当年，杨度作《湖南少年歌》，众人一唱而血沸；梁启超作《少年中国说》，举世一读而心惊。杨度与梁启超，一个是英锐的"湖南少年"，一个自号为激进的"少年中国之少年"，这种猛志固常在的狂飙精神正是那个时代青年人所向往和崇仰的。杨度才雄器伟，高歌猛进，以澄清天下为己任，一度站到

整个革命阵营的最前列，后来他突然抽身，易帜而去，不禁令人为之扼腕叹惜。被狂热的激情推举到顶峰的人，也极有可能被错误的理性拽下万丈悬崖，这一定律不幸再一次在杨度身上得到验证，他自以为拿到了一手好牌，可是孤注一掷的结果只剩下"悲惨"二字。

二、"旷代逸才"

很长时间，杨度一厢情愿地认为，他是袁世凯夹袋中的人物，现在不启用，是为了将来一朝大用，这个想法太牢固了，就害了他。

1908年，摄政王载沣欲置袁世凯于死地，未能如愿，但还是强行将袁氏开缺回籍。这时，袁世凯失势，树倒猢狲散，门前冷落鞍马稀，别人都拍屁股走了，杨度却兴兴头头专挑这样的特殊时期去大烧冷灶，先是与严修去前门车站为袁世凯送行，然后有空就跑到河北彰德洹上村给袁世凯通风报信，出谋划策，这些举动博得了袁世凯的好感。

袁世凯欣赏杨度的宪政之才和他提出的富国强兵的"金铁主义"，但这纯然是一种老板对职工的欣赏。真要论人才，袁世凯更看得上眼的是生财有道的总统府秘书长梁士诒。梁士诒与杨度因缘不浅，两人曾同期赴考清末"经济特科"，被爱才惜才的大主考官张之洞分别擢拔为优等第一名和第二名，相当于状元和榜眼。然而梁士诒的姓名往那儿一摆，顽固保守的后党左看右看，横看竖看，竟看出老大的忌讳（这帮家伙看世界大势只有鼠眼，找茬子却有鹰眼）：吓，原来是"梁头康脚"。梁士诒姓梁启超的梁，是"梁头"，康有为原名祖诒，他名士诒，是"康脚"。慈禧太后深恶康有为、梁启超师徒二人，她又恼又恨，发下口谕：此次经济特科"选士不严，品流庞杂"，着令推翻重来。稀里糊涂，梁士诒落了榜，杨度也遭受了池鱼之殃，真够倒霉的。从此，杨度就认定梁士诒是他仕途上的头号克星，沾上他就会沾上厄运。

1913年8月，熊希龄组织名流内阁，极欲延揽杨度为交通总长，然而这个美差是梁士诒盘中的禁脔，岂容他人染指！梁士诒向袁世凯进言："门外汉如何掌交通？"杨度就没戏可唱了。熊希龄实在过意不去，

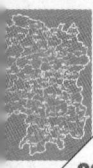

请杨度屈就教育总长一职，权当是给老朋友撑撑台面，杨度以不屑一顾的口吻答复道："我帮忙不帮闲。"这话语带双敲，因杨度八年前曾帮熊希龄度过一回大难关，为他捉刀撰写考察西洋宪政的系列报告，现在熊希龄竟以"冷猪肉"为酬谢（教育部为闲曹），杨度心中自然愤愤不平。当年即有人认为，杨度的皮袍里面此时还揣有一个如意算盘，他估摸"老猿"的龙心尚未餍足，算准自己不久就能行时走运，成为"开国元勋"，又何苦先坏了大好的身子？他致书友人，透露了这样的意思："余诚不足为帝王师，然有王者起，必来取法。"杨度的想法有点出奇，他希望袁世凯能成为德皇威廉一世、日本明治天皇那样雄心勃勃的有为明君，他就可以效仿铁血宰相俾斯麦、伊藤博文，成就一番伟业。

这样说，杨度的确是一位过于自信的理想主义政治操盘手，他在政治上走的是一条黑路，一条通往坟场的路，一条通往地狱的路，却紧紧抱着"我不入地狱谁入地狱"的道德勇气，固然有别于那些利禄之徒，但并不明智。

有一回，袁世凯与杨度单独议事，突然兴起，想出一道摸底测验题，他以垂询的语气问道："阁下睿智英明，知深虑远，请问，立国之道，帝国、民国两种国体，何者最适合我泱泱华夏？"这问题仿佛飞来的外星陨石，令杨度猝不及防，他好一晌沉默无语。袁世凯又追问一句："尊意以为如何？"杨度缓过神来，语气凝重地回答："民主共和是世界潮流所趋，国家主权属于人民全体，乃为不可争议的定数。但以中国国情而论，民智未开，政治未修，文盲充斥，思想闭塞，建设落后，比之西方，差距何止百年。不过为政在人，有贤能之政府，就有国富民强之希望，帝国、民国谁为是，谁为非？总归一句话：'事在人为。'"杨度的意思够清楚，袁世凯感到很欣慰，他深知，要取消议会制度，尽快将天下定于一尊，回到专制老路上去，则不可不招揽杨度这位精心研究法律和政治的一流人才。

杨度认为，君主、民主并无高下优劣之分，关键在"宪"而不在"主"。以四大列强作对照，英国的君主优于法国的民主，美国的民主又优于德国的君主，孰优孰劣，并不能一概而论。在"君主宪政"这四个字中，"宪

政"二字的分量更重。他还认为，立宪的好处多多，至少有这样几个方面：限制军人跋扈；开启民智；约束国家元首的独断专行；摒绝政府违反民意的卖国行径。这是当时中国的四大顽疾，杨度认为只有"宪政"这味猛药可以直抵病灶，铲除病根。下医医人，上医医国，对此，他的自信并不输给孙中山、黄兴和宋教仁。

中国民众向来崇拜绝对权威，国王即可作此象征。如果说宪政是茶壶，君主则是茶壶的把儿，没有它，茶壶就提拎不起。杨度的名文《君宪救国论》开宗明义："如不废共和，立君主，则强国无望，富国无望，立宪无望。"杨度深信，君主立宪可使国家培元固本，避免流血，他已经越来越讨厌暴力革命。梁启超对杨度的高论不以为然，他正色相告："此何时，此何事，项城又何人，而可如是其轻且易耶？"在国事共济会的宣言里，杨度再次特别声明："以保一君主为目的而使全国流血，君主立宪党所不忍出也。以去一君主为目的而使全国流血，民主立宪党所不忍出也。何去何从？必诉之于国民公意，要求发起国民会议，以国民之公意决之。"尽管这是十足的书生之见，但也说明他关心的并不只是君主的去和留，他还关心民意的赞成与反对。问题就在于：谁能精准地拿捏真实的民意？就算有这样的民意，也会遭到大独裁者袁世凯和各路军阀的轮奸。

细论起来，帝制的先声并非由杨度首发，首发者是一位美国博士、中国通古德诺，他是袁世凯多国顾问班子中的一员，卸任归国前，袁世凯付出五十万元的润笔费，请他写一篇《共和与君主论》，发表在北洋政府控制的《亚细亚报》上。古德诺是世间最好的共和制国家（美国）的学者，他的话自然具有足够的"说服力"，如果他认为共和制度不像君主制度那么适合中国国情，别人也很难驳倒他。古德诺曾向袁世凯进言："贵国人民的民主素质比欧美人差远了，以这样的素质而实行民主共和制，就像贵国的一句成语所言，叫做'削足适履'啊！要让我说，如果将贵国的政治制度改为君主立宪，这也可以套用贵国的一句成语，叫做'亡羊补牢，犹未为晚'。"古德诺认为，在民智卑下的国家建立共和制，无异于开启乱源，南美、中美诸国兵连祸结，政局长期动荡，就是这个原因。花粉过敏的人还是远离鲜花为妙。一言以蔽之，从国民的历史习惯、社会经济状况、与列强的关系等角度来看，中国的立宪政治更适合君主制，而不是共和制。

杨度的《君宪救国论》三篇与古德诺的《共和与君主论》正相呼应，他的论点是：中国欲求富强，必须先求立宪，欲求立宪，必须先求君主。有了确定不拔的法制，政治完全在法制的轨道上运行，就不会出现中国专制暴政朝代"人存则政举，人亡则政息"的局面。在眼下群雄纷争的乱世里，要确保立宪的顺利完成，又非得袁世凯这样的超级铁腕人物出头不可。于是，中国要"定于一"（元首要有一定之人），君主的角色惟有袁世凯一人可以胜任愉快。杨度之所以为杨度，太过自信，自以为算度之精一世无几。他深入分析当时中国各个政治集团和军事集团的实力，孙中山领导的同盟会和其后身国民党虽有抬头伸脚的余地，却徒有大志而无军队；四方割据的军阀虽有抬头伸脚的空间，却徒有军队而无大志；唯独袁世凯既握有北洋系的重兵，又有一统天下的大志，更有无限伸展的政治舞台，他选择这样的强者去寄托人生理想，似乎并不为错。何况袁世凯的心思路人皆知，他对君主宪政（此公所理解的君主宪政很简单，那就是称孤道寡）抱有强烈的兴趣，也惟有他的铁腕才能将杨度托向事业的巅峰。此外，杨度对中国国民的素质向来存有疑虑，如此蒙昧的国民怎配享受民主、自由和平等这些极致的政治权利？"有什么样的国民就有什么样的政府"，就算四万万国民被唤醒了，有了基本的自觉，要求得到天赋人权，谁又能将这份久已失落的权利原封不动地奉还给他们？他认为，中国的君主制只能以宪政重新铸造，法制可以抵消专制，而不宜以革命的霹雳手段将其连根拔出，在共和的名义下形成新的专制。然而，杨度始料不及的是，半寐半醒的国人固然在短期内难以振作，但孙中山旗下的志士已八方鸣镝，四海摇旗，袁世凯的御座已变成电椅，宫殿将沦为墟墓，"皇帝"二字已是革命党的眼中钉，肉中刺，务欲拔除而后快。

1915年2月，袁世凯的长公子袁克定以杨度为媒介，在私宅宴请梁启超。酒酣耳热之际，杨度问梁任公："假设改共和为君主立宪，不

知道外间会怎么说？"他讲这话，目的是要套取口风。梁启超当然听得出弦外之音，就装出七八分醉意，用"只问政体不问国体"一语搪塞过去，随即引身避祸，找了个借口匆匆离京，以躲避袁世凯和杨度的继续纠缠。在天津，梁启超发表《异哉所谓国体问题者》，抨击君主立宪制，为共和制辩护，这是公开与杨度唱反调，与袁世凯划清界限。据张一麟《袁幕杂谈》所记，"杨度往津，劝任公毁其《异哉所谓国体问题者》一文，任公不允，斥之甚厉，（杨度）面赤而退"。两位好友从此站在互相敌对的立场上。梁启超秉承古人风义，写信给杨度，道是："我二人政见虽歧，私交如故。今后各行其是，不敢以私废公，亦不必以公害私。"然而在政治家的心目中，公与私，如何能够做到泾渭分明？越是声称不绝交，就越是绝交。

　　1915 年 8 月 14 日，杨度串联孙毓筠、李燮和、胡瑛、刘师培和严复，联名发起成立筹安会。筹安会的宗旨是"筹一国之治安"。刘禺生在《洪宪纪事诗本事簿注》中嘲讽道："吾初闻筹安会之名义，因不禁欣然色喜曰：'运筹帷幄，可望久安长治矣。'既有筹安之名，必副筹安之实。是筹安当保太平也，夫岂尽推翻共和之议哉！吾继知筹安会之内容，又不觉喟然长叹曰：'一筹莫展，从此民无安枕矣。'未享筹安之福，先遭筹安之殃，是筹安适以扰乱也。何竟有恢复帝制之举哉！筹安会诸君乎，非今之所谓民贼而何？"刘禺生看清了真相，由失望而怒骂，在当年稍稍清醒的国人中，这种感受确实极具代表性。

　　表面上看，筹安会是一个研究国体（究竟是共和好还是君主好）的学术机构。筹安会发起前数日，袁世凯召见杨度，他意味深长地说："共和已难以维持，你何不在外面约集一些人鼓吹鼓吹。"杨度认为时机不够成熟。但袁世凯胸有成竹，此时欧战（第一次世界大战）方酣，南方未靖，日本政府提出极端无理的"二十一条"，形势迫在眉睫，并不以为难办，他有英、德两国（都是君主立宪国）的强力支持，腰板子一点也不软。不明真相的人总认为，是杨度和袁克定急不可耐地怂恿袁世凯称帝，杨度好趁机捞个国师当当，袁克定好顺势弄个皇储做做。其实，袁世凯本人欲火焚心，对"皇帝"的虚名垂涎三尺。杨度只不过是袁氏棋局中的一枚过河卒子，他哪有什么抉择权？

　　杨度如此肯帮忙，积极性这么高，除了确有"公心"，也有私心作祟。当时，他常在八大胡同厮混，迷恋名妓小赛花，开销不菲，他想为小赛花赎身，鸨母索价甚高。他急于弄钱，苦无名目。袁世凯要做皇帝，此事经梁财神从旁点拨，杨度智窦大开，顿时看到眼前有一条宽广的财路。筹安会的开办经费是十万元，后来又追拨三十万，实际到账二十五万元，由于这些钱被杨度占用不少，筹安会其他成员颇形不满，阋墙之声颇有泄漏，这个组织因此锐减了它原有的活力。杨度甘心登上贼船，又为财色所迷惑，他口口声声所标榜的"爱国"其中藏有多少猫腻？明眼人一看就知。

　　"筹安会"成立后，有识之士都认定它是娩出皇帝的"私窠子"，有两位湖南籍的书生（贺振雄和李诲）义愤填膺，第一时间在《顺天时报》上发表呈文，痛骂鼓吹帝制的"洪宪六君子"妖言惑众。贺振雄的呈文中有这样一段话："窥若辈之倒行逆施，是直欲陷吾元首于不仁不义之中，非圣非贤之类，蹈拿破仑倾覆共和，追崇帝制之故辙，贻路易十六专制魔王流血国内之惨状，其用心之巧，藏毒之深，喻之卖国野贼，白狼枭匪，其计尤奸，其罪尤大。呜呼！国之将亡，必有妖孽，妖孽者谁？即发起筹安会之杨度、孙毓筠、严复、刘师培、李燮和、胡瑛诸贼也。"这是指着"洪宪六君子"的鼻子骂，骂得固然痛快淋漓，却有点隔山打牛的意味，毕竟他赞美的元首（袁世凯）就是想当皇帝的国贼，他骂的只是从恶而非首恶。李诲是李燮和的族弟，难得他大义灭亲，不肯给族兄留下半点情面。他质疑内务部："去岁宋育仁倡议复辟，经大部递解回籍，交地方官察看。以此例彼，情罪更重，若故为宽纵，何以服人？何以为国？"李诲也没细想，宋育仁倡议复辟，是想抬出溥仪，"洪宪六君子"挠的可是袁世凯心头的痒痒肉，此一时也，彼一时也，岂可等量齐观，同日而语。

　　筹安会成立不久，杨度等人鼓噪帝制正在兴头和劲头上，京城人士参照汉朝、晋朝以来为篡弑称帝者献符佐命的勋臣，给他们各取隐名：杨度被称为"莽大夫"，拟之为作赋投阁的扬雄；刘师培被称为"国师"，

拟之为学不类父的刘歆；孙毓筠被称为"斜侯"，因为其头偏斜，字曰少侯；严复被称为"短主簿"，因为他善谈名理，风度酷似东晋权臣桓温帐下的矮个子主簿王珣；胡瑛被称为"成济"，因为他反噬革命党，如同成济反戈，伤害高贵乡公；李燮和被称为"李龟年"，昔日吴淞炮台司令，今朝旧曲重唱，大有"落花时节又逢君"之慨。这些隐名极尽讽刺之能事，"洪宪六君子"在世人心目中如何不堪不齿，由此可见一斑。

值得注意的是，"洪宪六君子"中，除开杨度和拉来充数的严复，其他四人全都是同盟会元老。这些人昔日发誓要推翻清朝，铲除帝制，现在却甘心为袁世凯加冕称帝摇旗呐喊，究竟是他们落伍了，还是他们堕落了？某些革命党人的热血一旦冷却之后，就只剩下个人的小算盘，政治与投机竟只有一帘之隔。

天津《广智报》曾登出漫画《走狗图》，公开剥掉筹安会中四大金刚（杨度、胡瑛、孙毓筠、严复）的画皮。道是这四人在中央公园来今雨轩聚会，胡瑛说："外间皆呼我等为走狗，究竟是不是走狗？"杨度回答："怕人骂者是乡愿，岂能任天下事哉！我等倡助帝制，实行救国，自问之不愆，又恤乎人言？即以'走狗'二字论，我狗也不狗，走也不走的。"孙毓筠拥护帝制，是铁杆中的铁杆，说起话来，调子比杨度更高八度，他说："我不然，意志既定，生死以之，我狗也要狗，走也要走的。"严复翻译过赫胥黎的科学著作《天演论》，按说，该看得清世界大潮所向吧，却也掉进了芬芳的马桶，他说："我折中其说，狗也不狗，走也要走的。"胡瑛的说法是："然则我当狗也要狗，走也不走。"

这副走狗言志的"四狗拜猿"图，充分反映了当时知识界对筹安会诸君子的鄙夷不屑，但与事实不无出入。严复被杨度生拉硬扯弄去撑门面，实则他并没有参与过筹安会的任何活动。知识分子无拳无勇，若放弃自己的学术特长，尽兴表现自己的政治特短，就难免会贬损自己的独立人格，被邪气十足的专制政客送进地狱。杨度连袁氏的"走狗"也愿意做，而且乐此不疲，这就给他曲不离口的"君宪理想"抹了黑，使之沾染了太多的秽气和晦气。由此可见，文人不深思熟虑，不权衡得失，就贸然登上政治贼船，是何等不智和不值。

筹安会为鬼为蜮,确实做了不少糟心事,其中有一桩,他们组织人手编印出两本恶意诋毁孙中山和黄兴的书籍,一本是《国贼孙文》,另一本是《无耻黄兴》,明眼人单看书名就知道它们是什么货色。筹安会意犹未尽,还排演了一台套用《西游记》情节、肆意丑化孙中山的京剧《新安天会》,用古怪精灵的孙悟空影射孙中山,用肥步蹒跚的黄风大王影射黄兴,用头戴李花的独木将军影射江西都督李烈钧。此剧极尽奚落之能事,嘲笑孙中山流亡海外,诱骗华侨,一事无成,顾影自怜,高唱一曲《怀乡自叹人》。可算是古往今来"文艺为政治服务"的极品。

与筹安会相呼应,梁士诒组织"全国联合请愿会"、"国民代表大会",授意各地官员士绅大力劝进,甚至连乞丐和妓女都动员起来,成立乞丐请愿团、妓女请愿团,恳求袁世凯登基称帝。筹安会有"六君子",全国联合请愿会则有"十三太保",阵容更为鼎盛,显见得后来居上,后者的锋头压过了前者。杨度再次输给了梁士诒,他倒也识趣,把筹安会的金字招牌撤下,换上宪政协进会的名目,勉强撑出场面,挣得颜面。

梁士诒亲自调度,一时间,犹如腐物招蝇,从全国各地的遗老遗少那儿招引来大量主张废除共和、拥护帝制的"请愿书"和"推戴书",甚至闹出了乞丐、妓女劝进的滑稽剧。与此同时,全国进步舆论纷纷指责梁士诒、杨度等人"莠言乱政","乃国民之公敌",请求袁总统将他们"明正典刑"。当此物议沸腾之际,三位元老——李经羲、赵尔巽和张謇——相继辞职离京,不肯同流合污,袁世凯倒是稳若泰山,以极其严肃的口吻向其老朋友、老部下保证:"在名誉上,在道德上,我决不肯做皇帝!"不过,他只手遮天的手法稀松平常,远不如后世的专制者那么高明,他遮瞒、掩盖得并不严实,致使不少明眼人看出他心怀鬼胎。1915 年 12 月 13 日,上海《中华新报》撩开遮羞布:"帝制之谋决无第二人作祟,质言之,即万目睽睽千手所指之一人而已。"

这"一人"就是做了终身总统仍意犹未尽而非要过足皇帝瘾的袁世凯。

孙中山先生有一句名言,常被世人挂在嘴上念经:"世界潮流,浩浩荡荡,顺之则昌,逆之则亡。"袁世凯倒行逆施,不仅闹得众叛亲离,

而且招致天怒人怨。严修是袁世凯数十年的患难至交，听说老友打算试穿龙袍，不由得感叹道："吾不料总统之为人竟如此！近来种种之行动，令我愈看愈绝望。"筹安会挂牌"营业"后不久，严修按捺不住心中的怒气，前往总统府晋见袁世凯，力陈国势危如朝露，此时一动不如一静，万万不可再生祸端，并且历述中国史上君位相承三代必兴劫乱，足见君主制度不宜于中国，既然如此，又岂可恢复弊制，损害国家？他情词恳切，声泪俱下。袁世凯为之动容，当即安抚道："毕竟你是老朋友，他们实在胡闹，你去拟一道命令来，明日即将他们解散！"严修信以为真，十分得意，回去后熬夜拟好解散"筹安会"的命令。翌日，他到总统府请袁世凯签署，却被宣达处的办事员挡驾。他这才恍然大悟，袁世凯只不过当面敷衍，内心的那块痒痒肉正被梁士诒、杨度等人扒挠得舒舒服服，又岂肯让严呆子坏了他的美事。

袁世凯要称帝，不仅徐世昌、赵尔巽、李经羲、严修、张一麐这些老朋友、老部下反对，连他最宠爱的二儿子袁克文也不表赞同，后者多次苦谏，有时声泪俱下，结果被视为不孝子，遭到厉声训斥。他不忍心认父作贼，就在《感遇》一诗中讽劝道："绝怜高处多风雨，莫到琼楼最上层！"此时此刻，已骑上虎背的袁世凯如何听得进逆耳之言？袁克文吃里扒外，满嘴晦气，惹恼父兄，被软禁在北海，失去了人身自由。

国人的谴责声浪一波强似一波，短命的"洪宪"王朝只存活了八十三天，随后，袁世凯惊惧而死。据时人所记，洪宪皇帝抱恨归西时，大呼："杨度误我！"这一传闻流播开去，竟逼迫通缉犯杨度现身江湖，撰联为自己申辩：

共和误民国，民国误共和？百世而后，再平是狱；
君宪负明公，明公负君宪？九泉之下，三复斯言。

读者揣度杨度联语中隐含的意思，竟是袁世凯有负君主宪政，君主宪政未负袁世凯；换言之，他杨度不曾误人，倒是他亲手设计的政治蓝图被袁世凯涂改得面目全非。为此，杨度心中郁积着一股不平之气。在他看来，君主宪政何尝不可为，英国是第一个实行君主宪政的国家，它的富强有目共睹。日本实行君主宪政，不到一百年就成为强国，这也是人尽皆知的事实。但他远没有看透，袁世凯只打算披一件宪政的外衣，继续做专制者和独裁者，让他效仿英国国王和日本天皇那样只做形同虚设的国家象征，如何肯依？就算他肯依，他手下的北洋军阀一个个图求着"皇帝轮流做，明年到我家"的好运，也不愿看到传国玉玺变成萝卜图章。这班军棍子恣睢横暴惯了，要他们尊重宪法，尊重议会，尊重公理，尊重民意，还不如要一群骆驼穿过针眼。如此情势之下，杨度纵有天大的能耐，也根本无法使这班心思如狼、胆量如虎的家伙移情于权力、财富和美女之外。

真正的智者岂会像杨度那样犯傻，竖子不足与谋而与谋，拗着劲与天下志士为敌，与时代潮流相抗；真正的勇者又岂会像杨度这样犯愣，肯定不会。

他怨什么"遇人不淑"？没什么好怨的。"小羊"与"老猿"纯粹是一拍即合的"自由恋爱"，其间交集并没有"强奸"和"诱拐"的丝毫痕迹。

当年，社会各界普遍将袁世凯称帝的逆举诿过于以杨度为首的"洪宪六君子"，袁世凯的二儿子袁克文一口咬定，就连刘艺舟编写的京剧《皇帝梦》也是遵循这一思路去演绎的。其中有一场戏，袁世凯嘎着嗓子唱西皮："孤王酒醉新华宫，杨皙子（杨度）出来好玲珑，宣统退位孤的龙心动，哪怕它革命党的炸弹凶……"戏中，诗酒风流的袁克文挥拳欲打老爹，骂他不该得陇望蜀，做了总统，还要做皇帝。袁氏则气乎乎地辩解道：身边那些马屁精个个劝进，其实各人心中都揣着升官发财光宗耀祖的小算盘，只不过借此糊弄他，利用他，好图个飞黄腾达。

细想来，杨度几乎未加深虑就将政治理想"投资"给了曾经出卖"戊戌六君子"、最不讲人间道义的袁世凯，这是他圆睁双眼犯下的"投资失误"，即使亏损到血本无归，也很难获致大众的同情。有人说，杨度肯倾心倾力为袁世凯打点"最急于到手，又最羞于开口"的事情，是因为他感激对方的知遇之恩。1907年，他得到袁世凯和张之洞的联合保

荐，他们称赞他"精通宪法，才堪大用"，以四品京堂充宪政编查馆提调，算是超常擢拔了。

1915 年，杨度撰《君宪救国论》，其核心观点是"非立宪不足以救国，非君主不足以成立宪"，袁世凯对此激赏有加，特意送给他一块"旷代逸才"的金匾，评价可谓天高，后者乐昏了头，就爽爽快快地签下了"卖身契约"。这话的确刻薄了一点，但未尝没有一两分见地。由此也不难看出，杨度哪里算得上合格的政治家？他身上只有十足的书生气。

袁世凯称帝后，大封爵位，杨度被封为"文宪公"，是上上爵了，但这可笑的爵位更像是一个水洗不去的耻辱。

久居于溷秽之地而欲自洁，追求德艺双馨，这怎么可能？杨度枉读圣贤书，却陷身于专制政治的粪池和雷区，久久不能自拔，难怪其恩师王闿运也大摇脑袋，称这位得意门生急功近利，过于憨直，是"自谓不痴"的书呆子！在《北洋军阀统治时期史话》中，陶菊隐揭秘，袁世凯暗骂杨度是蒋干。蒋干盗书，被周瑜使了反间计，不仅害主，而且偾事，是一个大笨蛋，可见袁世凯对杨度的终评极差。

三、愧对恩师

要说杨度愧对天下苍生，他决不会认账；要说他愧对袁世凯，他更不会认账。但他的确愧对一个人，这人是谁？他就是杨度的恩师王闿运。

杨度出生于湘潭县石塘乡，父亲早死，他与妹妹杨庄、弟弟杨钧由伯父杨瑞生抚养成人。拜太平天国起义所赐，杨瑞生累积军功升为归德总兵。杨度和弟、妹少年时代就在总兵衙门熟读四书五经，后返还原籍，受业于张正阳（王闿运的弟子），因为张的褒美和举荐，跻身于衡阳船山书院，得到王闿运的赏识，王先生称赞他"美于文章，妙于言语"。杨度还与王闿运结为姻亲，妹妹杨庄（少姬）嫁给了王闿运的儿子王代懿。

中国有没有这样一部古书，读了它，能让聪明人更灵光，让傻瓜更抓瞎？有，这部书叫做《战国策》，这是一部专为智者道，不为蠢人言的宝典。在中国几千年历史中，恐怕再也找不出比战国时期凭三寸不烂之舌谋求功名利禄的辩士和策士更会搅局的人了。其中有一则故事讲到吕不韦，吕不韦原是一位精于囤积居奇、买贱卖贵的大商人，家财百万，仍然大富未安，嫌利润太薄，赚钱辛苦，他想玩点更新鲜更刺激的游戏。有一次，他请教见多识广的老爸：

"众所周知，务农可获利十倍（古代农业如此，当代中国农民种地反而赔钱，真是咄咄怪事）；经营珠宝可获利百倍；如果搞'立主定国'的政治，可获利多少倍？"

吕老爹的报价是："那倍数简直数也数不清。"于是，吕不韦决心从事政治。他果然厉害，一不小心就把赵姬的肚子搞大了，搞出个秦始皇来。他这样搞政治，倒是简单直接，蛮快活的。兵家（军阀项羽之流）不学一人敌，要学万人敌，杨度何等资质？他当然也不会去逐十倍、百倍之利，而要和个大满贯。于是，他接受王闿运的点拨，苦心研究堪称"利器"的帝王学。

帝王学有术无学，任何"学"多多少少都会讲点终极关怀，而"术"则只讲通权达变，毫无定则，纯属工具理性。《史记·商鞅列传》的结语透露了若干消息："商君，其天资刻薄人也。迹其欲干孝公以帝王术，挟持浮说，非其质也。其所因由嬖臣，及得用，刑公子虔，欺魏将印，不师赵良之言，亦足发明商君之少恩也。"这样的"术"讲求的是为达目的，不择手段，道德良知和某些游戏规则一旦变成障碍，就要一脚踢开。说白了，帝王术只判明得失利害，不分辨是非曲直，其实它就是中国土生土长的马基雅维里主义。帝王术的精义在于"借权"，借用帝王的大权做我想做的大事。章太炎在上海坐西牢，写诗讽刺杨度，其中两句为"长策惟干禄，微言是借权"，嘲弄的就是他的帝王术。战国时期，张仪为秦国丞相、苏秦的腰间悬挂着六国相印，干的都是借鸡下蛋的活儿。当时一流的纵横家无不精通此道，奋三寸不烂之舌，四处游说，以布衣之卑身取卿相之高位，居然易如反掌。常言道，"借来的钱好用"，借来的权又何尝不是如此呢？

修习帝王学的人，首先重在"明目"，即静观天下大势，抓住要点

和重点。纵横家最怕的就是走眼，看人看事一走眼，则无限心血付之东流，甚至还有性命之忧。修习帝王学，其次重在"利口"，"一言兴邦"、"利口覆国"这样的成语已透露出宝贵的信息，曾有人说，"一支笔，抵得过三千毛瑟枪；三寸之舌，重于九鼎之宝；一人之辩，强于百万之师"，这话并不算太夸张。策士修成利口，不仅舌粲莲花，而且翻手为云，覆手为雨，都不愁没人坚信，不愁没人紧跟。如此游说，何愁大事不谐？除了"明目"、"利口"的功夫，"狠心"和"壮胆"的本事也不可少。杨度偏执君主立宪的政治主张，与其早年跻身于王闿运门下修习帝王学自有千丝万缕的瓜葛，毫无疑问，西方的君主宪政使东方的帝王术有了更漂亮的外包装。

然而，帝王学毕竟是过气的显学，王闿运和杨度师徒二人逆时而动，逆天而行，先后铩羽而归。王师傅唱作兼工，一身好本事，却苦于找不到舞台；杨徒弟找到了舞台，却选错了剧目，被愤怒的观众轰下台去。他们的遭遇不同，他们的心情也就相反。

王闿运游说过曾国藩和丁宝桢，但那只是在基层摸底，而且是没事找事寻开心。杨度摇唇鼓舌，面对的是权力巅峰上的袁世凯，他的话激活了袁氏的野心，也将宪政，姑且毋论它是否猫腻，端到了台面上，至此杨度的利口算是有所作为了。然而，不幸的是，他看走了眼，不仅对袁世凯这个厚貌深衷的奸慝之徒看走了眼，而且对天下不可逆转的共和大势也看走了眼。结果可想而知，不得其人，不合其势，他那套变相的帝王术（君主宪政）失去了可堪依托的坚实基础，终于像建筑在流沙上的华宇一样轰然倒塌。袁世凯罔顾东西潮流，惹怒南北人心，失道寡助，势穷力绌，不得不宣布退位。杨度试图谏阻，他认为事已至此，退位反而贻笑天下，不如顽抗到底。然而，正所谓"千夫所指，不病也死"，袁世凯面对举国唾骂的滔天洪流，面对"北洋虎"（段祺瑞）、"北洋狗"（冯国璋）的反噬和背叛，胆气已无，想法已变，他急于从沉船上捞到一块救命的木板，此外别无奢求。

树倒猢狲散，杨度的政治生命从此不明不白又痛又痒地完结了，他愤然辞去参政一职，辞呈中傲气十足，大话连篇：

……世情翻覆，等于瀚海之波；此身分明，总似中天之月。以毕士麦（德国铁血宰相，通译为俾斯麦）之霸才，治墨西哥之乱国，即令有心救世，终于无力回天。流言恐惧，窃自比于周公；归志浩然，颇同情于孟子。

异域名相俾斯麦被他拉来作比，无辜受谤的周公被他拉来作比，"吾善养吾浩然之气"的孟子也被他拉来作比，自命不凡的杨度真是好大的面子，好大的胆子。只可惜他这一次完全比拟不伦。

杨度愧对恩师，还有一条：他曾为袁世凯延揽天下名士，抬出八十多岁的王闿运，担任国史馆馆长，致使恩师清誉遭玷，晚节有亏。这一笔账当然没人真与他算，但他心中那份不能不有的愧疚，该是无计可消除了。早年，杨度留学日本时，王闿运致书陈完夫，抱怨道："杨度以慕名之心转而慕利，前之师我者亦以名也，非求益者也，思依我以立名，名粗立则弃予如遗矣！"不满之情跃然纸上。可意想不到的是，等王翁到了风烛残年，杨度百般殷勤，来请老师出山，看似是报恩之举，是"不弃"，却恰恰是大弃，弃恩师于不义之中。这可能是见多识广的王翁始料未及的吧。

王翁死后，杨度的挽联——"旷古圣人才，能以逍遥通世法；平生帝王学，只今颠沛愧师承"——直赞得恩师与孔子齐肩，与庄子并驾，虽言过其实，倒情有可原。他一生所学非所用，所用非所学，因不听王翁的忠告而弄得一身污秽，又岂是一个"愧"字了得？但他已明显地感到力不从心，所以在自挽联（"帝道真如，而今都成过去事；匡国救民，继起自有后来人"）中，昔日的豪情壮志已磨灭殆尽，既有"沉舟侧畔千帆过"的伤感之意，又有"病树前头万木春"的欣慰之情。

四、晚景惨淡

"洪宪"王朝土崩瓦解之后，杨度背负着"帝制余孽"的骂名和"帝制祸首"的罪名，黯然南归，遭到段祺瑞临时执政府的刑事通缉。昔日

的好友躲开他，如避瘟疫，有的还主张对他严惩不贷。杨度这下总算明白，"彼落阱下石者，固即握手出肺肝相示者也"，韩愈的痛切之语太有道理了。宠妾小赛花见杨度油水将尽，前途已毁，也弃他而去，乐得回归风尘，重张艳帜，管领宣南风月。

1917年，杨度有所醒悟，他静观辫帅张勋和保皇党领袖康有为捣腾的复辟闹剧，通电谴责，指出张勋与康有为之流"其误有四"："度认公等所为，与君主立宪精神完全相反。如此倒行逆施，徒祸国家，并祸清室，实为义不敢为。所可痛者，神圣之君主立宪，经此牺牲，永无再见之日。"他的政治理想就此划上句号。嗣后，杨度做过曹锟（正是这位以贿选总统的丑闻著称于世的北洋军阀帮助杨度解除了红色通缉令）的幕僚，寄希望于后者保荐他为北京大学校长，此举因遭各方反对而未获成功。杨度晚期有较大的醒悟，参加过"反帝大同盟"、"中国互济会"和"中国自由大同盟"，出面营救过《京报》主笔邵飘萍、北大教授李大钊，他古道热肠，为了援助死者的遗属，卖掉自己名下的一座四合院。及至晚年，杨度混迹江湖，厕身洋场，颇为落拓，做过"上海闻人"、青帮帮主杜月笙的清客，既无真体面可称，也无大快意可道。他撰写《杜氏家祠记》，夸赞杜月笙为"亦儒亦侠"的人物，更被人怀疑为食人之禄（杜月笙每月赠送杨度银洋500元），忠人之事，纯属嘴软手软的昧心之言。因此有人以怜悯的语气评价他："其才可惜，可遇可哀。"

20世纪20年代末，民主斗士杨杏佛先生在上海中国公学演讲，将中国知识分子的角色演变归纳为"三士论"：年轻时，心忧天下，是志士；壮年时，有了声誉地位，是名士；到了晚年，吃斋念佛，是居士。表面上看去，他们为社会倾尽了毕生精力，其实一事无成。细察杨度一生，正是典型的"志士——名士——居士"三部曲。"洪宪"破产之际，深陷绝望的杨度誓称"从此披发入山，不愿再问世事"，自号"虎禅师"，学佛逃禅。在困境和逆境中，中国传统知识分子只能找到这样的精神退路和出路，说得漂亮一点，是"英雄到老终归佛，名将还山不言兵"。杨度平日诵佛，自比为"六祖再世"，不免失于矜夸。也有人夸赞杨度为"顿根利器"，能觉今是而昨非，但他的"顿悟"总令人将信将疑。

杨度曾作《逍遥游辞》，标榜个人志节，其中有这样的句子："常萧然于物外，与一世而长辞。惟赏心而自得，叹同乐之人稀。偶倦游而思返，即兴尽而掩扉。披诗书以自读，引杯酒而酌之。任出处之自便，何外物之能羁。仰天地之闲暇，觉人事之无为。欲长歌以寄意，遂援笔而忘词。"如此旷达潇洒，很难想象这是杨度在人生最低谷时期的心灵写照。役役尘网，何能超脱？他不得不给自己打一剂麻醉药。

1929 年，经潘汉年介绍，周恩来批准，杨度加入中国共产党，总算是改变了他一生独立不羁、傲岸不党的个性，他的政治主张遂染上了多种多样的保护色。黑白赤橙黄绿青蓝紫，他究竟偏爱其中的哪种颜色呢？他给后人留下了一个谜，却不曾留下现成的谜底。

章士钊（1881—1973）：湖南善化（今长沙市）人。字行严，笔名黄中黄、青桐、秋桐。政治活动家，作家。曾任段祺瑞执政府秘书长、教育总长和司法总长。

章士钊：老虎总长

在 20 世纪二三十年代，章士钊（1881—1973）以"负性戆直，好扎硬寨，打死仗"而著名，这不足为怪，外省人多半喜欢这样评价"湖南蛮子"。章士钊脑袋里装的"一半是花岗岩，一半是神仙土"，保守时顽固不化，平生的思想主张则"中看不中吃"，总之不合时宜。章士钊"变说解论，恬然不顾，保守性与进取性常交战于胸中，随感情而发，往往前后矛盾"，大体来说，他是个性情中人，是个不断打破自我、重塑自我的书生，这与他身上顽固的保守作风适相矛盾。

梁任公（启超）曾宣言："不惜以今日之我难昨日之我！"在风云激荡的年代，知识分子至少要额外多出几付头脑和几付眼光，才能应对幻灯片样的时局，理解诡谲的世界，关怀社稷苍生的悲苦命运。他们通常会秉持"上善若水，随物赋形"的道家精神，不怕变易初衷。那个时代的知识分子敏于思考，勇于行动，蹈厉张扬，无所忌惮，疏失和过错自然难以避免。其中的先锋队员，比如梁启超、杨度、章太炎、胡适，无一不是从享誉天下跌落至负谤国中，他们太喜欢上下左右地折腾，活得本色，畅怀，没把毁誉放在心头的天平秤上去仔细掂量，即算陷入了进退维谷的境地，他们也决不肯缴械出局。章士钊的前半生，不仅想得多，做得多，而且自信极强，敢出偏锋，敢要茅招，由一位爱国志士沦为千夫横眉万众冷对的"反动人物"，他对自己的主张仍然持之不疑，行之不悔。现在看来，他孤行己意，在一个错误的时间、一个错误的地点，选择一种单挑众怒的错误的方式，去激化事态，显然很不明智。世间少有未卜先知者，多有事后诸葛亮，章士钊算度不精，遇大事必败，完完全全是性格悲剧，他既执拗，又倔强，到了黄河也不死心，见了棺材也不掉泪。如此一来，要人欣赏他，就难上加难。

一、操笔如操刀

青年时代的章士钊，与其说他是一只乳虎，倒不如说他是一只初生牛犊，他无所惧怕，敢用自己尚未长成的犄角去顶撞专制势力的钢铁獠牙。才不过二十郎当年纪，他就在上海与章太炎、张继、邹容这些满脑袋民族革命思想的知识分子过从甚密，甚至结拜为异姓兄弟，丝毫不规避刀锯鼎镬。真看不出，文质彬彬的白面书生，心里却摆放着一座洪炉，执意要用冲天猛火将清王朝窒闷的铁幕烧出一个通风透气的大洞来。秀才造反，十年不成，那么似章太炎和章士钊这样拗劲十足的知识分子就打算拿出二十年、三十年、甚至更长的时间，与磨刀霍霍的专制恶势力周旋到底。

章士钊在上海做的最有意义的一件事，是将日本志士宫崎寅藏所著的《三十三年落花梦》改译为《大革命家孙逸仙》，这是一本最早向国人介绍孙文革命事迹的宣传册子，其振聋发聩的巨响激荡了许多渴望打破铁屋子的知识分子的心灵，称之为黑暗时代召唤光明的黄钟大吕，也不为过。章士钊自学日文，仅有三脚猫的功夫，竟借助词典把这本书一字一词"抠译"出来，难免闹出笑话。最有趣的是，他误将"孙文"（中文姓名）和"中山樵"（日文名）嫁接在一起，译为"孙中山"，好在那时的国内读者还不知孙逸仙为何方英物，反而觉得这个全平不仄的名字颇具亲

和力，一时间腾于众口，播于遐方，连孙先生本人都含笑默认了。此书出版时，章士钊用的笔名是黄中黄，意为"炎黄子孙中的炎黄子孙"，序言文笔矫健，足见其弱冠年华腕力沉雄。尝片脔可知鼎味，且看其中一节：

> 孙逸仙，近今谈革命者之初祖，实行革命者之北辰，此有耳目者之所同议。吾今著录此书，而标之曰"孙逸仙"，岂不尚哉？而不然。孙逸仙者，非一氏之所私号，乃新中国发露之名词也。有孙逸仙而中国始可为。天相中国，则孙逸仙之一怪物，不可以不出世！

在章士钊眼中，孙中山就是那位大闹天宫的孙悟空的人间化身，由他高举革命旗帜，是再自然不过的事情。二十世纪初，无数志士为了使沉疴不愈、痼疾难瘳的东方古国免于死灭，将自己的青春热血注入到它老迈衰残的肌体中去，不计代价的换血疗法是当年惟一行之有效的手段。年轻的革命者追随孙中山，都希望他能尽快研发出更具显效的救国良药。

1903 年，章士钊二十二岁，出任一纸风行的《苏报》主笔，捋起长袖，要给康有为等死心踏地的保皇党分子一记又一记响亮的耳光。他奋笔撰写《释仇满》《汉奸辩》和《读〈革命军〉》等文章，阐发反清排满的民族主义思想。意犹未尽，他还在《苏报》上大胆刊载章太炎的《康有为与觉罗君之关系》(即《驳康有为论革命书》)，正是在这篇嬉笑怒骂无不淋漓尽致的文章中，章太炎左一声"载湉小丑"，右一声"载湉小丑"，直咒骂得天昏地黑。这一笔狠狠地戳下去，千万支笔一齐瞄准了靶心。

《苏报》案发后，章太炎一如当年的谭嗣同，拒绝亡命天涯，决意留下来从容就捕。此时，清王朝与慈禧太后已气若游丝，苟延残喘，不敢再拿章太炎这样的志士公然切瓜，何况章太炎被关在租界的西牢里，也由不得清政府为所欲为。

二、不加入任何团体和党派

章士钊个性强，但是个有趣的人，口风很诙谐。金岳霖在回忆录中写到章士钊，有一次，他们交谈，老金说："你只比我大十三岁，可是我曾把你视为大人物，背过你的文章，开头几句是'为政有本，其本在容。何以为容？曰，不好同恶异。'"章士钊笑道："这很简单，我比你大十三岁，但是，在你一岁时，我比你大十三倍。你十五岁的时候，我已经二十八了，正是写文章的时候。要是我一直比你大十三倍，那还得了，那我已经成为明朝的人了。"

章士钊精力特别饱满，经历也异常传奇，不仅撰写满纸霜雪的《杀人主义》，还亲自策划暗杀行动。在上海金谷香番菜馆，义士万福华刺杀恶吏王之春（此人原为广西巡抚，卸任北上，途经上海），小试牛刀，可惜功败垂成。常言道，未坐过牢的革命者不足以称为完全的革命者，章士钊被捕入狱，也要尝一尝铁窗滋味，修一修革命者的"专业课程"。

身在缧绁，闲聊时，章士钊对牢友说，出了这张牢门，他只想在西湖边上开一间小小的牛肉店，清风两袖，明月满怀，安心读读书，做点学问，此生足矣。待他得到蔡锷等人的营救，真的出了监狱，蛟龙得水，猛虎还山，他又与章太炎结伴，流亡东瀛，准备再砺戈矛。

章士钊很有意思，他投入革命洪流，奋不顾身，却不肯加入任何团体和党派，在政治染缸中，他始终保持清白的"童子身"。这很有点不可思议，因为章士钊没必要刻意求取中立。他跟黄兴是刎颈之交，却不曾投靠黄兴创立的华兴会；他与章太炎是莫逆之交，也拂逆了后者邀他入伙中国同盟会的至诚；他与李大钊是君子之交，却拒绝了对方的美意，不肯加入中国共产党。有一则鲜为人知的逸事，讲的就是大章（太炎）见小章（士钊）要牛脾气，他也就使出蛮勇，将小章关在黑屋子里，逼迫他就范，要是后者不改初衷，就这样饿他个肠子里面跑大车。可饿了三天，小章仍旧抱定"饿死事小，失节事大"的初衷，令大章无可奈何，只好网开一面。章士钊是难得的人才，同盟会中少了他，确实会有遗珠之憾。大章一计不成，又生一计，请动才貌双全的"女菩萨"吴弱男，去穿章士钊的牛鼻子。吴弱男是清末淮军名将吴长庆的孙女，是"清末四公子"之一吴保初的女儿，顶呱呱的名门闺秀，还是同盟会会员，若干年后，李大钊赠白话诗给带她，道是"暗沉沉的女界，须君出来作个明星"，可见这位弱男小姐可不比男儿弱。大章万万没有料到，他再折一阵，小章以其雅量深致征服了吴弱男，使她悦悦服服地做了举案齐眉的孟光。大章的如意算盘两度落空，小章春风得意，依旧坚守其知识分子的自由立场，想过问政治就过问政治，不想过问了，就给留学生教教古文，再将讲稿整理为《中等国文典》，于1907年在上海出版，收到丰厚的稿酬后，就离开扶桑，只身远赴英伦。两年后，章士钊与吴弱男在伦敦正式举行了婚礼，婚后移居苏格兰阿伯丁市，入读阿伯丁大学，主修法律政治，兼攻逻辑学。

　　1911年，章士钊受黄兴、于右任力邀，一时兴起，将阿伯丁大学的政治经济学课程抛之脑后，回上海出任同盟会机关报《民立报》主编。他以非党人士的身份主持党报，越俎代庖，要冒很大风险。果不其然，他上任伊始，就重磅出击，发表题为《政党组织案》的社论，硬生生地端出"毁党造党说"，章士钊就是这样一个"语不惊人死不休"的怪物。后来，他还发表更不可思议的"无元首论"，说什么要将大总统选举法完全废除掉，纯然由国中政、法、学各高级机关（如国务院、参议院、最高法院、北京大学）的首长，轮流坐庄，依法执掌民国总统的权柄，每届任期一年，拈阄而定。他这种怪诞不经的政见，适足以令人捧腹喷饭。他指出，当时各政党（主要指同盟会）纯属乌合麋集，毫无政治纲领，成事不足，败事有余，倒不如将各党派团体打破之后重新塑造，依照不同政见，主要是正面、负面的政见，分为两党，携手参政，并肩治国。这样的高论只是纸上谈兵，与现实政治风马牛不相及。党之为党，公与私乃是其硬币的两面：公则为公义为公理为公道，多少总要讲一点；私则为私利为私情为私欲，这才是公义公理公道流变之后的宝中之宝和重中之重。因此，政党一旦凝成，即将多人的利益牢牢地捆缚在一起，谁会犯傻，去自破金身，自掘坟墓？就算领袖肯点头，他的同志也不会答应。章士钊发了一通不着边际的高论，结果遭到同盟会中的激进分子群起而谇之。没奈何，为了不使老友于右任左右为难，他只好拍屁股卸任。

　　恰在此时，杨度精研帝王学，了解西方宪政，以期一朝大用，正为

袁世凯网罗天下奇材异能之士。杨度与章士钊本有不深不浅的交情，又同为湖南老乡，凡事好开口。杨度的心思再明白不过，趁后者郁郁不得志的时候，以高官厚禄相招徕，可算是雪中送炭。袁世凯早年曾投靠淮军将领吴长庆，得其提携，恩公的孙女婿是个人才，他当然乐意栽培，也确实看重章士钊的才智。袁世凯派孙毓筠去上海滩，热忱欢迎这位不肯接受任何羁绊的高手，隆重的礼遇竟使章士钊受宠若惊，飘飘然，欣欣然，贸贸然，恍恍然，晕晕乎乎登上了贼船。

章士钊自号"秋桐"，又号"孤桐"，大有"高霞孤映，明月独举"之概，莫非也鬼迷心窍，打算变易初衷，跟杨度等人一起参演劝进闹剧，去弄得个身败名裂的下场？幸亏他醒悟得及时。1913年3月20日，宋教仁在上海北站遇刺身亡。司马昭之心，路人皆知，袁世凯明明是幕后主使，却嫁祸于黄兴，造谣惑众，胡说什么"宋案"是黄兴与宋教仁为了争当总理而引起的内讧。章士钊看清袁世凯的险恶用心，且深知他的枪口极其灵活，异常精准，谁不合作，谁不就范，谁不惟其马首是瞻，谁就可能喋血丧命。袁世凯玩弄这种铲除异己的恐怖手段，已经屡试不爽，在其枪口下倒毙的有吴禄贞、张振武和宋教仁等多位民国元勋。于是，章士钊瞅准时机，扔下一大堆身外之物，金蝉脱壳而去。及至孙中山、黄兴发动"二次革命"，宣言书就出自章士钊的手笔。

三、深涉政界，留下污点

有人说，民国初年的政局如同一桌搓得作流水响的麻将牌，这回甲和了，下回乙和了，再下回，丙和丁争着要和，大家似乎迟早都可以染指分羹，就看手风顺不顺。章士钊既是一位牌客，又是一位看客，角色转换不定，也真够折腾的。

1913年7月，章士钊投身讨伐袁世凯的"二次革命"，岑春煊任命他为"讨袁军"秘书长，可两、三仗打下来，兵力异常薄弱（不足一个师）的讨袁军简直就如同雪菩萨掉进开水池。章士钊见势不妙，赶紧撒开脚丫子跑路，再次亡命东瀛。1914年5月，章士钊得到同乡好友黄兴的资助，

与陈独秀、谷钟秀创办政治刊物《甲寅》。此刊封面绘一只吊睛白额大老虎，所以人称"老虎报"。从此，章士钊骑"虎"难下。这份刊物起初揭橥反袁旗帜，苏曼殊和陈独秀倾力助阵。陈独秀的名篇《爱国心与自觉心》就发表在《甲寅》上。那时，《甲寅》专与袁世凯唱对台戏，是进步刊物，章士钊当然也是进步人士，1918年，他特意向北大校长蔡元培推荐由沪来京的李大钊为图书馆主任。

1921年，章士钊四十一岁，获得黎元洪资助，携家眷再赴欧罗巴。这回，他要考察的是战后欧洲的政治状况。章士钊接触到充满和平理念的基尔特社会主义，确定了其"农业立国"的基本思想，尤其难能可贵的是，他还殚精竭虑设计了一个"新湖南"的方案，打算一有机会就付诸实施。1922年秋，章士钊回国，稍作安顿，就欣然就任北京农业大学校长一职，准备为实现其农治理想造就大批可用之才。然而他的心血来潮并没有维持多久。

1923年10月，北京政坛爆出曹锟贿选总统的特大丑闻，一时间物议沸腾，政界蒙羞。章士钊时任上海《新闻报》主笔，撰文痛斥受贿议员为"猪仔"。他身为议员，还作了公开表白："愚念吾湘三千万人见推之重，未敢自贷。"当时的政治散发出七月的尸臭味，章士钊说自己独独是清香的茉莉花，也没人肯信，好在只要不是下下之流，总可以得到谅解。

1924年春天，章士钊鸿运当头，攀升到自己政治生涯的巅峰，然而却是福兮祸之所伏。从此，他就将转换角色，由一个具有鲜明自由主义倾向的知识分子、具有进步色彩的政论家、具有基尔特农治理想的学者"堕落"为"开倒车者"（胡适评语）和"落水狗"（鲁迅评语）。他政治上的短暂得志，出任段祺瑞政府的司法总长和教育总长，遽然置身于火山口上和风暴眼中，"老虎总长"几乎沦为了人人指骂个个喊打的"老鼠总长"。仅此一端，就足以看出，章士钊只是舞文弄墨的书生，他竟然忘乎所以，想用舞长蛇、拿大顶的劲头去玩政治，无异于搬起石头砸自己的脚。招式越是新鲜，结果就越是凶险。

段祺瑞平生自负有"三定共和之功，一匡天下之志"，他认为，中国不同于西土，"总统"这一尊名颇为不祥，他的前任，从袁世凯、黎元洪、冯国璋、徐世昌到曹锟，短短十余年间，数易其主，没有一位不是坐在"电椅"上。他绞尽脑汁，要将总统与总理二权集于一身，却想不出一个能够取而代之的更美气更神气更福气的名称。章士钊逢其所好，独出机杼，献上"执政"这个源自古罗马的名目，令段祺瑞眉开眼笑。殊不知，"执政"并非什么嘉名，佛家讲求"无执"，政权是乱世强梁最觊觎的东西，犹如火中的板栗，又岂是轻易"执"得住的？何况，临时执政段祺瑞并没有什么特别过人的高明之处，他换汤不换药，油漆一新的临时执政府极尽所能，也拿不出一、两桩像模像样的新政。章士钊成了临时执政段祺瑞十分倚重的大红人，以他好大喜功的心性，哪有不美美折腾一番的道理？

现在，我们看一看章士钊在 1925 年实施的那一整套"整顿教育"的方略，确实会笑掉大门牙。比如他规定小学四年级学生要读四书五经，大学教授要统一考核，合并北京八所大学，解聘推动学潮的左派教师，禁止学生上街游行，诸如此类，实在谈不上有什么英明的地方。国家积贫积弱，教育的切实方向和首要目的该是强化科学训练，引进西方的人文思想，而非其他，章士钊悍然逆时代潮流而动，竟要小学生去苦读那些思想霉腐、距西方文明十万八千里的四书五经，实在是昏了头。如果章士钊是一位清朝遗老，出此下愚之见，还情有可原，而他是一位深知国学之陋（指实用方面）和西学之精的通人，竟也如此迂执，把倒车开得风驰电掣，就不能不说他是存心讨好段祺瑞，故意违背自由主义知识分子最起码的良知。章士钊的倒行逆施招致舆论猛烈抨击，《京报》社长邵飘萍锋芒毕露，刨出章士钊的丑底，说老虎总长"自己嫖赌，不配言整顿学风"。

章士钊很快就为自己订立的禁令付出了沉重的代价。1925 年 5 月 7 日，北京数千名大学生举行"国耻日"（日本政府于 1915 年 5 月 7 日发出最后通牒，逼迫窃国大盗袁世凯在二十四小时内接受丧权辱国的"二十一条"，国人深以为耻，遂定此日为"国耻日"）十周年纪念大游行，各界均有人员参加，声势极为浩大。这天清早，章士钊接到段祺瑞亲自

打来的电话，通知他暂避一时，莫强撄游行者的锋头。章士钊身为教育总长和司法总长，深恐望风而逃会贻笑天下，他只是转移了家眷，硬撑着要与魏家胡同十三号（他的住所）共存亡。大批学生冲击章宅，甚至还让章士钊吃了冷拳，酿成轩然大波。学生运动迅速升级，在如潮轰响的"打倒"声中，"老虎总长"黯然辞职。段祺瑞确实相当器重章士钊，要不然，他不会力排众议，继续慰留章士钊担任执政府秘书长。然而形势强于人，这年"五卅运动"后，学潮一波未平，一波又起，也不知段祺瑞是手中别无好"牌"，还是对章士钊怀有特别的迷信，竟于 1925 年 7 月底让他重掌教育部。按理说，章士钊吃过一堑，应该长上一智了，即算余悸全消，记性还有，可他扎硬寨、打死仗的牛脾气不改，不肯对学界的进步力量作出丝毫的宽容和退让。8 月初，女师大学潮飙起，章士钊不予调和，针锋相对，闭着眼睛打出了杨荫榆这张"臭牌"。杨氏是何许人？她毕业于美国哥伦比亚大学，获得教育学硕士学位，按说，她受过如此良好的教育，又在美利坚自由主义空气中舒舒畅畅呼吸了好几年，吐故纳新之后，花岗岩脑袋也该开窍了，可她是一个特别的例外。在女师大，杨荫榆居然时时处处以"婆婆"自居，倒行逆施，推行其深有心得的"寡妇主义"，力图将学校女生整治得个个心如古井，波澜不兴。鲁迅和许寿裳等进步教师看不惯杨氏的所作所为，暗中支持学生发起"驱羊运动"。此时，章士钊还有回旋余地，只要顺应人心，解除杨荫榆的校长职务，即可平息众怒，可他经不住杨氏涕泪横流的哭诉（女人一哭就灵），竟祭出最疯狂的一招——解散女师大，还指点杨荫榆，从三河县雇来一群老妈子，将不肯离校的学生架出校门，扔到街上。

　　章士钊这人不能当官，一当官，智商就不在服务区。难怪鲁迅要义正辞严地给他上一课，教他明白一条基本常识："为校长而解散一校，为文明国所无。解散后怕骂，又另挂一块招牌骗人，简直是中国之耻辱！"一向不多话不多事的女师大国文教授许寿裳也怒发冲冠，拍案而起，愤然挥就一篇《反对教育总长章士钊之宣言》，发表在 1925 年 8 月 25 日的《京报》上。这篇宣言词锋极锐，仅看其开头，就可知这位轻易不动肝火的儒者运笔犹如操刀：

署教育总长章士钊，本一轻薄小才，江湖游士，偶会机缘，得跻上位。于是顿忘本来，恣为夸言，自诩不羁，盛称饱学；第以仅有患得患失之心，遂辄现狐埋狐搰之态。

鲁迅更是重重敲打章士钊，在《答 KS 君》一文中，还特意将章士钊的文字捉虱子似的捉出来示众，狠狠地挖苦了他一餐：

即如他那《停办北京女子师范大学呈文》中有云，"钊念儿女乃家家所有良用痛心为政而人人悦之亦无是理"，旁加密圈，想是得意之笔了。但比起何栻《齐姜醉遣晋公子赋》的"公子固翩翩绝世未免有情少年而碌碌因人安能成事"来，就显得字句和声调皆陋弱可哂。何栻比他高明得多，尚且不能入作者之林，章士钊的文章更于何处讨生活呢？

文章讨不到生活倒也不是太要紧，章士钊一生最大的污点，是1926 年 3 月 18 日执政府卫队制造惊天大血案，枪杀手无寸铁的游行示威的群众，他是执政府秘书长，绝对洗脱不了干系。事后，他开列了一份四十八人的黑名单，差不多将报界、教育界著名的正直之士一网捞尽。早年，陈独秀不止一次对人说，"从事政治活动，我与章士钊属于'黄金搭档'"，等到三一八惨案发生后，陈独秀怒火中烧，决定与章士钊割袍断义，他在信中斩钉截铁地写道："你与残暴为伍，我与你绝交！"陈独秀还将章士钊和《甲寅》骂为放狗屁、狗放屁和放屁狗。

四、与新文化运动唱对台戏

青年章士钊是不折不扣的激进分子，中年章士钊则甘心落伍，做个反动官僚和迂腐守旧的"风流名士"。白话文已兴起多年，国人习以为常，他却偏要反弹琵琶，专唱怪调，在 1925 年复刊的《甲寅》上发表鸡皮豁齿的文言文，主张尊孔读经，宣传复古思想。在章士钊眼中，白话文简

直一无是处，他曾有"国家未灭，文字先亡"的持论。在《甲寅》的《复刊启事》中，他公然宣称："文字须求雅驯，白话恕不刊布。"他诬蔑白话文是"黄茅白苇，一往无余；海淫海盗，无所不至"。想想看吧，这头"犟骡子"不识时务，贸然与新文化运动的营垒相对峙，他挺着堂吉诃德那把锈迹斑斑的长矛，骑着劣马驽辛难得（堂吉诃德的坐骑），大战风车，或许能侥幸打个平手，一旦遇上鲁迅、胡适这些披坚执锐的真骑士，他如何还能占到半点便宜？

胡适是新文化运动主将，对死硬的守旧悍将章士钊，打心眼里是瞧不起。但他的性情远比鲁迅温和，私交方面尚未与章士钊决绝，时或有些交道。1923 年 8 月下旬，章士钊在上海《新闻报》上发表《评新文化运动》一文，原以为胡适会反击他，胡适却让潘光旦带话给章士钊，只有四个字——"不值一驳"。后来，胡适与章士钊在汪菊农的家宴上相见，旧事重提，胡适又把这四个字当面奉送给章士钊，章士钊表面上并未生气。客散后，汪菊农夸赞章士钊有雅量，胡适说："你只知其一，不知其二。行严只有小雅量，其实没有大雅量；他能装作不生气，而其实他的文章处处是悻悻然和我们生气。行严是一个时代的落伍者；却又虽落伍而不甘落魄，总想在落伍之后谋一个首领做做。所以他就变成了一个反动派，立志要做落伍者的首领了。梁任公也是不甘心落伍的，但任公这几年来，颇能努力跟一班少年人向前跑。他的脚力也许有时蹉跌，但他的兴致是可爱的。行严却没有向前跑的兴致了。他已甘心落伍，只希望在一班落伍者之中出点头地，所以不能不向我们宣战。……他们骂我们做白话的人'如饮狂泉'、'智出伦敦小儿女之下'，'以鄙俗妄为之笔，窃高文美艺之名，以就下走圹之狂，隳载道行远之业'，这不都是悻悻然和我们生气吗？这岂是'雅量'的表现？"胡适认为真正有雅量的人，真正有绅士风度的人，必然豪爽，该当服输时肯服输，章士钊不是这样，而是用悻悻然的怒骂作为回应，一味胡搅蛮缠。

1925 年 2 月 5 日，章、胡二人在饭局中相遇，饭后，章士钊邀胡适合影留念，他存心调侃，借此机会，破天荒地题了一首白话新诗送给胡适。章士钊的旧体诗尚且提拎不起，新诗嘛，顶多能打一壶油。诗是这样写的：

你姓胡我姓章，

你讲什么新文学，

我开口还是我的老腔。

你不攻来我不驳，

双双并坐，各有各的心肠。

将来三、五十年后，

这个相片作文学纪念看。

哈，哈！

我写白话歪词送把你，

总算是老章投了降。

诗写得不好，但并无恶意，比平日他在《甲寅》上"大打出手"要温柔敦厚得多。在私交方面，胡适从来都不是那种喜欢煞风景抹面子的人，便也玩一回反串游戏，以一首旧体诗回赠章士钊，单从字面上看，可谓相当诚恳：

但开风气不为师，龚生此言吾最喜。

同是曾开风气人，愿长相亲不相鄙。

把话说到这等客气的份上，该惭愧的就不是大胡，而是老章了。胡适并未受降，因为章士钊的"投降"毫无诚意。胡适在《"老章又反叛了"》一文的结尾，表明他的态度："我的'受降城'是永远四门大开的。但我现在改定我的受降条件了：凡自夸'摈白话弗读，读亦弗卒'的人，即使他牵羊担酒，衔璧舆榇，捧着'白话歪词'来投降，我决不收受了！"这样一来，章士钊的诈降就未能发挥丝毫效用。

其实，单纯的守旧也没什么不好。不论何时，整理国故的活儿总得有人去做，罗振玉、王国维、叶德辉、章太炎、刘师培、黄侃、陈寅恪、

辜鸿铭和吴宓这些守旧派人物的存在，不仅无害于新文化运动的勃兴，恰恰还可以作为中国传统文化的一道黄昏美景去看。毕竟是，无旧文化就无新文化，何况他们持身守旧只不过是颇具悲壮色彩的个人行为。即使是那些抱持激进改革思想的人，若并未丧失基本理性，也会乐于承认这样一点："守一尊而为法"的角色远比那些见风使舵的滑头更值得信任和钦敬。王国维等人同样也是创造者和建设者。然而，章士钊的情形就不同了，他居上位，掌铨衡，既知文教是国家的命脉之一，又已将"废书救国"的主张转变为"读书救国"，就理应在关键政策上捐弃个人趣致而以世界文明大势为取向，至少也要顺应人心，站在进步的立场，像蔡元培那样，发先声，为前导，兼容并包，而不是带头去开历史的倒车。

五、深得领袖信任

历史中总有不少误会。以章士钊的才具和学养，当一位大学教授尚可胜任愉快，但因缘巧合，却让他在鸡鸣风雨的乱世担任教育部长和司法部长，大有赶鸭子上架的搞笑意味。他干不来，就不该一味恋栈，全凭蛮勇死撑，直到弄出青年学生喋血于执政府门前那样不可收拾的局面，他才在举世谴责的潮浪声中灰溜溜地与段祺瑞一同下野。然而，到了此时此际，恶名无论如何已洗脱不净。

章士钊当官不行，当主编也欠水准，办《甲寅》这种"满是典当风味"的杂志，遭到鲁迅不遗余力的挖苦和嘲弄，撩开表面的风光，他可真算失败的。但他另有绝活，那就是当律师，在法庭上，逞口舌之快，与人争一日之长。1928 年，老虎总长虎气全失，偕同夫人吴弱男第三次赴欧洲旅行，等养足了精神，他决定回国从事教育。1930 年春，他受张学良之聘，出任东北大学文学院主任。但好景不长，1931 年的"九一八事变"使东北三省沦入日寇之手，他决定去上海挂牌当律师，干回自己的老本行。真可谓失之东隅，收之桑榆，章士钊挂牌之初，门庭冷落，业务萧条，后获聘为上海闻人杜月笙的法律顾问，月薪高达千元之丰，方才声名鹊起。

　　章士钊与杜月笙的交往，可不是主雇关系这么简单。《胡适日记》在 1934 年 2 月 7 日写道："（今天）见着章行严，多年不见他了，他现在上海做律师，实在是靠杜月笙等人吃饭。他说，他现在是'吃流氓饭'！我劝他写一部自传。他现在吸鸦片烟，每天跑马场，甚可怜。"这是实话实说，不是厚诬，胡适所说的"可怜"，也不一定是章士钊的真实心态。杜月笙明处靠青帮捞钱，巩固江湖地位；暗处则靠"恒社"笼络社会名流，养清客为他扬名。章士钊是杜月笙的法律顾问，"恒社"的社务由他处理，应该算个帮闲头子。章士钊染上一身嫖赌逍遥的坏毛病，就是在杜府近墨者黑的必然结果。抗战期间，章士钊通过杜月笙结识戴笠，在重庆上清寺的公馆又很是堕落和快活了一阵子，戴笠称之"为抗战而娱乐"和"奉命腐化"，倘若没有杜月笙的引荐，章士钊不太可能成为那家俱乐部的常客。章士钊与杜月笙的交情究竟有多深？按照章士钊的外孙女洪晃的说法，早已到了"互换情人"的程度，应该不算浅了吧。

　　章士钊身上集合了近、现代知识分子的矛盾性，一方面他为段祺瑞反动政府卖力，另一方面他又营救过陈独秀和李大钊这两位中国共产党早期的领袖人物，李大钊遇害后，他还显示出古道热肠，出面为其家属募捐。1932 年秋，章士钊大出锋头——他自告奋勇，出任中国共产党的去职总书记陈独秀的辩护律师。当年，经过上海各大新闻媒介爆炒，陈案轰动全国，章士钊的庭辩精彩绝伦，因此收获不少荣光。

　　抗战期间和其后，章士钊的官场调门已经低落下来，他与蒋介石缺少共同语言，倒是与蒋介石的天敌毛泽东结有夙缘。二十年代初，章士钊看在同乡好友杨昌济先生的面子上，资助二万元光洋给杨教授的乘龙快婿毛泽东。毛泽东将这笔钱一分为二，一半用作蔡和森等人旅欧勤工俭学的路费，另一半则用作自己回湘造反的活动开支。章菩萨的这笔钱全被毛泽东用在锋利的刀刃上。1946 年秋，毛泽东亲赴重庆与蒋介石谈判，在一次湖南老乡的聚会中，章士钊在手心写一个"走"字示毛。这样牵系安危的关爱使毛泽东满怀感激。1949 年，李宗仁主持风雨飘摇的南京政府，两次派章士钊北上与中共和谈，章士钊辨形势，识时务，认定国民党气数将尽，便留在北平，改弦易辙，参加新政协会议，策动

程潜、陈明仁在湖南起义来归。同年 5 月 18 日，章士钊与邵力子联名写信给李宗仁，其中有这样一段话："今既主客之形不同，强弱之势易位，中共即以其人之道还治其人之身。论情无所谓不平，在法亦惟有顺受。天演家言，适者生存，鼎革成事，不取反咎。今日国民党之不适，与中共之应取，岂不如十日并照之明。于此犹必以国家为孤注，人民为刍狗，不忍于政权一日之得失，甘犯穷兵黩武之罪名，对人恕道全失，对己后祸莫测，岂非大愚不灵之甚者乎！"他的立场已完全站在中国共产党这边，全力帮忙。嗣后，毛泽东打下江山，不忘章士钊的大恩大德，决定每年以自己的稿费偿还两千元给章士钊，以十年为期偿清昔日积欠的"本金"，而"利息"更为丰厚：1957 年，中共整风，章士钊发言指出要害——"物必自腐而后虫生"，若非毛泽东下达特赦令，他绝不可能逃脱批判和惩罚。"文革"期间，章士钊免受若干炼狱和地狱之苦，红卫兵将抄去的东西完璧归还，要不然，老人风烛残年，挨打挨骂，坐上几回"喷气式"，就不可能活到九十多岁。

　　特别值得一提的是，"文革"之初，章士钊对国家主席刘少奇未经国家最高权力机构——人民代表大会正式罢黜，即沦为阶下囚，身心遭到摧残，他深致不解，为此专门写了一封长信给毛泽东，为刘少奇讲情，居然也未曾惹得龙颜不悦，你说他的运气是不是太好了？毛泽东破例回复了一封信，解释道："个别人情况复杂，一时尚难肯定，尊计似宜缓行。"从这件事上，我们很容易看出章士钊的书生气，在国人不敢言、道路以目的时候，他敢于以衰老之身站出来说上几句公道话，此老身上颇有古遗直之风，难得难得！

　　1971 年，章士钊的半生心血——《柳文指要》（研究柳宗元的大部头学术著作），虽不合时宜，居然也得到毛泽东青睐，特许由中华书局出版，冲过康生布设的万丈"火墙"。当时，类似的"学术幸运"，以中国之大，只有郭沫若（著《李白与杜甫》）享受了，真不知是可喜，抑或可悲？ 1972 年，周恩来将这部代表"文革"时期最高学术造诣和成就的著作郑重其事地赠送给访华的美国总统尼克松，让他了解博大精深的中国古典文化，没过多长时间，"水门事件"东窗事发，也不知尼克松在焦头烂额之际是否抽空瞄了几眼那本来自中国的汉文书。

梁漱溟素以圣哲自视，他读中学时就佩服章士钊，两人除了有书信往来，还打了一辈子交道。他对章士钊既佩服又失望，评价半为肯定，半为否定："行严先生在学术界才思敏捷，冠绝一时，在时局政治上自具个性，却非有远见深谋。论人品不可菲薄，但多才多艺亦复多欲。细行不检，赌博，吸鸦片，嫖妓，蓄妾滕……非能束身自爱者。"

章士钊挟其私智，半个多世纪旋进旋退于英才、志士、名流、学者、军阀、政客、奸雄、宵小之间，有幸得跻高位，终于无所兴作，无所建树。我想，他在荣辱得丧的漩涡中，也该有不少为国谋强、为民增福的想法，可惜失于空疏，不为大家所认可。"名满天下，而天下无一人以事业许之"（王森然《章士钊评传》），他也真够惶愧的了。董桥在《章士钊"浮"名满天下》一文中也有个具体的说法："有人说章先生命中注定是清客，早岁是青帮杜月笙门客，晚年是红朝毛润之委派的说客，可惜铸不出什么大业。"章士钊竭力想成为政治家和思想家，却事与愿违，终于只披上一件"衣袖露两肘"的政客和学者的破外套。"老虎总长"这样的浑号暗藏了多少嘲讽！其实，撇开政治上的"东食西宿"不谈，他丰富无比的人生体验足以令知识分子艳羡不已，单从这一点上说，他是活得够本的，而且是绝对超值的。但他命中注定，只能折腾，而不能终成正果，缺少事业的龙骨和支柱，他在近、现代中国历史舞台上所扮演的角色便显得越来越形迹可疑。

谭延闿（1880—1930）：湖南茶陵人。字祖庵，号无畏、切斋。政治活动家，书法家。曾任南京国民政府主席，行政院长。

谭延闿：药中甘草

现在还知道谭延闿的人已经多乎哉不多也，因为从小学到大学的各级历史教材根本懒得提及他。可是在 20 世纪的前三十年，这位谭公子是大名鼎鼎的政坛红人，当时的超一流人物孙中山、宋教仁和蒋介石无不对他高看一眼，谁也不曾怠慢过他。谭延闿的根基在湖南，一生三次督湘。有一步快棋，他走得极为英明：1920 年，他在自己政治处境异常艰难之时，果断南下广州，给人烧冷灶，那人就是政治处境同样艰难的孙中山。谭延闿出任大元帅大本营内政部长，进入了核心决策层。孙中山病逝后，谭延闿积累了足够的政治筹码，他毫不踌躇，就与党、政、军的头号新贵蒋介石握手言欢，于 1925 年 7 月出任国民革命军第二军军长。待到北伐中辍，宁汉合流，他在仕途更是扶摇直上，担任国民政府主席和行政院院长，尽管他年寿不高，满打满算也只活到五十五岁（早年应试时他少报五岁），但在事业方面，他达到了辉煌的金顶。

湖南茶陵县地处湘东南，谭姓是当地的望族，谭延闿即出身于显贵之家，其父谭钟麟在晚清官场颇著政声，历任浙江巡抚、陕甘总督、闽浙总督、四川总督、两广总督和直隶总督兼北洋大臣，是深受慈禧太后

赏识的封疆大吏。谭延闿的岳父方汝翼官至四川总督。谭延闿的女婿尤其了不起，是国民革命军上将陈诚。

谭延闿有个难言之隐，其母李氏是谭钟麟的小老婆，因此他属于庶出，而非嫡生。谭母去世后，按照谭家规矩不能从正门抬出，谭延闿就急中生智，躺在棺盖上，扬言"我谭延闿死了，抬我出殡"，这样一闹，谭母的棺木竟顺利通关。

谭延闿自幼饱读诗书，写得一手顶好的颜体字。两朝帝师翁同龢素有"冰鉴"之称，他写信给谭钟麟，夸赞谭延闿："三令郎，伟器也，笔力殆可扛鼎。"笔力强的人未必运气就好，谭延闿在闱场却是一帆风顺，十三岁中秀才，二十二岁中举人。光绪三十年（1904）甲辰恩科，他以会元（会试第一名）崭露头角，是清朝二百七十六年间湖南唯一的会元，也是清朝乃至中国科举史上最后一个会元。他姓谭，又是湖南人，慈禧太后看着就眼皮跳（想起了谭嗣同）。那年天旱少雨，刘春霖的名字更为讨巧，殿试之后，状元就落在这个幸运儿的名下。谭延闿以二甲第三十五名及第，授翰林院庶吉士。

1907年，清廷打出立宪的幌子，谭延闿得风气之先，在湖南组织宪政公会。

1909年，谭延闿被湘中士绅推举为湖南咨议局议长，表面看去，这是一个闲职，只须开开会，动动嘴皮子，凡事或议而不决，或决而不行，实际上，这个位置是最佳跳板。

1911年10月10日，革命党人在武昌发动辛亥革命，顿时产生了多米诺骨牌效应，全国十八个省，除开直隶，有十七个省相继宣告独立。湖南紧邻湖北，不甘落后于其他省份，于是，在革命党人焦达峰、陈作新的策动和指挥下，义军在10月22日攻占了省城长沙，擒获并处决了中路巡防营统领黄忠浩，湖南巡抚余诚恪吓得屁滚尿流，早就一溜烟逃得没了人影。湖南光复之初，省城气象为之一新，那条在脑后拖了两百多年的讨厌的"猪尾巴"（辫子）被剪掉了，五色旗挂出来了，义师整队入城之日，市民提灯游行，以示庆祝。中华民国湖南军政府随即宣告成立，焦达峰和陈作新分任正、副都督。当时，由于袁世凯派遣"北洋之虎"

敢为天下先
——纵横天下湖南人

段祺瑞和"北洋之狗"冯国璋南下镇压，革命军在汉口失利，战事紧急，革命军总司令黄兴电令湖南速派新军驰援。就在这节骨眼儿上，过于乐观的焦、陈二人疏于防范，被那些暗中磨刀的立宪派——很显然，谭延闿不可能置身事外——设计杀害了。谭延闿被省城的立宪派推戴为湖南都督，一时间众目所视，众手所指，可谓如芒在背。于是，他灵机一动，索性将杀害焦达峰、陈作新的一揽子罪责全归咎于乱兵，他还有更高明的一手，即厚殓焦达峰、陈作新两位烈士的遗体，优恤他们的家属，命令政府各机关下半旗致哀，他还声称要为焦、陈二人铸造高大的纪念铜像，立在省城的醒目位置，受万民敬仰。无疑，这只是政客的高姿态，说说而已，哪能一一当真。湖南的革命党人深感胜利果实被反动派攫夺，却只能发出一声"无量金钱无量血，可怜购得假共和"的浩叹。

1913 年 3 月 20 日，宋教仁在上海遇刺身亡，国民党指斥袁世凯为幕后主凶，为此发动二次革命。南方多省宣布独立，谭延闿是湖南军政府都督，也跟随大流。二次革命失败后，谭延闿为求自保，立刻取消独立，归顺北洋政府。报上登载国务总理徐世昌的嘉电后，谭延闿的复电可谓滴水不漏："湖南独立，系水到渠成，延闿不任其咎；取消独立，为瓜熟蒂落，延闿不居其功。"反正两边都不得罪，南北都好交待，这功夫非脸厚不行，非脸厚于城墙而莫办。

谭延闿向来自负有识人的慧眼，可他实实在在看错了一个人，这人便是他一手栽培的湘军将领赵恒惕。赵羽翼丰满后，对湖南省长和督军的职位垂涎三尺，他决心独揽军政大权，便想方设法要将老上司赶到别处去。有意思的是，他们居然弄出了个双赢的局面，赵恒惕固然如愿以偿，谭延闿塞翁失马，也丝毫不吃亏，他去了广州，得到了孙中山的赏识和蒋介石的青睐，后十年的造化竟大大超过了前面的四十年。

在古代官场中，有一句名言，"辊辊（滚滚）终日，斯可以衮衮诸公"，可见混世之妙用殊非浅显。因此也闹出相应的笑话。据林纾《铁笛亭琐记》所载："李合肥帅北洋时，淮军旧部晋谒求位置者，合肥色霁礼恭，则其人决无望；经合肥驾詈斥辱，大呼曰'滚'者，则明日檄下，得委差矣。因有人戏曰：'一字之滚，荣于华衮。"李合肥即李鸿章，曾为直

隶总督兼北洋大臣，被他骂一声"滚"的淮军部属才有官当，这真就不是一般的恶谑了。

宦海沉浮，原本极为正常，有慧根的人往往能从中获取一番憬悟。谭延闿在官场中八面玲珑，其观念和主张既可谓不新不旧，又可谓亦新亦旧，他上下合辙，左右逢源，竟因此博得了一个"水晶球"的绰号，这还是美了他，若按早期白话小说巧立名色的处置法，应称为"琉璃蛋"或"油浸枇杷核"才对。在清末官场，浙人王文韶荣任军机大臣，"恒以耳聋自晦，为人透亮圆到，遇事不持己见，有'琉璃球'之目"，直到张之洞等人力倡废除科举时，此公才明确表示反对，因而极得天下寒士之敬意欢心。湘人生性狷介，多的是"有头强方心强直"的"棱角汉"，罕见智圆行亦圆的"圆人"，谭延闿却是个例外，他待人接物尽用谦恭圆滑的套路，喜怒不形于辞色，具备"逐浪高复下，从风起还倒"的软功柔术。有一事最能见出他四两拨千斤的太极功夫。1917年，辫帅张勋在北京复辟，伪旨下达各省，谭延闿被授湖南巡抚职。一时间，风向未定，形势不明，他当然不会急于表态。其时，有一位记者采访谭延闿，问他将如何对待"圣命"，谭延闿避实就虚，只是一口气连呼两声"滑稽"。他究竟是指自己新授湖南巡抚这件事情滑稽，还是指记者提出的这个问题滑稽？怎么理解都可以，记者仍是满头雾水，谭延闿却轻松敷衍过去。

圆滑的人也有内忌与否之别，外宽内忌者口头抹蜜，心头用刀，脚下使绊，谭延闿气象恢弘，有容有量，是那种"宰相肚里能撑船"的人。

湘籍士人张冥飞作祝寿戏文嘲骂谭延闿，实行全面抹黑："堂亦钤山，写几笔严嵩之字；老宜长乐，做一世冯道之官。用人惟其才，老五之妻舅吕；内举趣不避亲，夫人之女婿袁……立德立功，两无闻焉。"严嵩是明代奸臣，冯道是中国历史上唯一的十朝元老，侍奉五代十帝，是不折不扣的官场不倒翁。旁人看了张冥飞的戏文都气愤，谭延闿却拍案叫绝，称赞张冥飞是"奇才"。翌日，这位南京政府行政院长发帖恭请张冥飞赴宴，待以上宾之礼，并且聘任张冥飞为行政院参议。如此一来，张冥飞且惭且愧，致信退回聘书："士献箴，古有之；公大度，今所无。唯冥飞笔耕足以自活，聘书优俸，万不敢当，庶免涉文人无行，迹行敲索之

嫌。大君子爱人以德，必能谅之。"谭延闿三招两式，就让辱骂他的人转过头来赞美他，这道行太深了。就算是作伪，也没几人能够学得来。

1923年，孙中山在广州任陆海军大元帅，以谭延闿为内政部长。有一天，某湘籍将领求见孙中山，自称有机密大事要单独秉告，正在元帅府办公的谭延闿与胡汉民识趣，立刻退入厢房。那人进屋后，不知隔墙有耳，立刻向孙中山大进谗言，将谭延闿如何不可靠、如何不地道之类的话讲了几箩筐，孙中山捺着性子听他胡说八道，自始至终未置可否。那位湘军将领是有名的雷公嗓门，声音异常宏亮，退到厢房静候的谭延闿、胡汉民不是聋子，字字句句都听得分明。胡汉民从旁观察，只见谭延闿听了那人喋喋不休的混账话，神色泰然自若，丝毫不恼，竟连眉头也没皱一下。谭延闿这般休休有容的雅量自然令胡汉民折服不已。

谭延闿除了被时人讥讽为八面玲珑的"水晶球"，还被民国元老胡汉民称赞为"药中甘草"。甘草有解毒之效，可与百药配伍而不起冲突，其别名为"国老"，这是将它比喻为三国时期的东吴名士乔玄那样的好好先生。

当年，有人抓住三位大人物的性格要点，如此品评：吴佩孚"刚愎自用"，他听不进别人的意见；段祺瑞"刚愎他用"，他喜欢把权力下放给部属；谭延闿"柔愎自用"，他从不与上司和下属发生正面冲突，喜欢顺着别人的意思发言，结果别人总是遵照他的意见办事。

在政治混乱、党派斗争激烈的特殊时期，孙中山和蒋介石均急需这样的"甘草先生"。谭延闿野心不大，人缘极佳，与各党各派均无嫌隙，正好为两位领袖做一些必不可少的和稀泥的工作。北伐期间，蒋介石任总司令兼第一军军长，谭延闿任第二军军长。第二军受蒋介石控制，换了别人，很可能火冒三丈，谭延闿却乐得做个甩手掌柜。谭延闿主持行政院，仍然不求有功，但求无过，他抱定的是"三不主义"：一不负责，二不建言，三不得罪人。在行政院开会时，他让大家畅所欲言，自己却闭目养神，似听非听，时不时地点一点头，嘴里"嗯"一声，手下不得要领，始终摸不清老板的意图。

在中国官场上，做小官难，难在要做实事，老鼠钻风箱——两头受

气，左右不讨好；做大官则相对容易，只要会玩装神哄鬼的功夫，理顺各种关系，八面玲珑，就能四方讨好。这方面的心得，最善于伴食画诺的谭延闿自然不会比别人少。

据阎幼甫的《谭延闿的生平》所记，有一次，谭延闿与著名律师贝元昕见面，寒暄时他照例询问对方近况如何，贝元昕的回答极其简洁，那就是："混。"谭延闿闻言大笑，赞叹道："此言绝妙！鱼龙混杂是混，仙女游戏也是混，混之为用大矣哉！可惜混世魔王程咬金、混江龙李俊混得粗野了些。若像《聊斋》上的马二混，混得多有意思啊！"谭延闿所说的"混之为用大矣哉"，顿时传遍长沙，远及京沪，成为当时官场中的处世金言。

曾国藩的人生哲学是"挺"，谭延闿的人生哲学是"混"，都是一字以蔽之。前者的"挺"近乎儒家的精进有为，难免累；后者的"混"则近乎道家的清静无为，较为轻松。这就难怪了，曾国藩是个吃苦的命，谭公子却是个享福的人，他可不愿意太委屈自己。

谭延闿中年丧妻，鳏居十余年，一直信守对亡妻的诺言，不再续弦，由于母亲的不幸遭遇令他记忆深刻，因此他连小妾也不曾纳得一个，连秦楼楚馆也未曾涉足一回。他说："吃喝嫖赌四件事，嫖赌与我无缘，吃喝在所不辞。"身为高官，谭延闿在女色方面撇得如此之清楚，如老僧入定，可真不简单。在广州时，他长期住旅店，认识一位新寡的英国女子，这位年轻的密斯是位精通汉文的美妇人，她识得谭延闿是个了不起的大角色，便暗送秋波。然而落花有意，流水无情，洋密斯的爱慕终归落空。

谭延闿不好色，最能说明问题的是，孙中山想把小姨子宋美龄介绍给他做夫人，他却以"我不能背了亡妻，讨第二个夫人"的理由婉言谢绝了，转而去撮合蒋介石和宋美龄的婚事，说服宋子文接受这位顶呱呱的流氓妹夫。有人调侃道：谭延闿的"谦让"使中国幸运地获救。抗战期间，蒋介石倚赖宋美龄出色的夫人外交，争取到美国的大力援助（"飞虎队"来华参战即是显例），避免了亡国惨祸的发生。

一个大权在握、大名在外的男人不好色，还能好什么？说起来，谭

延闿就好那一口，这一口不是鸦片，而是菜肴，他移爱美色之心于美食，也算得上是全情投入。谭延闿特别讲究吃，即使行军打仗，也要着令伙房备好几担酒菜挑子跟在身后，以便他随时解馋，一饱口福，鱼翅尤其不可少。可以这么说，要让谭延闿怦然心动不容易，唯有香喷喷的美味佳肴才能令他难以自持。不到四十岁，谭延闿即已发福，身体太胖，好朋友都劝他远离肥腻，以素食为主，他却丝毫不肯让自己的舌头淡出鸟来。平日，谭延闿自制菜谱，吃得极其讲究，他去世后，家中大厨曹福田回到长沙，在坡子街开了一家健乐园，竟以"谭家菜"作标榜，以招徕食客，其中有组庵鱼翅、组庵鱼生、组庵肉、组庵豆腐、组庵笋片等众多名目，一时间，引得省城的老饕们趋之若鹜。

谭延闿是大美食家，是大书法家，还是神枪手。他的楷书雄奇遒劲，笔力扛鼎，由颜真卿一脉绵绵化出，得"真颜不肥"之神髓，书法界公认他是民国时期首屈一指的"颜家重镇"，比钱南园（沣）更强十倍。另一位政坛元老级大书法家于右任（与谭延闿齐名）曾夸赞道："谭组庵是有真本领真功夫的。他的颜书貌丰骨劲，味厚神藏，每字稳如坐钟，既有翁同龢天骨开张的魄力，又具备一笔千里的气势。"正如黄永玉的弟弟黄永厚是一位画家一样，谭延闿的弟弟谭泽闿也是一位书法家，而且是一位丝毫不沾哥哥的光去官场捞俸禄的犟仔，他诗酒自娱，淡泊名利，

雅礼协会成员与湖南省政府官员合影。前排居中者为湖南省政府主席、督军谭延闿。

为人相当有骨气。谭延闿显然很尊重这位弟弟的人生选择，当熟人向他索字，他难以应付时，便总是说："我写的字比不上我家五爷（谭泽闿排行第五），他现在上海卖字，你们到上海去找他写吧！"谭延闿的枪法有多神？打靶他能枪枪命中靶心，打仗他也能撂倒敌人，大抵是弹无虚发。

如今，虽只相隔数十年，谭延闿的墨宝已不大容易寻见（可喜的是网络上存有几幅照片）。但老辈人依然记得，早年清华大学的校匾"国立清华大学"和黄埔军校的校匾"陆军军官学校"都是谭延闿书写的。去过南京中山陵的人想必对墓门前那方高达八米的奉安纪念碑印象深刻，"中国国民党葬总理孙先生于此"，十三个镏金大字结体精严，深合颜字"如锥画沙"的旨趣，其下虽未署名，它们出自谭延闿之手却是无疑的。做官做到一人之下，万人之上，写字写到天下只有二、三子可以并驾其驱，谭延闿一生可算得上十分成功了。

1930年9月22日，谭延闿因坠马中风患脑溢血在南京逝世，一时间，备极哀荣，国民政府实行国葬，蒋介石亲笔题写碑文，墓址选在离中山陵五、六公里处的金陵大刹灵谷寺东北隅，墓园占地有数百亩之大，不仅在游客眼中风景绝胜，而且在堪舆家眼里风水极佳。有件事值得一提，点缀在墓园中的多种精美石刻都是特意从圆明园废墟中刨掘出来的，一经刮垢磨光，重新组合，便别有一番风味。值得一提的还有，这座墓园的主设计师是杨廷宝，建国后，他与著名建筑学家梁思成、林徽因夫妇一道参与设计了天安门广场和人民英雄纪念碑，水平之高可想而知。

谭延闿去世之日，官方报纸不约而同地发出一片哀叹之声，有说"哲人其萎，邦国殄瘁"的，有说"泰山之颓，柱石之倾"的。但有一点，谭延闿生前无论如何也想不到，他尸骨未寒，上海某小报便登出一副开大涮之先例的挽联，抓住其"混"字派人生哲学和"水晶球"的江湖绰号大肆讥嘲，其词为：

> 混之为用大矣哉！大吃大喝，大摇大摆，命大福大，大到院长；
> 球的本领滚而已，滚来滚去，滚入滚出，东滚西滚，滚进棺材。

吃惯了美食的谭延闿纵然肚量天下第一，也绝对消化不了这样的冷嘲热讽，他很可能恶心反胃，在阴曹地府呕够三天三夜。古人说，"持术不可不慎也"，谭延闿从名门公子哥到府院首领，半个世纪荣光无限，到头来却被人骂得一无是处，被人泼得满身污脏，究竟看来，只有一个原因，便由于他所持的"混"字哲学与高歌猛进的时代格格不入。不过，我们也应该清醒地看到，某些官场混混儿心里时刻念叨着"混"字诀，却总喜欢口是心非地讲什么"身为公仆，就当鞠躬尽瘁"之类的漂亮话，反而不如谭延闿光明磊落。但圆滑世故的谭延闿在阴曹地府也不用太担心，他的"混"字派人生哲学绝对不会中途失传，他的徒子徒孙满世界正多着呢！

叶德辉：恶之花

　　孔子的入室弟子端木赐（子贡）曾说过一句至理名言，古今不少粗心大意的读书人都将它草草地忽略了。他的原话是："纣之不善，不如是之甚也。是以君子恶居下流，天下之恶尽归焉。"（《论语·子张第十九》）子贡无意为残民以逞的暴君商纣王推翻铁案，而是借此告诫天下君子，千万别身处污秽之地，行恶施暴，否则，所有的坏事将由你一肩扛，一头顶，所有的黑锅也由你一人背。商纣王发明炮烙酷刑，剖视王子比干的心，这类又毒又狠的坏事招致天怒人怨。因此后人一口咬定商纣王把坏事做绝，恶行罄竹难书，擢发难数。这怪得了谁？难道商纣王的枯骨还有资格鸣冤叫屈吗？一个人滞留在青蝇集散地，想干净也干净不了，只会越来越臭，臭到千人侧目、万夫掩鼻的地步为止。

　　在近代湖南，论声名狼藉，如果叶德辉甘认第二，就无人敢认第一，即算放在全国士林中进行大比拼，他也能昂首跻入三甲之列。做坏蛋要做到尽人皆知，非高手而莫办。《水浒传》中牛二那样的孬货，纵然不被青面兽杨志用祖传宝刀当柴劈了，活够三世三身，也绝对修不成正果。

疾恶如仇的历史学家早已将叶德辉打入十八层地狱，一层又一层，覆盖在上面的尽是臭烘烘的涸秽垃圾，谁还愿意挥一挥镐头，将他挖掘出来，用清水濯洗数十百遍？一位当代知识分子，假如放弃独立见解，人云亦云，唾骂叶德辉是一颗"社会毒瘤"，够省事的，但若肯往深处打量他几眼，就会发现事情还有被遮蔽的另一面。

叶氏的功过如何划分？有人主张对半开，香臭各占五成。尽管香味和臭味的化学分子式一模一样，但世界上的事情总归是香不抬臭而臭能掩香，于是乎叶德辉想要咸鱼翻身，只怕释迦老祖和玉皇大帝的两路救兵同时拍马赶到，也顶不上缸，帮不上忙。

叶德辉是学者？是藏书家？是湘剧拥趸？是才子？是浑球？是恶棍？是淫魔？这一揽子名号，他闭着眼睛照单全收，决不退货。他集大成，大成则为至圣，只可惜这个"圣"字在他那里已变为歧解。完全没有障碍了，风流潇洒到他那地步，还不死于非命，天理（其实是人理）何存？

恶与美牢牢地黏结在一起会是什么？要我回答，是恶之花。

既然美中有恶，恶中有美，恶之花的现值和期值均大。

将叶氏的"光辉履历"像煎南瓜饼一样多翻看几眼，你可能会沉吟，长叹，冷嗤，热骂，也极有可能莫名其爱恨。

"有趣的坏蛋往往胜过乏味的英雄"（张远山语）——尤其是那些不用多长时间就会变得馊不可闻的"英雄"。恶之花自有一种眩惑人的持久魔力。

小心吧，他要款款登场了。

一、讽刺联·诗谶·取死之道

不知是"天下无事我有事"的念头作祟，还是所谓的"道德勇气"撑腰，胆大的读书人往往喜欢干些冒天下之大不韪的祸事，起初只是游戏一把的意思，以为好玩。殊不知，书生玩自己的命，比魔术师玩吞刀吐火要危险得多。清初文学家褚人获早就对读书人有所提点："历代缙绅之祸，多肇于语言文字之微。"可惜叶麻子将此遗训抛诸脑后。

1926 年，湖南农民运动风起云涌，声势异常浩大，全国其他省份望尘莫及，顽梗不服的地主乡绅纷纷掉了脑袋，胆小怕事的一个个灰溜溜夹紧尾巴。就在这种雷霆万钧的形势下，几乎一夜之间，省会长沙众口喧腾着一副讽刺谩骂农会的对联：

> 农运方兴，稻粱菽麦黍稷，一班杂种；
>
> 会场广大，马牛羊鸡犬豕，六畜成群。

此联首嵌"农会"二字，一目了然，作者将农运分子骂为"一班杂种"和"六畜成群"，措辞可谓毒辣之极。此联的横批是"斌尖卡傀"，乍看去，令人费解，细细琢磨，暗藏玄机。原来作者是在故意玩弄文字游戏，咒骂农会"不文不武（斌），不大不小（尖），不上不下（卡），非人非鬼（傀）"。对于农民协会，作者肯定衔有不共戴天的仇恨，要不然，用语怎会如此刻薄？

当时，湖南农民协会领导人是郭亮和柳直荀，两人听闻这副对联，怒不可遏，决意明察暗访，揪出那位蓄意败坏农民运动形象的反动分子，对其"批判的武器"施以"武器的批判"。庸才弱手绝对写不出这样高水平的讽刺联，于是郭亮和柳直荀将"？"往省会名家堆中一投，立刻钓起一尾最喜欢兴风作浪的"金枪鱼"。这位胆大包天的名家是谁？他就是长沙地面上能踩得鬼叫、能吓得人死的豪绅叶麻子——叶德辉。

叶德辉并不胆怯，满是一副愤世嫉俗、敢作敢当的神气，根本没把农民协会放在眼里。他要狙击的目标正多，主张男女平权的妇女协会也未淡出他的射程。他原以为这回捏到了一只软柿子，其实不然。妇协委员十分泼辣，哪里肯买他叶麻子的烂账？她们在公开信中放胆抒愤："恨不得食其肉而寝其皮！"叶麻子一见此语，顿时乐歪了嘴，痞子腔调打得山响，他浪笑着说："吾老矣，心有余而力不足。如欲寝吾皮，则吾骨瘦如柴；如欲食吾肉，今愧不及三寸，君等有兴且试一试！"闻者无不以为下流，而叶德辉照样快活自在，风流自赏。

在名士易培基（此人曾为毛泽东的老师，出任过早期国民政府农矿

部长和教育部长）所设的酒宴上，叶德辉欣赏一幅出自大名家王闿运笔下的《食瓜图》，喜欢它的清爽雅致，一时酒兴诗兴两相高，遂题数句于其上，"芬芳吞六子，尘梦冷三刀"可谓别有凉意，座中识者已觉不祥。

一周后，1927年4月11日，叶德辉就遭罹血光之灾。此前，他已风闻湖南特别法庭将处决一批反革命分子，以纾民愤。叶德辉颇有自知之明，这么多年他没少结怨，没少树敌，论到反变法，反维新，反时代，反革命，不用谦虚，他叶麻子跳起来，比任何人都高，堪称一员冲锋陷阵的悍将。

风声太紧，老友避之如瘟神，也难怪，此时此刻人人自危，谁吃了豹子胆，敢借给他叶麻子一席藏身之地？叶德辉狡兔三窟，其中一窟在长沙市南门口樊西巷的妓寨（可惜不是瓦岗寨），那里是他新辟未久的落脚点，似乎较为安全。其实，对他的行踪，巡查队已预先布控，只等上峰一声令下，就来个瓮中捉鳖，直接将他押往刑场，由革命法庭当众宣判："不杀此贼不足以平民愤！"

诗谶果然灵验之极。叶德辉的脖子虽然不曾挨上三刀，但枪毙时，身中两弹（据其子叶尚农回忆，"身受两枪。一中头部，一中心部"）。

在清末，叶德辉有钱，有名，在省城长沙还有盘根错节的势力，要风得风，要雨得雨，连地方官都惧他三分，让他三分，谁敢挡他叶吏部的路？进入民国，世变时迁，他大势已去，却一仍故习，不肯韬光养晦，改弦易辙，依旧到处说怪话，耍痞腔，唱歪调，尤其是拿鸡蛋碰石头，走错了路，吃错了药，竟然去寻农民协会的晦气，不死又待如何？一辈子玩世不恭，就像在高空走惯了钢丝的老艺人，胆子大了，脑袋发热，自以为绝技可恃，盛名可凭，谁都拿他没辙，凡事他都能玩得倍儿转，开得了头就收得了尾。叶麻子有两句自况诗，"九死关头来去惯，一生箕口是非多"，殊不料，夜路走得太久，他迟早会撞见鬼魅，岂止是非多，生命危险也大。放肆猖狂实为叶麻子的"取死之道"，他明知不可为而为之，不用说，下场很惨。

1927年5月1日，《顺天时报》以醒目的版位刊载了《被党军枪决之叶德辉》的通讯。在遗老遗少中，这条消息引起极大的震恐。不少人认为，这是再明显不过的信号，守旧派的好日子已到尽头。其中最焦虑最苦闷的，莫过于清华国学研究院著名教授王国维。身为不肯改悔的保皇分子，他与新时代格格不入，瞻望前途，深感悲观。于是，他写下遗嘱，说什么"五十之年，只欠一死，经此世变，义无再辱"，专门挑选6月2日（阴历五月初三，端午节前两天）这个阴晦惨淡的日子，效仿屈子怀沙自沉的解决方式，毅然决然地跳进了颐和园的昆明湖中。

这是典型的蝴蝶效应，叶德辉的死引发了远处的"雪崩"，使当世无二的大学者王国维在黄泉路上奋起追踪，叶氏真可谓虽死犹荣。

1931年6月18日，胡适为叶德辉遗札册页题词，有感而发，写下这样一首"寓庄于谐"的打油诗：

郇园老人不怕死，
枪口指胸算什么！
生平谈命三十年，
总算今天轮到我。

杀我者谁共产党。
我若当权还一样。
当年誓要杀康梁，
看来同是糊涂账。

你们杀我我大笑，
我认你们作同调。
三十年来是与非，
一样杀人来翼教。

胡适的这首白话诗调侃多过惋惜，批判多过同情，表明新派人物对旧派人物丝毫不存兔死狐悲之感。叶德辉一贯逞强，喜欢以儒道正统自命而排斥、打击异端思想，欲置康有为、梁启超、谭嗣同于死地，孰料

命运来了个黑色幽默,让拼命修理异端的人同样遭到了异端致命的修理。胡适的诗正话反说,其中显然还暗藏着一层意思,那就是:他并不赞成"杀人翼教"(保护孔教)的把戏,他主张思想自由,思想无罪,可惜这一层意思过于模糊,许多人很难能领悟到。

二、收藏家·学问家·精致的生活

叶德辉字焕彬,号郋园。曾国藩攻破江宁(南京)那年(1864),他出生于湘潭的商贩之家。因为小时候出天花不净,留下满脸麻斑,所以讨厌他的人背地里呼他为"叶麻子"。其父叶雨村,做水果生意起家,后来搬到长沙,在坡子街、小西门、樊西巷开设染坊、槽坊、钱铺和百货号。叶雨村心机工巧,算盘贼精,十余年间发了大财。叶雨村的祖籍是江苏吴县,江、浙一带自古看重科第功名,他虽然人五人六,财大气粗,但并不希望子承父业,因此叶德辉从小接受良好的教育,西席(塾师)均为本地名流。他除了攻读八股制艺,于学无所不窥,被人誉为"读书种子"。青年时期,叶德辉就读于岳麓书院,弱冠(二十岁)成秀才,翌年中举人,二十八岁二甲进士出身。叶氏为人疏宕狂恣,受不了官场的绳墨规矩,他只在吏部主事任上待了短短一年时间,就以奉养老亲为由,获得长休,回家享受诗酒风流的神仙生活。

叶德辉天资极高,勤力于学问。他研究文字学、目录学和版本学,卓然为一时不可多得的大方之家。说来有趣,他研究文字学纯属机缘巧合。十九岁时,他在书铺中偶然见到学者孙星衍的《问字堂集》,其中《释"人"》一篇将"人"字的来龙去脉疏证考释得明细如发。叶德辉一口气读完,仿佛饱餐了龙髓,兴奋得电流穿身。此后他广搜博采,纠错补遗,对于原有的释词一一详加考订,汇为《释人疏证》二卷。叶德辉对文字学研究的兴趣从此一发而不可收,他别号郋园,郋,是汉代大文字学家许慎(《说文解字》的作者)的故里地名,由此可见叶德辉取法乎上,自视甚高。《郋园小学四种》中收有《六书古微》十卷、《说文读若字考》八卷、《同声假借字考》二卷、《说文籀文考证》二卷,皆为髓慧心智之作。

著名学者杨树达在《郎园先生全书·序》中称赞叶德辉是"旷代之鸿儒"，这绝非漫不经心的谬奖。

倘若藏书家纯粹以购藏为目的，仅为小焉者也。叶德辉搜求大量的珍本秘籍，比照多种旧版本，加以校雠，使之臻于尽善尽美。尤其难能可贵的是，他将这些善本书雕版刻印出来，发行天下，泽被学林。叶德辉家资雄厚，于汲古（购买古籍、古画、古董）一项，从不吝钱。光绪年间，一些大藏书家的珍贵版本陆续散出，叶德辉倾资购买，其中湘潭袁芳瑛卧雪庐、商丘宋荦纬绣草堂、曲阜孔晋涵红桐书屋的藏书价值很高。叶德辉还将自己所藏秘本少量影印，与日本学者和国内藏书家互通有无。经多年苦心经营，叶德辉共计收藏宋、明两代珍贵版本四千余部，二十多万卷，重本、别本为《四库全书》数倍之多，其藏书富甲天下，王侯莫及。叶德辉在其住处长沙苏家巷以西建成书堂五楹，名为观古堂，将藏书分为经、史、子、集、丛五类，环置其间。叶氏的藏书有不少世所罕存、极为珍稀的宋、元旧椠，如北宋胶泥活字本《韦苏州集》、金刻《埤雅》、宋刻《南岳总胜集》、南宋刻陈玉父本《玉台新咏》等。此外，还有精校名抄的孤本秘籍，多为失传的古书。当时，不少大户子弟家道中落，乐得将家藏珍籍一古脑儿卖给叶德辉，因为叶氏慧眼识珠，手面阔绰，而且对自己看准了的版本从不胡乱砍价。除了收藏珍本秘籍，叶德辉还收藏名家字画、古钱和古印，光是汉印一项，叶氏就罗致了四十余方，可谓价值连城。

叶德辉收藏古书，多多益善，他精于鉴赏，简直到了出神入化的境界。一本古书入手，他只要用眼睛瞄上一瞄，鼻子嗅上一嗅，手掌摸上一摸，当即就可判别出年代之遐迩，版本之真伪。王先谦、易培基等省会硕学名儒，遇到版本学的疑问，想去请教的第一人就是叶德辉，谁都由衷地佩服他在这方面目光如炬，明察秋毫。

积多年苦心孤诣，叶德辉对古书源流了如指掌，著《书林清话》一书，荟萃心得。对于叶氏的贡献，近代学者缪荃孙在序言中评价甚高："焕彬于书籍镂刻源流，尤能贯串，上溯李唐，下迄今兹，旁求海外，旧刻精钞，藏家名印，何本最先，何本最备，如探诸喉，如指诸掌。此《书

林清话》一编，仿君家鞠裳之《语石编》，比俞理初之《米盐簿》，所以绍往哲之书，开后学之派别，均在此矣。"

叶德辉旧学精湛，当时的大儒，如广东的陈澧、浙江的俞樾、湖南的二王（王先谦和王闿运），都难入他的法眼。叶德辉嫉恨新学犹如宿世深仇，对康有为、梁启超、谭嗣同、皮锡瑞、熊希龄等维新派人物多方攻讦嘲讽。相比之下，梁任公则大度得多，尽管他认为"叶平日为人本不自爱"，但还是充分肯定叶氏"学问却甚好"。

叶氏在《书林清话》首篇《总论刻书之益》的开头就亮明态度："昔宋司马温公云：'积金以遗子孙，子孙未必能尽守；积书以遗子孙，子孙未必能尽读；不如积阴德于冥冥之中，以为子孙无穷之计。'……然积德而子孙昌大，或'金银'、'伏猎'之见讥，亦非诒谋之善。故余谓积德积书二者并重。"叶氏虽名德辉，积德却是一句空话，积书则费尽心思。收藏家的悲哀总归一致，那就是毕生的心血结晶将被不肖子孙视为废纸烂铜，耗散一空。叶德辉作《买书》一诗，预先为子孙周全谋算：

> 买书如买妾，美色看不够。
>
> 买书如买田，连床抵陌阡。
>
> 田荒逢恶岁，书足多丰年。
>
> 二者相比较，同在子孙贤。
>
> 他日田立券，不如书买钱。

可他那位被人称作"牛皋"的儿子不仅与"贤"字丝毫未沾边，且愚不可及，待麻子老爹一死归西，就将他庋藏的珍本秘籍成批成批地贱卖，有的甚至当成废纸，卖给附近的店家，用来包糖粑、覆酒瓿。秘籍孤本从此魂断香消，那些名画古印也沦落俗子之手，甚至被扔进烈熊熊的冶炉，何止是明珠暗投，简直是暴殄天物。按照叶德辉的逻辑推导，这大概是因为他平日不积阴德所致，报应之来，其快如此。所幸人仅有一死，要不然，他将会被气得在冥府中自杀。

叶德辉是不折不扣的大玩家，但凡大玩家必有许多细微的讲究，如纸墨笔砚何者为佳，琴棋书画瓷器屏风何者为妙，烟具茶具食具酒具何者为精，均丝毫马虎不得。处处做到大雅的份上，囊中羞涩固然莫办，倘若没有学问眼光，只在奢华一端狠下工夫，纵然整得金碧辉煌，仍难免被讥为伧俗和恶俗。除了一应器物大为考究，叶德辉身边还多有娈童和美女，喉清嗓嫩，秀色可餐。经他悉心调教，一个个容冶万方，艺惊四座。当时，省会保守派名流常去叶德辉家喝茶抽烟，他们置身郎园，目之所接、神之所遇，均整饬精美，能在如此惬意的地方欢聚雅集，谁还羡慕天宫的神仙日子好过？

　　似叶德辉这样的高人，若安心在自家的洞天福地过神仙日子，不到处搅和，本可乐终天年，老死于户牖之下。然而，他如同一位暴戾的拳击运动员，在浴池中泡得浑身舒爽了，就立刻想到要把谁谁谁的鼻子揍得鲜血长流。在他的人生词典里，压根就没有"安分"一词，他追求的是持久和强烈的刺激。

三、搅屎棍

　　当年，在省城长沙，叶德辉与王先谦这两位大学者，可谓"焦不离孟，孟不离焦"。王先谦是晚清的硕儒，号称"著书满家，门生遍天下"，其实反侧无行。他贿赂结交大内总管李莲英，获得江苏学政一职，还担任过国子监祭酒（太学校长）。后来，他深恐自己的清名被李莲英玷污，就上疏严劾这位大内总管，其中丑诋李莲英不是真太监一节，令慈禧太后雷霆震怒，这岂不是影射她秽乱宫闱吗？王先谦因此丢官，却在朝野间捞到正直敢言的美名。王先谦的著作有《荀子集解》《庄子集解》等数十种之多，他晚年出招甚新，足未履外国土地，目不识蟹行文字，东抄西摭，假手于人，写成《五洲通鉴》《日本源流考》等书。国学大师章太炎评论王先谦"于诸学本无心得，惟通知法式"。王闿运也一针见血，他对王先谦的好友冯世文说："闻君与王葵园至善，可劝其少著书。夹七夹八，未免太难。"王先谦字益吾，号葵园，由京返湘后，稳稳地占据岳麓书院山长一席，以树艺旧学人才为己任，是近代湖南学界的一张

"虎皮"。

　　表面上看去，叶德辉与王先谦是莫逆之交，实质上却是典型的势利之交。对此，《官场现形记》的作者李伯元在《南亭笔记》中有一段入木三分的解析："湘绅中以王益吾祭酒、叶德辉吏部为最顽固。……叶雄于资而无势，遂极意结纳于王；王以有势而无资也，亦折节交之。故二人交甚笃。凡有所为，王出其力，叶出其财，由是湘人并畏其人。"叶德辉与王先谦联手，与官方勾结，称雄于省会学界和商界，谁还敢来踢他俩的屁股？

　　经多方钻营，叶德辉将省教育会长、南区商团团总和火宫殿息争公所主事等数股权力集于一身，自称"坐山虎"。鱼肉细民，武断乡曲，正是他的拿手好戏。说起叶麻子的大名，当时的省城百姓无人不知，无人不晓，好哭的孩子也只要听说叶麻子来抓人，就立刻噤声，灵验有如此者。

　　早在戊戌变法之前，湖南巡抚陈宝箴开风气之先，力主维新事业，集结谭嗣同、梁启超、唐才常、熊希龄等一流人才于省城，创办时务学堂，由梁启超出任中文总教习，出版《湘报》，奋力为维新变法鼓与呼。叶德辉极端保守顽固，与王先谦、举人曾廉四处挑衅，攻击梁启超等人"莠言乱政"，所幸湖南巡抚陈宝箴多方保全，湖南学政徐仁铸也同情变法。在三位反派角色中，尤以叶德辉斗志最高，冲劲最足。他撰写《猷轩新语》和《翼教丛编》，诬称谭嗣同、梁启超等人不仁不义，无父无君，是孔教的叛徒，而他要奋勇"翼教"，当然是护法金刚了。孔二先生若泉下有灵，惊悉其神位要依靠叶麻子拼老命守护，不知作何感想。

　　1897年，意大利科学家马可尼（Marconi）已发明无线电，而在中国，大学者叶德辉却还在用近乎梦呓的"五行说"发表"高论"，证明中国是世界的中心："五色黄属土，土居中央；中国人是黄种，天地开辟之初，隐属中位！"实在可笑得很。

　　对晚清以来的种种社会变革，叶德辉恨之刺骨，但对一些跳梁小丑先后上演的逆时代潮流而动的闹剧丑剧，却趋之若鹜。袁世凯想登基过皇帝瘾，叶德辉便与北京的杨度、梁士诒等人遥相呼应，组织"湖南筹

安会"，自任会长一职，称臣劝进；张勋带领五千辫子兵潜入北京，大搞复辟活动，他又立刻通电捧场。像他这样梗着叫驴脖子死撑的"忠臣"，倒也不多。每当朝代更迭之际，前朝的忠臣即是新朝的贼臣，处境相当尴尬，何况帝制已被彻底铲除，叶氏仍以"遗忠"自许，更难免左支右绌。做定了奴才的人，原已奴性入骨，传统知识分子的苦闷多半就源于为旧东家做奴才做惯了，忽然要改换门庭，从此另寻出路，心理方面颇感不适，而真正有独立人格和节操，既不东食也不西宿的知识分子则不可多得。

论敛财的功夫，叶氏当属一流，在小西门、坡子街一带，大小事务，他叶某人不同意，就决计办不成；要他同意也不难，打红包，摆酒席，开堂会，总须侍候得他心平气顺才行。光是包揽诉讼一项，他就财源滚滚。凡开罪叶氏的商民，轻则破钞，重则荡产。叶麻子对那些看不顺眼的人动不动就厉声呵斥："拿红帖子送局严办！"由于他与衙门里的人关系热络，这话倒也不是虚声恫吓，因此坡子街一带的居民皆畏之如猛虎。

1913 年，湖南女界领袖唐群英借得坡子街烈士祠，创办富强女校，曾国荃的孙子曾霖生助其办学，呈报湖南都督署，愿将自家一处私产捐给该校。按理说，这种合情合法的捐助与外人无关，叶麻子不当插手。但叶氏是地头蛇，他认为对方踩在他的地皮上热热火火地办事，却不跟他打声招呼，摆明了不给他面子，是有意挑衅他叶某人的权威，这还了得？此前，他与曾霖生为一湘剧花旦争风吃醋，刚闹过一肚皮闲气，正好借此机会加以报复。他硬是打通门路，强行取消原批文，使唐群英办学受阻。唐群英一怒之下，以快邮代电，痛斥叶德辉为"惯痞"。

仅隔三天，叶德辉在《长沙日报》上登出自辩词，含沙射影地说唐群英等人"一若深知该庙底蕴，日与僧人相处者"，并大言不惭地调侃道："鄙人惯痞，痞自前清。少年薄德，终日花天酒地，自命为'护花司令'，亦长为檀越主。自经中华民国全体不认之满奴瑞澄牵挂弹章，幡然改悔，清心寡欲，不履红尘。革命以后，自问无横草之功，既未尝钻充为临时革命之人，亦未尝入党为倚势欺人之事。'惯'已消灭，'痞'由何生？平生文章事业，百不如人。香奁艳体之诗，少年习染，今则无闻再过……"叶真有两手，遣词坦而放之，堂而皇之。在致缪荃孙的信中，他自鸣得

意："辉动一纸诅之而了。盖天下强固无如辉者，故彼乃出此下劣之手段尝试之，辉正利其尝试，有以张吾威也。得此一举而后，辉乡居之德望，人心之诚服，外交之敏速，一一饱领之而去。"他自认为是得胜将军，简直比黄忠七十斩了夏侯渊还要来得快惬。

这根大号"搅屎棍"，尤其喜欢搅大事，搅大局。

1912年10月25日，黄兴乘坐楚同舰，抵达长沙，省会万人空巷，争睹这位开国元勋的风采。各界人士为了纪念黄兴的丰功伟绩，将德润门改名为黄兴门，将坡子街易名为黄兴街。这等于是在叶德辉的心窝子上硬生生地插下一把尖刀，依他的意思，强龙不压地头蛇，黄兴岂能抢占了他叶某人的地面风光！他将欢迎黄兴的各界代表统统嗤骂为"无知鄙夫，狐媚贡谀者"；意犹未尽，又说欢迎群众"以白布为地，以棉花染绿，撮成'黄兴街'三字。世俗讳绿而忌白，不知其义何居？"他既设疑，又解答，先是将黄兴贬为被人玩弄的"妇人女子"，又说改城门名"不祥甚矣"，历史上只有伍子胥悬首的苏州城门曾改为"胥门"。这就等于诅咒黄兴不得好死。民国初肇，正讲人权，言论自由是其中主项，叶氏打着痞子腔说了许多混账话，民国政府也没拿他怎么着，他要是换个时候开张，只怕他话才出口，头就落地了。

在中国，"搅屎棍"的下场总归好不到哪儿去。叶德辉胡搅一通，虽也搅出不少热闹把戏，使原本就不平静的社会变得更不平静，棍子够硬，胆子够大，但他搅局毫无节制。叶氏喜欢拿棍子拨草寻蛇，或到处捅马蜂窝，以此为平生快事，结果再次印证了那条铁律："天作孽，犹可违；自作孽，不可活。"

在别的国家，公民说说怪话，搅搅局，没什么大不了的，正说明舆论自由权实属天赋。在中国，惟强力的执政者才拥有话语霸权，其他人要怪腔，唱反调，只算捣鬼，只属作孽，断不可活。

四、才子＋痞子＝？

叶德辉满脸煞气，一副屠夫相，却自命为"风流才子"，寡人有疾，一生好色如狂。比起常人来，他的兴趣更为宽泛，既恋蛾首蛾眉之娇，又有食桃断袖之癖。女色男风，一概通吃，色之所在，心之所爱。叶氏中年丧妻，无意续弦，说词可称绝妙："我于此道中得小小佳趣，何必多一个看牛伢崽！"他纳妾六人，意犹未尽，还要辣手摧花，婢女刘雪梅尚未成年，他就要尝鲜，雪梅抵死不从，于是叶德辉指使下人将一枚银簪钉进雪梅的头顶。雪梅惨死，轰动省城，无奈叶麻子钱多，摆平此事，竟不费吹灰之力。周作人在《饭后随笔》中谈到过叶德辉的另一桩糗事，叶氏为皇帝选秀女，皮包不住胆，验货心切，自己"先都用过了"，巧的是，他凌辱过的秀女后来当上农会干部，叶麻子的性命终为小二哥所坏。

在长沙坡子街、樊西巷一带，妓寨中色艺出众的几位美眉，长期被叶麻子包占，成为他宣淫纵欲的工具。为了用理论指导实践，他还发掘出《素女经》《洞玄子》等十余种古代房事秘籍，遵其战法采阴补阳。每当秘籍付梓，他怕读者质疑，卷首就附上一篇心得体会作为序言，以证明诸般秘法奇妙无欺。他生财有术，还敦请湖南总督谭延闿（书法家）题签，故而销路大畅。

圣人之徒自有圣人之徒的高明之处，叶麻子公开宣称自己可以"身探魔域而心不出圣人之门"，他经常实验，召集好友和弟子在娼家论道讲学，让那些婉娈迷魅的妓女脱光衣服歌舞嬉逐，他与同道中人则在一旁饮醇酒，赋艳诗；或让妓女裸体坐在怀中，任其百般挑逗，当场比赛谁的定性最佳，堪称坐怀不乱的鲁男子。叶德辉精力弥满，常人莫及，如此极度宣淫，学问不仅不衰，还逐年长进，亦属奇迹。

叶氏一生"耻言高尚"，他择徒尤为精心，他立下"三不收"的规矩："天赋不高不收，气性不异不收，才学不优不收。"因此，其门人王运长、徐崇立、龚福焘、梁稚非等人都是湘省不可多得的才子。叶德辉带着这些门徒日夜豪游，春天立社，冬天起坛，名堂多多。长沙人目之为"十二神"，视为一大怪。叶氏门人中，梁稚非天分最高，他文思敏捷，笔致简古，然而荡检逾闲，放浪于形骸之外，效仿东晋的刘伶，夏天一丝不挂，裸居于室，饮酒放歌，旁若无人。省城例行迎城隍活动，百戏杂陈，万人齐观，他竟与妖童曼姬共席相嬲，招摇过市。一般士流引以为耻，交口

斥责，叶德辉却多方袒护，还由衷地夸赞道："此子的是可儿！"

"淫"之为事，常人最难把持，受叶氏影响，书法家黄自元的侄子黄申之也经常出入娼寮戏院，采野花，捧旦角，风流放任，直至荡尽家产，纵欲无度而双目失明。因此，世族子弟一与叶氏游冶，即入大染缸，万难洁身自好，家人百般劝说，难以挽回他的心意，也就"只当此儿已死"。

有道是"捧角者必兴剧"，叶氏于湘剧的发展有不可抹杀的推动之功。他曾斥巨资承办春台班，在剧种改造上狠下了一番真工夫，使原本卑猥的湘剧变得雅俗共赏。看戏捧角，原是近代有钱有名文人的日常功课，近代诗人易顺鼎和樊增祥在北京十有五、六的诗词都是写给鲜灵芝、刘喜奎、金玉兰、刘菊仙等昆剧旦角的，彼辈打情骂俏，吃醋争风，无所不为，名士原可如此鸣世，纵然遭到讥讪也无妨。叶德辉"出柜"，喜欢的多半是戏班中的俊俏小生，他若看上谁，那人十有八九难逃被玩弄的命运。当时春台班中有一位俊小生叫言道南，戏唱得好，为人也很自重，叶氏百计用尽而难以得手，决定霸王硬开弓。言道南决不肯受辱于叶氏，竟喝下锱水自杀了。这一轰动性的丑闻立刻在省城传得沸沸扬扬，有人填了首《竹枝词》，直唱得满城风雨：

> 春台班主太狰狞，狎昵群优亦自轻。
>
> 可叹道南言氏子，一杯锱水了残生。

曾国藩的孙子曾广钧（前清翰林）在省城势力很大，也是有名有数的渔色之徒，叶氏这下可就遇着强劲的对头了。诚所谓"两强相遇勇者胜"，看戏时，两厢兴起口角之争，总难免大打出手，结果台下的戏比台上的戏更精彩热闹得多，更能引起观众十足的兴趣。地方政府也拿他们这种邪僻的行径无可奈何，哪尊神都开罪不起，干脆睁一只眼闭一只眼，由他们去瞎胡闹，只要不出人命，就万事大吉。

有精湛学问的人很难修成叶氏那般深厚的痞功，有深厚痞功的人更难具备叶氏那样精湛的学问，叶德辉无疑是天才中的天才，是怪胎中的怪胎，是异数中的异数，惟有封建乱世才会诞育出这种穷极变怪的畸形儿。叶德辉是大顽主，对"黑厚学"的领悟力几乎无人能出其右，他生长于富贾之家，广有财赀，暴得功名，凡事为所欲为，岂在话下？他心底雪样分明，儒家圣贤的那一套一半是用来装饰门面的，另一半是用来提供兵器的。因此，他满嘴仁义道德，专门用来对付敌人；一肚子男盗女娼，则专门用来滋润自己。

晚清以降，流氓文化将正统的儒学和道学踹下首席宝座，悍然取而代之，道德沦丧至于不可收拾。迄于民国初年，川中奇才李宗吾的《厚黑学》终于浮出海面，他不仅独具火眼金睛，而且持论滴水不漏，将中国两千多年以儒家和道家为纲的传统文化一扫帚全扫入《厚黑学》的垃圾箱中，儒家的仁近于厚，义近于黑，而"老子之学最忍"（朱熹语）。这真是一个绝妙的讽刺。假若起孔子于九泉，他一定会吹胡子瞪眼睛；假若起孟子于九原，他也会撇下斯文，破口大骂。

清末民初，各色各样的流氓疯狂造势和造市，尤以政治流氓多如过河之鲫，致使价值标准混乱，人心因此生疽。在高级流氓中，叶氏是一条锯齿惊魂的"癞鳄"，但还算不上吞舟的"巨鲸"，真正堪称"巨鲸"的乃是袁世凯那类世代不乏其人的超级政治流氓。为权位所限，叶氏顶多只能够在流氓大军中获得上校军衔，但他善于自吹法螺，自戴高帽，又有学问才华，比那些"五星上将"更会逗趣，因而显得"光彩"绝伦，似乎无人能出其右。

一般大众总以为流氓完全是破坏型的，殊不知，也有叶麻子这样的流氓，于文化事业颇有建树。他做人是否失败？这要看你选择怎样的角度去评定功过。他的趣味果然是低级的吗？或果然是高级的吗？也恐怕没有可靠的标准答案。读历史时能将手掌、手心、手背、手指缝都读遍的人，大抵能读明白流氓文化的消息和底蕴。无论是道家学说，还是儒家学说，或是别的什么学说，涂饰来涂饰去，一一涂出好看的面妆，其实都是以流氓文化为粉底，所以当我们谴责流氓文化时，也同时谴责了中国两千多年来主流文化的虚伪性。帝王将相多半都是道貌岸然的流氓，知识分子还能不气闷？你要么饿得瘪瘪的，要么冻得僵僵的，依然是"圣贤不死，大盗不止"。孔孟和老庄的精神都是不死的，于是乎大盗何年

何月何日收手？当我们明白这些深层的道理之后，再去谴责叶德辉，就显得有点多余，而且滑稽可笑。说白了，比起那些强奸民意，涂炭生灵的政治流氓来，叶德辉的邪僻行径又算得了什么？在一个流氓文化风起云涌的社会里，似叶氏这样既有造诣有建树的文化流氓，岂可少有，又岂可多得？我们看过了太多政治流氓的恶俗表演，再看文化流氓叶德辉的一生所为，竟有赏心悦目之感，这真是太奇怪了。

　　长沙本地人早就设计好了一个现成的公式，像敞开的口袋一样等着叶德辉钻进里面，公式是："才子＋痞子＝化生子。"何为"化生子"？化生子是半妖魔半鬼怪的祸胎。摆明了，这公式只是庸人的思维产物，不足为据。我总认为，一个敢舒螳臂挡大车的人绝非小丑，其不折不挠的勇毅精神甚或含有可敬的成分在，至少比那些无所不在的阴虱、跳蚤、马屁精、应声虫、风向鸡和附骨之蛆，角色方面要堂正得多。他始终如一，从不反侧；他明刀明枪，不施暗箭。得胜我幸，取败我命，绝无怨尤，就算笃定要做坏蛋，也只做本色天真的坏蛋，反将那些伪君子晒成了臭烘烘的死鱼。叶氏一生多彩多姿，宛如罂粟花和蔓陀萝花，在清末民初凄凉的乱世里盛放，成为一道异样的风景。你可以不欣赏他，但不得不承认，其活法可称得上是一门行为艺术。毕竟，毕竟，他的才情有令人着迷的地方。他强旺的"战斗力"也从相反的方面使维新派志士和革命党人（谭嗣同、梁启超、唐才常和黄兴等人）赢取的胜果变得弥足珍贵，倘若对手太弱，岂不是胜之不武？

　　"世人皆曰杀，我意独怜才"，可乎？

齐白石（1964—1957）：湖南湘潭人。原名纯芝，字渭青，号兰亭。后改名璜，字濒生，号白石、白石山翁、老萍、饿叟等。画家，诗人。被誉为"中国画坛第一匠"。

齐白石：衰年变法

有这样一个人，活到高寿九十四岁，一生作画四万多幅，"为万虫写照，代百鸟传神，只有天上之龙，无从见得，吾不能画也"。如今，称他为百代宗师、伟大的艺术家，都已决然无疑，可他五十七岁时，国内还只有寥寥几位别具慧眼的大师能评估出他的真实价值。倘若他不巧犯病或撞了什么邪煞，死在那个年龄上，身后寂寂无名，与草木同腐，也不会让人感到特别奇怪。

这大器晚成者是谁？他就是齐白石，一位实打实的山民老艺术家。

一、大画家原是细木匠

当年，湘潭有一位叫齐纯芝的细木匠，人称"芝木匠"，在四乡八里揽些雕花的木工活计，因为心灵手巧，渐渐有了名声。但他是个不太安分的小伙子，看见别人画像，觉得有意思，只不过瞟学了几回，就径直写真，居然不止于形似，还能够神似。那时候，乡间死了人，要挂遗像，

不比如今有许多现成的照片可供选择，放大尺寸，就可派上用场，当年必须临时约请行家里手来个"急就章"，当然得把死人画成展眉开眼的样子。为了挣钱养家，芝木匠也不嫌这画活儿晦气，有单就接。

在湘潭的地面上，早就有乡绅留意到这位多才多艺的小青年，不忍心眼睁睁地看着他大好的天赋被白白糟蹋尽，就主动找上门来，问他："你愿不愿意学习正宗的绘画？"芝木匠回答道："怕就怕顾此失彼。我很愿意读书学画，只是家里穷，我不做工就会饿肚子。"来人说："怕穷只会更穷，怕饿只会更饿。你要是有志气，一边读书学画，一边靠卖画养家，也对付得过去。等你拿定了主意，做完了这里的工夫，就到我家里来打讲。"好啊，芝木匠认得来人是本乡本土大名鼎鼎的绅士胡沁园，人称"寿三爷"，于是他二话没说，当即焚香，纳头便拜，认下了这位高水平的启蒙师傅。

中国传统读书人讲求名正言顺，胡沁园在家里琢磨了半晌，芝木匠的名字要改一下，取名"璜"，字"濒生"，的确雅气了许多。然后，胡沁园正襟危坐，谈绘画、书法、金石、诗词，齐璜需要学习的东西可真不少，有的科目得从零开始。所幸湘潭县城有位大儒王闿运，与胡沁园过从甚密，此公虽是孔门中人，却是个眼界开阔、心胸宽广、性情幽默的夫子，平日有教无类，不拘一格，门下先已收罗铁匠张正阳和铜匠曾招吉，再收一位木匠，正好凑成"王门三匠"。名师出高徒，这三人后来果然个个都有大造化。

二、半路出家，勤奋多产

齐璜学画时，已二十七岁，修炼的不是童子功，也无妨，苏轼的老爸苏洵在这个年纪上始知发愤读书，照样名满天下，成为唐宋八大家之一。

齐璜学篆刻，最肯下苦功夫。有一天，他皱紧眉头，问好友铁安："我总刻不好，怎么办？"铁安给他开了个天底下最笨最拙的方子："南泉冲的础石，挑一担归，随刻随磨去，尽三四点心盒，都成石浆，就刻好了。"那么聪明的人，真就听从指点，下足了苦工夫、笨工夫，没有半点投机取巧的意思，直弄得满屋子水，满屋子泥，仿佛遭了一场水灾似的，没有一块干净地方。某日，一同学习刻印的黎松庵（语言学家黎锦熙的父亲）对齐璜说："濒生，我不学印了。"齐璜问他："为什么？"黎松庵回答："坏眼睛。"黎松庵从此辍学。后来，齐璜慨叹道："我当时的家境要是跟松庵一样好，也就没有今日了。"在艺术创造的起步试飞阶段，可能真有一条"饱者死，饿者活"的规律吧。二十世纪初，毕加索在巴黎学画，只有面包加清水，更别提那位一辈子受憋屈、总共没吃过几顿饱饭、任何一种颜色都熊熊燃烧着饥饿感的荷兰佬梵高了。

齐璜中年治印"白石山人"，以此名世，世称齐白石。他一生作画不辍，几乎没有节假日可言，唯有抗战期间滞留南京，听说母亲在家乡去世，悲伤不已，停工三天，写成一篇悼念文字。老舍夫人胡絜青女士（与新凤霞一样，是白石老人晚年收下的女弟子）曾深有感慨地说："作家能著作等身，就算非常了不起了，至于白石老人，则要用'画作等屋'甚至'等楼'方足以形容。"

作家祝勇切脉更准，他说，"历史的走向往往不是由道路决定的，而是由脚决定的"。个人的成功何尝不是如此。芝木匠若不积土成山，积水成渊，就绝对成不了齐白石。当然，伯乐的赏识和名师的指点仍是必不可少的。

我最佩服白石老人的倒并非其勤奋多产，而是他在五十七岁的年纪上，仍有衰年变法的勇气。别的画家早就急于守成了，守得门户严严紧紧的，连只蚂蚁都休想钻进去，他却背道而驰，一改娴熟的画风，去追求陌生的艺境。

三、衰年变法

白石老人衰年变法，起因于他对自己的工笔画越来越不满意，且看他如何说：

余作画数十年，未称己意，从此决定大变，不欲人知，即饿死京华，公等勿怜……

余昨在黄镜人处获观黄瘿瓢画册，始知余画过于形似，无超凡之趣，决定从今大变。人欲骂之，余勿听也；人欲誉之，余勿喜也。

余平生工致画未足畅机，不愿再为，做诗以告知好：从今不作簪花笑，夸誉秋来过耳风。一点不教心痛快，九泉羞煞老萍翁。

余五十岁后之画，冷逸如雪个，避乡乱窜于京师，识者寡，友人师曾劝其改造，信之，即一弃。

清代以来，书画大师之绝尘出岫，均须大力者推举才行。张之万重金搜购戴熙的画作，使之身价百倍。翁同龢到处揄扬钱沣的书法，使之声名高出刘墉、王文治之上。近人胡思敬说："大约文艺之士或传或不传，亦各有命，非可以力争。死后得一知己，胜于生前十倍。"其实，生前能获知己亦是艺术家之大幸。

齐白石勇于衰年变法，外界强有力的赞成者和推动者是同时代的大画家陈师曾（即陈衡恪，国学家陈寅恪的哥哥）。陈师曾在欧洲学习的是西洋油画，但中国画的造诣也十分了得。他凭仗慧眼和法眼看出，齐白石有天纵之才，若打破定式，往大写意方向发展，成就未可限量。

几经琢磨，白石老人霍然悟出"大笔墨之画难得形似，纤细笔墨之画难得传神"，"作画妙在似与不似之间，太似为媚俗，不似为欺世"。他曾告诉弟子娄师白："书画之事不要满足一时成就，要一变百变，才能独具一格"。

赞成齐白石衰年变法的还有一人，即以画马著名的大师徐悲鸿。白石老人在《答徐悲鸿并题画江南》一诗中写道："我法何辞万口骂，江南倾胆独徐君。谓我心手出怪异，鬼神使之非人能。"可见徐悲鸿对他的评价不是一般的高，而是非常之高。在京城，他们曾多次合作，而且是大幅大幅地泼墨渲染，画完了，相对莞尔一笑，仿佛宇宙之大，惟使君

与我耳。有陈师曾和徐悲鸿这样当世无几的国手在一旁大力鼓动，白石老人衰年变法就底气十足，信心十足了。

说来不可思议，齐白石五十多岁时，初入京城，深感"居大不易"，一时间，这位山民老艺术家还进不了某些封闭的小圈子。有一次，他到一个大官家去应酬，由于穿着普通，又无贵友周旋，被人冷落一旁，很是受窘，心里懊悔不该贸然赴会，自讨没趣。齐白石正在留与走两难之际，大明星梅兰芳姗姗而至，对他十分恭敬，寒暄了片刻，总算将白石老人已经丢出去的面子又给圆了回来。归家后，齐白石出于感激，颇为精心地画了一幅《雪中送炭图》，赠送给梅兰芳，题诗中有这样两句："而今沦落长安市，幸有梅郎识姓名。"当时，齐白石的画名不高，画价是每幅两块银元，这样的润格有些偏低。后来，荣宝斋的老板不好意思了，主动将他的画价提高了两倍。陈师曾古道热肠，将齐白石的国画带到日本开了一个画展，经他妙语鼓吹，加上日本人对中国画素具眼力，展出的那些画作竟卖出高价，这不仅使齐白石名动海外，掉转头杀回马枪，也在国内产生了巨大的轰动效应。对陈师曾的知遇之恩，齐白石充满感激，终生难忘。陈师曾英年早逝后，他写了一首饱含深情的悼亡诗，悼念这位才高命薄的朋友：

> 君我两个人，结交重相畏。
>
> 胸中俱能事，不以皮毛贵。
>
> 牛鬼与蛇神，常从腕底会。
>
> 君无我不进，我无君则退。
>
> 我言君自知，九原勿相昧。

人生得一知己足矣，何况这位知己还是无双的国士呢？不用说，陈师曾是齐白石的益友和畏友。1917 年 8 月，陈师曾在齐白石的《借山图》上题诗，劝这位山民老艺术家"画吾自画自合古，何必低首求同群"。陈师曾对齐白石的绘画也不是一味猛夸，有不够满意之处，他也会讲出自己的看法。六年间（1917—1923），两位艺术家如切如磋，如琢如磨，

彼此的心灵曾有过一次又一次的高峰对话，可惜春花落瓣，无人收拾，咳唾珠玉，随风飘逝。

齐白石衰年变法大功告成，达到了外师造化、中得心源的自由之境。这种蟒蛇蜕老皮的苦乐也只有他自己最清楚：

> 扫除凡格总难能，十载关门始变更。
> 老把精神苦抛掷，功夫深浅自心明。

齐白石特别讲求继承传统，转学多师，他最欣赏最喜欢的画家有徐渭（青藤）、石涛（原济）、八大山人（雪个）、黄慎（瘿瓢）、吴昌硕（缶庐）等人，都属于艺术个性鲜明，反对墨守成规，能别开生面的丹青巨擘。齐白石骨子里十分高傲，却也写过对前辈大师心悦诚服以至于五体投地的诗：

> 青藤雪个远凡胎，缶老衰年别有才。
> 我欲九泉为走狗，三家门下转轮来！

愿作徐青藤门下走狗的，齐白石不是第一人，第一人是清初的大画家郑板桥，郑板桥曾刻一印，印文为"徐青藤门下走狗郑燮"。齐白石则不啻要作青藤门下的"走狗"，还要作八大山人与缶老门下的"走狗"，轮值于三家门下，真够辛苦的，可他心甘情愿。我想，在冥府之中，齐白石见到徐渭、朱耷和吴昌硕，执意要拜他们为师，只怕那三位前辈高手都逊不敢当，会不约而同地说出"折杀老夫"的话来。

四、齐白石的"傻"

齐白石的性情也如他的画，不拘一格，饶有变化。王森然先生是这样描写的："先生性柔时如绵羊，暴躁时如猛虎，无论其如何暴躁，过时无事。正如狂风骤雨之既逝，只有霁月清风耳。其情常似闲云，其心

极如烈火，烈火燃烧，云光灿烂，极尽美观。"那么白石老人眼中的自己又是怎样的呢？北京艺专的曾一橹教授与白石老人时相过从，前者给后者画过一幅惟妙惟肖的头像，齐白石的自嘲颇为风趣："曾君一橹，工于画，此头颅，能得衰老之神，见者必曰，此不合时宜之齐白石也。余曰：是矣！先生真能识人。白石记。"他自认为是个不合时宜的人，我们倒要看看他怎样不合时宜。

最值得一说的，便是他敝屣尊荣。1903 年，齐白石的好友夏寿田劝他去京城发展，诗人樊樊山也答应荐他去做宫廷画师，给慈禧太后画像，这无疑是平步青云的好机会，想都不必想，伸手抓住就行。然而，对他们的好意，齐白石敬谢不敏。夏寿田是个大好人，还要给他捐个县官当当，又因齐老弟没有搜刮地皮的兴趣而作罢。在齐白石心目中，绘画是寂寞之道，必须心境清逸，不慕官禄，于绘事才能精益求精。我们从其闲章便能看出齐白石的志趣确实在彼（艺术）不在此（官俸），他出身卑微，但从未因此自惭形秽："木人""木居士""大匠之门""芝木匠""白石山人""湘上老农""有衣饭之苦人""立脚不随流俗转""我行我道""自成家法""三百石印富翁"，诸如此类闲章，透露了十分丰富的信息。这位山民老艺术家同情一切弱者，悲悯及于虫蚁，平生最看不起的是墨墨浑浑的官场中人，他多次用画、用诗揶揄嘲讽那些大耳阔面、好作蟹行的老爷们，其代表作《不倒翁》更是滑稽万状，一副志得意满的草包样子，活该遭到齐白石的戏谑和调侃：

乌纱白帽俨然官，不倒原来泥半团。
将汝忽然来打破，通身何处有心肝？

一生自食其力的人是可以冷眼看官场的。潇洒的唐伯虎断绝了仕进之念后，赋诗自道："不炼金丹不坐禅，不为富贵不种田。闲来写就丹青卖，不使人间造业钱。"四百多年后，同调者齐白石则发出了更自豪的声音。细想来，他们在艺海中遨游，那种纯净的乐趣、不受玷污的情操和自由自在的心境，确然是那些虚伪其身、厚黑其心的官老爷所无法拥有的，纵然胸怀残余，这些"仓鼠"也会尽快加以抹杀。齐白石从晚清一路走来，穿越了民国的沼泽，纵览无穷世象，仍然傲对强梁，毫无攀附者的媚态，倒是以处身清白，自食其力，不搜刮民脂民膏为至上光荣：

何用高官为世豪，雕虫垂老不辞劳。
夜长镌印忘迟睡，晨起临池当早朝。
啮到齿摇非禄俸，力能自食无民膏。
眼昏未瞎手犹在，自笑长安作老饕。

齐白石一生俭朴，于银钱事不肯轻信旁人，他总疑心这世间马面牛头无所不在。"因为人少鬼多，所以处世对人，总不放心。即家中一切琐务，亦由其自己处理，甚至对油盐酱醋茶叶米面，自己经营，菜蔬劈柴笔墨纸张，自己购买，门窗箱柜钥匙，自己管理。此种生活之烦苦，在他人以为可厌恶，在先生以为有趣味。"（王森然《齐璜先生评传》）然而，他的精明确实有限，骗子的额头又没黥字，自然防不胜防，他受骗上当不止一次两次。曾有人找上门来，主动提出帮他在香港卖画，三言两语就轻而易举地哄走了他亲笔订下的润格，他很开心，殊不知那人更开心，回去正好借此公开地卖假画。齐白石的大弟子李苦禅先生曾撰文揭过恩师的"短"：

"齐老师对于艺术之外的事都很'傻'，常受人骗。那时因国家动荡，钞票骤然变成废纸乃是常事，齐老师不知丢了多少血汗钱，才想到要买黄金。他不瞒我，让我看买来的黄金，我很吃惊：'金子还有绿色的吗？'老师明知又吃了亏，还不敢声张，生怕惹祸。真是哑巴吃黄连，苦在肚里。"（《忆恩师白石翁二、三事》）

艺术家本就是天真的，心如赤子，不通世事，倒也不足为奇。有一回，外宾参观他现场作画，一个个欢笑着叽里咕噜地赞美了一通，白石老人却不高兴，不为别的，就因为洋人没有竖起大拇指！

齐白石衰年变法，从自发地描绘草木虫鱼山水花鸟，到自觉地追求"自然万物的精神"，他追求到了，脱却一身匠气，直抵造化之美神秘的

殿堂。我想，一个人要衰年变法，勇气之大，并不比"虽千万人吾往矣"的侠士小，白石老人敢于突变，而非渐变，在艺术风格上进行革命，就更要冒"不生即死"的危险。

尚未成名时，身份卑微的艺术家难免会遭到外界的热讽和冷遇。清末文豪王闿运是齐白石的恩师，素有冰鉴之称，他看人没看走眼，看诗却看走眼了，齐白石的旧体诗被他哂笑为"薛蟠体"。谭延闿是民国时期的高官和有名有数的书法家，颜体字写得出神入化，他同样看走了眼，居然听信一位丁拔贡的胡说（"齐氏刀法太懒"），干出焚琴煮鹤的蠢事，将齐白石镌刻的十余方藏书印磨平。齐白石的心理承受能力令人佩服，面对外界的贬损，他能够屹立不动。他说："画好不好，诗通不通，谁比谁高明，百年后世，自有公评，何必争此一日短长，显得气度不广。"他借物言志，《题棕树》一诗妙句传神："任君无厌千回剥，转觉临风遍体轻。"齐白石心胸豁达，性情洒脱，唯其不争，则天下莫能与之争。

齐白石轰轰烈烈地"活"了过来，这绝非蒙上天庇佑，福大命大的结果，而是其天才的悟性和艺术家的实力征服了美惠三女神，因而从她们手中获取了灿灿然的金苹果。

我忽然想到满清王朝也曾衰年变法，可是"百日维新"却只留下腥风血雨的印记。在中国历史上，变法总是不受欢迎，很难取得成功，所以吾国吾民在几千年里都积弱积贫，不断遭外寇侵凌，受内盗剽掠。你当然可以振振有词地说，政治与艺术是完全不同的两码事，前者是群体行为，后者是个体劳动，这话不假。但即算是在文学艺术上吧，衰年变法也罕见成功的范例，因为没有几位两鬓星星的老人肯拆掉自己多年营建而成的八宝楼台，哪怕只是几间破落的草庵茅庐，他们也要苦苦守成，又何尝有什么再建华宇的胆气和心劲？

齐白石的伟大之处便愈加鲜明地凸显出来，它至少证明了一点，真正的天纵之才，其强大的创造力只受风格的羁縻，而不受年龄的限制。在我看来，齐白石在暮年获得的由世界和平理事会颁发的"国际和平奖"，只不过是飘落在珠穆朗玛峰顶的一片雪花，根本不足以增添其高度。至于"文革"中革命小将仆毁其墓碑，则证明，艺术家在这个国度不仅生前得不到应有的尊重，死后也得不到必要的安宁。然而即便纵虐如此，仍无损其凤凰一毛。

　　然而，也有人善意地指出，在 1953 年 12 月，齐白石以九十岁高龄，用一个上午的时间，为东北博物馆书写了《党在过渡时期的总路线》全文，不知那是不是一位大艺术家的分内事？我想，时至今日，这个问题已没有标准答案，也根本不需要什么标准答案了。当时他心里高兴，就提笔写了，事情就这么简单，你大可不必将那幅字视为稀世奇珍，权且当作纯粹的历史活页去看，如果你悟性够好，眼力也不赖，说不定能从字缝里看出别的字来。

沈从文：云水生涯

提及沈从文，纵然绕上十八道弯，也绕不开湘西，更绕不开凤凰。一条五百里长的湘西大走廊，北有风景，而南有人文。风景中的张家界和天子山，集聚了鬼斧神工的造化之美，人文中的熊希龄、沈从文、黄永玉，也是钟灵毓秀的龙凤之俦。凤凰古城的确很小，小得就像一张明信片，巴掌大的地方。沱江细若蛇肠，江边一字排开的人家，全被青山稳稳当当地揽入怀抱，揽得那么深，又那么紧，任你的手臂再长，也寻摸不到它的底蕴。湘西是神秘的，凤凰更神秘，你说它闭塞也好，或说它蒙昧也罢，它都不会涨红着脸奋起反驳。它一只手交出了熊希龄这位中华民国北洋政府的国务总理，另一只手则托起了沈从文这位赤子般的文学大家，它的贡献不可谓不丰厚！凤凰，凤凰，倘若其中缺少能上台面、能入法眼的风流人物，它又如何当得起"凤凰"之称？

一、初闯京城，差点饿死

在文昌阁小学读书时，沈从文经常旷课，将书包藏在土地庙里，去

街上看木偶戏，有一次他弄丢了书包，级任老师罚他跪在一棵楠木树下，厉声教训道："勤有功，戏无益，树喜欢向上长，你却喜欢待在树底下，高人不做，做矮人，太不争气了！"等沈从文跪够了时辰，毛老师叫他起身，问他恨不恨老师这样责罚他。沈从文直言相告："当然恨，恨你不该在同学面前罚跪侮辱我。"毛老师就把沈从文带回去继续开导："树木是往上长的，你却要往下跪。人要有上进心，别人才看得起你。"在毛老师的恩威并施下，沈从文不再荒嬉，学业大有长进。

十二岁时，沈从文就接受了系统的军事训练，十五岁随军外出，军衔为上士，后来以书记名义随大军在边境剿过匪，还当过城区屠宰税务员，这"放纵野蛮"的数载间，他看够了底层人物艰难的挣扎和细微的悲欢。到了二十岁，他决意远行。"我准备过北京读书，读书不成就做一个警察，作警察也不成那就认了输，不再作别的好打算了。"后来，沈从文在散文《一个转机》中交代了自己的初始想法。

沈从文去京城闯荡，那可真是不知天高地厚的莽莽撞撞的"闯荡"啊！别说丰满的羽翼，他连糊口的技能也还不曾学到几样，只有一身单衣、一支秀笔和一颗发热的脑袋。他从前门站下了火车，抬头眺望那座高高耸立、气势慑人的大前门楼子，几乎吓坏了。沈从文仅有一双白手，仅有少年锐气，他不可能像巴尔扎克笔下那位发誓要征服花都巴黎的英俊少年吕西安那样旁若无人，呐喊出自己最强劲的心声：

"啊，北京，我要来征服你了……"

冷遇和打击果然在前头虎视眈眈地等着他。住进古都北平的小旅馆，沈从文心里排列出一小队可以求助的名单，好一阵举棋不定之后，他将熊希龄擢选出来，视之为灶神爷。沈从文乐观地想，这位北洋政府的前国务总理不是在西山兴办慈善事业吗？正好求他发一发善心，给自己介绍个谋生的差事，彼此毕竟是同乡，亲不亲，家乡人。可他万万没料到，熊希龄已将万贯家财全部捐给"熊朱义助儿童基金会"，尽管西山的慈善事业办得红红火火，他本人也只吃着二等公务员的伙食。因此沈从文获得的援助极其有限。

京城米珠薪桂，原是居大不易的地方，沈从文生计无着，这可是燃眉灼睫的困窘啊！他仍去北大旁听，回到出租屋"窄而霉斋"，从布袋里掏出那支秀笔，铺开稿纸，将印象中的故土人物一一抟泥吹活，他笔下原无半点章法，就那样饱蘸着真情实意写了，管它是小说，还是散文，或是别的什么，写成了，一篇篇寄出去，却很少被报刊用出，生计愈见其穷。这也难怪，识珠的人还未来，琢璞的人也还未到，他只能挨饿，挨饿，挨饿，直把自己辘辘的饥肠饿成绿绿的鸡肠。他在一间阴冷的杂屋里写啊写，数九寒冬，无钱买炭，四壁漏风的屋子久已冻成冰窟，他裹着单薄的被子，还在呵着手不停地写，仿佛着了魔，苦守在黑暗的角落，独力进行一场"刺刀见红"的人生搏斗。手上的冻疮已溃破流脓，鼻孔里的鲜血也滴沥在稿纸上，他用雾蒙蒙的眼光望了望窗外，听见冰凌落地和树枝断折的声音，心里顿时生起一波颤栗，也闪过一抹惊疑，这样饥寒交迫，自己究竟还能撑持多久呢？还是求援吧，向远方的老母幼妹？怎么开得了口？再说远水不解近渴；向近处的朋友？近处又哪有什么朋友？真是"冠盖满京华，斯人独憔悴"啊！沈从文搜索枯肠，好歹想起了一个人，这是一位素未谋面的同道，平日里最喜欢哀哀地哭穷，但看他那血泪相和的文字，心地该是极善极热的。何不试试看呢，反正无所谓希望，也就无所谓失望。

沈从文笃定了想法，便在信封上写好收信人的姓名：郁达夫。过了两天，柴扉上真有人轻叩三下，再重叩两下，沈从文打开门，门外站着一位身着灰布长衫，面容清癯的书生，凉凉的镜片后闪动着热热的目光。不用问，他就是沈从文昼夜等待的救星。郁达夫打量那间破庙样寒伧的屋子，再瞧着沈从文冻馁交加的虚弱相，他立刻就明白了这年轻人眼下已沦落到何种困境，于是，吃饭就成为最紧要的事情。在附近的饭馆里，郁达夫看着菜牌，点了一份宫爆肉丁，还点了几个荤菜，看着沈从文狼吞虎咽，他不禁感到一阵阵心酸。这顿饭，郁达夫用一张五元钞票付账，找回三元多，他都推给了沈从文，又解下脖子上的羊毛围巾，送给这位酷爱文学，以至于以性命相拚的小兄弟。两人含着泪依依惜别。昔年漂母一饭救了韩信，此日（郁）达夫一饭也救了（沈）从文，那可真是中国现代文学史上一道极其苍凉而又温暖的风景。直到翌日，郁达夫多愁善

感的心仍久久不能平静，遂振笔写下了满纸悲愤的散文名篇：《给一位文学青年的公开状》。对扼杀青年前途的极不公平的社会现实，郁达夫的控诉令人闻之色变。文章一开头，作者便说自己太无能，不足以赈济身处涸辙穷途的朋友，可贡献的惟有几条建议：上策是去当土匪，去拉洋车，可沈从文手无缚鸡之力；其次是去革命，去制造炸弹，可沈从文手中只有一把裁纸的小刀，如何革得了阔人的尊命？惟余头发中的灰垢和袜底的污泥，纵然身怀绝技，炸弹也无法造成；中策是弄几个旅费，及早回家，从此与老母幼妹相依为命地度日，可是这年头道路不靖，何况旅费也找不着；所剩者惟有下策，"啊呀，不愿说倒说出来了，做贼，做贼，不错，我所说的这件事情，就是叫你去偷窃呀"。作者还郑重其事地建议，要偷，"最好是从亲近的熟人做起"，先试试去偷窃熊善人的家财，反正他那份财产也是用别样的手段从别处偷来的，"你若再慑于他的慈和的笑里的尖刀，不敢向他先试，那么不妨上我这里来作个破题儿试试"，偷不到钱，总还有几本旧书。

　　郁达夫的这篇文章真可谓"满纸荒唐言，一把辛酸泪"，至今披读，仍感到彻骨的寒冷。若非深知其心，善解其意的书生，就难免会认为他调侃过头，迹近油滑。试想，同是天涯沦落人，宅心仁厚的郁达夫又怎会往沈从文的伤口上撒生石灰呢？他无疑是识珠者，更是爱才者，此后便大力绍介沈从文的习作给京城各大副刊；接踵而至的徐志摩亦无愧为琢璞者，他在自己主持的《晨报副镌》上发表了沈从文的大批小说，并为之四处延誉，还将这位笔极秀口极笨的小青年推荐给上海中国公学校长胡适。胡适也是别具慧眼、求才若渴的大名家，每每能赏识青年于牝牡骊黄之外，他二话没说，就聘任这位忐忑而羞涩的"湘西山民"做了中国公学的国文教师。据沈从文自己讲，他为自己的"处子演出"预先做了扎扎实实的准备，足可应付一小时而绰绰有余，但上了讲台，面对台下黑压压的学生，他大感窘迫，一慌神，竟惊叫一声说："我见你们人多，要哭了！"（罗尔纲《胡适琐忆》）他三言两语就将精心准备的教案全泼得盆儿见底，令一教室的学生面面相觑，也算是大开了一回眼界。只念过小学的沈从文飞升为文学家，固然是一个奇迹；他登上大学讲坛，则是更了不起的壮举。在二十年代群英荟萃的北京和上海，又有什么人文奇迹和人文壮举不能实现呢？换了别的年代，换了别的地方，便很难成立。在中国公学，沈从文开始了极富创意的人生，不仅文学作品愈加丰稔，而且还认识了张兆和，收割了一垅"伊甸园的麦子"。

二、"乡下人来喝杯甜酒吧"

1938年7月30日，沈从文身处昆明，写信给远在沦陷区（北平）的妻子张兆和，信末有这样几句感喟："表现上我还不至于为人称为'怪物'，事实上我却从不能在泛泛往来上得到快乐，也不能在荣誉、衣物或社会地位上得到快乐。爱情呢，得到一种命运，写信的命运。你倒像是极乐于延长我这种命运。"

1929年，沈从文执教吴淞中国公学，认识了英语系女生张兆和。张兆和，祖籍合肥，在苏州长大，其父张武龄（又名吉友）是民国时期的教育家，在苏州创办的乐益女中很有名气，张兆和与大姐张元和、二姐张允和、幺妹张充和都是聪明好学、品行端正的大家闺秀，被誉为"张门四枝花"。张兆和皮肤黝黑，在吴淞中国公学，她比那些雪肤花貌的女生更受青睐，是男生眼中的"黑凤"和"黑牡丹"（沈从文称她为"乌金墨玉之宝"），是名副其实的全能第一，美丽、聪明、高贵，身后不乏追求者，一位教过她的中学国文老师也来凑份子。张氏姐妹喜欢恶作剧，竟将他们编号为"青蛙一号"、"青蛙二号"、"青蛙三号"……依照张允和戏谑的说法，当时，沈从文只能排"癞蛤蟆十三号"，在众多的追求者中，他毫无优势和胜算可言。

张兆和美丽纯洁，宛如天鹅，在她面前，来自湘西的山民沈从文应该感到自卑才对，但他有股子不达目的的誓不罢休的倔强劲。梁实秋的《回忆沈从文》说得中肯："凡是沉默寡言的人，一旦堕入情网，时常是一往情深，一发而不可收拾。"既然沈从文口才不济，又十分害羞，他就祭出自己的看家法宝，发起书信攻势，这一超级强项亦可算是他的"撒手锏"。可是这些文采飞扬的情书寄出之后，竟如泥牛入海，丝毫未获佳

人的赏识青睐，直急得沈从文六神不定，几次三番要跳楼。应该说，张兆和对沈从文的初始印象并不怎么美妙，这位山民常流鼻血，不修边幅，性情腼腆，木讷寡言，讲课磕磕巴巴。大家都说胡适、徐志摩、郁达夫如何欣赏沈才子，但张兆和潜心于功课，根本没留意过沈从文创作的那些引人瞩目的新作。再说吧，她担心师生恋的风波会累及自己的清誉，这种事总令人百口莫辩，还是躲得越远越好。可是沈从文另有猜测，张兆和不回应，可能是为了考验他的耐心，于是，他的情书攻势日益猛烈。直到有一天，他自己也吃不准了，便去暗访张兆和的好友王华莲，试探口风。他告诉对方：因为单恋张兆和，他这半年来把生活全毁了，一件事都不能做。他打算放弃教职，到远处去，张兆和可以安静地读书，他也可以免于烦恼，他甚至负气地说，他打算上前线当炮灰，一了百了。但他又说，他愿意再等张兆和五年。他疑惑的只是，张兆和既然对他毫无爱意，为何又不肯将他的情书完璧归赵？王华莲解释道，张兆和收到的各路情书很多，有的甚至从日本寄来，她顶多只是拆开看看，一概不予回复，也懒得退还，她这么做，并非只针对沈从文一个人。胡适得悉此事后，他劝沈从文别一时冲动辞去教职，应留在吴淞中国公学继续任教，以便张兆和多了解他。

张兆和在 1930 年 7 月 8 日的日记中写道："我以为长久的沉默可以把此事湮没下去，谁知事实不如我所料！"她甚至猜测沈从文可能会报复她。于是，张兆和打定主意，前往上海极司菲尔路一条僻巷中的胡寓拜访胡适，胡适是她父亲张武龄的好友，请胡校长出面制止沈从文这种拼命玩火的"纠缠"，应该不成问题。张兆和特意剔出沈从文情书中的一句话——"我不仅爱你的灵魂，我也要你的肉体"，证明对方出言不逊，粗鄙无礼，含有明显的侮辱意味。殊不知，胡适偏向沈从文，他夸赞沈从文是天才，在中国小说家中最有希望，社会上有了这样的天才，人人应该帮助他，使他有发展的机会。然而张兆和坚决不肯做沈从文的恋人，连朋友也不肯做，她担心"做朋友仍然会一直误解下去的，误解不打紧，纠纷却不会完结了"。胡适见谈话陷入僵局，又称沈从文"崇拜密斯张倒是崇拜到极点"。张兆和的回复毫不客气："这样的人太多了，

如果一一去应付，简直没有读书的机会了。"胡适对她的回答很不满意，他认为沈从文是天才，不是一般的庸人，应该区别对待。

1930 年 7 月 10 日夜，胡适写了一封信给沈从文（同时将此信的副本寄给张兆和），他将自己所了解的情况，以及他对张兆和的印象，都写在里面，信中有这样的话："我的观察是，这个女子不能了解你，更不能了解你的爱，你错用情了。我那天说过，'爱情不过是人生的一件事（说爱是人生惟一的事，乃是妄人之言），我们要经得起成功，更要经得起失败'。你千万要挣扎，不要让一个小女子夸口说她曾碎了沈从文的心。"胡适还写道："此人年太轻，生活经验太少，故把一切对他表示爱情的人都看作'他们'一类，故能拒人自喜。你也不过是'个个人'之一个而已。"其实张兆和并非铁石心肠，她在 1930 年 7 月 14 日的日记中写道："我满想写一封信去安慰他，叫他不要因此忧伤，告诉他我虽不能爱他，但他这不顾一切的爱，却深深地感动了我，在我离开这世界之前，在我心灵有一天知觉的时候，我总会记着，记得这世上有一个人，他为了我把生活的均衡失去，他为了我，舍弃了安定的生活而去在伤心中刻苦自己。"翌日，她写信给沈从文，劝他改弦更张，莫作无谓的牺牲："一个有伟大前程的人，是不值得为一个不明白爱的蒙昧女子牺牲什么的。"沈从文的答复却十分干脆："只要是爱你，应当牺牲的我总不辞，若是我发现我死去也是爱你，我用不着劝驾就死去了。"

沈从文的书信无不一往情深，沉郁顿挫间，满怀愁绪。1931 年 6 月，他致信张兆和，调子低沉："我念到我自己所写的'葭苇是易折的，磐石是难动的'时候，我很悲哀。易折的葭苇，一生中，每当一次风吹过时，皆低下头去，然而风过后，便又重新立起了。只有你使它永远折伏，永远不再作立起的希望。"在同一封信中，他表白道："我行过许多地方的桥，看过许多次数的云，喝过许多种类的酒，却只爱过一个正当最好年龄的人。"那时，张兆和尚未接纳沈从文，所以他的笔调颇为忧伤。沈从文何尝只是易折的葭苇，他也是不动的磐石，正是这一点最终感动了张兆和。

1933 年 9 月 9 日，沈从文娶得美人归。很显然他将这份成于艰难

的爱情视为"得意之作"，一直相当珍惜。1934年，沈从文回老家探亲，在泸溪他写信给张兆和，深情有增无减："我信中尽喊着你，有上万句话，有无数的字眼儿，一大堆微笑，一大堆吻，皆为你储蓄在心上！"到了1949年，沈从文在书信中将张兆和的称呼由"三姐"改为"小妈妈"，更见出沈从文对妻子强烈的依恋感。

在张家四姐妹中，张兆和最为朴素，她从小就不喜欢珠宝之类的奢侈品，反对不劳而获，她认为自食其力是体贴他人的行为。在抗战期间，她写信给沈从文，有这样一段告白："我不喜欢打肿了脸装胖子外面光辉，你有你的本色不是绅士而冒充绅士总不免勉强，就我们的情形能过怎样日子就过怎样日子。我情愿躬持井臼，自己操作，不以为苦，只要我们能够适应自己的环境就好了。"张兆和比沈从文更质朴，这多少有些出人意料。

战时，张兆和迟迟不肯离开北平，"到了应当上路时节还不上路"，沈从文一度疑心妻子另有所爱，因此不愿带着两个儿子千里辗转，跟他生活在一起。他在信中把话挑明了说，显得很大度："不拘谁爱你或你爱谁，只要是他使你得到幸福，我不滥用任何名分妨碍你的幸福。我觉得爱你，但不必需因此拘束你。"这番没风没影的猜疑令张兆和很生气，认为这封信全是"废话"，她不爱听。张兆和到了昆明，倒是意外地发现沈从文跟一位他在北平教过的女生过从甚密，形迹不无可疑，难免心烦意乱。这段疑幻疑真的罗曼司最终被沈从文埋葬在一篇名为《看虹录》的小说里。金安平著《合肥四姊妹》，考据堪称精审，可是她对沈从文这段罗曼司也拿不太准。不少"沈迷"专为贤者讳，更不想听到此类杂音和噪音。

多年后，沈从文已经白发萧疏，下放前夕，他手持张兆和的第一封回信，依然热泪潸潸。对此，张允和在她的回忆文章中有极其传神的写照：

……我想既帮不了忙，我就回身想走。沈二哥说："莫走，二姐，你看！"他从鼓鼓囊囊的口袋里掏出一封皱头皱脑的信，又像哭又像笑地对我说："这是三姐（她也尊称我三妹为'三姐'）给我的第一封信。"他把信举起来，面色十分羞涩而温柔。我说："我能看看吗？"沈二哥把信放下来。又像给我又像不给我，把信放在胸前温一下，并没有给我，又把信塞在口袋里，这手抓紧了信再也不出来了。我想，我真傻，怎么看人家的情书呢。我正望着沈二哥好笑，忽然沈二哥说："三姐的第一封信——第一封。"说着就吸溜吸溜哭起来，快七十的老头儿像一个小孩子哭得又伤心又快乐。我站在那儿倒有点手足无措了。我悄悄地走了，让他沉浸、陶醉在那春天的"甜涩"中吧。

面对这男儿落泪的深情，就连最怀敌意的时间也会缴械投降。那份"春天的甜涩"纵然再过一百年一千年，仍将浓得化不开！人间的大爱大美原是这样的平常，他举起那封信，"在胸口温一下"，塞进口袋，怕它不翼而飞。这个动作真是不落俗套，非同凡响。

世事总难尽如人意，爱是一回事，理解则是另一回事。列夫·托尔斯泰的夫人索菲娅曾感叹道："我跟列夫·托尔斯泰生活了四十八年，但我不知道他是一个怎样的人！"无独有偶，沈从文与张兆和的感情同样出现过"危机"，在理解方面总觉润滑不够。沈从文去世之后，张兆和坦诚的回忆文字证明了这一点：

从文同我相处，这一生，究竟是幸福还是不幸？得不到回答。我不理解他，不完全理解他。后来逐渐有了些理解，但是，真正懂得他的为人，懂得他一生承受的重压，是在整理编选他遗稿的现在。过去不知道的，现在知道了；过去不明白的，现在明白了。他不是完人，却是个稀有的善良的人。

要理解伟大的作家有多难？尽管索菲娅和张兆和异代不同时，但她们给出了几乎相同的答案。沈从文是一位悲天悯人的大师，正因为他"是个稀有的善良的人"，内心世界丰富无朋，感受到的痛苦就比常人要深刻千百倍。

张允和在《半个字的电报》一文中还记述了沈从文的另一桩趣事。那是 1933 年春，张氏姐妹住在苏州。一天，张兆和将沈从文的来信递给二姐看。信中婉转地说，要请张允和代他向准泰山准岳母提亲，特别叮嘱道，如果两位大人同意这门婚事，求张兆和早日打电报通知他，让他这个"乡下人喝杯甜酒吧"。张允和天性古道热肠，何况这是自家妹妹的婚事，她原本也有居中撮合的功劳，父母都很开明，自然一说就成。下一步就是她遵照约定给沈从文发去电报了，当时的电文不用白话，张允和心想，自己在电报末尾要署名，她的名字"允"字不就是同意的意思吗？于是，她拟就了一条异常简洁的电报稿："青岛山东大学沈从文允"。这一字二用的电文兼顾了内容和署名，原是很妥帖的，可是张兆和不放心，怕沈从文会看得满头雾水。她又悄悄地乘坐人力车前往苏州阊门电报局，将白话文的电报稿"乡下人喝杯甜酒吧兆"递给发报员，对方看过之后，认为是密码电报，依照规定，不肯发送，要她改为文言。张兆和不肯，她涨红了脸，告诉发报员："这是喜事电报，对方会明白的！"张兆和恳求了好一会儿，那人看她也不像什么女特务，才勉强答应了。这封电文中竟含有一个语气词"吧"，可谓别开生面。你想想看，这杯甜酒该有多甜，真是名副其实的"蜜电"啊！

三、在西南联大看青眼和白眼

杨振声在青岛大学当校长时，聘沈从文为国文系教授，同时在青岛大学执教的诗人和作家还有梁实秋、闻一多，也都是沈从文的朋友，学潮之后，尽管杨振声辞职走人，梁、闻、沈也随之而云散，彼此的友情一点也没受损伤。1938 年，西南联大成立，杨振声出任常委兼秘书长，他主动伸出援手，帮助困处昆明的沈从文，由朱自清与罗常培商定，联大常委会决议通过，于 1939 年 6 月 27 日聘请沈从文为西南联大师范学院副教授，专教低年级学生的写作课。沈从文本属屈就，因为他没有大学文凭，又是白话文小说家，缺少大部头的学术专著作台阶，便难免遭人奚落。诗人穆旦（查良铮）从西南联大外文系毕业后，留校任教，他年轻气盛，竟居高临下地说："沈从文这样的人到联大来教书，就是杨振声这样没有眼光的人引荐的！"

1943 年 7 月，沈从文晋升为教授，刘文典头一个跳出来投反对票，他认为白话文作家沈从文连四毛钱都不值，连跑警报躲空袭的资格都没有。有意思的是，同样食古不化的大教授吴宓这回却站出来为沈从文讲了一句公道话："以不懂西方语言之沈氏，其白话文竟能具西方情调，实属难能。"

在学者堆中，沈从文话不多，比平日更显得谦虚谨慎。钱钟书在西南联大当了一个学期的外文系教授，觉得他的傲劲不太管用（联大的教授有几个不狂不傲的？鹤立于鹤群，他很难出众），上升空间也打不开，就拍屁股走人了。以钱钟书锐利的目光，不难看出沈从文在西南联大所受的憋屈，说是自卑感挥之不散也不算错。后来，钱钟书凭一部长篇小说《围城》总算泄尽了心头之愤。他还有一个短篇小说《猫》，比《围城》更早，描写的该是北平的文人圈，影射了不少名流，周作人、林徽因、沈从文都是人物原型。请看钱钟书在《猫》中描写的那位青年作家曹世昌："举动斯文的曹世昌，讲话细声细气，柔软悦耳，隔壁听来，颇足使人误会心醉。……这位温文的书生爱在作品里给读者以野蛮的印象，仿佛自己兼有原始人的真率和超人的威猛。……他在本乡落草做过土匪，后来又吃粮当兵……他现在名满文坛，可是还忘不掉小时候没好好进过学校，老觉得那些'正途出身'的人瞧不起自己，随时随地提防人家损伤自己的尊严。"钱钟书为文够刻薄，这既是他的长处，也是他的短处，他提供一面镜子，人物原型看了总不会高兴的。

沈从文在联大待了七年，不算轻松，更别说舒畅。三校复原后，他去了北大，但没待多长时间。

四、上善若水，只相信智慧

人世间真有些百思始得其解的怪事情，每次只要我规规整整地写

下"沈从文"三个字，就会立刻想到水，汪汪洋洋的水，这倒不是因为他的"沈"姓有一个三点水的偏旁，而是因为他如水的性情。他在写于1931年的《自传》中坦承："我情感流动而不凝固，一派清波给予我的影响实在不小。我幼小时较美丽的生活，大都不能和水分离。我受业的学校，可以说永远设在水边。我学会思索，认识美，理解人生，水对我有极大关系。"到了1947年，他写《一个传奇的本事》时，便有了更完全的说明："水和我的生命不可分，教育不可分，作品的倾向不可分。……水的德性为兼容并包，从不排斥拒绝不同方式浸入生命的任何离奇不经事物！却也从不受它的玷污影响。水的性格似乎特别脆弱，且极容易就范。其实则柔弱中有强韧，如集中一点，即涓涓细流，滴水穿石，无坚不摧。水教给我粘合卑微人生的平凡哀乐，并做横海扬帆的美梦，刺激我对于工作永远的渴望，以及超越普通个人功利得失，追求理想的热情洋溢。"沈从文笔下的这段隽语，足以启发我们更透彻地理解老子所说的"上善若水，水善利万物而不争"和孔子所说的"智者乐水"所包含的深意。

沈从文的性情确实宛如一派清波，表面温和，却心劲十足，忍辱负重而能包容广阔。"文革"期间，他被众小将批斗，不失乐观；打扫历史博物馆的女厕所，也不失乐观；被流放到湖北咸宁，去乡下看鸭子，仍一如既往地不失乐观，还写信给表侄黄永玉，居然说："……这儿荷花真好，你若来……"那是魔影憧憧的年代，要想做堂堂正正的人，尤其是堂堂正正的知识分子，千难万难，所谓"乐观"，实有如穷人家的最后一把救命粮草。瞧瞧看吧，史学家唐兰竟在嘉鱼江边守砖，大学者钱钟书也只勉强够格管管仓库钥匙。尽管如此，他们不得不乐观，意绪一消沉就会自寻短见，乐观是当时知识分子挺挺然或佝佝然活下去的惟一本钱。有了这份格外沉重的乐观精神，沈从文才能在极其恶劣的生存条件下，穷且益坚，不坠青云之志，凭仗记忆写就《中国服装史》。

沈从文的确具有"上善若水"的道家智慧，道家的"清静无为"、"无用乃为大用"的理论正是中国知识分子身处逆境、厄境、绝境时的救命符。革命小将把"打倒反动文人沈从文"的标语贴在他背上，他只是有一点点不开心地说："那书法太不像话了，在我的背上贴这么蹩脚的书法，真难为情！他们应该好好地练一练的。"从这句书生气十足的话，我们可以见出沈从文的认真和天真。当年，大知识分子身上多半都有这股子呆气，社科院文学研究所开批斗会，为了区分众多"黑帮"分子的不同身份，照例要用黑布写上白字，缝在挨批者的衣服上，如"走资派何其芳"、"反动学术权威俞平伯"等，最终大家公推俞平伯来做执笔人，"因为他的字最有功力"（韦奈《我的外祖父俞平伯》）。这无疑是典型的中国特色的黑色幽默。当"北风"最紧的时刻，沈从文与黄永玉相遇于东堂子胡同，交臂擦身之际，他轻声叮咛这位大表侄："要从容啊！"道家的智慧原本因乱世而兴起，这种因乱世而兴起的智慧却被中国知识分子当作常规法宝，爱不释手地使用了几千年，而且被充分应用于那个"形势一派大好"的年代，这不能不说是一种莫大的讽刺和悲哀。时至今日，那些喜欢挖掘文墓的批评家自然可以拄着如椽之笔，站在坟圹边，理直气壮地大出苛薄之辞，意思无非是："你们这些软骨文人呀，当初怎么就不敢抗争呢？难道就没有半点血性吗？"他们不去谴责该受谴责的人，却以嘲弄弱者的方式寻取片刻开心，这正是某些未经刀剑及颈，棍棒加身的新生代批评家自以为讨得便宜的高明手段，虽然义正词严，声色俱厉，骨子里却是虚的，事非经过不知难啊！

很不幸，一篇全盘否定二十世纪中国文学成就的绝色"悼词"曾推波助澜。其中褒扬沈从文为"极富天才的小说家"，却又要否定他这个人，理由是"他解放以后曾经揭发他的学生萧乾与帝国主义有勾结，而萧乾呢？同样也揭发他的老师，以至于沈从文临死都不能原谅他，不要这个学生参加他的葬礼"。致"悼词"的人未免太浅见短视了些个，中国文学的悲哀并非由作家的私德缺陷所造成，而是由那些煽动人性之恶的黑手摧残所致。像沈从文和萧乾那样重情重义，温和仁蔼的文学家，最终竟闹得至死无法释怀的地步，究竟是谁的罪过？作者若有正确的是非观，答案便应该往别处寻找，可惜他没有这份老吏决狱一查到底的勇气。谴责恶而不谴责打开潘朵拉匣子的主凶，这当然既省笔墨又省麻烦，但省来省去，总不能把起码的良知也一古脑全省掉吧？读了那份沉痛得声泪俱下的"悼词"，我新长的见识是：否定一位大有修为的作家原是顶容易

的事情，否定一大群有长才的作家也无难色，只要揪出其皮袍里的"小"，就可大功告成。我无意在沈从文与萧乾的师生恩怨上巧加回护，但我明白"不以一眚掩大德"的古话自有它不易不夺的道理。要不然，这地球村就真会变成洪洞县，连半个好人的影子也找不到了，这其中自然也包括了那位大言炎炎，哗众取宠的致"悼词"者啦。

　　沈从文以矫若游龙的笔势一路奋迅写来，其实他早已看得分明，在中国现实中，文学与政治犹如圆枘方凿，彼此格格不入，难合卯榫。他在《一个传奇的本事》中曾写道："正因为工作真正贴近土地人民，只承认为人类多数而'工作'，不为某一种某一时的'工具'，存在于现代政治所培养的窄狭病态自私残忍习惯空气中，或反而容易遭受来自各方面的强力压迫与有意忽视。欲得一稍微有自主性的顺利工作环境，也并不容易。但这不妨事，倘若目的明确，信心坚固，真有成就，即在另外一时，将无疑依然会成为一个时代的标志！"他的这段话（写于1947年）极具预见性，随后不久，他就因为不肯做"工具"而"遭受各方面的强力压迫和有意忽视"，连"稍微有自主性的顺利工作环境"也不可得了。他在创造力依然旺盛之时，"准备再好好地写几个本子"，却于六十年代初到四川内江、河北宣化和江西老区体验生活，写出一大堆"重复性的政治语言"（张兆和的说法），自己也很厌弃那些惨不忍睹的怪胎，终于未展长才，便颇不情愿而又无可奈何地休了笔。关于政治和文学，在《一个传奇的本事》中，他还有以下的说词："虽然两者真正的伟大处，基本上也同样需要'正直'和'诚实'，而艺术更需要'无私'，比过去宗教现代政治更无私！必对人生有深刻的悲悯，无所不至的爱！……然而明日的艺术，却必将带来一个更新的庄严课题。将宗教政治充满封建意识形成的'强迫'、'统制'、'专横'、'阴狠'种种不健全情绪，加以完全的净化廓清，而成为一种更强有力的光明健康人生观的基础。"很显然，沈从文当时对文学艺术的前途是乐观的，而且有点过于乐观，他相信一切都会好起来。历经三十多年的炼狱生涯后，到了八十年代初，他曾对日本政府一个专家组的成员说："……我一生，从不相信权力，只相信智慧。"（黄永玉:《平常的沈从文》）沈从文的"不识时务"是出了名的，他直言无忌的笔锋戳痛过鲁迅和郭沫若这样的"大人物"，他不害怕权威，只服膺心目中的真理。

在二十世纪二十年代中期，沈从文以十二分勇气写《扪虱》那样的文章，在文坛四处捕"虱"，将名人粗劣的文字毫不留情地捉来示众。这种文章，沈从文后来也写过。张兆和曾给他忠告："你不适合写评论文章。"原因是"想得细，但不周密，见到别人之短，却看不到一己之病"。她还在信中提请沈从文注意："你放弃了你可以美丽动人小说的能力，把来支离破碎，写这种一撅一撅不痛不痒讽世讥人的短文，未免太可惜。本来可以成功无缝天衣的材料，把来撕得一丝丝一缕缕，看了叫人心疼。"旁观者清，她的提醒很有道理。在上海，当左联强调"革命性"的时候，沈从文却在《习作选集代序》中强调"人性"："这世界或有在沙基或水面上建造崇楼杰阁的人，那可不是我，我只想造希腊小庙。选小地作基础，用坚硬石头堆砌它。精致，结实、对称，形体虽小而不纤巧，是我理想的建筑，这庙供奉的是'人性'。"1948 年，郭沫若不仅掌握着话语霸权，还保持着高度的警觉性，他在《斥反动文艺》一文中猛挥大棒，蛮不讲理地将沈从文划归"反动文人"之列，被纳入黑名单的还有萧乾、朱光潜等人。郭沫若丑诋沈从文为"桃红色作家"、"看云摘星的风流小生"，萧乾为"黑色贵族"，朱光潜为"蓝衣监察"。郭沫若认为沈从文"一直是有意识地作为反动派而活动着"，贬斥他的小说是"作文字上的裸体画，甚至写文字上的春宫图"，"存心不良，意在蛊惑读者，软化人们的斗争情绪"。还有一篇抢大棒的文章贬称沈从文是"地主阶级的弄臣""清客文丐""奴才主义者"，下手之重，不可谓不狠毒。曾有人武断地认为，沈从文此后不久即弃文搁笔，是遭受此番惊吓所致，这也未免太夸大郭文的威慑力了。沈从文从不相信权力，只相信智慧，试问，郭沫若又有什么大智大慧能令他垂首折服？

四十年代末，沈从文放弃文学创作，一度提过离婚，寻过短见（喝煤油，割腕割喉），固然是因为他觉得"清算的时候来"，个人"逐渐陷进一种孤立下沉无可攀援的绝望境界"（沈虎雏语），也是由于内心深刻的失望（包括丁玲对他的漠视和指责）所致，那个乌七八糟、鱼目混珠

的文坛自然不会给他留下一席之地，他置身其中也很难不感到孤独和羞耻。早在三十年代中期，沈从文即颇为自信地写道："……说句公道话，我实在是比某些时下所谓作家高一筹的。我的工作行将超越一切而上。我的作品会比这些人的作品更传得久，播得远。我没有方法拒绝。"（《从文家书·湘西书简》）如今，他的话已完全得到了印证，试想，读者中还有多少人喜欢读郭沫若的诗文？沈从文的作品与温润的人性始终息息相通，再过一千年，也还会获得读者的青睐。

五、云无心以出岫

我曾有缘三度参观沈从文故居，那十余间环回相连的木屋早已空空如也，令人兴发"黄鹤一去不复返"的感叹。沈从文小时候的教育得益于母亲的地方颇多，他在《我的家庭》一文中曾写道："她告我识字，告我认识药名，告我思考和决断——做男子极不可少的思考之后的决断。

沈从文故居

我的气度得于父亲影响的较少，得于母亲的也就较多。"如今，故居里只剩下旧时的一张床、两条书桌、几把座椅、满是污垢的油灯和熏黑的帐幔，均已难辩真假。我走遍每个房间，猜不出沈从文当年在哪间小屋里聆听慈母的教诲。故居内收藏有大小二十余件附庸风雅的字画，这些"作品"贸贸然占领了漆色暗淡的板壁，均显出极不相类的滑稽神情，那些佛头着粪的涂鸦者一个个洋洋得意，并没有半分自惭形秽的意思，也属于奇事一桩。盘桓之际，唯独故居旧主人留下的那几页字迹清劲的《边城》手稿的复印件令人生出昔年何年、今夕何夕的沧桑之感，我久久凝观，不忍遽然离去。

沿河边的石板路走，你便会与沈从文达成共识："河岸上那些人家里，常常可以见到白脸长身、见人善作媚笑的女子。"（《我所生长的地方》）沿河一带的居民都已富裕起来，街边到处都是卖食物、衣服和工艺品的商店，那些苗家姑娘明眸皓齿，清灵水秀，穿戴着靓丽的民族服饰，笑意盈盈。小城人是该好好感谢沈从文的，他们生活中的不少甜头都拜这位"山民艺术家"所赐，因为他的文章宛若馨香远溢的春花，招来了一群群远方的"蜜蜂"。

1988年5月7日，沈从文在家中接待来访的吉首大学教师刘一友，两人讨论了湘西文化圈的若干问题，末了，沈从文用低沉的语气叮嘱道："今后请不要宣传我了，你看……我那一辈人只剩下我、俞平伯和冰心了，小心有人枪打出头鸟！"若不是心有余悸，沈从文是不会说这句话来的。三天后，他就因心脏病猝发，在家中辞世了。

后半生，沈从文似乎从中国文坛消失了踪迹，这绝对不止是他个人的不幸和悲哀。1988年秋，诺贝尔文学奖评委马悦然向中华人民共和国驻瑞典大使馆文化处询问沈从文是否仍然健在，得到的答复居然是"从来没有听说过这个人"。马悦然费尽周折，总算打听到，就在数月前，沈从文已经与世长辞。

1992年5月10日，沈从文逝世四周年，他的骨灰播迁故土，场面冷冷清清，家乡报纸竟然只是浑不在意地发了几十个字的消息。当时，有人愤愤不平地说："这是文学的悲哀，这是文学家的悲哀！"于死者

——一生澹泊宁静的沈从文，哀荣毫无意义；但生者如此薄待前贤，又岂能毫无愧怍？

沈从文的骨灰安葬在离凤凰古城一里半的听涛山。周匝群峰耸翠，中间一水东流，这正是一方静息和长眠的宝地。翼翼然拾级而上，不过数十米，便可见到一块未经打磨的大石头植于道旁，若不是凿凿无欺的铭文所示，我简直不敢相信眼前这块近乎粗糙的麻石就是沈从文的墓碑。清简、质朴、浑厚，这原是沈从文为人和为文的特点，在墓碑上再次得以充分体现，可见其人一以贯之的作风。旅俄期间，奥地利文学家斯蒂芬·茨威格曾拜谒了列夫·托尔斯泰的墓地，那是一方僻处桦树林中，别无修饰的长方形土堆，"无人守护，无人管理，只有几株大树庇佑"，最伟大的生命原是如此沉静地归于泥土。事后，茨威格写了一篇饱含深情和敬意的纪念文章《世间最美的坟墓》，对朴素墓地下长眠的同样朴素的灵魂，作了由衷的赞美。我站在沈从文的墓前，内心也满怀着久久不绝的感动。青山有幸啊，成了沈从文的安息之地，有幸的青山虽然不高，亦足以令人仰止。

墓石的正面镌刻着沈从文的十六字真言：

照我思索，
能理解"我"；
照我思索，
可认识"人"。

一位心怀万有的大师骨子里又岂能缺少这份引领众生昂然上路的自信！沈从文追寻美惠三女神的衣香鬓影，苦苦追寻了整整一生，笔管中满满地灌注着不衰不死的热爱，他的作品因此拥有鲜香鲜色的灵魂。

墓石的背面是沈从文的妻妹张充和女士所写的诔词，语意简明扼要：

不折不从，亦慈亦让；
星斗其文，赤子其人。

这十六字的诔词巧妙地使用了嵌字法，嵌的是尾字，细看来，便是"从文让人"，精当而中肯。在西南联大任教时，沈从文多次遭到刘文典的挤兑和嘲骂，却从不回应，从不顶撞，连好友闻一多都为他抱不平，他仍然一笑置之。

沈从文前五十年著作等身，后三十余年，他不愿作媚上取容的政治工具，不爱写虚伪的"载道"之文，而宁肯割弃固有的文学名声，到历史博物馆上班，为文物贴标签，潜心研究中国古代服饰文化。这种"不折不从"的精神，在四十年代便被讥为不识时务，听够冷嘲，看尽白眼，其中甚至夹有郭沫若对沈从文所下的"有意识地作为反动派而活动着"那样的棒喝，但我们撩开历史的重重迷雾，坎坷路途，风雨岁月，又有几位老作家的艺术良知能像他那样岿然独存？

1996 年，黄永玉为沈从文陵园补立了一块石碑，题词为：

一个士兵，要不战死沙场，便是回到故乡。

毋庸置疑，曾自称为"小兵"的沈从文是一位不折不扣的战士，良知是他的统帅，真、善、美是他的武库，文坛是他的战场，他在长达五十余年看不见硝烟的持久战中，良知不曾被俘虏，假、恶、丑的火力也无法将他的姓名抹去，尽管他有过偃旗息鼓，有过意志消沉，但他没有像许多人那样缴械投降，从此奴颜媚骨，也没有猝然倒下，烂在污泥臭水之中，万劫而不复。他坚挺地活过来了，最终，他的遗体回到了故乡。

听涛山下，沱江日夜奔腾。沈从文的魂魄已化作一缕清风，他的一半骨灰已撒入湍湍清流，随粼粼逝波汇入灏灏长江茫茫大海，奔向那永恒的归宿。

沈从文是一片云，一片无心出岫的白云，萦绕在中国文学的峰青峦翠之间，织造出一幅神秘的风景；他那秋水样澹泊的性情，春水样温暖的怀抱，借助清灵灵的作品润泽后人。若要用精洁得不能再减省的字样总结沈从文的一生，我认为，用"云水生涯"四字可收全效，其莘莘胸臆的确尽在其中。